KB012428

PR커뮤니케이션과
명성

PR커뮤니케이션과 명성

학제 간 이론과 전략

차희원·이유나·서미라·이철한·김수진·유승희·박혜영·김석·하진홍·최세라·김장열·문빛 지음

한울
아카데미

발간사

PR에서 명성 관리는 조직과 공중의 관계를 나타내는 가장 중요한 키워드 중 하나이다. 명성은 조직이 오랜 기간에 걸쳐 수행해 온 활동과 성과에 대한 다양한 이해관계자의 인식이자 종합적인 평가이다. 1990년대 초부터 시작된 명성에 대한 학문적 논의는 2000년대부터 경영학, 사회학, 심리학 등의 다양한 분야에 걸쳐 각 분야의 주요 이론과의 상호작용을 통해 한층 더 발전하게 되었다. 이렇듯 다양한 학제 간 연구를 통해 발전된 명성 연구는 학문 분야에 따라 다른 시각을 반영한다. 특히, PR에서는 관계성에 초점을 맞춰 명성을 연구해 왔으며, 그루닉 등 PR 학자들은 조직과 공중의 관계성 결과가 곧 명성이라고 설명했다. 본 저서는 '조직과 공중 간의 의미 공유를 통한 상호 이해'라는 PR 커뮤니케이션 관점에서 명성에 관한 학제 간 연구 성과를 재조명했다. 이러한 결과물이 현장에서 의사결정을 하는 실무자와 다양한 PR 상황에 대한 이해와 해석을 시도하는 연구자, 그리고 향후 PR인이 될 학생들에게 명성에 대한 총서가 될 것을 기대한다.

한국PR학회는 명성에 대한 다양한 학문적 논의와 PR 커뮤니케이션 관점에서의 통합을 위해 『PR커뮤니케이션과 명성: 학제 간 이론과 전략』의 발간 작업을 시작했다. 2021년 5월 저술 공모를 시작으로 총 열두 분의 집필진이 참여해 약 반 년간의 작업을 거쳐, 조직학, 사회학, 경영학, 마케팅, PR 커뮤니케이션학 관점의 원고가 완성되었다.

이 책의 완성을 위해 초여름부터 집필에 참여해 주신 열두 분의 필자들께 깊은 감사를 드린다. 특히 기획 단계부터 출판까지 모든 과정을 영도해 주신 차희원 저술위원장님께 깊이 감사드린다. 올해에도 한국PR학회의 기획도서 출간 사업을 전폭적으로 지원해 주신 프레인글로벌과 편집과 출판 작업을 맡아 성심으로 도와주신 한울엠플러스(주) 담당자분들께 깊은 감사의 마음을 전한다. 향후에도 한국PR학회가 PR커뮤니케이션 분야의 성장과 발전에 기여할 수 있는 서적 출간을 지속할 수 있도록 독자 여러분의 많은 관심과 성원을 바란다.

2021년 11월

제22대 한국PR학회장 성민정

머리말

이 책은 한국PR학회와 프레인글로벌의 후원을 통해 기획된 전문서다. 한국 PR학회 성민정 회장은 특정 주제의 전문서를 기획하기를 요청하면서 '명성'이라는 주제를 제안했다. 이러한 제안을 시작으로 본 기획 저서에서는 조직 명성의 학제 간 통합 연구를 시도했으며, 특히 PR커뮤니케이션 관점에서 명성을 연구한 저자들을 초대해 저술 작업을 시도했다. 이전에 이미 PR관점에서 명성 연구를 진행한 훌륭한 PR학자들이 다수 있었기에 이 저서가 가능했다고 볼 수 있으며, 이에 저자 선생님들께 깊은 감사를 드린다.

명성에 대한 학문적 관점은 매우 다양한데, 이러한 다양성이 바로 이 저서의 시발점이었기 때문에 각각 다른 학문적 관점을 어떻게 하나의 결과물로 통합해 한 권의 책으로 엮을 수 있을지가 관건이었다. 기존의 명성 관점은 조직학, 사회학, 경영학, 마케팅학, 인지심리학, PR커뮤니케이션학 등 다양한 학문적 영역에서 다양한 연구 주제로 다루고 있었기 때문에 이 책에서는 각 학문 분야에서 집중적으로 다루어진 연구 주제에 초점을 맞추어 통합하고자 했다.

많은 학문 분야에서 명성에 대해 서로 다른 개념과 용어를 사용하고 있으며, '이미지', '연상', '평가', '기업 브랜드' 등 다양한 용어로 사용되고 있다. 이는 학문적 관점에 따라 다른 시각을 갖고 명성 개념을 다르게 정의하고 있기 때문인데, 이 책에서는 이러한 다른 학문적 관점에서의 명성 개념을 다루고자 한다. 또한 이 책에서는 'reputation'을 '명성'이라는 단어로 번역했는데, 명성에 대한 다양한 용어가 사용되는 것처럼 국내에서의 용어도

'명성' 또는 '평판' 등 다양하게 사용되고 있다. 본 저서는 reputation을 조직의 정체성에 기반한 외부의 평가이자 조직의 자산이라는 점에 초점을 맞추어 '명성'이라고 칭했다.

학문적 관점이 다양한 만큼 저자 선생님들과 이를 통합하는 기준에 대해 몇 차례의 회의를 거쳐 의견을 취합했고, 이를 통해 명성 개념이나 각 이론의 고찰 방식, PR 관점의 통합 논의 및 실무 적용 사례 등 구성 방식에 대한 합의를 이루었다. 특히 이 책에서는 PR커뮤니케이션의 관점에서 다른 학문 분야의 명성 연구와 이론들을 정리하고 명성 모델을 통합적으로 정립하고자 했다.

이 책은 다음과 같은 원칙을 갖고 시작되었다. 첫째, 명성에 대한 특정 학문 분야에서 해당 분야 이론을 깊숙이 들여다보고, 현재까지의 연구 경향과 주요 이론, 주요 변수 등을 논의한다. 둘째, 이러한 특정 학문 분야의 연구 결과를 PR커뮤니케이션 관점에서 어떻게 접목해 학제 간 연구를 수행할 수 있을지 제안한다. 셋째, 이러한 제안이 실제 상황에서 어떻게 적용 가능한지 사례를 통해 실무적 함의를 살펴본다. 이러한 원칙을 기반으로 전체 9개 장을 구성했으며 그 내용을 간단히 요약하면 다음과 같다.

1장에서 차희원은 조직 명성의 다양한 학문적 관점과 이론을 정리하고 PR커뮤니케이션 관점에서 이제까지의 명성 연구가 어떻게 이루어졌는지 논의하고 있다. 또한 명성에 대한 경영학, 사회학, 인지심리학, 조직학, PR학 등 다양한 학문 분야에서 다루어진 명성 개념을 정리하고 그 차이점을 설명했다. 특히 다양한 학문적 관점의 기존 명성 연구를 종합해 통합 명성 관리 모델을 제안하고 한국의 문화적 특성을 접목하는 방향을 제시했다. 2장은 이유나와 서미라가 조직학적 관점의 명성 연구에 대한 이론화 작업을 시도했다. 조직학자들이 제시한 조직 정체성 이론과 사회적 행위자 관점,

사회 정체성과 동일시 이론 등을 중심으로 조직학 이론들이 명성 연구에 어떻게 접목되었는지 정리하고, 향후 PR커뮤니케이션 관점의 조직과 명성 연구 모델과 방향을 제안했다.

3장과 4장은 사회학적 관점에서 조직의 사회적 책임과 위기가 명성에 어떤 영향을 미치는지 논의하고 있다. 이철한은 3장에서 사회학적 관점의 기업 사회공헌활동과 명성 간 관련성을 정리하면서 부합성 이론과 이미지 전이 이론, 피라미드 이론, 제도이론 등 중요한 이론들을 제시했다. 저자는 사회공헌활동이 기업명성에 미치는 영향과 함께 이론적 기제에 대해서 논의하고, 사회공헌활동의 미래와 명성관리 또한 다루었다. 4장에서는 김수진과 유승희가 사회학적 관점에서 조직 명성에 영향을 미치는 위기커뮤니케이션에 대해 다루었다. 위기커뮤니케이션과 관련된 기반 이론으로, 상황적 위기커뮤니케이션 이론SCCT, 도덕적 기반 이론, 기대위반 이론 등을 검토했으며, 특히 커뮤니케이션 기술 발전과 함께 도래한 위기 환경과 생태계의 변화에서 발생할 수 있는 다양한 상황에 대한 논의를 통해 명성 관리에 대한 새로운 청사진을 제시하고 있다.

5장과 6장에서는 경영학과 마케팅 관점에서 명성 관련 이론과 사례를 다루었다. 박혜영은 5장에서 경영학과 마케팅학의 명성관련 이론으로 자원기반 이론, 신호이론, 슈퍼브랜드 관련 이론을 정리하고, 인지심리학 이론인 정교화 가능성 이론, 스키마 이론, 연상 네트워크 모델 등을 다루었다. 또한 이러한 이론을 기반으로 PR커뮤니케이션 관점의 연구 방안과 모델을 제시했다. 김석은 6장에서 기업명성과 관련된 마케팅 커뮤니케이션 사례를 분석하면서 PR커뮤니케이션 관점에서 사례연구를 접근했다. 저자는 기업커뮤니케이션의 네트워크 구조와 기업명성 사이의 관련성에 대한 연구를 실무적 입장에서 재해석하고 평가했다. 특히 사회적 기념일에 기업들이 명성관리라는 PR 목적을 두고 어떠한 커뮤니케이션을 전략적으로 행했는지 분석하고 시사점을 도출했다.

7장 8장, 9장은 PR커뮤니케이션학 분야의 명성 논의에 집중했다. 하진홍은 7장에서 PR 관점에서 바라보는 명성에 대한 내용을 다루고 있으며, 특히 PR의 공중관계성 이론과 명성에 초점을 맞추어 PR학문에서의 명성은 어떻게 연구되어 왔는지를 살펴보았다. 공중관계성 이론의 기반이 되는 대인간 관계 이론과 사회적 교환 이론 등을 제시하고 공중관계성의 전략과 효과에 대해 다루었다. 또한 공중관계성 이론 외에도 위기커뮤니케이션 분야나 사회적 책임활동 분야에서 다루어진 명성 연구를 정리하고 향후 연구 방안을 제안했다.

8장에서 김장열과 최세라는 미디어가 조직 명성에 많은 영향을 미치는 것으로 보고, 미디어 이론을 기반으로 한 명성 연구들을 정리했다. 특히, 의제설정 이론과 의제구축 이론, 프라이밍과 프레이밍 이론, 이슈소유권 이론, 의제업테이크 이론 등을 논의했고, 이러한 이론을 기반으로 한 미디어 명성의 효과에 대해 논의했다. 문빛은 9장에서 소셜미디어를 매개로 한 커뮤니케이션 환경의 독특한 특성들을 반영하는 이론들을 중심으로 소셜미디어와 조직 명성의 관계를 고찰했다. 특히 소셜미디어의 매체적 특성, 사용자 특성, 상호작용 특성, 그리고 사회적 특성 등을 정리하고 PR 관점에서 소셜미디어PR과 관련된 이론적 논의를 살펴보았다.

이 책은 명성과 커뮤니케이션에 대한 다양한 학문 분야, 즉, 조직학, 사회학, 경영학, 마케팅학, 인지심리학, PR커뮤니케이션학과 미디어학 이론 등 다양한 분야의 이론과 연구 결과를 종합적으로 다루었다. 또한 PR커뮤니케이션 관점에서 이를 재조명해, 명성과 커뮤니케이션 연구 분야의 학제 간 연구와 학문적 발전에 기여하고자 하는 목적을 지니고 있다. 한편, 사회적으로 존경받고 신뢰받는 조직이 되기 위해서 조직은 공중 및 사회와 어떻게 커뮤니케이션해야 하는가라는 커뮤니케이션 관점에서 통합적 명성관리 모델을 제안하고자 시도했다.

이 책이 나오기까지 많은 분들의 도움과 노력이 있었다. 기획 저서의 주제에 대해 제안해 주고 적극 지지해 주신 한국PR학회 성민정 회장님께 감사드리고, 이 책의 발간을 후원해 주신 프레인글로벌의 여준영 대표님과 김동욱 사장님, 그리고 프레인앤리의 김석 소장님께도 감사의 말씀을 드린다. 또한 이 책의 저술을 위해 크고 작은 일에 많은 도움을 준 김수진 교수님께 고마움을 전하며, 출판과 교정 작업까지 여러 모로 조언을 주신 한울엠플러스(주) 윤순현 차장님과 임혜정 선생님께도 감사드린다. 마지막으로, 저자 선생님들의 큰 노력과 열의가 이 저서를 완성시키는 동력이 되었다. 여름방학 내내 명성이라는 주제에 몰입하고 PR커뮤니케이션 관점에서 어떻게 방향을 잡아야 할지 함께 고민하며 이 가을에 훌륭한 결실을 맺어주신 저자 분들께 깊이 감사의 마음을 드린다.

2021년 11월
차희원

차례

1장
조직명성의 다양한 관점과 통합 명성관리 모델

차희원(이화여자대학교 커뮤니케이션·미디어학부 교수)

1. 명성의 역사와 다양한 관점

1) 명성의 개념과 역사

'명성reputation'은 일반적으로 이미지image, 정체성identity, 인상impression 등의 개념들과 혼동되어 사용되어 왔다(Grunig and Hung, 2002). 명성연구소Reputation Institute의 설립자인 폼브런 역시 이러한 개념 혼동을 지적하며 명성을 이러한 개념들과 차별화해, "한 기업은 다양한 이미지와 많은 브랜드를 가질 수 있다. 반면, 한 기업의 명성은 기업 종업원, 고객, 투자자, 언론인, 그리고 기타 공중 모두에게 표출되는 한 기업의 총체적인 매력이다"라고 명성 연구소의 웹사이트(http://reputationinstitute.com)에서 정의했다(Fombrun, 1996; Fombrun and van Riel, 1997).

기업명성 이론의 진화 과정을 검토한 발머(Balmer, 1998)에 따르면, 기업명성 관련 연구는 3단계로 발전되어 왔다. 1단계인 1950년대는 기업 이미지에 초점을 맞춘 단계이며, 2단계인 1970년대~1980년대는 기업 아이덴티티와 기업 커뮤니케이션을 강조했던 단계이다. 그리고 3단계인 1990년대는 기업 브랜드 관리와 명성에 관심이 기울어지기 시작한 단계이다.

1983년 ≪포춘≫지가 "올해의 가장 존경받는 기업들Most Admired Companies of the Year"라는 주제로 기업 순위를 발표하면서 '기업명성'에 대한 관심은 커지기 시작했다(Carroll, 2013에서 재인용). 하지만 기업 순위에 대한 여러 가지 방법론적·과학적 비판이 발생했고, 한동안 학자들의 관심은 크게 이루어지지 않았다. 기업명성에 대한 학문적 관심이 시작된 것은 1990년 폼브런과 샌리가 ≪포춘≫지의 순위 발표에 대한 검토를 *Academy of Management Journal*에 발표하기 시작하면서부터다. 이 시기부터 경영학, 사회학, 심리학, 마케팅 분야 등 다양한 학문 분야의 연구자들이 기업명성에 관심을 갖고 연구를 진행했다. 하지만 이러한 다양한 관점의 연구로 인해 명성 개념에 대한 서로 다른 정의를 내렸고 개념 혼란이 문제로 제기되기도 했다(차희원, 2015).

2) 다양한 관점의 명성 개념

명성은 다양한 관점에서 논의되어 왔다. 경영학, 사회학, 인지심리학, 조직학, 그리고 PR커뮤니케이션 관점 등 다양한 영역의 학자들은 각 분야의 주요 이론을 기반으로 명성에 대한 논의를 진행해 왔다. 이처럼 서로 다른 관점에서 명성을 연구한 결과, 학문적 관점에 따라 명성에 대한 개념 정의가 다르게 이루어졌다. 바넷 등(Barnett et al., 2006)은 명성에 대한 기존 연구들을 검토하면서 명성 개념이 '자산asset', 인식awareness', '평가assessment'라는 3가지 군집으로 되어 있다고 주장했다.

경영학자와 전략가는 명성을 '자원resource' 또는 '자산'으로 개념화하고 명성이라는 무형 자산intangible asset이 기업 성과와 수익에 영향을 미친다고 주장한다. 반면, 사회학자는 명성을 '정당성legitimacy'으로 개념화하면서 사회의 다양한 이해관계자로부터 정당성을 어떻게 확보하고 어떤 '평가evaluation'를 받는가가 기업명성에서 가장 중요하다고 보았다. 따라서 사회학자들에게 명성이란 외부 이해관계자들로부터 조직의 정당성을 확보하는 것이자 조직에 대한 이해관계자들의 전반적인 평가를 의미한다. 인지심리학자는 사람들의 머릿속에 긍정적인 기업 스키마를 형성하는 것이 명성이라고 보았기 때문에 명성을 '연상association'이라고 개념화하고 명성과 이미지를 특별히 구분하지 않았다.

학문 분야에 따라서 명성 요인 중 주목하는 요인도 달라진다. 명성을 자원으로 바라보는 경영학자나 마케팅 학자들은 조직의 차별적이고 경쟁적인 자원에 관심을 갖고 명성을 조직의 핵심 자원으로 주목한다. 특히 어떤 자원이나 강점을 외부로 전달하는가에 따라 명성 포지셔닝이 달라지며, 경쟁사 대비 차별화 전략을 사용할 수 있음을 강조한다. 반면, 사회학자들은 외부 이해관계자들로부터 사회적 정당성을 얻고 좋은 평가를 받는 것이 중요하기 때문에 기업에 긍정적·부정적 영향을 미치는 이슈나 위기 요인, 기업의 정당성을 확보하는 사회적 책임활동 등에 주목한다. 인지심리학자들은 기업 연상corporate associations을 일으키는 요인이 중요하기 때문에 사람들의 머릿속에서 장기 기억인 스키마를 형성하게 만든 기업 연상 요인에 관심을 갖는다. 이러한 근거가 되는 주요 이론과 연구 결과를 간략히 소개하면 다음과 같다.

(1) 명성과 자산: 자원기반 이론과 신호이론, 게임이론

경영학이나 마케팅 관점에서는 자원기반 이론과 신호이론, 게임이론 등을 근거로 명성을 연구하며, 명성을 '자원'이나 '자산'으로 개념화한다. 즉, 명성은 '무형 자산'이며 '본질적 가치intrinsic value'를 갖고 있기 때문에 다른 기업들과 경쟁할 수 있는 경쟁적 이점으로 작용한다고 주장한다.

경쟁적 이점은 소비자의 호감과 충성도를 불러일으키고(Fombrun, 1996), 상품의 품질을 높게 인식하도록 해 정보 불확실성을 감소시키며, 투자자와 직원들에게도 기업에 대한 불확실성을 감소시켜 준다. 따라서 좋은 명성을 갖는다는 것은 기업에 대한 위험성을 줄여주고 경쟁자들과 비교해 볼 때 상대적으로 안정감을 높여준다(Helm, 2007). 따라서 경영학자나 전략가들은 한 기업이 무형 자원인 명성을 갖추게 되면 다른 기업들이 쉽게 모방하거나 진입하기 어렵게 만드는 진입장벽으로 작용한다고 주장한다.

자원기반 이론resource-based theory에서는 기업이 지속가능한 경쟁적 이점을 가질 수 있도록 해주는 기업 자원의 특성을 규명한다(Barney, 1991; Fombrun,

2012). 바니(Barney, 1991)의 주장에 따르면, 자원의 특성은 희귀성rare, 가치성valuable, 불완전한 모방성imperfectly immitable, 비대체성nonsubstitutable 등 네 가지 특성을 갖고 있다. 딥하우스(Deephouse, 2000)는 바니가 제시한 자원의 특성에 근거해 무형 자산으로써의 미디어 명성 가치를 실증적으로 검증했다. 이러한 자원기반 이론에 근거해 볼 때, 기업명성은 시장 상황에서 경쟁자들보다 우위에 설 수 있는 기업의 무형 자원이 된다. 왜냐하면 명성 높은 기업의 특성이 시장 상황에서 다른 기업들이 쉽게 모방하기 어려우며 희귀하고 독특하다는 자원의 특성을 갖추었기 때문이다(Deephouse, 2000; Roberts and Dowling, 2002).

신호이론signaling theory에서는 기업이 이해관계자에게 신호를 보내어 영향을 미치고, 그들의 관심사에 지지를 얻어내려는 노력에 초점을 맞춘다(Fombrun, 2012). 광고나 PR 등의 기업 커뮤니케이션, 로비, 그리고 다른 사회적 상호작용 등은 기업이 투자자나 소비자에게 그들의 핵심 역량과 특징을 알리기 위해서 전달하는 전략적 신호다. 그리고 이러한 신호들은 이해관계자에게 기업의 바람직한 이미지를 전달하기 위해서 제시되는 전략적 메시지이다. 또한 기업은 명성을 높이기 위해서 애널리스트나 언론인 등의 중재자에게 메시지를 전달해 기업 인상을 관리하려고 한다. 이렇게 형성된 좋은 명성은 외부 이해관계자들에게 신뢰를 높이고 미래 행위를 예측하기 쉽게 만들어준다(Myers and Majluf, 1984; Ross, 1977; Stigler, 1962). 경쟁자가 많은 시장 상황에서는 기업과 상품의 차별적 특징이 잘 보이지 않기 때문에, 명성 높은 기업이라는 특징을 갖게 된다면 기업 제품과 서비스에 대한 이해관계자의 확신과 신뢰를 증진시키는 정보 신호가 된다. 따라서 경영자들은 기업명성을 그들의 매력과 장점을 알려주는 전략적 신호로 활용할 수 있다.

게임이론game theory은 한 사람의 행위가 다른 사람의 행위에 영향을 미치는 상호의존적인 상황에서 의사결정이 어떻게 전략적으로 이루어지는가를 연구한다. 이 이론의 가정은 사람들이 합리적인 의사결정을 하며, 상대방의 반응을 충분히 고려하고 전략적 결정을 내린다는 것이다(Weigelt and Camerer, 1988). 이러한 게임이론 관점에서 볼 때, 시장에서 다양한 이해관계자들은 기업에 대한 정보가 항상 부족하기 때문에 전략적으로 결정을 내리기가 쉽지 않다. 예를 들면, 소비자들은 상품의 특징이나 품질에 대한 정보가 부족하기 때문에 기업명성에 의존할 수밖에 없다. 이와 비슷하게, 투자자들도 기업의 미래 행위에 대해 관리자보다 정보가 부족하기 때문에 기업명성에 의존하게 된다. 왜냐하면 과거의 좋은 기업명성은 경영자들이 과거 명성과 일관된 방식으로 행동하리라는 확신을 높여주기 때문이다. 예를 들면, 애플이나 삼성과 같이 스마트폰 시장에서 좋은 명성을 가진 기업이 있다면 소비자나 투자자들은 기존 명성에 근거해 해당 제품을 구매하는 결정을 쉽게 할 수 있고, 그 기업에 안정적으로 투자할 수 있다.

따라서 게임이론가에게 명성은 매우 안정적인 정보인데, 그 이유는 명성이 높다는 것이 회사에 대한 과거의 행동을 파악하고 미래의 행위를 예측할 수 있는 좋은 정보가 되기 때문이다. 경쟁적 시장 상황에서 다른 기업보다 A기업의 제품 품질 명성이 높다는 것은 과거 행위자(구매자)들의 경험에 근거한 것이며, 다른 행위자(소비자나 투자자)들의 의사결정과 전략적 선택에 유용하다는 것을 의미한다.

(2) 명성과 평가: 제도이론과 정당성 이론

사회학적 관점에서 볼 때, 명성이란 사회제도 내에서 이해관계자들로부터 좋은 평가evaluation를 받고 기업의 정당성을 얻어내는 것이라고 보았다. 제도이론institutional theory에서는 기업명성이란 기업이 사회적 제도권 내에서 사회적 질서와 규범을 잘 지켜내고 순응하면서 이해관계자들로부터 기업 정당성과 사회적 지지를 얻어내는 것이라고 설명한다(Suchman, 2005). 정당성이란 한 조직의 행동이 사회적 시스템이나 제도 안에서 사회제도의 규범이나 가치, 신념 등에 부합되고 대부분의 사람들이 바람직하다고 인식하는 것을 의미한다. 따라서 사회학자들에게 명성이란 사회제도권 내 이해관계자들로부터 사회에 필요한 기업으로 인정받고 사회적 승인과 정당성을 얻는 것으로 개념화된다.

제도이론에 따르면, 기업의 활동 동기는 사회제도권 내에서 다양한 이해관계자들에게 사회에 필요하고 좋은 기업으로 인정받는 것이고, 사회제도와 규범 안에서 법을 어기지 않고 순응하면서 유익한 기업으로 승인받고 지지를 얻는 것, 즉 사회적 정당성을 얻어내는 것이다(Suchman, 1995). 제도이론에서는 '거시 문화'의 중요성에 주목하는데, 거시 문화란 조직과 이해관계자 간 상호작용에서 생겨났고 미디어나 다른 전문가 등 제도적 중재자에 의해 매개된 문화이다. 기업은 사회의 거시 문화에 대해 순응하고 다양한 이해관계자의 요구에 부응하면서 사회적 정당성을 얻는 일에 집중하게 된다. 그런데 이러한 순응을 통해 결국 기업의 모습은 차별성이 없어지고 서로 유사해지는 '동형화'를 이루게 된다. 예를 들면, 최근 기업의 사회책임활동은 사회제도와 규범에 순응하고 사회에 기여하는 기업시민이 되어야 한다는 사회적 압력에 부응해 생겨난 것인데, 많은 기업들은 다른 기업들과 유사한 사회책임활동을 수행하게 되면서 점점 더 기업활동이 유사해지는 동형화라는 결과를 얻게 된다(차희원, 2015).

제도이론에서는 주요 개념으로 합리적 신념인 '정당성'을 포함한다(Deephouse and Suchman, 2008). 제도주의자들이 개발한 개념 중에서 정당성 개념은 기업명성과 가장 밀접하게 연관된 것이다. 어떤 학자들(Meyer and Rowan, 1977)은 정당성과 명성을 구분하지 않았으며, 사회제도권 내의 관례적 행동에 기업이 참여할 때 기업 정당성을 얻게 되고 이것이 곧 명성이라는 이익을 얻어내는 것이라고 주장했다. 하지만 이후 연구자들은 정당성과 명성을 구분하고자 했으며, 딥하우스와 카터(Deephouse and Carter, 2005; 차희원, 2015)는 명성과 정당성, 두 가지 개념의 차이를 제시했다. 그들에 따르면, 정당성은 사회의 규제와 규범, 사회적 기대에 순응함으로써 얻어지는 사회적 승인이며, 명성이란 기업의 다양한 속성들에 대한 사회적 비교이며 차별적 특성이라고 볼 수 있다. 따라서 사회제도권 내에서 사회적 승인이나 정당성을 높이려고 할 경우, 기업 고유의 독특하고 차별적인 특성이 없어지며 서로 비슷해져 가는 동형화 현상을 낳게 되며, 기업명성을 높이고자 할 경우 기업들 간 상대적 우위나 독특성이 드러나면서 서로 차별화되는 결과가 나타난다.

(3) 명성과 연상: 인지심리학 이론과 스키마 이론

인지심리학의 사회인지 이론social-cognitive theory에서는 '사람과 사회적 사건의 인식에 영향을 미치는 인지 구조와 과정'을 연구한다. 사회인지 이론에서는 주로 스키마를 연구하는데, 스키마는 우리의 지식을 조직하고 포함하는 인지 구조를 의미한다(Fiske and Taylor, 1991). 스키마 이론은 우리의 머릿속에 이미 존재하는 선험 지식인 스키마가 새로운 정보를 이해하고 학습하는 데 영향을 미친다는 이론이다.

명성은 인지와 태도로 구성된 일종의 스키마이며(Grunig, 1993), 기업명성은 기업에 대한 스키마, 또는 인지적 연상association을 의미한다. 아인윌러(Einwiller, 2013)는 기업명성에 필수적인 두 가지는 '기업 연상'과 '기업 속성corporate attributes'이라고 주장했다. 그는 이 변수들을 인지심리학적 관점에서 검토했는데, 기업 연상이란 기억 속에서 두개의 지식 노드 사이의 관계를 지칭한다. 이 개념에 따르면, 기업 연상은 본질적으로 회사를 대표하는 지식 노드(회사 이름)와 스테이크홀더의 기억 속에, 이와 관련해 다른 지식 아이템과의 연결 고리가 연상되는 것이다. 기업 연상의 개념은 특정 속성으로서 보다 구체화될 수 있는데, 한 기업에 대한 태도가 부정적 속성(환경오염)과 연결되어 있다면 그 기업에 대한 평가는 부정적일 것이다. 그리고 그와 반대라면(안전한 직장) 기업 평가는 긍정적일 것이다. 또한 사람들은 태도 속성과 관련해 감정과 정서를 경험할 수 있다. 정서적 반응은 극단적으로 부정적(분노, 두려움)이거나 극단적으로 긍정적(희망, 기쁨)인 양극단에서 다양한 범위를 갖는다(차희원, 2015).

태도이론의 논리에 의해보면, 기업 연상은 구체적으로 회사를 대표하는 지식 노드와 스테이크홀더의 기억 속에 복구된 다른 지식 아이템 간의 연결이라고 할 수 있다. 여기에는 태도의 형태로 함축된 평가와 요약 평가가 담겨 있다. 예를 들면, 회사는 혼합된 평가를 가질 수 있는데, 한 면에서는 긍정적이지만 다른 면에서는 부정적일 수 있다. 그러나 일반적으로 한 객체에 대해 호의적으로 평가하는 사람들은 부정적 속성으로 연상하려고 하지 않으며, 그 반대의 경우도 마찬가지다(Eagly and Chaiken, 1993). 따라서 요약 평가는 '하나의 함축된 평가'로 요약된다. 회사와 사람들의 기억 속에 저장된 속성인 기업 연상은 회사가 자신을 어떻게 제시하는지 그리고 그 속성에 대해 어떻게 커뮤니케이션하는지에 의해서 영향을 받는다. 또한 직접 관리할 수 없는 언론이나 소셜미디어 같은 다양한 외부 소스로부터도 영향을 받는다. 스키마와 태도가 상호 관련되어 있고 변화하기 어렵긴 하지만, 그럼에도 조직은 긍정적인 연상과 긍정적인 명성 평가를 강화하거나 개발하는 데 영향을 미칠 수 있도록 구성원들과 커뮤니케이션해야 한다. 정보원 신뢰도는 이슈 관여도가 강하지 않은 사람들이 태도를 변화하는 데 중요한 요인이 될 수 있다. 예를 들면, 신뢰받는 국제적인 공식 기관이 국제적 사회공헌활동 분야에서 A기업의 1위 수상을 공표한다면 평소 A기업에 대한 부정적 태도가 긍정적으로 변화할 수도 있다.

인지심리학자들은 명제들이 어떻게 기억 속에서 복구되는지 이해하기 위해 '연상 네트워크 모델'(또는 의미 네트워크 모델)을 제안한다(Einwiller, 2013). 연상이란 사람들의 기억 속에 있는 정보 조각들, 혹은 지식 노드 사이의 관계를 지칭한다. 지식 노드란, 예를 들면 기업 이름(애플), 경영자 이름(스티브 잡스), 제품(스마트폰), 또는 특징(혁신성)과 같은 정보 조각들이다. 연상은 두 개의 지식 노드 사이에서 연결을 보여주며(예: 스티브 잡스와 혁신성), 상호 연상된 지식 노드의 집합체는 하나의 카테고리(예: 애플)를 형성한다. 카테고리는 어떤 사물 유형의 독특한 특성과 공통적 의미를 보여준다. 예를 들면, 뉴애플 스마트폰이라는 새로운 상품은 특정 카테고리인 애플 제품에 속하는 것으로 인식된다. 이를 통해서 사람들은 새로운 스마트폰 제품의 속성을 애플 제품이라는 카테고리에서 추론해 낼 수 있다. 정보를 해독하고 복구하는 정도는 '활성화 확산spreading activation'에 의해 결정된다. 활성화 과정에서 더 자주 동시에 발생하는 아이템은 더 강하게 연상되며, 활성화된 노드 사이의 연상이 강할수록 사람들의 기억 속에서 특정 정보가 더 빠르게 복구된다. 예를 들면, 혁신적 회사의 투자를 고려할 때, 투자자는 '혁신'이라는 속성을 포함하는 노드의 강력한 연상 때문에 애플이라는 기업을 더 빨리 생각하게 된다. 이와 같은 강력한 긍정적 연상과 스키마를 만들어내기 위해서 기업은 끊임없이 광고나 PR 등의 커뮤니케이션을 통해 자신들의 긍정적인 기업 특성을 전달하며, 언론이나 소셜미디어를 통해 부정적 연상이 이루어지지 않도록 관리한다(차희원, 2015).

이러한 인지심리학자의 관점에서 볼 때, 기업명성은 수용자의 인식적 현상이며 '연상'이다. 기업명성은 결국 기업을 바라보는 개인들에 의해서 어떻게 인식되고 판단되는지에 의존하기 때문이다. 따라서 기업명성은 기업에 대한 '인지적 연상'으로 개념화된다.

(4) 명성과 정체성: 사회 정체성 이론과 동일시

조직학적 관점에서 볼 때, 기업명성은 기업의 정체성을 반영한 것이며, 기업 구성원의 인식과 경험에 뿌리를 둔 개념이 기업명성이라고 개념화한다. 기업 정체성은 핵심적이고 지속적인 가치이며 조직 고유의 차별적 특성인데, 이러한 정체성은 외부환경에 대한 경영진과 구성원의 해석, 대응방식, 그리고 전략에도 영향을 미치게 된다(Albert and Whetten, 1985). 정체성은 매우 다양한 요소로 구성되는데, 기업철학과 기업문화, 기업 CEO과 기업 구성원, 기업의 경영 및 마케팅 활동, 기업 커뮤니케이션 등 다양한 요소로 구성된다. 이러한 기업 정체성에 대한 기업 CEO와 구성원의 인식은 외부 이해관계자들에 대한 전략과 상호작용에도 영향을 미치게 된다(Miles and Cameron, 1982; Porac and Thomas, 1990).

정체성 이론Identity theory에서 핵심적으로 제기하는 문제는 '나는 누구인가?', '우리는 누구인가?'와 같은 질문들로, 기업이 스스로를 어떻게 정의하는가에 초점을 맞춘다. 정체성에 대한 개념 중 앨버트와 휘튼(Albert and Whetten, 1985)이 제시한 CED 개념이 가장 널리 받아들여진다. 즉, '핵심적central'이고 '차별적distinctive'이며, '지속적enduring'인 특징이 바로 조직의 정체성이라는 것이다. 첫 번째 특징인 '핵심성'이란 조직이 추구하는 핵심적인 요소를 의미하며, 두 번째 특징인 '차별성'은 다른 조직과 비교해 볼 때 독특하고 차별적인 요소를 의미한다. 마지막 특징인 '지속성'은 조직이 갖고 있는 일관되게 유지되는 속성을 의미한다.

앨버트와 휘튼(Albert and Whetten, 1985)의 정체성 관련 논의에서 주목할 점은 조직이 이중 정체성dual identity, 또는 다수 정체성multi identity을 가질 수 있다는 점이다. 대부분의 조직은 정체성을 하나 이상 가지며, 조직의 생명주기 중에서 성장기와 성숙기에서는 이중 정체성이 나타날 가능성이 높다고 했다. 이들은 이중 정체성을 실용적 차원과 규범적 차원으로 구분했는데, 실용적 정체성을 갖는 조직은 주로 기업이며, 경제적 생산성에 목표를 두고 이익 극대화와 비용 최소화에 관심을 갖는다. 한편, 규범적 정체성을 갖는 조직은 주로 교회나 대학과 같은 비영리조직인데, 사회 규범이나 이념, 공공선 철학의 구현 등을 조직 목표로 한다. 그리고 시간이 지나면서 실용적 정체성을 갖는 조직도 규범적 정체성을 갖게 되며, 규범적 정체성을 갖는 조직도 실용적 정체성을 갖게 된다. 예를 들면, 대학이나 교회는 경제적 이익에도 관심을 갖게 되며 실용적 정체성을 형성하는 한편, 기업도 사회적 규범이나 철학에 관심을 갖고 기업시민이라는 규범적 정체성을 만들어간다는 것이다. 즉, 조직 정체성은 한 가지로만 지속되는 것이 아니고 시대와 상황에 따라 끊임없이 변화하기도 하고 다양한 정체성을 갖게 된다는 점이 중요하다.

또한 조직학적 관점에서 사회 정체성 이론social identity theory과 조직 동일시 이론도 기업명성에 중요한 역할을 하는 이론이다. 애쉬포스와 마엘(Ashforth and Mael, 1989)은 사회 정체성 이론에 근거해, 사람들은 소속된 조직의 특성에 따라서 집단 구성원의 관점에서 자신을 규정하며 그들 자신과 타인을 분류하는 경향이 있다고 주장한다. 이러한 주장은 조직 동일시 개념과 유사하다. 학자들(Dutton, Dukerich and Harquail, 1994)은 조직 동일시를 '조직을 정의할 때 사용하는 것과 같은 속성을 사용해 자신을 정의하는 정도'라고 정의했다. 사회정체성 이론에 기반해 조직 동일시를 개념화한 김민주(1996)는 조직 동일시가 개인의 자기 정의에 대한 해답을 제시해 줄 수 있다고 보았다. 개인이 조직에 대해 갖는 애착은 자신과 조직을 동일시하기 때문에 발생하며, 조직의 특성과 속성들을 개인 차원에서 자신과 동일한 수준으로 통합한다고 했다.

이들 조직학적 관점의 연구에서는 조직 정체성 이론과 사회 정체성 이론, 그리고 조직 동일시 등에 기반해 조직명성이 조직의 정체성인 조직 구성원과 조직문화에 의해 어떻게 영향을 받는지 논의하고 있다. 인적자원 관리 영역에서도 기업명성을 둘러싸고 내부 구성원과 그들의 역할에 초점을 맞추고 있다. 조직학 관점에서 조직명성은 조직 구성원이나 조직 문화와 같은 조직 정체성에 뿌리를 두고 있으며, 조직 정체성과 명성은 서로 상호작용하는 것이다.

(5) 명성과 관계성: PR 관계성 이론

PR학자들은 조직과 공중과의 관계성public relations이라는 PR 개념에 초점을 맞추고 명성을 연구한다. 그루닉 등의 PR학자들은 장기적인 조직-공중 관계에 주목하면서 관계성relationship의 결과가 곧 명성이라고 개념화한다. 그루닉(Grunig, 1993)은 PR이 가치를 높이기 위해서는 활동적이고 관여도가 높은 '전략적 공중'과 장기적으로 '행동적 관계'를 증진시켜야 한다고 주장한다. 그것이 곧 조직 목적을 달성하는 길이며, 이를 통해 두 가지 수준에서 조직 효과성을 달성할 수 있다고 주장한다. 미시적 수준에서 조직이 외부 공중과 전략적으로 커뮤니케이션하는 프로그램 효과를 달성해야 하며, 거시적 수준에서는 조직 경영 차원에서 조직의 활동을 개선하면서 전반적으로 조직 효율성을 달성하는 데 기여해야 한다.

PR학에서는 상징적 패러다임과 행동적 패러다임, 두 가지 패러다임을 갖고 있다(Kim et al., 2013). 상징적 패러다임을 주장하는 사람들은 PR이란 공중이 조직 행위를 어떻게 해석하는가에 영향을 미치려는 것이며, 이러한 패러다임을 따르는 실무자들은 조직 메시지나 광고, 언론 보도, 미디어 관계, 그리고 미디어 효과 등을 강조하며, 그것들이 공중 마음속에 조직을 긍정적이고 호의적으로 인식하도록 돕는다고 믿는다. 반면, 행동적 패러다임에서는 조직 임원들의 전략적 의사결정 참여에 초점을 맞춘다. 이를 통해서 조직은 단순히 공중 인식을 바꾸기보다 실제 조직행위를 관리하는 데 주력한다. 특히 PR의 행동적 패러다임은 쌍방 커뮤니케이션을 강조하는데, 이는 경영 의사결정을 하는 데 공중이 의견을 제시하도록 해주고 경영자와 공중 사이에 대화를 촉진시킨다.

미시적 수준에서 PR실무자들은 커뮤니케이션 프로그램의 목표를 설정하고 그 효과성 측정을 개발한다. 이를 통해 조직은 공중과의 상징적 관계를 수립할 수 있지만, 이것만으로는 PR의 문제를 해결할 수 없다. 조직에게 PR이 필요한 이유는, 보다 거시적인 수준에서 조직과 공중의 행동들이 서로에게 영향을 미치기 때문이다. 그러므로 장기적으로 조직은 그들의 거시적 특성이라고 할 수 있는 '공중과의 행동적 관계'를 평가해야 하며, 이로써 PR이 조직 목적과 사명을 달성하는 데 기여했는지 평가할 수 있게 된다. 그루닉(Grunig, 1993)은 상징적 관계와 행동적 관계는 로프의 가닥처럼 서로 얽혀 있기 때문에, PR실무자는 조직이 보다 효과적이 될 수 있도록 두 관계의 연계성을 수립해야 한다고 주장했다.

조직의 명성관리를 위해서 김정남 등(Kim et al., 2013)은 전략적 PR관리모델을 통해 조직 커뮤니케이션 프로그램의 중요성을 강조한다. 연구자들은 우수한 PR의 역할을 조직과 프로그램이라는 두 가지 수준에서 제시하는데, 조직 수준에서는 조직 경영진들이 전략적 관리를 수행해야 하며, 프로그램 수준에서는 커뮤니케이션 담당자들이 PR프로그램의 전략적 관리를 실행해야 한다고 제시한다. 커뮤니케이션 프로그램은 조직과 공중 간 관계를 증진시키는 프로그램이며, 행동력 있고 적극적인 활동공중과의 관계 증진을 통해 신뢰와 만족을 높이는 행동적 관계를 만들어야 한다. 이들 공중과의 좋은 관계는 결국 조직에 대한 좋은 명성을 이끌어내게 된다. 따라서 PR학 관점에서 조직명성의 형성 과정은 조직 거버넌스가 커뮤니케이션 프로그램을 통해 공중과의 관계를 증진시키는 것임을 알 수 있으며, 무엇보다도 공중과의 좋은 행동적 관계 형성이 곧 좋은 명성으로 이어진다.

2. PR관점의 명성 연구와 커뮤니케이션

미국PR협회의 PR에 대한 정의를 보면, PR은 조직과 주요 공중이 상호 호혜적인 관계를 형성하고 유지하는 전략적 커뮤니케이션 과정이다(https://www.prsa.org/). 윌콕스와 카메룬의 정의에서는 PR의 '공공이익(조직과 공중 둘 다에게 상호호혜적)과 쌍방 커뮤니케이션'을 주요 키워드로 제시한다(Wilcox & Cameron, 2014). 신호창 등(2017)은 PR학을 공중관계학으로 규정하고 공중관계란 "조직과 공중이 상호 호혜적인 관계를 형성 및 유지하기 위해 전략적인 커뮤니케이션을 통해 의미를 공유하는 과정"으로 정의하고 있다. 이들의 정의에서 PR의 핵심 요소는 조직, 공중, 관계, 그리고 커뮤니케이션이다. 여기서도 조직과 공중 간 관계를 형성하는 활동은 '커뮤니케이션'임을 강조하고 있다.

이러한 PR관점에서 볼 때, 명성 연구의 핵심 역시 '커뮤니케이션'이며, 조직과 공중 간 관계에 흐르는 다양한 커뮤니케이션적 요소에 주목할 필요가 있다. 따라서 이 글에서는 PR관점의 명성 연구를 커뮤니케이션 요소에 초점을 맞춘 명성 연구로 보고 기존 연구를 검토하고자 한다. 이를 살펴보기 전에 먼저, 커뮤니케이션 개념에 대해 살펴보기로 한다.

1) 커뮤니케이션 개념과 커뮤니케이션 자본

커뮤니케이션이란 '둘 또는 그 이상의 당사자가 기호를 의도적으로 사용함으로써 의미를 교환하는 교류 과정'이며, 커뮤니케이션의 효과적 활용은 예전부터 조직의 효율성을 높이는 데 중요한 요소로 여겨졌다. 지금까지 다양한 학문 분야에서 커뮤니케이션 연구의 중요성을 인식하고 다양한 시각으로 이에 대한 연구에 접근해 온 만큼 커뮤니케이션 개념에 대해서도 여러 가지 의견이 혼재한다(차희원, 2015).

경영학에서는 조직의 경영 활동을 효율적으로 수행하기 위해서 커뮤니케이션에 주목했으며 이는 커뮤니케이션의 기능적 역할에 초점을 맞춘 것이다(Ind, 1992). 하지만 PR학과 커뮤니케이션학에서는 조직과 이해관계자들 간의 관계를 형성하고 증진시키는 수단으로써 커뮤니케이션에 주목해 왔으며, 특히 커뮤니케이션의 관계적 역할에 초점을 맞추었다. 이 장에서는 이러한 PR커뮤니케이션 관점에서 커뮤니케이션을 조직과 관련된 다양한 내·외부 공중과 호의적 관계를 생성하는 지속적 경영 수단으로 정의하고자 한다. 또한 여기서의 커뮤니케이션 역할은 정보 전달 역할과 공중 간의 관계를 증진시키는 관계 형성 역할 둘 다를 포함한다. 결국, 조직이 내외부 공중과의 정보 전달 과정을 통해 서로 의미를 공유하고 상호 이해하는 과정을 만들어간다는 의미에서의 커뮤니케이션 개념에 초점을 맞춘다(차희원, 2015).

커뮤니케이션을 매우 중요한 조직 자본이라고 여겨 '커뮤니케이션 자본' 개념을 제시한 학자들도 존재한다. 반릴과 폼브런(van Riel and Fombrun, 2007)은 커뮤니케이션을 조직의 생명혈이라고 주장하면서 조직이 생존하기 위해 필요한 자원에 접근하는 매개체라고 강조했다. 또한 조직의 내외부 커뮤니케이션을 통해 회사는 다른 조직과의 긍정적 관계를 형성하게 되므로 커뮤니케이션이 중요한 경영 수단이라고 주장했다. 따라서 커뮤니케이션 자본이란 사회적으로 상호 연결된 구성원들 간 커뮤니케이션이 상호 신뢰와 상호 유대를 만들어내면서 형성되는 사회자본이라고 볼 수 있다(차희원, 2015). 조직 관점에서 커뮤니케이션 자본이란 '조직을 둘러싼 다양한 내외부 이해관계자들과 정보를 주고받고 의미를 공유하면서 상호 신뢰와 유대를 형성하고 조직에 대한 지지를 얻게 되는 자본'을 의미한다.

2) 커뮤니케이션 요소와 명성 간 관련성 논의

커뮤니케이션을 자본이라고 주장한 학자들의 주장에 근거해 조직명성 연구 중에서도 커뮤니케이션 요소를 다룬 연구를 집중적으로 검토해 보고자 한다. 지금까지 커뮤니케이션 요소와 명성의 관련성을 논의한 연구는 크게 세 가지 차원의 명성 연구로 구분할 수 있다. 첫째, 조직 차원의 커뮤니케이션 연구, 둘째, 조직-공중 관계 차원의 커뮤니케이션 연구, 셋째, 사회 차원의 커뮤니케이션 연구이다.

첫째, 조직 차원에서 조직의 PR커뮤니케이션 활동과 명성 간 관련성 연구가 이루어졌는데, 이는 조직학과 경영학 이론에 기반한다. 먼저, 조직학적 관점에서는 조직의 정체성 이론에 기반해 조직의 정체성을 구성하는 조직문화나 기업철학, CEO 특성과 커뮤니케이션 등이 조직명성에 어떤 영향을 미치는지 다루었다. 또한 경영학 관점에서 자원기반 이론이나 신호이론에 기반해 외부 이해관계자를 대상으로 하는 조직 커뮤니케이션이나 조직 활동이 기업 성과에 어떤 영향을 미치는지 분석했다.

둘째, 조직-공중 관계 차원의 커뮤니케이션과 명성 연구이다. 여기서는 PR의 관계성 이론을 중심으로 명성에 대한 연구가 이루어졌다. 특히 위기나 이슈관리, 사회공헌활동과 명성 간의 관련성 연구에서는 관계성을 매개변수로 해 명성 연구가 이루어지고 있다. 관계성은 크게 두 가지 영역에서 다루어지고 있다. 조직-공중 간 직접 관계를 중심으로 직접 커뮤니케이션을 다룬 연구, 미디어를 매개로 한 간접 관계를 중심으로 간접 커뮤니케이션을 다룬 연구이다. 특히 미디어 매개 커뮤니케이션은 전통 매체인 미디어와 뉴미디어(특히 소셜미디어)에 논의가 집중되었다.

셋째, 사회 차원의 커뮤니케이션 논의와 명성 간 연구이다. 여기서는 사회학적 관점에서 사회 규범을 파괴하는 위기가 기업명성에 어떻게 영향을 미치는지, 사회제도권 내 순응하고 기업시민으로서 역할을 하는 기업의 사회공헌활동이 명성과 어떤 관련성이 있는지 논의가 이루어졌다. 따라서 조직 외부의 이해관계자들이 조직에 어떤 기대를 갖고 있는지, 이해관계자의 기대에 부합하는 사회공헌활동이나 기대를 위반하는 위기 상황에서 조직이 어떻게 커뮤니케이션을 수행하고 어떻게 명성을 증진시키거나 회복시키는지에 대한 연구가 다수 진행되었다. 특히 PR관점에서는 이와 같은 사회 차원의 커뮤니케이션과 명성 간 관련성 연구가 집중되었다.

(1) 조직 차원의 커뮤니케이션과 명성 연구

PR학 관점의 명성 연구에서 논의된 조직 차원의 커뮤니케이션은 크게 조직 내부의 커뮤니케이션과 조직 외부의 커뮤니케이션, 두 가지로 구분된다. 조직 내부의 커뮤니케이션은 조직 내부에서 발생하고 전파되는 커뮤니케이션으로서, 사원 대상 커뮤니케이션, 사원 간 커뮤니케이션, 그리고 CEO나 임원, 관리자가 수행하는 커뮤니케이션 등을 의미한다. 조직 외부 커뮤니케이션은 조직 외부의 이해관계자를 대상으로 조직에서 전달하는 커뮤니케이션을 의미하며, 여기에는 광고나 PR활동 등을 포함한 조직의 다양한 커뮤니케이션 활동을 포함한다.

① 조직 정체성과 내부 커뮤니케이션

조직학 관점에서 볼 때, 조직명성에 영향을 미치는 가장 근본적인 요소는 바로 조직 정체성이다. 이러한 관점은 명성의 뿌리가 바로 조직 정체성임을 주장해 온 조직학자들의 주장인데, PR학 연구에서도 이러한 조직학적 관점에서 조직 정체성과 조직명성 간 관련성을 논의해 왔다. 특히 조직 정체성 중에서 조직 문화와 CEO 리더십, 조직 내부 커뮤니케이션 등을 주요 변수로 해 연구를 진행해 왔다. 조직 특성과 기업명성에 관한 연구는 크게 세 가지로 구분할 수 있다.

첫째, 조직학적 관점에서 조직 특성 자체가 명성에 영향을 미친다고 보는 연구들이며, 조직문화나 CEO 리더십, 사원 인식 등이 명성에 어떤 영향을 미치는지 연구했다(Men, 2012; Helm, 2013; Johnston and Everett, 2012). 대부분의 연구에서는 다른 유형의 조직문화가 기업명성에 다르게 작용하는 것으로 나타났는데, 참여적 조직문화가 권위적 조직문화보다 내부 직원의 충성심을 제고하고 명성에도 긍정적으로 작용한다. 또한 CEO 리더십은 조직 구성원의 기업명성 인식에 영향을 미치고, 이는 사원의 자부심과 직무 만족에도 영향을 미치는 것으로 나타났다.

둘째, 조직의 특성 중 사원 커뮤니케이션에 초점을 맞춘 연구가 다수 이루어졌다. 사내 커뮤니케이션 특성과 기업명성 및 재무 성과 간 연구에 따르면(차희원·임유진, 2014), 사내 커뮤니케이션 특성인 업무 관련 콘텐츠나 사내공식미디어 등이 커뮤니케이션 분위기에 영향을 미치고 이것이 사원의 만족을 매개해 기업명성에 간접적 영향을 미치는 것으로 나타났다. 토마스 (Thomaz, 2010)는 동일시와 기업 성과 및 기업명성 간 관계에서 커뮤니케이션의 매개효과를 검증했다. 연구 결과, 동일시가 강할수록 기업 성과 및 기업명성이 증진되었으며, 커뮤니케이션은 기업 성과보다 기업명성에 더 큰 영향을 미치는 것으로 나타났다. 이 주제의 연구에서는 사원 커뮤니케이션 만족도가 사원 만족이나 조직 동일시, 조직 로열티에 긍정적 영향을 미치고 이것이 기업명성에 긍정적으로 작용한다(장현지·차희원, 2013; 김현정·손영곤, 2012)는 것이 핵심적인 연구 결과로 제시된다.

셋째, 기업 정체성 관점에서 기업의 내외부 인식과 기업명성 간 관련성을 고찰한 연구들이 있었다. 장우성과 한은경(2007)은 상호지향성 이론을 바탕으로 기업 정체성과 기업 이미지, 기업명성 간의 관련성을 연구했으며, 기업의 내부 정체성 중에서 외부 인식인 기업명성에 긍정적 영향을 미치는 정체성 요인에 대한 기업 차이를 비교·분석했다. 또한 장우성(2008)은 공영방송 내부 직원을 대상으로 기업정체성과 기업명성 간 관련성을 검토하고 조직 일체감의 매개효과를 검증했다. 연구 결과, MBC 직원들의 자사에 대한 정체성 인식은 조직 일체감을 매개해 기업명성에 영향을 미치는 것으로 나타났다. 특히 직원이 인식하는 기업 정체성은 기업명성에 직접 영향을 미치는 한편, 조직 일체감을 매개해서 간접적인 영향도 미치는 것으로 나타났다. 하지만 KBS 직원의 경우 조직 일체감의 매개효과는 나타나지 않았다.

② 조직 외부 커뮤니케이션과 조직명성

앞서 제시한 조직 커뮤니케이션이 사원을 대상으로 하는 조직 내부 커뮤니케이션, 또는 사원관계 커뮤니케이션에 집중되었다면 여기서의 조직 외부 커뮤니케이션 연구는 조직 외부의 이해관계자를 대상으로 하는 커뮤니케이션을 의미한다. PR학자들은 경영학적 관점의 신호이론이나 자원기반이론, 그리고 소비자 행동 이론에 기반해 연구를 진행했다. 특히 광고나 PR, 퍼블리시티 등의 커뮤니케이션 활동이 기업명성에 어떻게 기여하는지, 그리고 기업명성의 재무적 성과를 검증할 수 있는지에 관한 연구가 진행되었다. 이와 관련된 연구 주제는 크게 세 가지로 구분된다.

첫째, 기업명성의 재정적 성과에 대한 연구로써, 기업의 무형 자산인 명성이 재무적 성과에 긍정적 영향을 미친다는 점을 검증한 것이다. 두혜(Duhé, 2009)는 기업명성과 순이익 사이의 관계를 연구했는데, 706개 회사들의 다양한 명성 속성인 사회적 책임이나 관리 능력 등이 기업의 재정적 성과에 긍정적으로 영향을 미쳤다. 또한 김장렬과 차희원(Kim and Cha, 2013) 역시 PR활동과 예산이 기업명성에 긍정적 영향을 미치고 이것은 기업 순이익에 영향을 미친다는 점을 밝혀내었다.

둘째, 기업 커뮤니케이션 활동 중 광고나 PR활동이 기업명성이나 기업

성과에 어떤 영향을 미치는지 검증했다. 김영욱(Kim, 2001)은 PR에 대한 비용 지출이 명성을 매개로 해 기업 이익에 영향을 미침을 확인했다. 휴턴 등(Hutton et al., 2001)도 기업 커뮤니케이션 활동과 명성 간의 긍정적 상관관계를 밝혀낸 바 있다. 김경란(2009)은 기업의 광고비 투자와 긍정적인 언론 보도가 기업명성과 매출액에 기여할 것이라고 가정했다. 연구 결과, 광고비가 증가할수록 기업명성과 매출액에 긍정적 효과를 갖고 있었으나 긍정적인 기사는 우호적인 기업명성에 긍정적으로 기여했으니 기업 매출에는 직접적 영향을 미치지 않는 것으로 나타났다.

셋째, 기업의 언론 관계 활동에 초점을 맞춰 미디어 명성이 재무 성과나 경영 성과에 영향을 미치는지 연구가 진행되었다. 키오시스 등(Kiousis et al., 2007)은 의제 형성 및 의제설정 이론에 기반해 미디어 명성과 기업명성 간 상관관계가 유의미함을 확인했다. 통(Tong, 2013)도 미디어 명성이 IPO 기업의 주가에 유의미한 영향을 미침을 확인했으며 향후 주가 증가에도 영향을 미칠 것으로 예측되었다.

(2) 조직-공중 관계 차원의 커뮤니케이션과 명성 연구

조직-공중 관계 차원의 연구는 PR의 관계성 이론을 중심으로 진행되었다. 기업명성을 관계성 증진의 결과라고 보는 PR학자들은 관계성 이론을 독립 또는 매개변수로 해 조직의 커뮤니케션 활동이 관계성을 높이고 이것이 기업명성에 영향을 미친다는 연구 결과를 제시했다. 또한, 조직-공중 간 간접 관계인 미디어와 소셜미디어를 매개로 해 미디어를 활용한 프로그램이 간접 관계 형성과 명성에 어떤 영향을 미치는지 연구했다.

① 조직-공중 관계성과 명성

첫 번째로, PR학자들의 관계성과 명성에 대한 실증적 연구는 2000년대부터 이루어졌다. 그루닉과 헝(Grunig and Hung, 2002)은 5개 조직을 대상으로 조직-공중 관계성과 명성 간 관련성을 실증적으로 검증했다. 연구 결과, 명성은 조직이 좋은 행동을 수행한 결과이며, 공중과의 좋은 관계는 좋은 명성과 관련성이 높다고 주장했다. 양성운(Yang, 2007)은 이들의 연구에 기반해 조직명성에 대한 조직-공중 관계의 영향을 실증적으로 검증했다. 특히 적극적인 커뮤니케이션 행동이 관계성에 긍정적 영향을 미쳤으며 이러한 관계적 결과는 조직명성에 긍정적 영향을 미침을 확인했다. 김정남 등(Kim et al., 2007)은 상징적 행동적 패러다임에 근거해 관계성과 명성, 그리고 기업 성과 간 관련성을 연구했는데, 행동적 관계가 기업명성을 매개해 성과에 영향을 미친다는 것을 확인했다. 이 학자들은 명성관리와 관계 경영을 동일시한다. 그들은 조직이 공중과의 좋은 관계를 형성해야 하며 이를 통해 좋은 명성을 얻게 된다고 주장했다.

이러한 관계성과 명성 간 관련성은 다양한 분야와 주제 영역에 적용되었는데, 기업 외에도 기업 내부 구성원과의 관계성이나 대학, 비영리기관 등에 적용되기도 했다. 또한 위기와 사회공헌활동 연구에서도 명성과 관계성 변수를 적용한 연구가 이루어졌다. 한정호와 조삼섭(2009)은 기업명성과 공중 관계성이 위기 심각성에 미치는 영향을 연구했는데, 기업명성보다 공중 관계성의 영향력이 강하게 나타났다. 즉, 명성보다 관계성이 강할 때 위기 시 기업의 책임을 덜어주는 완충제 역할을 한다는 것이다. 이정화와 차희원(2008)도 평소 공중과의 관계성이 호의적인 기업은 위기 상황에서도 기업명성에 대한 공중 평가가 긍정적으로 나타났음을 검증했다.

② 조직-공중 간접 관계와 미디어 명성

앞선 연구들이 조직-공중 간 직접 관계에 대한 논의에 초점을 맞춘 반면, 조직-공중 간 간접 관계를 형성하는 미디어 명성 효과에 대한 연구도 진행되었다. 이에 대한 대부분의 연구들은 조직명성에 대한 미디어 명성의 효과를 검증하기 위해 의제설정 이론과 의제구축 이론을 기반으로 연구를 진행했다(차희원, 2015). 딥하우스는 자원의존이론과 의제설정 이론을 통합해 '미디어 명성' 개념을 발전시켰으며, 미디어 명성이 희소성, 가치성, 비대체성 등 무형 자산의 특성을 갖고 있다고 주장했다(Deephouse, 2000). 메이어르와 클레이네인하위스는 기업명성에 영향을 미치는 뉴스의 효과를 의제설정 이론과 이슈 소유권 이론을 기반으로 검증했다(Meijer and Kleinnijenhuis, 2006). 연구자들은 미디어 보도를 통한 이슈 현저성이 기업명성에 유의미한 영향을 미쳤음을 검증했다. 즉, 미디어가 특정 이슈를 많이 다룰수록 공중 인식 속에는 특정 이슈와 기업 간 연상이 커지게 된다. 따라서 뉴스의 현저성이 이슈 저명성에 영향을 미치고 이는 기업명성에 영향을 미친다는 2차 의제설정효과를 입증했다. 차희원 등(Cha et al., 2010)도 기업의 이슈 소유권이 기업명성에 긍정적 영향을 미친다는 것을 검증했는데, 예를 들면 뉴스가 특정 이슈를 많이 다루고 특정 기업이 특정 이슈(사회적 문제)를 잘 해결한다고 인식할 때 이는 기업명성에 긍정적 영향을 미친다는 것이다. 이 외에도 미디어의 프레이밍 이론과 프라이밍 이론 등을 의제설정 이론과 통합한 연구도 진행되었으며, 위기 상황의 기업명성에 대한 연구들은 미디어 프레이밍 이론과 상황적 위기 커뮤니케이션 이론SCCT에 기반해 연구가 진행되었다.

③ 소셜미디어의 상호작용성과 명성

조직과 공중 간 간접 관계를 형성하는 또 하나의 매개체는 바로 소셜미디어인데, 조직명성에 대한 소셜미디어의 영향력 연구는 2000년대 들어 급증하고 있다. 연구자들은 소셜미디어의 중요한 특성으로 '상호작용성'에 주목하고 대화커뮤니케이션 이론과 상호작용성의 기능적 관점과 우연적 관점을 중심으로 연구를 진행했다. 메시지나 웹사이트의 상호작용성이 조직명성에 어떤 영향을 미치는지에 대한 연구들에서는 웹사이트의 다양한 상호작용성과 메시지의 우연적 상호작용성이 증가할수록 해당 기업에 대한 명성 평가도 긍정적으로 이루어진다는 것을 발견했다(Guillory and Sundar, 2014; Lee and Park, 2013). 또한 온라인 커뮤니케이션의 특성과 명성 간 관련성 연구도 다수 이루어졌는데, 온라인 댓글의 긍정적 논조와 많은 댓글이 해당 조직에 대한 긍정적 인식과 유의미한 관련성이 있다는 연구도 있었다(Park and Lee, 2007). 길핀(Gilpin, 2010)의 연구에서는 유기농 체인 슈퍼마켓인 '홀푸드Whole Foods'가 소셜미디어 채널에 만든 메시지의 네트워크 분석을 실시해 기업의 핵심 정체성인 '유기농, 그린, 농장, 좋은, 생산자' 등의 메시지가 강력하게 심어져 있음을 확인했고 이것이 좋은 명성을 만들었다고 주장했다.

(3) 사회 차원의 커뮤니케이션과 명성 연구

사회 차원의 커뮤니케이션과 명성 연구에서는 조직을 둘러싸고 있는 사회 환경의 이해관계자들이 조직과 어떤 커뮤니케이션을 통해 어떻게 조직 명성에 영향을 미치는지를 연구한다. 이는 주로 사회학적 관점의 제도이론과 정당성 이론에 기반해 사회 규범이나 제도권에 있는 이해관계자들이 기업에 갖는 기대(사회책임)나 기대위반(위기)이 어떻게 조직의 명성이나 정당성에 영향을 미치는지 다루고 있다. PR학 분야에서 다루어진 사회 차원의 커뮤니케이션은 두 가지 주제로 압축된다. 하나는 위기와 명성 논의이며, 또 다른 하나는 조직의 사회책임과 명성 논의이다.

① 조직 위기와 명성

조직 위기와 명성 논의는 PR학 관점에서 가장 많이 다루어진 연구 주제 중 하나이다. 위기와 명성 간 관련성에 대한 연구들은 주로 쿰스의 상황적 위기 커뮤니케이션 이론SCCT을 주요 이론으로 해 연구를 진행했다. SCCT

의 주요변수인 위기책임성과 위기커뮤니케이션 전략, 위기 이력과 사전명성 및 사후명성, 공중의 감정과 행동 의도 등 다양한 변수들 간 관련성을 중심으로 논의가 이루어졌다.

첫째, 대부분의 연구는 SCCT에 근거해 명성과 관련된 위기 변수 중 특히 위기책임성과 위기커뮤니케이션 전략 간 관련성에 따라 명성에 어떤 영향을 미치는지 다루고 있다(차희원, 2015). 특히 기업명성은 선행변수인 사전명성으로 다루어지기도 하고 결과변수인 사후명성으로 연구되기도 했다. 따라서 사전명성은 위기 상황에서 후광효과를 가질 것인지, 또는 명성 기대 위반에 따라서 오히려 더 부정적인 결과를 초래하는지 연구가 이루어졌다. 그리고 사후명성은 위기 상황의 책임성 여부에 따라 어떤 위기커뮤니케이션 전략을 활용할 때 명성이 회복될 것인지, 혹은 더 부정적 명성을 불러일으킬 것인지 연구가 진행되었다. 대부분의 연구는 사전명성의 후광효과를 입증했는데, 위기 이력이 없고 사전명성이 긍정적인 기업이라면 위기 상황을 다소 누그러뜨릴 수 있었다. 하지만, 몇몇 연구들은 위기책임성이 높거나 위기 대응이 부적절한 경우 오히려 명성 기대 위반에 따라서 기업명성을 훼손하고 더 부정적인 결과를 초래하는 것으로 검증되었다.

둘째. 쿰스의 SCCT 이론(Coombs, 2007, 2013)에서는 위기 상황에서 공중의 감정이 매우 중요한 역할을 하고 있음을 제시한다. 특히 위기책임성과 위기전략이 공중의 태도나 조직명성에 직접 작용하는 것이 아니라 감정을 매개해 기업 인식이나 명성에 영향을 미친다는 것이다. 대부분의 연구에서 위기책임성이 높고 위기 대응 전략이 변명이나 정당화 등 상황에 부적절한 경우 공중의 감정(분노)을 높이게 되며 이는 기업명성이나 향후 제품 구매 의도에도 부정적 영향을 미치는 것으로 입증되었다. 위기에 관한 연구 결과 대체로 감정의 역할이 매우 중요하고 의미 있는 것으로 제시되었는데, 최근에는 부정적 감정인 분노나 두려움, 걱정뿐 아니라 동정이나 안도 등의 긍정적 감정도 연구되고 있다. 또한 귀인이론에 기반해 두 종류의 감정(귀인독립적 감정과 귀인의존적 감정)이 메시지 수용과 기업명성에 미치는 영향 연구도 진행되었다(Choi and Lin, 2009).

셋째, 기업명성 유형을 구분하고 명성 유형별 위기가 발생했을 때 명성에 영향을 미치는 정도가 다르다는 주장도 있었다. 브라운과 데이신(Brown and Dacin, 1997)은 기업명성의 두 가지 유형을 제시했는데, 하나는 기업능력corporte ability 명성(CA명성) 유형으로 기업의 제품 및 서비스의 제공과 생산, 유통에 대한 전문적 역량이며, 다른 하나는 기업의 사회책임corporate social responsibility 명성(CSR 명성) 유형으로, 환경문제에 대한 관심, 지역사회 지원, 자선활동, 직원과 소비자에 대한 윤리적 대우 등 중요한 사회적 주제에 대한 기업의 도덕적 특성을 의미한다고 보았다. 이들 두 가지 유형에 대해 많은 학자들이 '경제적 성과와 사회적 성과' 등 다른 이름으로 부르고 있지만(Kim, 2014; Sen and Bhattacharya, 2001), 핵심은 제품과 서비스 관련 기업 역량과 기업의 사회적 의무와 관련된 도덕적 특성, 두 가지 유형의 명성이 존재한다는 것이다.

신호-진단 접근cue-diagnosticity approach과 위계적 제한 스키마hierarchically restrictive schemas에 따르면, 명성 유형에 따라 사람들의 긍정/부정 편향이 다르게 발생하게 된다(Sohn and Lariscy, 2014). 역량 및 성과의 경우, 한 번이라도 성과가 좋은 사람은 동기나 자질 등 기본 역량을 갖추고 있다고 판단되고 다른 모든 영역에서도 성과를 낸다고 믿는 긍정적 편향이 발생한다는 것이다. 따라서 CA명성을 가진 기업은 CA위기가 발생하더라도 과거의 긍정적인 기업 역량 정보가 결정적으로 작용하는 긍정 편향이 발생해 후광효과를 얻을 수 있다. 반면, 도덕성의 경우, 도덕성이 좋지 않은 사람이라도 상황에 따라 도덕성이 높은 척 행동하기 때문에 단 한 번이라도 부도덕한 행동을 보인 사람은 다른 모든 면에서도 비윤리적일 것이라고 믿는 부정 편향이 발생한다는 것이다. 따라서 CSR 관련 위기에서는 부정적 편향이 발생하므로 현재의 비윤리적인 위기 이슈가 더 결정적으로 작용해 명성 훼손이 커지게 된다. 명성 유형에 따른 위기 발생 시 위기책임성이나 위기 대응 전략 등 상황변수에 따라 기업에 대한 편향 정도가 달라질 수 있으므로 향후 이와 관련된 연구가 더욱 활성화될 필요가 있다.

넷째, 2000년대 이후 소셜미디어 관련 위기와 명성 연구가 점차 증가하고 있다. 변화하는 미디어 환경에서 새로운 커뮤니케이션 모델인 '소셜미디어 매개 위기커뮤니케이션 모델' 등이 제안되기도 했고(Liu et al., 2011), 소셜미디어 상황에서의 2차 위기커뮤니케이션과 위기반응을 주요 변수로 하는 연구도 진행되었다. 소셜미디어에서는 조직과 공중 간 커뮤니케이션이 쌍방적으로 진행되고, 메시지를 주고받으면서 위기가 확산되거나 줄어드는 방식으로 2차 위기커뮤니케이션과 위기반응이 다양화되었다는 것이다(Utz et al., 2013). 따라서 소셜미디어에서는 메시지 전달, 확산, 그리고 불매운동으로 이어지는 2차 위기커뮤니케이션이 중요한 변수라고 생각해 이에 대한 연구가 다수 진행되었다.

② 조직의 사회책임과 명성

조직의 사회책임과 명성 연구는 최근 들어 매우 다양하고 구체적으로 이루어졌다. 기업의 사회책임과 명성 연구 초기에는 주로 사회공헌활동이 기업에 과연 필수적인 요소인가에 대한 논의가 많았다면, 최근 사회책임과 명성 논의는 기업의 사회공헌활동이 필수적인 것으로 간주하고 있으며, 기업 명성에 영향을 미치는 사회공헌활동의 적합성이나 주체, 동기 등 보다 구체적인 요소를 밝혀내고 검증하는 데 집중하고 있다.

PR관점에서 조직의 사회공헌활동 연구는 크게 여섯 가지 주제로 다루어졌다. 첫째, 사회공헌활동의 진정성에 대한 논의이다. 기업이 사회공헌활동을 할 때 사람들은 기업 이익을 내지 못하는 사회공헌활동을 하는 동기와 진정성을 의심하게 되며 이것이 기업명성에 영향을 미친다는 것이다(차희원, 2015). 때문에 어떤 상황에서 기업의 사회공헌활동 진정성을 받아들일 수 있는가를 연구한 것이며, 이러한 연구는 주로 귀인이론과 설득지식 모델에 근거해 연구가 이루어졌다(Bae and Cameron, 2006; 김윤애·박현순, 2008). 사회공헌활동의 동기나 목적이 순수한 목적이 아닌 다른 의도가 있다고 판단하게 되면 방어적 태도가 형성되어 사회공헌활동의 설득효과가 낮아진다는 것이다. 특히 기존에 좋은 명성을 지닌 기업이 그렇지 않은 기업보다 설득효과가 높게 나타났고, 주체가 기업일 때보다 비영리 조직일 때 사회공헌 메시지를 더 호의적으로 인식했다. 그밖에 사회공헌활동 메시지의 내러티브나 영상 메시지가 더 호의적이고 긍정적인 기업 태도를 유발하는 것으로 나타났다.

둘째, 사회공헌활동의 효과와 가치에 대한 논의이다. 많은 PR 연구에서는 사회공헌활동이 기업 이미지나 기업명성 제고, 기업의 정당성 확보, 소비자의 제품 태도와 구매 의사, 만족도와 로열티 증진에 효과적인지 검증했다. 천만봉(2013)은 외국 기업의 사회공헌활동이 현지 시장의 소비자에게 긍정적 인식을 창출하고 구매 의도에도 긍정적 영향을 미친다는 연구 결과를 보여주었으며, 콜롬비아 중소기업의 사회공헌활동 실행과 인식을 연구한 파스트라나와 스리라메쉬(Pastrana and Sriramesh, 2014)의 연구에서도 조직문화의 향상, 좋은 직원의 구직과 유지, 명성 증진, 고객 로열티 증진 등이 사회공헌활동의 이점으로 제시되었다. 또한 기업의 사회공헌활동이 조직 구성원 내부 만족도와 로열티, 직무 만족 등에 긍정적 영향을 미친다는 것을 검증한 연구 결과도 있었고, 기업의 사회적 책임활동에 따라 사원의 기업 동일시가 향상되고 이것이 기업명성에 유의하게 영향을 미치는 것으로 제시되었다(강태희·차희원, 2010).

셋째, 사회공헌활동의 메시지 전략이나 소통 방식에 대한 연구도 많이 등장했는데, 사회공헌활동의 유형이나 주제, 메시지 전략, 그리고 매체 등이 기업명성에 어떤 영향을 미치는지를 연구했다. 대부분의 연구자들(조수영·김선정, 2011; 서구원·진용주, 2008)은 사회공헌활동의 적합성과 일관성, 그리고 지속성 등의 속성이 명성에 긍정적으로 작용함을 검증했고, 사회공헌활동의 주제와 기업/제품 이미지 간 적합성이 높다고 인식하면 사회공헌활동을 긍정적으로 평가하는 것을 확인했다. 또한 사회공헌활동 유형 중에서 임직원을 활용한 자원봉사가 기업명성을 높이는 데 효과적인 것으로 분석하기도 했다.

넷째, 또 다른 일련의 연구들은 수용자 관점에서 사회공헌활동의 메시지나 보도 방식이 수용자 특성 및 정보 처리 과정과 상호작용함을 검증했다(Wang, 2007). 친사회적 가치 지향을 가진 소비자는 사회공헌활동을 수행한 기업 브랜드에 더 긍정적 태도를 보여주었으며(양윤·윤정화, 2013), 사회공헌활동의 메시지가 공중의 이슈 관여도나 기존 입장과의 일치 여부에 따라서 효과가 달라진다는 연구 결과도 있었다. 또한 지속적인 사회공헌활동을 수행한 기업의 경우 소비자들은 부정적 정보에 노출되었더라고 해당 브랜드와 기업 이미지를 부정적으로 인식하지 않는다는 연구 결과도 제시되었다(윤각·조재수, 2005).

다섯째, 위기 시 사회공헌활동의 효과에 대한 연구 경향이 많이 나타났는데, 이는 위기 상황에서 기업의 사회공헌활동이 어떤 효과를 갖는지 연구한 것이다. 평소 기업의 명성이 높고 사회공헌활동을 잘 수행한 조직이 위기시 기업의 정당성에 어떤 영향을 미치는지 연구한 박수정과 차희원(2009)의 연구에 따르면, 사회공헌활동의 적합성이 높으며 명성 높은 기업은 위기 시 기업의 정당성에 긍정적 영향을 미치는 것으로 나타났다. 하지만 배지양(2012)의 연구에서는 부정적 이슈와 연계된 기업의 위기 상황과 명성 저하는 기업의 사회공헌활동에도 부정적으로 작용한다는 것을 입증했다. 특히 배소희와 이세진(2014)의 연구에서는 위기 상황이나 위기책임에 따라서 다른 결과가 나타난다고 보았는데, 위기책임성이 낮은 경우 사회공헌활동의 효과는 긍정적으로 나타났음을 발견했다.

마지막으로, 소셜미디어를 활용한 사회공헌활동에 대한 연구들이 있었다. 기업의 사회공헌 커뮤니케이션 효과에 대한 연구에 따르면, 전통미디어보다 소셜미디어를 통한 소비자 참여형 사회공헌 프로그램 유형에 대해 소비자가 더 호의적 태도를 보였다는 결과가 있었다(김수연 외, 2013). 또한 페이스북 등 소셜미디어에 게시된 사회공헌활동의 메시지 효과에 대한 한국, 미국 간 비교연구(김지예·황성욱, 2014)나 사회공헌활동을 전하기 위해 트위터와 같은 소셜미디어를 어떻게 사용하는지 등에 대한 연구(Etter, 2013) 등 소셜미디어를 통해 전달된 사회공헌활동 메시지 효과 연구 등이 다수 논의되었다.

3. PR커뮤니케이션 관점의 다차원적 통합 명성관리 모델

PR커뮤니케이션 관점의 통합 명성관리 모델에서는 커뮤니케이션에 초점을 맞춘 통합 명성관리 모델을 제시하고자 한다. 이제까지 명성 연구에서 논의되어 온 조직학 관점의 정체성 이론, 경영학적 관점의 신호 이론, PR관점의 관계성 이론, 그리고 사회학적 관점의 정당성 이론과 제도이론 등 다양한 학문적 관점의 이론을 포괄해 PR커뮤니케이션 관점을 중심으로 하는 '다차원적 통합 명성관리 모델'[1]을 제안하고자 한다.

----

1   이 모델은 차희원(2015)의 통합적 명성관리 커뮤니케이션 자본 모델에 기반해 이 모델의 핵심 요소들을 요약한 것이다.

그림 1-1

통합적 명성관리 커뮤니케이션 자본 모델(integrated communication capital model for reputation management: ICCMRM)

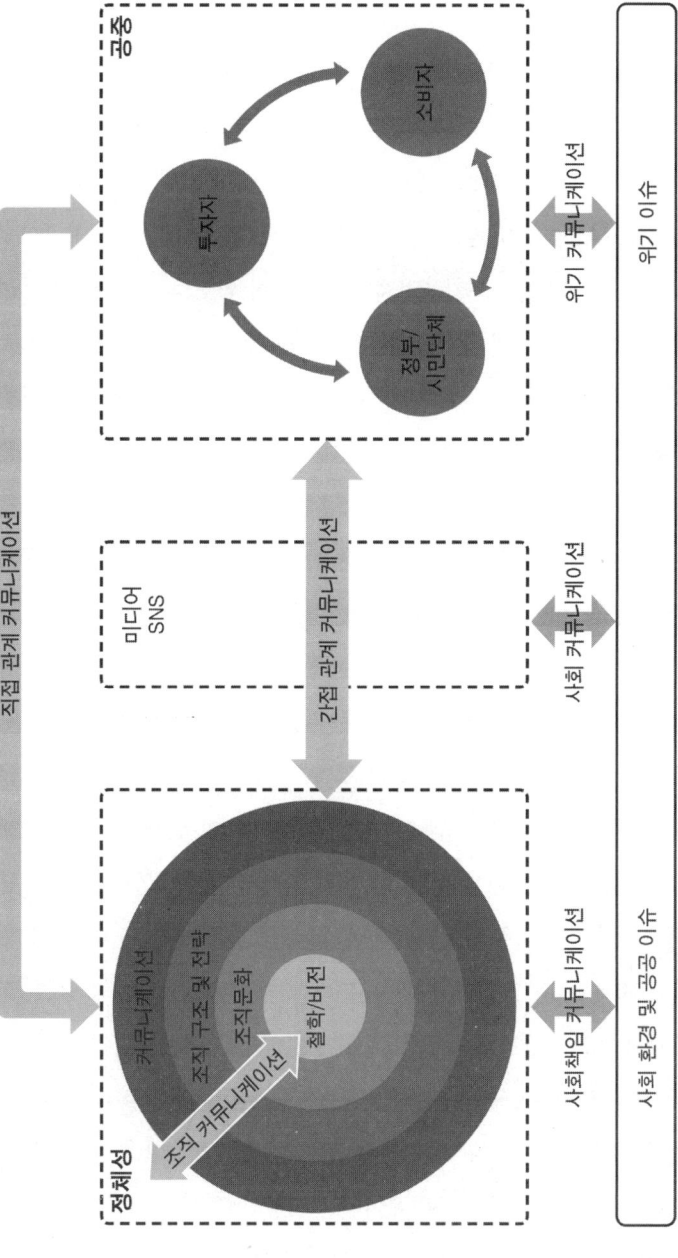

공중

소비자

투자자

정부/
시민단체

위기 커뮤니케이션

위기 이슈

미디어
SNS

간접 관계 커뮤니케이션

사회 관계 커뮤니케이션

직접 관계 커뮤니케이션

정체성

커뮤니케이션

조직 구조 및 전략

조직문화

철학/비전

조직 커뮤니케이션

사회책임 커뮤니케이션

사회 환경 및 공공 이슈

1) 조직 차원의 커뮤니케이션

조직 차원에서의 커뮤니케이션 연구자들은 조직 내부에 관심을 갖는 조직 정체성 이론에 근거하거나 조직 외부 이해관계자들과의 소통에 관심을 갖는 경영학 관점의 신호 이론이나 게임이론에 근거해 연구가 진행되었다. 따라서 조직명성에 영향을 미치는 요인으로, 조직 내부 구성원과의 소통요인에 관심을 갖는 내부 커뮤니케이션과 조직 외부의 이해관계자와 소통하는 조직 외부 커뮤니케이션에 초점을 맞춰야 한다. 특히 조직학 관점에서 조직 정체성과 내부 커뮤니케이션이 외부 이해관계자 인식에 어떤 영향을 미치는지 그리고 조직명성이 내부 구성원의 정체성 인식에 어떤 영향을 미치는지 정체성-명성 간 통합 연구에 주력해야 한다.

2) 조직-공중 관계 차원의 커뮤니케이션

PR관점에서 볼 때, 명성은 관계성의 결과이며 관계성을 매개로 할 때 비로소 명성이라는 결과로 이어지는 것이 가능하다. 이러한 관계성 이론을 중심으로 조직과 공중 간 관계 소통에 초점을 맞추고 관계성을 증진시키는 소통요인에 초점을 맞춰야 한다. 특히 공중 관점에서 다양한 공중의 특성과 기대를 확인하고 공중 세분화를 통한 맞춤형 소통이 관계성 증진을 위한 필수적 요소라고 볼 수 있다. 이후의 조직-공중 관계성 연구는 조직의 내외부 커뮤니케이션이 공중과의 관계성에 어떤 영향을 미치는지, 그리고 공중의 기대가 명성에 어떻게 작용하며 공중별로 어떤 차이를 보이는지에 대한 공중 관점의 통합적 연구가 이루어져야 한다.

특히 관계 차원의 커뮤니케이션은 공중과의 '직접 관계'와 미디어를 매개로 한 '간접 관계' 두 가지로 이루어지고 있음에 주목해야한다. 공중과의 직접 관계를 통한 소통과 관계성 증진이 명성에 긍정적 영향을 미친다는 점에서 직접 관계 형성은 매우 바람직하다. 하지만 SNS 등 미디어가 활성화되면서 미디어를 매개로 하는 간접 소통과 간접 관계 형성은 현대 사회에서 필수 불가결한 소통 방식이 되어가고 있다. 따라서, 미래의 조직 명성 관리를 위해서는 공중과의 직접 관계 커뮤니케이션과 간접 관계 커뮤니케이션, 두 가지 커뮤니케이션이 모두 관리되어야 한다.

3) 사회 차원의 커뮤니케이션

사회 차원에서 커뮤니케이션 연구자들의 관심은 기업의 사회책임활동과 위기 상황에 대응하는 기업 커뮤니케이션 연구에 집중되어 왔다. 이에 근거해 예방적 차원에서 사회적 문제 해결에 기여하는 조직의 사회책임 커뮤니케이션과 대응적 차원에서 위기나 이슈에 대응하는 위기 대응 커뮤니케이션에 초점을 맞출 필요가 있다. 특히 평소 사회책임활동에 주력해 온 기업이 위기 상황에서 평상시 사회책임 명성을 어떻게 활용해 위기를 극복하는가 등 사회차원의 평소/위기 커뮤니케이션을 통합적으로 다루는 연구가 필요하다.

이러한 조직 차원, 조직-공중 관계 차원, 사회 차원의 커뮤니케이션 연구는 상호연계성을 가지고 종합적으로 논의되어야 한다. 구체적으로 조직의 대내/대외 커뮤니케이션이 명성에 미치는 영향 연구, 조직 커뮤니케이션이 공중 관계에 미치는 영향 연구, 평소 사회책임 활동과 소통이 위기 시 기업 명성에 미치는 영향 연구 등을 통합적 관점에서 연관성을 갖고 논의가 이루어진다면 조직의 명성관리 모델이 다차원적 다학제적 관점에서 구성될 수 있고 이를 통해 다양한 함의점을 끌어낼 수 있을 것으로 기대된다.

4. 결론: 한국의 관계사회와 명성관리 모델

한국의 공중관계PR학을 분석한 차희원(2019)은 2010년대 PR학의 지형은 양적으로 큰 팽창을 이루었고 다양한 학문적 관점과 이론을 기반으로 하는 질적 성장이 눈에 띄지만, 여전히 조직 중심의 기능주의 패러다임이 우세한 듯하다고 주장했다. 하지만 2000년대와 비교해 볼 때 패러다임이나 학문적 관점에서 공중관계학의 변화가 진행되고 있다고 분석하면서 미래 PR학의 발전을 위해서 다음과 같은 방향을 제안하고 있다.

먼저, PR학의 학문적 정체성은 거시적 관점에서 공익성과 사회적 가치를 추구해 사회적 정체성을 얻어야 함을 주장한다. 둘째, 미래의 PR연구는 커뮤니케이션 특성 자체에 초점을 맞추어야 한다. 결국 조직과 공중 간 관계 구축은 커뮤니케이션을 통해 가능한 것이기 때문이다. 마지막으로, 이론의 한국화를 강조하면서 PR학에서 가장 중요한 개념은 관계이지만 서구와는 다른 '관계'의 한국적 의미와 특징을 반영해야 함을 지적한 바 있다.

따라서 본고에서는 이와 같은 방향에 기반해 미래 PR관점의 명성 연구도 아래 3가지 방향으로 발전되어야 함을 제시하고자 한다. 첫째, 2000년대 명성 연구가 조직-공중 관계성에 주목했다면, 2010년 이후 PR관점의 명성 연구는 사회 중심, 공동체 중심으로 옮겨가고 있다(차희원, 2019). 특히 정부기관이나 공기관에 대한 명성 연구는 기업명성 연구와 차이를 보이고 있다. 전체 사회 차원에서 사회전반의 이익이 될 수 있는, 즉, 공공선을 추구하는 명성 논의에 더 집중하는 경향이 있다. 따라서 향후 조직명성 논의는 조직의 목표 추구에 집중하는 기능주의적 연구 중심에서 조직과 공중 간 소통을 통한 관계성과 명성 증진, 그리고 공중과 사회 문제 해결에 집중하는 조직 명성 논의에 초점이 맞춰질 필요가 있다. 미래에는 조직사회학적 관점에서 조직명성을 이해관계자들의 '기대'와 '정당성'을 확보하는 조직의 노력으로 접근하는 것이 미래 기업의 지속성장가능성 달성을 위해서도 바람직한 방향이 될 것이다.

둘째, PR관점의 명성 연구는 커뮤니케이션 요소를 중심으로 논의되는 것이 중요하다. 커뮤니케이션은 조직의 생명혈이며 생존을 위해 필요한 자원에 접근하는 매개체(Van Riel and Fombrun, 2007)라고 주장하는 학자들은 커뮤니케이션 자본 구축의 중요성을 강조하고 있다. 커뮤니케이션 자본이란 상호 연결된 구성원들 사이에 흐르는 커뮤니케이션이 상호 간 정보 교환과 의미 공유를 통해 신뢰와 상호 유대감을 형성하게 되는 자본이라고 할 수 있다(차희원, 2015). 따라서 커뮤니케이션 자본의 다차원과 소통의 특성, 커뮤니케이션 역량 등 커뮤니케이션 자체에 대한 심도 깊은 연구가 이루어져야 하며, 미디어를 포함한 다양한 커뮤니케이션의 특성과 역량이 조직명성에 어떤 영향을 미치는지 연구가 더 포괄적으로 이루어질 필요가 있다.

마지막으로, 미래 PR관점의 명성 논의에서도 이론의 한국화와 한국적 특성을 고려한 연구가 집중되어야 한다. PR학에서도 가장 중요한 개념은 관계이지만 서구와는 다른 '관계'의 한국적 의미와 특징을 반영할 필요가 있다(차희원, 2016, 2019). 한국 사회에서의 인간관계는 상호 신뢰를 형성할 때 관계가 매우 중요하게 작용한다. 이러한 관계문화가 중요하게 작동하는 한국 사회에서는 관계를 맺는 사람과의 상호작용 관계와 상황에 따라서 개개인의 자기인식과 행동이 유동성 있게 변화하면서 궁극적으로 집단의 조화와 질서에 기여하게 된다. 유연한 관계문화는 서구적 합리주의에서 볼 때 일관성이 없어 보이지만 동양적 사고에서는 전체를 배려하는 또 다른 성숙한 문화라고 해석된다(김의철·박영신, 2006). 따라서 이러한 한국인의 문화적 특성인 관계문화의 유연성과 역동성 요인을 반영해 관계성 이론과 명성 간 논의를 확장할 필요가 있으며, 이를 서구문화와 관계성과 비교 연구해 한국적 독특성을 발견한다면 한국만의 고유한 PR관점의 명성 모델 구축이 가능해질 것이다.

생각해 볼 문제

1. 조직 명성의 다양한 관점인 조직학, 사회학, 경영학, 마케팅학, 인지심리학, PR커뮤니케이션학 등에서 주장하는 명성 개념과 이론을 한국사회의 조직 명성 상황에 대입해 보자. 그리고 어떤 관점이나 이론이 이 상황을 설명하기에 적절한지 논의해 보자.

2. 조직 명성의 PR커뮤니케이션 관점에서 어떤 커뮤니케이션 요소가 조직 명성에 가장 중요하게 작용하는지 실제 사례에 적용하여 논의해 보자.

3. 현대 사회에서는 미디어가 조직 명성에 중요한 역할을 담당하고 있는 상황인데, 미디어와 소셜미디어 등이 조직 명성에 어떻게 작용하고 있는지 이론을 대입하여 논의해 보자.

2장
조직학 관점
조직과 명성

이유나(한국외국어대학교 미디어커뮤니케이션학부 교수)
서미라(한국외국어대학교 미디어커뮤니케이션학부 강사)

명성은 다양한 학문적 관점에서 연구되고 있다. 특히 조직학에서는 구성원이나 최고 경영진, 전략, 조직문화와 같은 내부적 요소들이 조직 외부 요소로 간주되는 명성과 어떻게 연계되는가에 관심을 둔다. 본 장에서는 조직학 관점에서 명성을 어떻게 규정하고 있는가를 살펴보고, 명성과 관련된 주요 변인들에 대한 연구 경향에 대해 알아본다. 이를 토대로 PR커뮤니케이션학 영역과의 연계 가능성을 탐색하고 향후 연구 방향성을 제안한다.

1. 조직과 명성

조직학(조직 과학 또는 조직 이론이라고도 함)은 조직 차제를 분석 대상으로 하는 경영이론으로, 조직의 내부적·대對환경적 행동을 연구하는 분야다. 즉, 조직 효과성을 높이기 위한 환경적·구조적·제도적·관리적, 그리고 행태적 이론과 실제를 연구하는 학문이다. 조직학적 관점에서의 명성은 조직 고유의 문화와 정체성이 내외부로 커뮤니케이션되어 각 이해관계자들이 그 조직을 인식하는 모습으로 이해된다(Deephouse, 2000; Fombrun and Shanley, 1990; Fombrun and Rindova, 2001; Moon, 2013). 이에 따라 조직학 연구자들은 명성이 정체성, 특히 내부 구성원이나 조직문화에 근간을 두는 것으로 본다. 관련 연구들은 조직 정체성을 중심으로 조직의 구성원들이 커뮤니케이션을 통해 의미를 공유하고 해석하는 과정에 주목한다.

　조직문화는 경영진의 인식과 동기에 영향을 미쳐(Barney, 1986; Dutton and Penner, 1992) 기업행위, 조직의 비즈니스 관행 등에 영향을 끼친다. 조직의 경영자들은 공유된 문화 가치와 강한 정체성 인식을 통해 회사가 대표하는 것을 규정할 뿐 아니라, 주요 이해관계자와의 상호작용 시 이를 전략 선택의 기준으로 삼기도 한다(Miles and Cameron, 1982). 즉, 조직 정체성은 경영자들이 조직이 처한 환경을 해석하고 반응하는 방법에 영향을 미쳐(Meyer, 1982; Dutton and Dukerich, 1992), 기업이 주요 이해관계자들과 상호작용하는 데 영향을 끼친다. 핵심적이고 지속적이며 독특한 조직의 특성으로 묘사되는 조직 정체성은 경영자들이 외부환경에 어떻게 반응해야 하는지에 대한 공유된 해석을 만들어내며(Albert and Whetten, 1985), 이는 조직문화의 형성으로도 이어진다.

차희원(2015)은 조직학의 주요 정체성 관련 이론들을 정체성 이론, 조직 정체성의 사회적 행위자 관점, 사회 정체성 이론의 세 가지로 구분해 명성과의 연계성을 논한 바 있다. 이 장에서는 차희원의 구분을 승계해, 2015년 이후 새롭게 제시된 연구 결과들을 논의하고자 한다.

1) 조직 정체성 이론

일련의 조직학 연구자들은 정체성 개념을 중심으로 이미지와 명성의 관계를 파악하고자 했다. 그들은 근본적으로 기업명성이 기업 정체성corporate identity에 기반해 형성되는 것이라고 주장한다(Van Riel and Fombrun, 2007; Fombrun and Rindova, 1998; 차희원, 2004). '기업 정체성' 혹은 '조직 정체성 organizational identity'은 조직을 구분 짓는 특성으로, 핵심 가치나 이념, 기타 특성을 내포하며, 일정 기간 지속되는 속성으로 설명된다(Albert and Whetten; 1985).

전통적인 조직사회학 연구에서는 정확한 소속과 유형화가 가능한 기업 정체성만이 조직의 생존에 긍정적인 영향을 미친다고 주장해 왔다(Zuckerman, 1999). 특히 최근에는 수용자 혹은 청중audience이 인지하는 기업 정체성이 기업의 성과와 생존에 중요하다는 데 많은 학자들이 동의하고 있는 상황이다(Pontikes, 2012). 즉, 기업들이 어떤 방식으로 자신들의 정체성을 드러내고 청중들이 이를 어떻게 평가하는지에 대해 관심을 기울여야 한다는 것이다(Kim and Jensen, 2011).

반리엘과 블러머(van Riel and Blamer, 1997)는 조직 정체성을 조직 구성원으로부터 잠재 고객층에 이르기까지 조직의 존속과 성장에 관계되는 모든 사람에게 공유된 조직의 차별적인 가치로 정의했다. 이러한 가치는 조직의 이념이나 목표가 CI와 같은 시각적 표시물, 커뮤니케이션 활동, 직원 행동, 제품 전략 등 조직의 모든 활동 요소들에 침투되어 조직을 둘러싼 이해관계자들로부터 이해와 공감을 얻을 때 비로소 형성된다고 했다. 개인의 정체성이 타인과의 상호작용에서 형성되는 관계적 개념에 근거하듯이 조직 정체성 또한 조직이 처한 사회적 상황 속에서 형성된다(Brickson, 2005). 따라서 조직 정체성은 구성원들 사이에서 협의가 이루어지는 상호작용의 특성과 성찰을 지닌 개념이다(Gioia, Schultz and Corley, 2000).

조직 정체성은 사회 정체성의 한 영역으로(Hatch and Schultz, 2004), 조직의 본질, 혹은 실체를 의미한다. 다시 말해, 조직의 내부 구성원들이 생각하는 '나는 누구인가?', '우리는 누구인가?'와 같은 질문에 대한 답이며, 그 자신을 정의하려는 조직의 시도에 초점을 맞춘다.

정체성 이론에서는 1985년 앨버트와 휘튼이 제시한 CED 개념이 가장 널리 수용되고 있다(차희원, 2015). 조직의 구성 요소 가운데 '핵심적central'이고 '차별적distinctive'이며, '지속적enduring'인 특성이 해당 조직의 정체성이라는 것이다. 첫째, '핵심성'이란 기업의 여러 요소 중에서 조직의 핵심 가치나 이념 및 기타 특성을 내포하는 것으로, 조직의 유형 및 목적에 따라 달라질 수 있다. 둘째, '차별성'이란 다른 개체와 구분되게 하는 요소로, 자기 조직과 타 조직을 구분 짓게 하는 차별점을 의미한다. 마지막 '지속성'은 쉽게 변화지 않는 연속적이고 일관된 속성을 의미한다. 즉, 조직 정체성은 조직의 중심이 되고 타 조직과 구별되는 지속적인 특징으로, 구성원들은 조직 정체성을 통해 조직이 지향하는 바가 무엇인지를 알 수 있게 된다(Dukrich, Gloden and Shotell, 2002). 학자들은 또한 조직 정체성이 하나가 아닌 여러 정체성으로 표현될 수 있다고 주장한다.

이러한 조직 정체성은 내외부로 커뮤니케이션되어 각 이해관계자들에 의해 인식된다는 점에서(Deephouse, 2000; Fombrun and Shanley, 1990; Fombrun and Rindova, 2001; Moon, 2013) 명성의 근간으로 간주된다.

2) 조직 정체성의 사회적 행위자 관점

조직 정체성의 사회적 행위자 관점에서는 조직체도 사회적 집합체이며 개인과 마찬가지로 고유의 권리와 의무를 지닌 인격체로 본다(Whetten and Mackey, 2002). 조직이 스스로 행위를 취할 수 있는 인격체로 간주되기 때문에 조직이 이미지를 외부로 드러내어 이것이 평가받게 되는 것이다(Price and Gioia, 2008). 결국 이러한 평가가 조직명성으로 이어진다는 논리이다.

포먼 등(Foreman et al., 2012)은 명성을 특정 이해관계자들이 조직의 어떤 측면들에 대해 갖는 평가이며, 이는 인식과 기대의 비교로 구성된다고 규정했다. 명성 연구에 조직 정체성의 사회적 행위자 관점을 적용한 듀튼과 듀크리히는(Dutton and Dukerich, 1991) 뉴욕과 뉴저지의 항만 관리당국port authority이 버스터미널 등의 편의 시설 노숙자 이슈를 다루는 방식이 정체성 인식 변화에 따라 어떻게 변화했는지를 연구했다. 깨끗하고 편리하며 안전한 교통 서비스를 제공하는 조직 정체성 인식이 지배적일 때는 노숙자 강력 단속 정책을 펼쳤으나 노숙자 문제가 인간적이고 윤리적인 이슈로 재해석되는 사회적 분위기에 따라 사회 서비스를 제공하는 문제 해결자로서 전략을 바꾸게 된다. 이러한 연구를 통해 연구자들은 조직 구성원들이 외부에서 자신들의 조직을 어떻게 인식하고 평가하는지에 대해 영향을 끼치기 위해 정체성과 이미지를 관리하게 된다.

이러한 사례연구는 조직 정체성이 사회의 변화와 요구에 따라 변화될 수 있음을 시사하고 있다. 이는 앨버트와 휘튼(Albert and Whetten, 1985)이 주장한 조직의 '복수의 정체성deal identity'으로도 설명할 수 있다. 그들은 조직이 단일정체성이 아닌 복수의 정체성을 가질 수 있으며, 특히 성장기와 성숙기에 이중 정체성이 나타날 가능성이 높다고 주장했다. 이러한 이중 정체성은 규범적 차원과 실용적 차원으로 구분될 수 있다. 실용적 정체성은 주로 기업 등이 갖는 정체성으로 조직이 경제적 생산성에 기반을 두고 이익 극대화와 비용 최소화를 목표로 할 때 형성된다. 규범적 정체성은 주로 교회나 대학 등이 갖는 정체성으로, 조직이 경제적 생산성이 아닌 이데올로기적 목적에 의해 운영될 때 형성되는 것으로 문화적·교육적·표현적 기능을 지닌다. 장용선(2017)은 국내 기업 중 두산그룹의 사례를 통해 조직의 정체성의 변화와 성장에 대해 연구했다. 두산그룹은 두 번의 조직 정체성 변화를 통해 성장하는데, 첫째는 1990년대 소비재 중심 기업에서 산업재 중심 기업으로의 정체성 변화이고, 둘째는 2000년대 내수 중심 기업에서 글로벌 기업으로의 조직 정체성 변화였다. 연구자는 기업이 조직 정체성을 변화하려고 할 경우 분리된 조직 정체성 혹은 분리된 조직 동일시가 필요함을 제시했다. 이를 통해 기존의 정체성에 대한 탈정체성, 새로운 정체성에 대한 의미 형성과 부여가 중요하다고 주장하고 있다. 즉, 조직의 핵심 철학과 이념을 담은 규범적 정체성은 유지하면서 사업 변화로 인한 실용적 정체성은 변화시켜야 한다는 것이다. 이를 실현하기 위해서는 무엇보다 경영자들의 기존 조직 정체성에 대한 성찰과 새로운 정체성에 대한 의미 형성 및 의미 부여가 요구된다고 강조했다.

3) 사회정체성과 조직 동일시 이론

정체성 이론에 따르면 정체성을 구성하는 자아 개념은 개인의 능력과 관심을 반영한 개인정체성과 자신을 자신이 속한 집단의 구성원으로 분류하는 사회정체성으로 구성된다(Tajfel and Turner, 1986). 개인정체성은 '나는 ○○ 축구팀의 팬이다'와 같은 개인을 특성을 나타내고, 사회정체성은 '나는 공기업의 직원이다'와 같은 집단의 소속을 의미한다(Abrams ando and Hinkle, 1998). 개인은 종교, 성, 연령, 조직 등과 같은 다양한 사회적 범주에서 타인과 자신을 구분하고, 같은 집단에 속한 사람들과 공통점을 공유하게 되는데(Ashforth and Mael, 1989), 이때 같은 집단에 속한 사람들을 다른 집단에 속한 사람들보다 긍정적으로 평가하고, 집단의 성공과 실패 등의 운명을 공유한다(Tolman, 1943). 이처럼 어떤 집단에 속하느냐에 따라 긍정적 자아정체성의 형성 여부가 결정될 수 있기 때문에 개인은 남들에게 인정받거나 지위가 높은 집단에 속하려는 동기를 가지기도 한다. 이러한 소속 인식은 개인에게 집단 구성원의 관점에서 자신을 규정하고 조직의 일부로 동일시하게 만든다.

동일시란 이해관계자들이 특정 대상에 대해 심리적으로 연계되어 있다고 느끼거나 감정적인 애착심을 느끼는 것이다. 즉, 동일시 개념은 조직체에 대한 지각된 동일성 및 소속감으로 정의하며, 한 개인 소속된 집단 또는 친구처럼 느끼는 대상과 운명을 함께하고 성공이나 실패도 함께 경험하려는 심리적 연결 정도를 의미한다(Bhattacharya, Rao and Glynn, 1995).

조직 동일시는 크게 '개인적 동일시personal identification'와 '사회적 동일시social identification'로 구분되는데, 그중 사회적 동일시에 해당되는 내용이 조직 평판과 관련되어 있다(Yoo and Par, 2012). 개인적 동일시는 자신이 속한 조직에 대해 지각하는 정도에 따라 개인의 행동이 영향 받는 것을 의미하고, 사회적 동일시는 자신이 속한 조직과 다른 조직을 비교 및 평가함으로써 자신이 족한 조직의 사회적 지위에 대해 인식적인 평가를 하게 되는 것이다 (Smith and Tyler, 1997). 이러한 '조직 동일시' 과정은 다른 조직의 개인들이나 집단과 비교함으로써 자신의 모습을 구축하거나 강화한다(Ashforth and Mael, 1989; Tajfel and Turner, 1985; Turner, 1985). 자신이 속한 조직을 다른 조직과 비교했을 때 긍정적 비교 결과를 가지면 동일시는 강화되며, 반대로 부정적 비교 결과를 가지면 자존감은 낮아진다.

이러한 조직 동일시는 구성원의 조직에 대한 태도와 행동(직무 몰입과 참여 등), 임원들의 공적 이미지, 경영진의 리더십, 내부 커뮤니케이션 특성, 조직의 가치와 윤리, 사회적 책임에 대한 직원들의 인식 등에서 조직의 명성과 연계되어 논의되고 있다. 조직의 위상이 조직 동일시에 미치는 영향력은 기존 연구들(Mael and Ashforth, 1992; Smidts, Pruyn and van Riel, 2001)에서 실증적으로 검증되었다. 조직 구성원들은 인지적으로 조직 위상이 높은 조직과 동일시하려는 경향이 있으며, 조직 동일시를 통해 자존감이 강화된다. 또한 조직 구성원들은 사회적으로 평판이 좋은 조직에 소속된 것에 자부심을 가지고 몰입하며, 조직 평판의 후광을 입으려는 경향이 있다는 것이다(Dutton, Dukerich and Harquail, 1994; Yoo and Park, 2012).

조직학적 관점에서 동일시가 중요한 이유는 조직 구성원들이 자신의 조직에 동일시하지 않을 경우 조직 정체성 상실, 조직 충성심 저하 등 조직에 역기능으로 작용할 수 있기 때문이다(van Knippenberg and van Schie, 2000). 조직 구성원은 기업명성을 외부로 알리고 전달할 수 있는 비공식 홍보 실무자의 역할을 하기도 하며, 조직 동일시가 이루어지지 않을 경우 내부고발자가 될 수도 있다는 것이다.(Smaiziene and Jucevicius, 2009).

이러한 관점은 인수합병M&A 등 조직의 변화와 관련지어서도 연구되고 있다. 두 개의 조직이 하나의 조직으로 통합되는 경우, 피인수기업의 조직 구성원들은 조직에 대한 소속감의 변화와 조직 정체성 상실을 경험하게 된다.

새로운 조직에 대한 정체성 확립이 요구될 때 기존 조직의 정체성 인식은 단절될 수 있고, 이는 구성원들의 조직 동일시에 부정적인 영향을 미칠 수 있다(Van Knippenberg et al., 2002). 다시 말해, 피인수 기업의 조직원들은 인수 후 새로운 기업에 대해 소속감을 잃어버리는 경향이 있으며 이는 결과적으로 직원들의 낮은 직무 만족도, 높은 이직 의도 등을 유발할 수 있다(Van Dick et al., 2004). 이에 관련해 연구자들은 조직의 인수 합병 등으로 인한 변화 시 직원의 조직 동일시를 높이는 것이 중요하다고 강조하고 있다. 사회 정체성 이론을 기반으로 한 관련 연구에서 이병희와 동료들(2016)은 조직의 인수합병 상황에서 자회사 직원에게 지각된 기업의 외부 평판이 긍정적일수록 조직 동일시가 높아지는 것을 확인하고, 이를 위해 조직의 내부 커뮤니케이션과 외부 평판 관리가 중요하다고 지적했다.

차희원(2015)은 조직학적 관점을 살펴본 뒤 다음과 같은 결론을 내린 바 있다. 조직명성은 정체성을 근간으로 하고 있으며, 외부 이해관계자들의 조직문화에 대한 지각의 결과라고도 볼 수 있다. 또한 조직학에서는 정체성, 이미지, 명성 개념들을 동일한 의미로 사용하는 경우가 많으나 독립된 것으로 보는 경우도 있다. 명성을 정체성과 이미지의 결합으로 보기도 하고, 정체성이 이미지가 되고 이미지가 명성으로 이어지는 것으로도 보고 있다(2015: 86). 또한 그는 PR 관점에서 다양한 관점들을 통합해 명성을 다음과 같이 정의했다.

명성이란 회사를 둘러싼 다양한 이해관계자가 오랜 시간에 걸쳐 형성되고 축적된 회사의 과거 및 현재 행위와 커뮤니케이션에 근거해 회사를 총합적으로 인식하고 평가한 것이다(차희원, 2015: 100).

2. 조직학 관점의 명성 연구

이 장에서는 조직학적 관점의 명성 연구들이 구체적으로 어떠한 변인들에
주목하고 있는지를 살펴보고자 한다. 더불어 PR 분야에서 조직학적 관점을
채택한 연구들을 함께 살펴볼 것이다. 조직학적 관점의 PR학자들은 특히
조직의 내부 커뮤니케이션이 조직 정체성과 외부의 인식인 명성 사이에서
어떤 역할을 하는가에 주목하고 있다.

조직학자들도 사회 구성원들이 커뮤니케이션을 통해 새로운 의미를 공유
하고 해석하는 과정에 관심을 갖는다. 학자들은 내부 구성원, 특히 임원진
간의 의미 공유와 해석을 명성에 큰 영향을 미치는 주요 변수로 보고 있다.
내부 구성원들과 임원들이 외부 환경의 신호들을 어떻게 해석하느냐에 따
라 조직 정체성을 변화시키거나 유지하며, 조직 전략을 재정비하기도 한다
는 것이다. 이와 관련해 기업 문화와 조직 구성원의 관습, 커뮤니케이션 특
성 등이 조직 성과나 명성에 미치는 영향에 대한 연구들이 진행돼 왔다. 또
한 구성원이 인식하는 기업 정체성과 외부에서 인식하는 기업 정체성 간의
차이가 명성에 미치는 영향에 대한 연구들도 한 축을 이루고 있다.

1) 조직 경영 활동과 명성

기업명성에 대한 조직학적 연구들은 조직 정체성의 다양한 요소 중 조직 구
성원이나 조직 특성, 특히 조직문화를 명성에 영향을 미치는 주요 변수로
보고 이들이 어떠한 경로를 통해 명성에 영향을 미치는지를 살펴보고 있다.
구체적으로 조직문화와 CSR(사회적 책임), CEO 리더십 등은 내부 구성원의
조직 동일시나 조직 일체감을 높여 사원들의 직무 만족이나 생산성을 향상
시키고 기업의 명성과 조직 성과에 긍정적인 효과를 미치는 것으로 보고하

고 있다.

조직학자들은 기업문화가 기업행동의 방향성을 결정하고, 이해관계자들과의 관계 유형 및 특징에 영향을 준다고 주장한다. 기업문화는 기업 정체성의 맥락적인 요소이자(Hatch and Schultz, 1997) 기업의 현재 특성들을 구성하는 실제적인 기업 정체성 요소로, 기업 구성원들이 공유하는 가치, 신념, 지식, 기술, 관습, 행동양식을 의미한다. 이러한 기업문화는 기업구성원들의 의사결정과 행동에 대한 지침을 제공해 주기 때문에(Deal and Kennedy, 1982) 적절한 기업문화가 형성되면 기업구성원들은 더욱 일관되고 긍정적인 태도를 가질 수 있게 된다. 폼브런과 반리엘(Fombrun and van Riel, 1997)은 기업명성은 외부의 특성뿐 아니라 조직문화나 정체성 같은 조직 내부의 특성들에 뿌리를 둔다고 주장하면서 조직문화와 정체성을 집중적으로 탐색한 바 있다. 이 밖에도 많은 연구자들은 조직문화가 기업 정체성을 결정짓는 가장 중요한 요소 중 하나라고 주장한다(Melewar and Jenkins; 2002, Perez and Bosque, 2014, Balmer and Gray, 2003).

이에 따라 연구자들은 조직문화를 구성하는 다양한 요인들[1]과 조직의 명성 및 성과 간의 관계를 규명하고 있다. 차희원과 임유진(2014)은 조직문화에 따른 사내 커뮤니케이션 특성들과 기업명성, 그리고 재무적 성과들 간의 관련성을 살펴보며, 조직문화와 이에 따른 사내 커뮤니케이션 특성들은 조직원들의 만족도를 통해 기업명성에 직접적인 영향을 미치기보다는 재무적 성과를 통해 기업명성에 간접적인 영향을 미친다고 주장했다. 이는 조직문화와 명성 간의 관계에 다양한 매개 변인이 있을 가능성을 시사하며, 특히

---

[1] 조직문화의 요소는 연구자들에 의해 다양하게 구성되고 있다. 예를 들어 피터스와 워터먼 (Peters and Waterman, 1982)은 공유가치(shared value), 전략(strategy), 구조(structure), 관리시스템(system), 기업구성원(staff), 기술(Skill), 그리고 리더십 스타일(style)의 일곱 가지 요소(7S)로 제시한다.

그 중재자로서 내부 소통의 역할이 중요함을 시사한다.

강태희와 차희원(2010)은 기업문화의 윤리적인 측면에 주목해, 기업문화의 유형이 기업의 사회적 책임에 대한 조직 구성원들의 인식을 높여 기업명성에 영향을 미치는지를 살펴보았다. 연구 결과, 기업문화와 기업명성의 관계에서 기업의 사회적 책임이 매개 효과를 가지고 있음을 확인했다.

최근의 연구들은 CSR 효과를 조직학적 관점에서 살펴보면서, 조직 구성원의 신뢰와 조직 몰입, 명성 인식 등과 연계해 탐색하고 있다. 이들은 CSR 활동이 조직 구성원의 조직 동일시를 높이고 조직의 명성에 대한 인식을 향상시킨다고 보고하고 있다. 강소라와 한수진(2017)은 조직 구성원에게 인식된 기업의 사회적 책임이 기업명성과 조직몰입에 미치는 영향을 살펴본 결과, 구성원들의 사회적 책임 인식은 조직몰입을 상승시키고, 기업명성은 사회적 책임 인식과 조직몰입 간의 관계를 부분적으로 매개하고 있음을 확인했다. 자나티 등은(Tangngisalu, Mappamiring, Andayani, Yusuf and Muhammad, 2020) 조직의 적절한 CSR 활동과 공정성은 조직의 명성을 향상시키는데 간접적으로 영향을 미친다고 보고하였다. 이러한 연구결과들은 기업의 사회적 책임성이 기업 명성에 영향을 미치는 주요 변인임을 설명해 주고 있다. 관련해 학자들은 기업의 윤리, 가치, 사회적 책임감에 대한 내부구성원의 지각은 특정 조직에 대한 매력도를 형성하는데 매우 중요한 영향요인임을 지적하고 있다(Greening & Turban, 2000; Peterson, 2004). 조직 구성원들은 자신이 속한 조직의 행동이 윤리적으로나 도덕적으로 가치가 높다고 지각할 때, 자신의 조직이 사회적으로 긍정적인 명성을 얻을 것이라고 인식하게 된다는 것이다(Brammer et al., 2007).

CEO 리더십이 기업명성에 미치는 영향에 대한 연구들은 리더십이 조직 구성원들의 조직 동일시를 강화시켜 조직의 명성에 긍정적인 영향을 미친다고 보고하고 있다. 또한 리더십은 조직 구성원들의 인식뿐 아니라 외부 고객 및 이해관계자들의 인식에도 영향을 미쳐 기업명성을 향상시키는 것으로 간주된다. 이에 최근 리더십과 명성에 대한 연구들은 최고경영자의 역할과 리더십이 SNS 등의 뉴미디어를 통해 발현되고 다양한 이해관계자들과 상호작용할 때 강한 명성을 확보할 수 있다고 주장하고 있다.

멘(Men,2012)은 기업 리더십이 내부 PR의 효과성에 미치는 영향에 대해 연구하며 CEO의 신뢰도와 조직명성에 대한 사원의 평가, 그리고 사원 참여 간의 관련성에 대해 살펴보았다. 연구 결과 CEO 신뢰도는 인지된 조직명성과 사원 참여에 긍정적인 영향을 미쳤고, 조직명성에 대한 사원 인식은 사원 참여와 CEO 신뢰도 사이에서 매개 역할을 했다. 정용주(2015)는 변혁적 리더십과 봉사적 리더십이 조직 내부 구성원들의 만족과 외부 고객의 만족감에 긍정적인 영향을 미치며, 이때 기업 평판이 조절 효과를 갖는다고 보고했다. 김준환(2016)은 리더십 브랜드가 기업명성에 긍정적인 영향을 미치고, 기업명성은 브랜드 태도와 구매 의도에 모두 긍정적인 영향을 미친다고 보고하며, 소셜미디어를 활용한 리더십 브랜드를 강조했다.

2) 조직 내부 커뮤니케이션과 명성

PR학자들은 정체성을 구성하는 조직의 특성 중 특히 내부 커뮤니케이션 효과에 주목한다. 조직의 구성원들은 커뮤니케이션을 통해 조직 외부의 환경 및 조직의 정체성을 재해석하고, 이들의 해석 방식에 따라 조직의 정체성이 변화하기도 하기 때문이다. 연구자들은 이 효과가 궁극적으로 기업명성에 큰 영향을 미친다고 주장한다. 내부 커뮤니케이션의 효과에 초점을 맞춘 연구들은 조직 내부 커뮤니케이션의 특성과 내용, 커뮤니케이션 만족 등이 조직-사원 관계성, 조직 동일시, 직무 만족 등에 영향을 미치며, 이를 통해 기업과 기업명성에 긍정적인 영향을 미친다고 밝히고 있다.

릴과 폼브런(Riel and Fombrun, 2007)은 ROIT Rotterdam organizational identification test 모델을 통해 기업문화와 기업명성 간 관계에서 사내 커뮤니케이션이 매우 중요함을 주장하고 있다. 그들은 이해관계자를 내부 구성원과 외부 이해관계자로 구분하면서 이해관계자들과 어떤 메시지로 어떻게 커뮤니케이션하는지가 조직명성에 큰 영향을 끼친다고 주장했다. 조직의 명성 증진을 위해서는 유기적인 형태의 조직 커뮤니케이션 시스템이 가동되어야 한다는 것이다(Riel and Fombrun, 2007). 조직의 내부 커뮤니케이션과 외부로 표출되는 커뮤니케이션은 상호 연계되며, 이러한 커뮤니케이션 흐름은 기업의 목표 성취와 성과에도 영향을 줄 수 있기 때문이다. 그들은 조직의 커뮤니케이션 특성을 경영 커뮤니케이션, 내부 커뮤니케이션, 부서 간 커뮤니케이션, 기업 메시지, 커뮤니케이션 분위기 등으로 제시하고, 이 같은 커뮤니케이션 요소들이 사원의 조직 동일시에 영향을 미치며 외부 표출을 통해 조직명성에 순환적으로 작용함을 지적하고 있다. 발머와 그레이(Blamer and Gray, 2003) 역시 조직문화 내에서 커뮤니케이션의 역할을 강조했으며, 반리엘(van Riel, 2003)은 원활한 내부 커뮤니케이션이 긍정적인 외부 커뮤니케이션을 이루어내는 근간이 된다고 주장했다. 허턴 등(Hutton et al., 2001)은 기업의 다양한 커뮤니케이션 활동과 기업명성과의 상관관계 연구를 통해 기업 커뮤니케이션을 담당하는 부서의 기능, 예산, 그리고 활동 비용과 기업명성 사이에는 상관관계가 있음을 확인했다.

조직 내 커뮤니케이션은 내용과 분위기, 효과 등의 하위 차원에서 조직동일시를 거쳐 조직명성에 영향을 미침을 다양한 연구들을 통해 확인할 수 있다. 스미스 등(Smiths, Pruyn and van Riel, 2001)은 내부 커뮤니케이션의 내용과 만족도가 조직과 조직 구성원을 동일시하는 데 영향을 준다는 것을 실증연구를 통해 검증했다. 그레이와 발머(Gray and Blamer, 1998)는 직원 커뮤니케이션과 인지된 외부의 조직 평판, 조직 동일시의 관계에서 구성원들이 조직과의 동일시가 강하고, 개방적이며 참여적 문화를 가질수록 통합적이고 지속적이며 긍정적인 조직 커뮤니케이션을 수행할 수 있으며, 궁극적으로 기업 평판에 영향을 미칠 수 있다고 보고했다. 이는 조직 정체성이 조직 내부에서 공유되고 외부의 인식인 명성에 긍정적인 영향을 미치기 위해서는 상호작용하는 과정에서 커뮤니케이션이 무엇보다 주요한 요인임을 말해 주고 있다. 토마스는 동일시와 조직 성과, 그리고 동일시와 기업명성 관계에서 커뮤니케이션의 매개 효과에 대해 살펴본 결과(Thomaz, 2010), 커뮤니케이션이 기업 성과보다 기업명성에 더 큰 영향을 미치는 것을 확인했다. 이에 기업명성을 향상시키기 위해서는 기업의 커뮤니케이션을 향상시키기 위해 노력해야 한다고 주장했다.

국내에서도 이와 관련된 연구들을 확인할 수 있다. 차희원과 임유진 (2014)의 연구에서는 사내 커뮤니케이션의 특성(업무 관련 콘텐츠나 사내 공식 미디어)이 커뮤니케이션 분위기에 긍정적 영향을 미치고, 이는 사원 만족도를 매개해 기업명성에 간접적인 영향을 미치는 것으로 보고하고 있다. 장현지와 차희원(2013)은 상사 및 동료와의 대인 커뮤니케이션이 기업명성에 미치는 영향을 분석했다. 연구 결과, 조직원 간 대인 커뮤니케이션은 조직-사원 관계성에 영향을 미쳤으며, 관계성이 높을수록 동일시가 강해지고 이는 기업명성을 형성하는 데 긍정적인 영향을 미친다고 보고했다. 특히 상사 커뮤니케이션 중 안정성(편안함)은 명성에 직접적인 영향을 주는 요인이라고 보고했다.

김현정과 손영곤(2012)은 콜센터 상담사의 커뮤니케이션 만족과 조직 풍토 인식이 조직명성에 미치는 영향을 연구했다. 연구 결과, 파견 회사와 근무 회사의 커뮤니케이션 만족도가 유사한 경우에 조직명성 인식도 긍정적이었으며, 파견 회사보다 근무 회사에서의 조직 풍토와 커뮤니케이션에 대한 만족이 높을수록 서비스 품질이 높아지는 것으로 나타났다. 신서하 등

(2016)은 균형적인 내부 커뮤니케이션의 인지가 조직-직원 관계성에 긍정적인 영향을 미치고 이는 사원들의 조직 평판 인식뿐 아니라 조직원들의 커뮤니케이션 행동에도 유의미한 영향을 미친다고 보고했다. 관련 연구는 조직 구성원들의 내부 커뮤니케이션에 대한 인식이 명성뿐 아니라 외부 공중과의 커뮤니케이션에도 영향을 미칠 수 있음을 시사한다.

3) 공중의 인식과 조직명성

내외부 공중의 기업 정체성 대한 인식과 기업 이미지, 그리고 기업명성 간 관계를 고찰한 연구들은 '기업 정체성-기업 이미지-기업명성'을 일련의 관리과정management process으로 파악하거나, 혹은 기업명성을 형성시키는 전제조건으로서 기업 정체성과 기업 이미지를 바라보고 있다(장우성, 2006). 또한, 정체성과 기업명성 간 관계에서 조직 일체감이나 동일시가 매개 효과를 갖는 것에 주목하고 있다.

기업 정체성은 외부적으로는 긍정적인 기업 이미지로 반영되며, 오랜 세월을 거쳐 궁극적으로는 내외부 이해관계자들에게 긍정적인 기업명성으로 구축된다(노종, 2006; 한은경·유재하, 2004; 한은경·김이환·문효진, 2005; 한은경·장우성, 2007; Alessandri, 2001; Balmer, 1996, 1997, 1998; Balmer and Sonen, 1999; Bennett and Kottasz, 2000; Bromley, 1993; Dowling, 1986, 2004a, 2004b; Fombrun, 1996; Fombrun and Shanley, 1990; Gray and Balmer, 1998; Rindova, 1997; Saxton, 1998; Stuart, 1998, 1999; Gotsi and Wilson, 2001; Fombrun and van Riel, 2003).

버킷과 스태들러(Birkigt and Stadler, 1986)는 기업 정체성을 "기업 철학을 기반으로 한, 계획되고 조작적인 기업의 자기 재현"으로 정의하고 있다. 이러한 기업의 자기 재현은 기업 행동, 기업 커뮤니케이션, 상징을 통해 가능하며 궁극적으로 기업 정체성을 통해 구체화된다. 또한 발머와 소넌(Balmer and Soenen, 1999)은 기업 정체성의 구성 요소를 정신(비전, 철학, 전략, 제품 및 서비스의 성과 등), 영혼(핵심 가치, 기업 문화, 기업의 역사 등), 목소리(커뮤니케이션, 상징, 기업 행동 등)의 세 가지 요소로 바라보고 있다. 이러한 기업 정체성은 다양한 단서를 통해 이해관계자에게 투영된다. 이러한 단서들은 신중히 계획된 메시지를 통해 특정 타깃 공중에게 전달되도록 조정될 수 있다 (Markwick and Fill, 1997).

관련 연구들은 기업 정체성의 어떠한 요인들이 주요 공중의 인식에 영향을 미침으로써 기업명성에 긍정적인 영향력을 행사하는지를 보고 있으며, 내부 공중뿐만 아니라 외부 공중의 기업 정체성에 대한 인식이 기업과의 동일시를 향상시켜 기업명성 인식에 긍정적인 영향을 미칠 수 있다고 보고하고 있다. 장우성과 한은경(2007)은 기업 정체성과 기업 이미지가 기업의 내부 직원과 외부 이해관계자들 사이의 상호작용된 인식에 근거하고 있다는 전제하에서, 기업 내외부 간의 상호지향성coorientation을 살펴보았다. 국내 대기업을 대상으로 4가지 상호지향 상태(객관적 일치도와 주관적 일치도 바탕)를 분류해 외부 이해관계자의 기업 이미지에 영향을 미치는 요인이 무엇인지를 살펴본 결과, 외부 이해관계자들의 기업 평판에 긍정적인 영향력을 행사하는 요인들은 기업마다 각각 다르게 나타났다. 하지만, 기업의 경영 철학 및 이념과 기업 행동 요인은 외부 이해관계자의 기업 평판에 유의한 영향을 미치는 공통된 기업 이미지 요인으로 확인되었다. 문효진과 황갑신 (Moon and Hwang, 2008)은 국내 이동통신 기업을 대상으로 기업의 시각적 정체성visual identity과 동일시, 기업 평판과의 관계를 분석했다. 연구 결과, 기업의 시각적 정체성인 로고/심벌, 슬로건, 광고, 웹사이트가 기업-소비자 동일시에 정적인 영향을 미치며, 기업의 시각적 정체성이 기업 평판에 정적인 영향을 미치는 것으로 나타났다.

또 다른 연구들은 기업 정체성 인식과 기업 평판의 관계에서 동일시의 역할을 살펴보고 있다. 버거와 동료들(Berger et al., 2006)은 종업원들에 의해 지각된 기업명성은 종업원들이 자사에 대한 연상에도 긍정적 영향을 미치게 된다고 주장하며 이를 사회정체성 이론에 기반해 설명했다. 종업원들은 외적으로 명성이 높고, 기업 이미지가 높은 조직과 동일시하는 것에 자부심을 느끼게 된다는 것이다(Ashforth and Mael, 1989; Dutton, Dukerich and Harquail, 1994; Maignan and Ferrell, 2001; Gavin and Maynard, 1975). 국내 백화점을 대상으로 기업 정체성, 동일시, 기업 평판의 관계에 대해 살펴본 문효진(Moon, 2008)은 이해관계자들이 기업 정체성에 대해 동일시하는 정도가 크면 클수록 기업에 대한 평판에도 긍정적으로 영향을 미친다고 보고했다. 문효진과 심인(2010)은 국내 은행기업(국민은행, 신한은행, 우리은행)을 중심으로 기업 정체성과 기업 평판과의 관계를 연구하며 두 관계에서 기업 동일시 정도가 어떻게 작용하는지 분석했다. 연구 결과, 기업의 다양한 정체성이 기업 평판에 영향을 미치며, 기업 이미지와 고객 이미지의 동일시도 기업 평판에 긍정적인 영향을 미치는 것으로 확인되었다. 이는 은행의 이해관계자들 역시 자신이 거래하고 있는 은행에 대해 동일시하면 할수록 해당 은행에 대해 긍정적으로 평가하는 경향이 있다는 것을 의미한다.

조직학적 관점에서 또 다른 연구들은 기업의 명성이나 지위가 조직과 조직원들에게 어떤 영향을 미치는지를 보고 있다. 구체적으로 기업명성이나 지위가 직원들의 조직 동일시를 향상시키고 조직의 재무 성과 및 조직원들의 직무몰입과 만족에 긍정적인 영향을 미친다고 보고하고 있다. 사원들이 조직명성에 대해 긍정적으로 인식할수록 개인의 자부심이 높아지고 직무 만족도를 높여 기업의 생산성을 향상시키는 데 기여할 수 있다는 것이다.

폼브런과 반리엘(Fombrun and van Riel, 1997)은 ROIT을 이용한 연구들을 통해 기업명성에 대한 구성원들의 지각과 직무 만족이 기업명성에 영향을 미친다고 밝혔다. 햄(Hlem, 2013)은 조직명성에 대한 사원의 인식이 사원의 자부심과 직무 만족에 영향을 미치는 것으로 보고하고 있다. 베르가미와 바고치(Bergami and Bagozzi, 2000)는 사회정체성 이론을 근거로 조직의 명성과 성향(권위적·관리/참여적)이 직원들의 조직 동일시를 형성하는 선행 요인임을 확인했다. 조직에 대한 구성원들의 동일시는 감정적 몰입(기쁨, 애정)과 조직에 대한 자부심에 영향을 미치며, 이는 이타주의, 도덕, 양심, 예의 등과 관련된 조직시민행동에 각각 영향을 미친다고 보고했다.

기용재 등(2013)은 조직명성을 기업명성과 부서 명성으로 구분해 조직 동일시와 직무 만족에 미치는 영향을 살펴본 결과, 조직명성(기업명성과 부서 명성)은 조직 동일시(기업 동일시와 부서 동일시)를 매개로 각각 직무 만족에 차별적인 영향을 미친다는 것을 확인했다. 양진호와 박상봉(2014)의 연구에서는 기업 평판이 직원들의 회사 몰입을 향상시키고 이직 의도를 감소시킨다고 밝히고 있다. 이와 관련해 크레이븐스와 올리버(Cravens and Oliver, 2006)는 사원과 기업명성이 조직의 재무 성과를 향상시키고 지속 가능한 경쟁력을 확보하는 데 주요한 요인이라고 주장했다. 기업명성이 조직의 성장과 경쟁력을 위한 중요한 요소이며, 사원은 이를 연결시켜 주는 고리 역할을 한다는 것이다.

이러한 연구들은 명성이 조직 정체성과 동일시를 통해 형성되는 결과변인이기도 하지만 순환적으로 연결되어 조직 정체성과 동일시에 영향을 미치는 선행 요인이 될 수도 있음을 보여주고 있다.

3. 조직명성 관리 커뮤니케이션

조직학에서는 조직 차원에서 구성원이나 최고 경영진, 조직 전략 등의 요소를 조직이 어떻게 표현할 것인지에 초점을 둔다. 반면 PR학에서는 조직-공중 관계성에 주목하면서 조직과 공중 간에 발생하는 다양한 커뮤니케이션 특성에 초점을 맞추고 이러한 관계의 결과로서 명성이 나타난다는 점을 강조한다(차희원, 2015). 조직학에서 강조하는 요소들의 전달과 해석은 결국 조직의 커뮤니케이션을 통해 이루어진다. 조직의 비전과 철학이 조직 내부에서 공유되고, 더 나아가 조직 외부로 커뮤니케이션되는 과정에서 명성이 형성되기 때문이다. 이와 관련해 발머와 그레이는 조직문화 내에서 커뮤니케이션의 역할을 강조했으며(Balmer and Gray, 2003), 반리엘은 원활한 내부 커뮤니케이션이 긍정적인 외부 커뮤니케이션을 이루어내는 근간이 된다고 주장했다(van Riel, 2003). 반리엘과 폼브런의 ROIT 모델 역시 기업 문화와 조직 성과, 기업명성 간의 관련성에서 사내 커뮤니케이션의 중요성에 대해 강조하고 있다.

이처럼 조직문화나 구성원, 조직의 CED적 특성을 나타내는 정체성이 조직 내부에서 공유되고 외부로까지 영향을 주어 명성과 상호작용하는 과정에서, 커뮤니케이션은 핵심이라 할 수 있다. 이와 관련해 차희원(2011)은 조직 구성원들이 커뮤니케이션을 통해 조직 정체성에 대한 재해석과 변화를 일으키게 되므로 궁극적으로 커뮤니케이션은 기업명성에 큰 영향을 미치게 된다고 주장한다.

지금까지의 논의를 종합해 보면 조직의 CEO, 구성원, 조직문화, 조직 구조 등의 '정체성' 변수들로 인해 조직 내부 명성이 형성되며, 이러한 정체성 변수들이 내부에서 공유되고 구축되기 위해서는 내부 커뮤니케이션이 필요함을 알 수 있다. 또한, 내부에서 구축된 정체성이 외부로 커뮤니케이션되기 위해서는 '기업 커뮤니케이션'이 행해져야 한다. 이와 관련해 차희원(2015)은 조직의 '내부 커뮤니케이션 자본'과 '기업 커뮤니케이션 자본' 개념을 적용할 수 있다고 설명했다. 내부 커뮤니케이션 자본이란 조직 차원에서 조직 정체성을 구축하고 형성하는 자본이며 기업 커뮤니케이션 자본은 조직의 독특성과 차별성을 외부에 전달하는 자본을 의미한다.

1) 조직 커뮤니케이션 자본

조직의 내부 커뮤니케이션 자본은 조직학적 관점에서 논의된 조직 정체성 이론과 조직 동일시 이론, 조직 커뮤니케이션(내부 커뮤니케이션) 이론 등과 연관된다. 조직 정체성에 대한 내부 구성원들의 합의와 공유된 가치를 이끌어내기 위해서는 커뮤니케이션이 필수적이다.

　내부 커뮤니케이션 특성에 주목한 연구들은 정보량과 정보 내용, 사내 미디어의 특성 등이 커뮤니케이션 분위기에 긍정적인 영향을 미치고 이것이 사원 만족도를 매개하여 기업명성에 간접적으로 영향을 미친다고 보고하고 있다(Ellis, Shockley-Zalabak, 2001). 이 밖에도 정보의 질과 정보의 양, 커뮤니케이션의 내용과 분위기 등이 기업 명성에 긍정적인 영향을 미친다고 밝혀진 바 있다(Thomas, Zolin & Hartman, 2009; Smidts et al., 2001; camerer & Vepsalainen, 1988). 반리엘과 폼브런(Van Riel, Fombrun, 2007)은 내부 커뮤니케이션을 '경영, 내부 미디어, 부서 간 커뮤니케이션, 커뮤니케이션 분위기' 등으로 구분하고 이들이 '조직 동일시'에 영향을 주며 외부로 표출되어 기업 명성에까지 영향을 준다고 보고하면서, 조직이 어떠한 메시지로 어떻게 커뮤니케이션하는지가 명성에 중요한 역할을 한다고 주장하였다.

　기업 명성에 대한 내부 커뮤니케이션의 효과에 관한 연구들은 조직 내부 커뮤니케이션과 커뮤니케이션 만족 등이 조직-사원 관계성, 조직 동일시, 직무 만족에 영향을 끼치고, 이를 경유하여 기업 성과나 기업 명성에 긍정적인 영향을 미친다고 제시하고 있다. 이는 내부 커뮤니케이션이 사원의 업무 몰입과 경영자와 사원 간의 관계, 조직문화를 수립하는 데 매우 중요한 역할을 한다는 것을 의미한다.

다음으로, 조직이 자신의 정체성을 외부로 전달하는 기업 커뮤니케이션 자본 역시 기업 명성에 주요한 영향을 미치는 요인으로 설명된다. 조직학적 관점에서 기업 커뮤니케이션을 다룬 대부분의 연구들은 통합 커뮤니케이션이나 스토리텔링 등 커뮤니케이션의 전략과 내용 측면을 다루고 있다. 발머와 그레이(Balmer & Gray, 2003)는 기업 커뮤니케이션이 기업 정체성과 이미지 및 명성과의 관계에서 삼각 교량 역할을 한다고 주장하였다. 또한, 반릴은 기업 커뮤니케이션이 전략, 정체성, 이미지를 통합적으로 고려해, 이들 간의 공통분모를 기업 커뮤니케이션에 활용하는 일관성을 가져야 한다고 주장하였다. 특히, 지속 가능한 기업 스토리sustainable corporate story: SCS를 통해 기업 명성이 성취될 수 있는데, 이는 조직에 대한 포괄적인 내러티브(조직의 설립, 비전, 미션 등)를 제공하는 것이어야 한다고 강조하였다. 기업 스토리와 관련하여 반리엘과 폼브런(van Riel & Fombrun, 2007)은 AAA모델을 활용한 통합적이고 인과적인 이야기 전개를 강조한다. AAA는 기업의 핵심역량core Abilities, 핵심활동core Activity, 기업 성과Accomplishment를 의미한다. 조직은 매출액이나 순이익 등 기업의 성과를 강조하는 커뮤니케이션 보다는 성과를 낼 수 있었던 배경(인재 발굴, 기업 활동, 기술개발 등의 핵심 역량)에 중심을 두고 통합적이고 인과적인 스토리를 개발해야 한다는 것이다.

또한, 반리엘과 폼브런(van Riel & Fombrun, 2007)은 기업의 전략적 목표와 기업 커뮤니케이션, 명성, 재무적 연관성에 대한 틀을 제시했다. 비즈니스 사이클과 커뮤니케이션 사이클은 서로 상호보완적이며, 이것이 성공적으로 수행된다면, 기업 커뮤니케이션은 이해관계자들과의 동일시를 유발하며 그들이 지지적 행동을 얻게 된다는 것이다. 이 모델은 기업 커뮤니케이션을 주요한 요인으로 제시하고 있어 이전 모델들과는 차별화되지만, 커뮤니케이션을 경영 목표를 달성하기 위한 전략이자 도구로 제시하고 있다는 점에서 PR 학과는 다른 접근을 보인다.

위와 같이 조직학 관점의 명성에 대한 논의를 종합해 제시된 차희원 (2015)의 조직 커뮤니케이션 자본 이론은, 시대적·매체 환경적 변화와 이후 전개된 관련 연구 결과들을 토대로 볼 때 몇 가지 확장 가능성을 다음과 같이 논할 수 있다.

2) 조직 커뮤니케이션 자본의 확장

미디어 상황이 빠르게 재편됨에 따라, 조직은 더욱 정교하고 전략화된 커뮤니케이션 실행을 필요로 하고 있다. 트리플 미디어 시대, 기업들은 다양한 온드 미디어를 활용하여 공중과 직접 커뮤니케이션하고. 조직구성원들 역시 개인 미디어를 통해 얼마든지 본인의 의견을 빠르게 확산시킬 수 있다. 이러한 상황에서 명성관리를 위한 PR커뮤니케이션 연구들은 다음과 같은 방향성을 요구받는다.

먼저, 내부커뮤니케이션 차원에서 조직은 조직구성원들의 커뮤니케이션 행동 유발 요소들을 더욱 구체화시킬 필요가 있다. 또한, 새로운 미디어의 특성과 조직 내부 공중의 인지 및 특성을 고려한 커뮤니케이션 요소들이 반영되어야 한다.

PR 분야의 내부 커뮤니케이션 연구들은 조직과 공중의 관계 차원에서 커뮤니케이션에 접근하고 있다. 조직이 외부 공중과 상호호혜적인 관계를 구축하기 위해서는 우선적으로 내부 공중인 조직 구성원들과의 관계를 구축해야 하며(Cutlip, Center, & Broom, 1994; Jo & Shim, 2005), 내부 공중과의 관계는 외부 공중 관계는 물론 기업의 평판과 효율성에 영향을 미칠 수 있다는 것이다(Coombs, 2001).

특히, 미디어의 변화로 소셜미디어 등의 개인 미디어가 활발하게 사용되는 현 상황에서 기업의 내부 커뮤니케이션은 기업 평판에 강력한 영향을 미칠 수 있는 주요 요인으로 작용할 수 있음을 시사한다. 이에 따라 향후 연구에서는 조직 내부커뮤니케이션의 어떤 요소들이 어떠한 방법과 내용을 통해 조직구성원들의 인식을 거쳐 명성에 긍정적 효과를 미치며, 또한 조직구성원들의 어떠한 커뮤니케이션 행동을 유발하는지에 대한 고찰이 필요할 것이다. 더불어, 위기 상황에서 내부구성원들의 조직동일시 향상 등을 통해 조직의 결속력을 유지하고 명성 손상을 완화할 수 있는 커뮤니케이션 요인은 무엇인지에 대한 고찰이 필요하다.

새로운 미디어 시대에 조직구성원 개개인들은 개인 미디어 운영을 통해 언제라도 소셜미디어상의 인플루언서가 될 수 있으며, 조직의 정보를 확산시킬 가능성을 가지고 있다. 소셜미디어상에서의 정보의 공개와 확산의 속도가 전통 미디어에 비해 빠른 속도를 가진 만큼 직원의 기업에 대한 부정적인 정보의 확산이 기업의 위기로 번질 가능성은 과거에 비해 훨씬 높아졌다. 이는 직원과의 관계가 과거보다 더욱 중요하며, 조직차원에서 내부공중에 대한 커뮤니케이션을 더욱 전략적으로 접근하고 관리할 필요가 있음을 의미한다.

다음으로 기업 커뮤니케이션에서 차원에서는 최근 미디어 패러다임의 변화를 반영한 소셜미디어상의 기업 커뮤니케이션 요소들이 제시되어야 할 것이다. 구체적으로는 어떠한 속성이 명성에 영향을 미치는지에 대한 통합적 관점의 제시가 필요하다. 즉, 조직의 명성을 형성하기 위해 사용하는 기업 커뮤니케이션의 다양한 수단과 매체들의 목적과 효과를 파악하고 그것을 기업의 정체성(비전, 미션, 가치 등)과 연결시킬 필요가 있다. 즉, 공중을 기업 소셜미디어 콘텐츠에 주목시키기 위해서는 그들의 정서적인 속성에 집중할 필요가 있으며 이는 조직정체성 및 동일시 이론 등을 적용해 논의할 수 있을 것이다.

현재 대부분의 조직들은 소셜미디어 등의 다양한 온라인 커뮤니케이션 채널을 통해 공중과 직접 소통하고 있다. 이는 소셜미디어의 쌍방향적이고 실시간적인 특성으로 인해 공중과 직접, 실시간으로 기업 커뮤니케이션을 행할 수 있고 이를 통해 공중과 향상된 관계를 유지할 수 있다고 기대하기 때문이다. 온라인 공간에서의 조직체와 공중 간의 인간적인 접촉이나 대화는 우호적 관계발전에 기여할 수 있다고 밝혀진 바 있으며(Kent & Taylor, 2002), 켈레허(Kelleher, 2009)는 조직의 관계적 가치를 향상시키기 위한 온라인상의 변인으로 조직의 인간적인 목소리(humanized voice)가 필수적임을 주장한 바 있다. 특히, 소셜미디어상에서 공중은 친구의 계정을 팔로우하듯 기업 계정을 팔로우하며, 기업과의 온라인 커뮤니케이션 과정에서 기업을 개인과 같은 인격체로 인지할 가능성이 높다.

PR 연구에서도 이를 반영하여 소셜미디어 커뮤니케이션과 명성을 다룬 연구들이 진행되고 있으나, PR 연구들은 주로 PR의 '관계성'이나 '위기 커뮤니케이션 전략', '매개 커뮤니케이션'으로써 미디어 명성이나 온라인 커뮤니케이션 특징을 개념화하여 명성과의 관련성을 제시하고 있다. 또 다른 연구들은 소셜미디어를 통한 기업 커뮤니케이션이 기업의 명성에 어떤 영향을 미치는지에 관해 논의하고 있다.

권예지·차유리·유현재(2014)는 웹 공간 이용 만족도가 기관 명성에 긍정적인 영향을 미친다고 밝혔다. 웹 공간 이용 만족도를 '쌍방향 커뮤니케이션', '대화 고리', '유용한 정보', '재방문 유도', '사용하기 쉬운 인터페이스'의 다섯 가지 요소로 분류하여 각각의 요소들이 명성에 영향을 미치며, 그 중 '쌍방향 커뮤니케이션'의 영향력이 가장 강력하다고 주장하였다. 아우라(Aula, 2010)는 온라인 커뮤니케이션과 조직 명성간의 관계에서 온라인 커뮤니케이션이 명성의 구조 및 명성으로 인해 발현되는 이점(긍정적 평가, 신뢰 관계 구축, 입지나 지위적 명성의 획득, 사회 자본의 형성)에 영향을 미친다고 밝혔다. 온라인 커뮤니케이션은 생산물, 서비스, 기업의 책임, 성공, 변화 발전하는 능력, 공중 이미지에 대한 이해관계자들의 평가에 영향을 미치며 그들과의 관계를 강화하고 조직의 사회적 자본을 구축하여 명성적 이득을 창출할 수 있다고 주장했다.

관련 연구들은 온라인 커뮤니케이션의 특성 중 어떤 요소들이 명성에 긍정적 효과를 미치는지를 보고 있는데, 특히 '상호작용성'과 '쌍방향 커뮤니케이션'의 특성이 조직 명성에 중요하게 작용하고 있음을 논하고 있다. 이들은 주로 인간-컴퓨터 상호작용 이론human-computer interaction theory, 대화 커뮤니케이션 이론, 사회 자본 이론 등에 근거하여 설명되고 있다. 일부 연구들이 조직이론을 근거로 소셜미디어상의 커뮤니케이션 특성과 PR 효과, 조직 명성과의 관계를 다루고 있다. 정지연과 박노일(Jeoung & Park, 2014)은 공중이 최고경영자의 소셜미디어 계정 활동을 통해 느끼는 소셜프레즌스가 최고경영자와 공중 간의 관계성에 긍정적인 영향을 미치며 최종적으로 조직의 평판에도 효과를 미침을 밝혔다. 특히, 최고경영자와 공중 간의 호의적 관계성은 최고경영자가 속한 조직의 평판 인식에도 파급효과를 미쳤다. 서미라와 이유나(2019)는 공중의 동일시 개념을 통해 소셜미디어상에서 공중이 조직과 관계를 맺는 과정을 연구하였다. 연구 결과, 소셜 프레즌스 요인이 공중의 기업 정체성 인식과 기업-자아 동일시에 영향을 미치는 선행요인이자 조직과 공중의 관계를 향상시킬 수 있는 주요 요인임을 확인했다. 관련 연구 결과들은 기업의 정체성을 표현할 수 있는 차별적인 온라인 커뮤니케이션 특성이, 최종적으로 조직의 명성에도 영향을 미칠 수 있음을 시사한다.

향후 연구에서는 온라인, 특히 '소셜미디어'와 관련해, 구체적으로 어떠한 속성이 명성에 영향을 미치는지에 대한 통합적 관점의 제시가 필요하다. 즉, 조직의 명성관리에서 다양한 커뮤니케이션 매체들의 목적과 효과를 파악하고, 이를 기업의 정체성(비전, 미션, 가치 등)과 연계하여 살펴볼 필요가 있다.

마지막으로 지금까지 기업 중심으로 진행되어온 정체성과 커뮤니케이션, 명성 간의 관계에 대한 연구를 국가 차원으로도 확장할 필요가 있다. 국가 정체성은 자신이 속한 국가에 대해 갖는 정서적 애착으로 개인이 국가 구성원이라는 스스로의 자각으로 정의된다(Gaber, 2006). 케일러와 헐트(Keillor & Hult, 1999)는 이러한 국가 정체성을 구성하는 요인으로 국가 유산, 문화적 동질성, 신념구조, 자민족 중심주의 4가지 요소를 제시한 바 있다. 이 외에도 국가 상징, 전통문화, 민족의 동질성, 민주 시민의식에 대한 교육 경험 등도 제시되고 있다(Yoo & Cho, 2014). 국내 연구에서는 이진용·이유나·이현경·최보람(2011)의 연구가 국가 정체성 요인 연구를 통해 한국민, 사회시스템, 글로벌 리더십, 인적 재능, 국가 유산, 미래 성장력으로 구분한 바 있다.

문효진(2015)의 연구는 국가 정체성과 동일시가 국가 평판과의 관계에서 직접적으로 인과 관계가 있음을 확인한 바 있다. 한국의 국가 정체성에 대한 동일시 정도가 높을수록 국가에 대한 신뢰, 믿음, 칭찬, 존경 등과 관련된 평판에도 긍정적인 효과가 있다는 결과를 제시하였다. 이러한 결과는 국가가 국민들에게 신뢰와 존경, 칭찬 등을 받기 위해서는 국가 정체성을 명확히 구축하고 관리, 이해시키는 과정이 필요하다는 점을 말해준다. 무엇보다 국가 역시 좋은 명성을 유지하기 위해서는 국가의 정체성을 효과적으로 구축하고 관리, 유지할 필요가 있음을 시사해 준다.

온라인 미디어의 발달에 따라 국가 차원의 PR은 단순히 국민들에게 정보를 알리고 영향을 주는 것에 국한되지 않고, 국민들과 직접 상호작용하며 관계를 확장하고 강화시키는 방향으로 전개되고 있다. 이에 따라 국가 차원에서도 정체성의 요인을 규명하고 내국민과의 커뮤니케이션이 국가 명성 인식에 어떤 영향을 미치는지에 대한 통합적 연구가 요구된다. 특히, 국민들의 국가 정체성 인식과 동일시를 향상시킬 수 있는 커뮤니케이션 전략에 대한 연구들이 필요하다.

이와 더불어 국제문화교류의 활동 증가, 한류의 문화산업적 비중의 확대 등으로 최근 활발히 진행되고 있는 국가의 해외 PR 측면에서도 국가의 정체성을 고려한 커뮤니케이션 전략이 요구된다. 국가 정체성 요인 중 해외 공중에게 영향력이 있는 요인은 무엇인지, 그리고 어떠한 온라인 커뮤니케이션이 해외 공중의 공감과 관심을 이끌어내어 국가 명성에 긍정적인 영향을 미치는가에 대한 연구가 필요한 시점이다.

4. 조직 커뮤니케이션 자본을 활용한 명성 관리 사례

1) 기업 정체성을 반영한 CSR 실천: 삼성의 인재제일주의, 인재 양성 사회 공헌활동

삼성은 1938년 3월 삼성상회를 모태로 설립되어, 2021년 현재 자본총액 기준 재계 서열 국내 1위 대기업이다. 삼성전자를 메인으로 전자, 중공업, 건설, 금융, 바이오 등 분야의 여러 계열사를 소유하고 있는 그룹이다. IT 볼모지였던 한국에서 새로운 시장에 도전한 삼성의 '도전과 창조 정신'은 현재 삼성이라는 기업의 정체성을 이루고 있으며, 명성의 근원으로 작용하고 있다. 삼성은 1990년부터 "인재와 기술을 바탕으로 최고의 제품과 서비스를 창출해 인류 사회에 공헌한다"라는 경영 이념을 강조하며 이를 실천하기 위해 노력하고 있다.

인재제일주의는 창업주인 이병철 회장으로부터 시작해, 이건희 회장, 이재용 삼성전자 부회장으로 지속적으로 승계되어 왔다. 이건희 회장의 "업무 절반 이상을 S급, A급 인재를 뽑는 데 할애하라"는 경영 철학은 2021년 5

월 이재용 부회장의 "삼성은 앞으로도 학벌, 나아가 국적을 불문하고 인재를 모셔 와야 한다. 그 인재들이 주인의식과 사명감을 갖고 치열하게 일하면서 사업을 이끌도록 해야 한다"는 경영 철학으로 계승된다.

삼성은 이러한 회사의 경영 철학을 토대로 사회공헌활동을 활발하게 수행하고 있다. 인재 양성 프로그램을 장기적으로 확장하며 활발하게 운영함으로써 기업의 정체성과 CSR 전략을 일체화 시키고 있는 삼성은 다음과 같이 초중학생, 청소년, 취업준비생을 대상으로 한 연령대별 교육 사회공헌 프로그램을 실천하고 있다.

(1) 삼성 주니어 소프트웨어 아카데미('주소아')

삼성전자가 2013년부터 소프트웨어sw 저변 확대와 창의인재 육성을 목표로 초·중·고교생들에게 방과 후 교실이나 자유학기제 수업을 통한 다양한 소프트웨어 교육(소프트웨어의 필요성과 기본 지식 등)을 제공하는 교육 기부 프로그램이다. '주소아'를 운영하는 학교의 소프트웨어 교육 담당자인 교사의 연수, 교사와 학생을 위한 교육 콘텐츠와 실습 키트 등을 제공하고 있으며, 이는 2021년 기준 약 400여 개 초중학교에서 진행되고 있다. 커리큘럼은 인공지능AI, AI 실습, AI 윤리 등으로 구성된다,

(2) 삼성 청년 소프트웨어 아카데미

삼성 청년 소프트웨어 아카데미Samsung SW Academy For Youth: SSAFY는 삼성의 SW 교육 경험과 고용노동부의 취업 지원 노하우를 바탕으로 취업 준비생에게 SW 역량 향상 및 취업 지원 서비스를 제공해 취업에 성공하도록 돕는 프로그램이다. 2018년 시작되어 현재 서울, 광주, 대전, 구미 등에서 운영하고 있으며, 2020년까지 1623명 수료, 1009명이 취업해 62%의 취업률을 보여준다. SW 기본 교육과 개발자 양성 심화교육 등의 커리큘럼으로

구성된다.

(3) 솔브 포 투모로우(Solve for Tomorrow)

솔브 포 투모로우Solve for Tomorrow는 삼성전자가 전 세계 청소년들을 대상으로 STEMScience, Technology, Engineering, Mathematics(과학, 기술, 공학, 수학) 지식을 활용해 사회 문제 해결에 함께 도전하기 위해 만든 프로그램이다. 2010년, 미국에서 처음 시작돼 현재는 영국, 베트남, 터키 등 30개 국가 이상에서 진행되고 있으며, 지금까지 180만여 명의 전 세계 학생들이 참여했다. 참여 학생들은 배운 기술을 활용해 자신의 지역 사회문제를 해결하기 위한 방법을 제안하고, 삼성은 이를 함께 지원함으로 함께 노력하는 프로그램이라 할 수 있다.

그림 2-1
삼성 솔브 포 투모로우 실천 사례

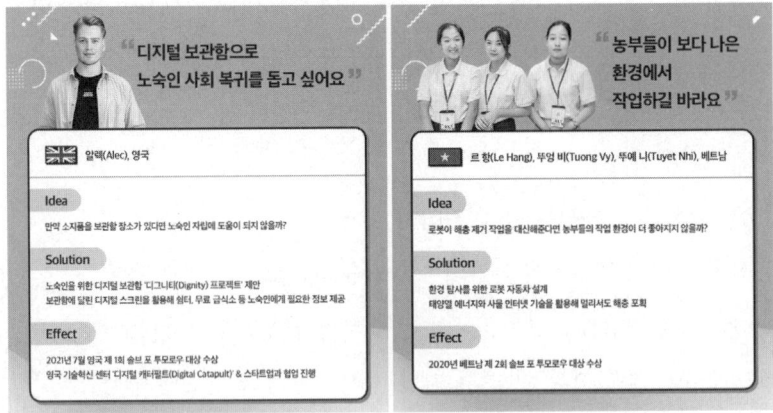

자료: Samsung Newsroom. 2021.10.14. "'더 나은 미래를 위해' 상상을 현실로 만든 5인의 삼성 사회공헌 프로그램 스토리". https://news.sam sung.com/kr/%eb%8d%94-%eb%82%98%ec%9d%80-%eb%af%b8%eb%9e%98%eb%a5%bc-%ec%9c%84%ed%95%b4-%ec%83%81%ec%83%81%ec%9d%84-%ed%98%84%ec%8b%a4%eb%a1%9c-%eb%a7%8c%eb%93%a0-5%ec%9d%b8%ec%9d%98-%ec%82%bc(검색일: 2021.10.23).

(4) 삼성 드림클래스 2.0

교육의 격차를 줄이는 캠페인으로 2021년 9월부터 새롭게 추가된 프로그램이다. 청소년들이 차별 없이 미래를 향한 꿈과 희망을 가질 수 있도록 다양한 교육과 진로 탐색 등을 지원한다. 삼성은 드림클래스 2.0의 새로운 내용과 교육 취지를 담은 〈미래의 나〉라는 영상을 삼성 뉴스룸 및 SNS 등을 통해 공개했다.

이러한 삼성의 사회 공헌 활동은 지역 사회, 국내 및 글로벌 고객과 같은 외부 공중과 조직의 비전과 정체성을 공유하는 커뮤니케이션의 좋은 사례로 볼 수 있다. 조직의 비전을 근본으로 한 비전의 실천을 사회공헌을 통해 직접 보여주고 있으며, 이러한 사회공헌활동은 장기적 전략하에 연령대별로 구분되어 구체적으로 실천되고 있다. 또한, 사회공헌활동을 별도의 웹페이지, 삼성 뉴스룸, SNS 등의 다양한 온드미디어를 활용해 적극적으로 커뮤니케이션하고 있었으며, 이는 공중의 관심과 참여를 독려하고 있었다.

그림 2-2
드림클래스 2.0 영상 캡쳐

락앤롤!

자료: 삼성전자 뉴스룸. 2021.10.15. "드림클래스_미래의 나 편". 삼성전자 뉴스룸 유튜브 채널. https://www.
youtube.com/watch?v=Zoj4IH783hc(검색일: 2021.10.23).

2) 기업의 사업 확장과 정체성 통합: 신세계 정용진 부회장의 정체성 전이 커뮤니케이션

신세계그룹은 1991년 삼성그룹으로부터 분리·독립되어, 1993년 11월 대형 마트 국내 1호점인 이마트 창동점 개점을 시작으로 (주)신세계푸드, (주)광주신세계, (주)신세계인터내셔날 등의 계열사를 설립하며 1997년 4월 공식 출범했다. 이마트와 스타필드를 필두로 백화점, 대형 할인마트, 홈쇼핑, 오픈마켓 등의 유통 전문회사의 이미지를 굳혀온 신세계는 2021년 SK의 프로야구단을 인수했다, 'SSG 랜더스'라는 이름으로 새롭게 출범한 신세계 프로야구단은 정용진 부회장이 구단주를 맡고 있다. 정용진 부회장은 자신의 개인 SNS(인스타그램)를 통해 적극적으로 구단 마케팅을 해 주목을 끌었다. 정용진 부회장은 인스타그램을 통해 주로 음식을 먹거나 요리하고 자녀와 시간을 보내는 등의 일상적인 모습을 올린다. 이는 기업이나 경영인들이 직접적인 제품·브랜드 홍보나 업무 중심의 콘텐츠를 올렸던 SNS 활동과는 차별화된다. 이런 정 부회장의 인스타그램 활동은 팔로워 70만 명 이상(이는 일반 연예인이 만든 계정 이상의 팔로워 수)이라는 수치를 통해 공중의 관심이 얼마나 큰지를 짐작하게 해준다.

정 부회장의 적극적이고 활발할 인스타그램 소통은 기업의 광고 마케팅 수단을 넘어 기업의 이미지 제고와 정체성 전달에도 궁극적으로 영향을 미친다. 공중은 '오너가 관련 사업을 좋아하고 잘 알고 있다'라고 평가하며 신세계에 대해 좋은 인식을 갖게 되고, 이는 신세계의 평판으로 자연스럽게 이어질 수 있다. 특히, SSG 랜더스 구단 설립 이후, 정 부회장은 자신의 개인 성향이 가장 잘 드러나는 인스타그램을 새로운 사업과 기존 사업의 정체성 통합 미디어로 활용하고 있다. 자신의 '부캐(부차적인 캐릭터)'를 만들어 오너, 경영자, 프로야구단 구단주로서의 자신의 정체성을 설정하고 이를 토

그림 2-3
'SSG랜더스 라거'와 '슈퍼스타즈' 맥주

자료: 이마트24. 2021.7.20. "이마트24, "홈런 준비 끝!" 야구 맥주 2종 출시!" 신세계그룹 뉴스룸, https://www.shinsegaegroupnewsroom.com/64382/(검색일: 2021.11.16).

대로 '정용진 유니버스(세계관)'를 구축한 것이다. 이는 구단의 정체성을 자신의 세계, 즉 신세계 그룹으로 자연스럽게 영입시키게 된다. 또한, '용지니어스' '제이릴라' 등 스스로를 본뜬 캐릭터를 만들어 공중에게 재미와 친근함을 주며 관심 공중을 확대시키고 있다. 제이릴라는 정 부회장과 비슷하게 생긴 고릴라로 정 부회장을 일방적으로 좋아한다는 스토리를 갖고 있다. 또한, 구단주로서 우수 선수에게 '용진이형상'을 주거나, '구단주'라는 맥주[2]를 기획하는 등 인스타그램을 통한 마케팅을 선보이기도 했다.

이는 조직의 사업 변화로 정체성의 통합과 확립이 요구되는 상황에서 CEO(오너)가 최전선에서 SNS를 통해 정체성 통합을 성공적으로 수행한 사

---

2 정용진 부회장이 인스타그램을 통해 선보였던 구단주 맥주는 'SSG랜더스 라거'와 '슈퍼스타즈'라는 이름으로 2021년 7월 정식 출시되었다.

례로 볼 수 있다. '부캐'를 통해 오너의 정체성을 분리하고, 그 분리된 정체성은 구단의 정체성으로 전이된다. 하지만 분리된 정체성들은 모두 오너의 유니버스(세계관) 아래 존재한다. 이는 구단의 정체성이 자연스럽게 신세계의 정체성으로 영입되도록 한다.

3) 선도적인 사내 지원 정책과 선한 사회 영향력으로 기업의 정체성 표현: P&G의 명성 관리

1837년 설립된 미국의 P&G는 글로벌 생활용품 기업으로, 국내에서도 섬유탈취제인 페브리즈, 섬유유연제인 다우니, 오랄-B 칫솔, 아이보리 비누, 팬틴 샴푸, 위스퍼 생리대, 팸퍼스 기저귀, 브리우니 면도기 등의 제품을 통해 소비자들에게 친근한 이미지를 갖고 있다.

P&G는 운영 전략으로 '다양성과 표용성'을 강조한다. 이는 전 세계의 수많은 다양한 고객들이 매일 일상에서 P&G의 제품을 사용하는 만큼, 다양한 고객의 기대에 부응하기 위한 세계관이라고 설명하고 있다. P&G가 의미하는 '표용성'이란 모두의 기대를 넘어서는 것으로, 존중과 포용을 통해 서로를 더욱 잘 이해하고 소통하면서 일상을 풍요롭게 만드는 데 집중하는 것이다.

이러한 P&G의 정체성은 두 가지 주요 정책을 통해 발현되고 있다. 첫째는 직원들의 사내 지원 정책을 통해 평등하고 포용적인 근무 환경을 조성하는 것이고, 둘째는 성평등 캠페인을 통해 사회적으로 다양한 사람들의 프라이드를 지켜줄 수 있는 선한 영향력을 행사하는 것이다.

P&G는 평등한 사회로 나아가기 위해서는 사회를 구성하는 핵심 단위인 가정에서의 성평등 확립이 선결 과제라고 강조한다. 이를 위해 임직원들이 각자의 삶 속에서 성평등을 실천할 수 있도록 돕는 다양한 제도적 장치를

그림 2-3

P&G 홈페이지(일부)

다양성 지지

해마다 미국에서는 흑인 역사의 달, 히스패닉 문화유산의 달, 프라이드 위크(Pride Week) 및 다양성과 포용성 주간 등을 통해
전 세계의 풍요로운 문화를 자랑스럽게 소개하고 축하합니다. 우리의 목표는 우리 직원들을 축하하고 더 많은 소비자를 즐겁게
하며 더 나은 문제 해결 방법을 찾아 궁극적으로 회사로서 성장해 나가는 것입니다.

업계 규범에 도전합니다

열정적인 아프리카 혈통(AA) 과학자, 디자이너, 피부과
의사로 구성된 당사의 팀이 미용 업계에서 주류로
받아들여지지 못했던 AA 모발에 대한 정서적이며 역사적인
연관성을 발견하였습니다. 새로운 팬틴 골드(Pantene Gold)
시리즈는, 특별히 AA 모발용으로 디자인된 것으로, 기존의
규범에 도전하여 강인한 AA 여성과 그들의 믿기지 않을 만큼
놀라운 모발에 대해 재조명하였습니다.

**전 세계에서 다양한 사람들의 프라이드(Pride)를
응원합니다**

우리는 43개 나라에 걸쳐 5,000여 명 이상의 게이, 앨리,
양성애자, 레즈비언, 트랜스젠더(GABLE) 단체 회원들과
함께하고 있음을 자랑스럽게 생각합니다. 2017년에는,
마드리드에서 World Pride Parade를 후원하였으며, 5개
대륙에서 25 번의 행진에 참가하였습니다. 하지만 우리의
노력은 프라이드 위크(Pride Week)에서 멈추지 않습니다.
매일 일상에서 P&G 직원을 지원하기 위한 우리의 노력에
대해 살펴 보세요.

자료: 한국 P&G 홈페이지. https://pg.co.kr/diversity-and-inclusion/(검색일: 2021.10.23).

적극 시행해 오고 있다. P&G는 코로나19 이전부터 유연근무제의 운영, 성
별에 무관한 철저한 성과 위주의 평가와 승진 제도 등을 실천해 왔다. 2021
년에는 새로운 출산 및 육아 휴가 정책인 '돌봄을 나누세요Share The Care'를
도입, 남편들에게도 법정 휴일보다 4배 긴 8주간의 유급휴가를 제공하기로
했다. 또한 1인 가구, 싱글맘, 싱글대디 등 가족 구성의 형태가 다양화되는
추세에 따라 '유연 휴가' 제도를 도입, 기존의 혼인 및 혈연에 기반한 전통적
인 가족 경조사에 초점이 맞춰진 특별 휴가가 아닌 자기 계발, 봉사활동, 가
족과 반려동물 돌봄, 육아 휴직과 출산 휴가 연장 등 다양한 형태의 개인사
에 따라 사용할 수 있는 휴가제도를 도입했다.

평등한 사회를 위한 P&G의 노력은 조직 내부에만 국한되지 않고, 업계

전반과 사회에 성평등을 확산하기 위해 다양한 외부 이해관계자를 대상으로 진행되고 있다. P&G의 기저귀 브랜드 팸퍼스는 최근 인도에서 "#2명이 필요해#ItTakes2" 광고 캠페인을 공개하며 공동육아의 필요성을 강조했고, 면도기 브랜드 질레트는 "최고의 남자가 된다는 건The Best Man Can Be" 광고를 통해 성평등 문제 해결을 위한 협력자로서 남성의 역할과 동참을 촉구했다.

이는 '다양성과 포용성'이라는 P&G의 기업 정체성을, 직원을 존중하는 사내 지원 정책과 프로그램들로 커뮤니케이션함으로써 직원의 공감과 이해관계자들의 명성을 이끌어낸 사례라고 할 수 있다. P&G는 고객의 다양한 요구에 부응하는 회사의 지속적인 발전을 위해서는 직원의 행복하고 평등한 생활이 영위되어야 함을 사내 지원 정책과 프로그램을 통해 구체적으로 실천하고 있다. 이는 직원들이 사회의 구성원으로서 해결해야 할 고충을 함께 해결해 주며, 직원 개인에 대한 깊은 이해를 기반으로 한다는 점에서 더욱 돋보인다.

생각해 볼 문제

1. 최근 기술의 발전으로 다수의 기업들이 사업 다각화 및 변화를 경험하고 있다. 기업의 사업 변화로 조직정체성의 변화가 필요할 때, 명성 관리를 위해 가장 고려해야 할 조직 정체성 요인(조직문화 및 구조, 조직철학과 비전, 조직구성원, CEO 리더십 등)을 선택하여 어떤 커뮤니케이션 전략을 사용하면 좋을지 생각해보자.

2. 최근 대다수 국내 기업들은 온드미디어를 (기업 SNS 등) 활용한 PR커뮤니케이션에 노력을 쏟고 있으며, 긍정적 온라인 조직정체성 형성을 중시하고 있다. 온드 미디어를 활용해 조직정체성을 성공적으로 구축한 사례들을 찾아보고, 그 원인에 대해 생각해보자.

3장
기업명성과
사회공헌활동
사회적 관점의
이론과 사례

이철한(동국대학교 광고홍보학과 교수)

명성은 사람과 사물에 대해 축적된 좋은 평가로 일반적으로 받아들여지고 있다. 학문적인 차원에서 기업명성의 정의를 살펴보면, 폼브런과 반리엘(Fombrun and Van Riel, 2003)이 제시한 대로 "조직이나 기업의 다양한 이해관계자들의 기대를 충족시켜 줌으로써 얻을 수 있는 긍정적인 평가"라고 명성을 정의하고 있다. 더 단순하게는 다울링(Dowling, 1994)이 제안한 대로, "명성이란 조직 이미지에 대한 공중의 평가"일 것이다. 이외에도 명성 또는 평판에 대한 다양한 정의가 존재한다.

그중에서도 사회적 관점이 아닌 경제적 관점에서 명성은 기업의 판매나 위기 시 기업에 대한 비판의 강도를 줄여주는 무형의 자산이라는 견해가 주목할 만하다. 머혼(Mahon, 2002)은 명성을 "아이디어의 가치가 있고 실제 물리적으로는 존재하지 않는 보이지 자원의 특성"이 있음을 말하며, 명성은 보이지 않는 자산 이라고 했다. 그리고 기업이 오랜 기간 동안 이해관계자와의 관계 형성을 통해 생성한 명성은 타 조직이 모방하기 어려우며, 이 명성은 회사의 활동에 가치와 신뢰를 더하는 요인으로 작용하게 된다고 보았다.

예를 들어 거버Gerber라는 회사가 유리병 용기로 포장된 식품을 유통하는 과정에서 미세한 유리 가루가 남아서 유아의 건강에 해를 끼친다는 주장이 나왔는데, 이에 대해 거버사는 광범위한 조사를 거치고 대규모 리콜 서비스를 단행했으며, 이 사건을 계기로 주요 이해관계자와의 문제 해결 과정에 대한 소통을 통해서 아주 제한적인 경우 생겨나는 극소량의 유리 가루는 건강에 영향을 끼친다는 조사 결과를 발표했다. 이 회사가 그동안 축적한 명성은 이러한 조사 결과를 이해관계자가 받아들이게 하는 데 큰 역할을 했다. 시간이 흘러 또다시 식품 용기의 유리가 문제로 제기되었을 때 그동안 쌓아온 명성과 조사 결과 덕분에 리콜 요구를 거부하고 제품에는 건강상의 아무런 문제가 없다고 발표할 수 있었고, 이 주장은 사회적으로 용인되었으며 거버사의 영업 활동에도 지장이 없었다(Mahon, 2002).

이렇듯 거버사의 명성은 회사가 제품상의 문제점 지적에 대한 대응 방식에도 영향을 끼쳤으며, 우수한 제품을 만들어온 제조사라는 명성과 사회적으로 좋은 기업이라는 명성, 그리고 의혹에 불과했지만 대규모 리콜을 단행하면서 윤리적으로도 우수한 기업이라는 명성 등이 종합되어 회사의 정책에 대해서 사회의 지지를 이끌어내는 데 중요한 역할을 한 것으로 판단할 수 있겠다. 즉, '명성은 자산이다'라는 정의는 실제 기업의 대외 정책, 브랜드 정책, 커뮤니케이션 활동에 가치를 더하고 그 결과 경쟁사 대비 상대적 우위에 서게 하는 데 기여하는 역할을 수행한다는 측면에서 의의가 있다.

위의 논의를 바탕으로 이 장에서는 사회공헌활동이 기업명성에 기여하는 바에 대한 이론적 함의와 실무적 연계를 고찰하면서, 명성의 구성 요소로서 축적성, 조직 이미지, 공중의 평가, 이해관계자와 관계 형성, 자산을 주로 포함시키는 관점에서 진행해 보고자 한다. 즉, 명성은 '본래 기업에 대한 공중의 이미지로 시작해 이해관계자와의 관계 형성을 통해 얻어진 긍정적 평가가 오랜 기간 축적되고 소통되어 회사에 대한 신뢰와 기대의 형태로 형성된 보이지 않는 자산이다'라는 정의에 기반을 두고자 한다. 기업명성에 사회공헌활동이 미치는 영향에 대한 직관적인 모델은 〈그림 3-1〉에서 제시하는 바와 같다.

〈그림 3-1〉에서 강조하는 바는 사회공헌활동이야말로 기업이 명성을 형성하는 데 절대적인 기여를 하고 있다는 사실이다. 기업이 자신의 제품 브랜드에 대한 광고를 통해서 다양한 이미지를 형성하고, 실제 브랜드의 성과가 이미지에 실체성을 불어넣는 역할을 한다면, 기업 자체의 이미지를 명성으로 이어지게 하는 방안 중 가장 영향력이 큰 것은 사회공헌활동이라 하겠다. 사회공헌활동의 영역은 박애주의적 사회공헌과 참여, 시장중심적 사회공헌, 기업시민 역할, 사회참여적 사회공헌으로 나눌 수 있다(이종혁, 2013). 박애주의적 사회공헌에 대해서는 단순히 기업의 선행을 알리기만 하는 커뮤

그림 3-1
사회공헌활동이 기업명성 형성에 기여하는 과정

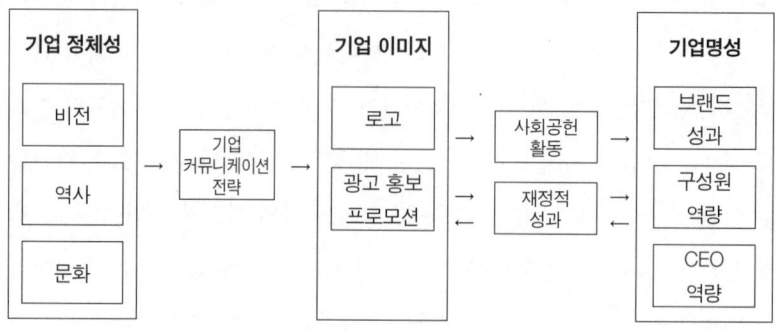

니케이션 역할을 수행하기 때문에 기업명성에 영향을 끼치는 면이 제한적이다. 그리고 시장중심적 사회공헌은 판매나 프로모션 또는 브랜드에 긍정적인 선호도의 향상을 기대하면서 수행하는 사회공헌활동을 말하며, 기업시민 역할의 사회공헌활동은 기업이 사회의 구성원으로서 공중의 기대에 적극적으로 화답하기 위한 사회공헌활동을 말한다. 시장중심적 사회공헌활동도 기업 이미지와 명성에 영향을 끼치는 측면이 존재하지만, 보다 본질적으로는 기업시민 역할의 사회참여적 사회공헌이야 말로 PR 차원에서 능동적으로 접근하는 자세라고 할 수 있겠다. 즉, 사업 영역에서 발생하는 사회적 문제에 책임 있는 자세로 접근하는 것을 의미하는데, 이는 기업과 관련한 위기관리 차원과도 연관이 있고, 이러한 위기 요인을 능동적으로 관리해 나가는 것을 의미하기도 한다(이종혁, 2013). 이러한 주장에 근거해 공중이 기업에 사회적 차원에서 해결해야 하는 문제에 대해서 사회공헌활동을 수행한다면, 이는 다른 종류의 사회공헌활동, 즉 제품 판매나 이미지 향상 또는 자선활동을 알리는 차원에서의 사회공헌활동보다 기업의 명성을 쌓을 수 있는 가장 확실한 방법으로 제시될 수 있다(Aksak, Ferguson, Dunman, 2016).

1. 사회공헌활동을 설명하는 효과 이론

1) 부합성 이론

사회공헌활동을 통해 기업 이미지를 고양하고 궁극적으로 기업의 명성을 축적하는 행위에 대한 설명력을 가진 이론으로 부합성 이론fit theory이 있다. 브랜드와 사회공헌활동 내용의 부합성을 이야기할 때, 기업 또는 브랜드의 특성과 사회공헌활동을 통해서 전달하려는 메시지의 연계가 높을 경우 이를 '부합성이 높다'고 하며, 만약 브랜드와 사회공헌활동과의 주제나 분야가 맞지 않는다고 공중이 여길 경우 이를 '부합성이 낮다'고 한다. 다시 말해서 부합성은 소비자가 기업의 사회공헌활동을 통해 추구하는 공익과 브랜드 이미지의 연관성에 대해서 논리적으로 적합하다고 판단하는 것을 의미한다고 하겠다(Varadarajan and Menon, 1988). 브랜드 이미지와 기업의 사회공헌활동이 부합성을 갖고 한방향으로 정렬될 때, 사회공헌활동에서 얻어진 좋은 이미지가 브랜드로 전이되는 '이미지 전이 현상image transfer'이 발생하게 된다(Gwiner and Eation, 1999).

기업의 사회공헌활동과 브랜드의 부합성을 측정하는 기준으로 제시된 것이 공통성commonality과 상호보완성complementarity이다(Hoefler and Keller, 2002). 예를 들어 통신회사가 통신망이 불안정한 도서 지역 학생들을 대상으로 통신망을 구축해서 이들이 원격수업을 원활하게 받을 수 있도록 하는 경우, 이는 브랜드의 특성과 사회공헌활동의 방향이 공통적인 방향으로 정렬된 것이다. 또한 어떤 기업이 대형마트를 성공적으로 운영함에 따라 이 마트가 입점한 지역에 소상인들이 영업에 어려움을 겪게 되는 경우가 빈번한 상황을 떠올려 보자. 이때 그 기업이 소상공인을 대상으로 하는 상생 기부금을 소상공인 단체에 제공한다면 대형마트의 경우에는 공격적이고 무자비하다는 이미지가 상생기부금으로 덕분에 상쇄될 수 있고, 소상공인 옹호 단체는 부족한 기금을 마련함으로써 소상공인을 도울 방안을 찾을 수 있게 되는데, 이는 상호보완성이 잘 드러난 사례라 하겠다.

이 분야의 연구자들은 기업의 이미지와 부합하는 사회공헌활동을 한 경우와 연관이 적거나 연관이 없는 자선적 사회공헌활동을 한 경우를 비교함으로써 어떤 종류의 사회공헌활동이 기업의 가치 또는 명성에 더 긍정적인 영향을 끼치는가를 주로 연구했는데, 이는 배지양(2009)의 연구에서 잘 드러나듯이, 부합성이 높은 사회공헌활동이 그렇지 않은 경우보다 더 효과적임이 보고되었다.

그러나 모든 사회공헌활동을 부합의 강약 여부로 나눌 수는 없다. 담배나 술 등 사회적으로 논란이 있는 제품을 판매하는 기업이 부합성이 높은 캠페인을 하면 사회적인 비판을 가능성이 존재한다. 즉, 소비 촉진이 건강에 해로운 영향을 끼치거나 끼칠 가능성이 있는 제품에 대해서 부합성이 높은 사회공헌을 했을 때 부정적 여론이 발생하게 되는 것에 부담을 느끼게 되고, 오히려 사회적으로 좋은 이미지를 가지기 위해서 반대의 부합성, 즉 자신의 브랜드 이미지를 일부 축소하려는 역부합성의 사회공헌활동이 존재한다. 예를 들어 담배회사의 경우 청소년을 대상으로 하는 금연운동을 하거나 간접흡연으로 인해서 타인의 건강을 해치는 일을 자제하자는 캠페인을 벌이기도 하고, 주류 회사의 경우에는 건강에 해로운 지나친 음주를 삼가자는 캠페인을 벌이기도 한다. 이러한 역부합성의 효과를 발견하기 위한 김병철과 이철한(2011)의 연구에서, 소비자들은 부합성 이론이 제시한 대로 부합성이 높은 사회공헌활동을 낮은 사회공헌활동보다 높게 평가하면서도, 담배회사가 외부에서 흡연을 하는 데 도움을 주고자 휴대용 재떨이를 제공하는 고부합성 사회공헌활동, 청소년 금연운동 협의회에 기부를 해서 청소년 흡연 방지와 함께 청소년들이 주변의 흡연 유혹에 흔들리지 않고 흡연을 거

그림 3-2

담배회사의 청년층 대상 사회공헌활동 사례

자료: (왼쪽)김수평. 2017.6.27. "Yes Yes Y'all: 2015 FILM LIVE: KT&G 상상마당 음악영화제". KT&G 상
  상마당. https://www.sangsangmadang.com/etc/search?searchTxt=%EC%9D%8C%EC%95%85
  %EC%98%81%ED%99%94%EC%A0%9C(검색일: 2021.11.16); (오른쪽) KT&G. 2004.4.9 "KT&G
  (SEOTAIJI LIVE IN VLADIVOSTOK)" 서태지아카이브닷컴https://www.seotaiji-archive.com/xe/index.
  php?mid=ad&l=ko&search_target=tag&search_keyword=%EC%84%9C%ED%83%9C%EC%A7
  %80%EA%B4%91%EA%B3%A0&document_srl=58401(검색일: 2021.11.16).

절할 수 있도록 돕는 캠페인을 벌이는 역부합성 사회공헌활동 모두에 대해
서 소비자들은 긍정적으로 판단했다. 즉, 고부합성이던 역부합성이든 간에
담배회사와 관련 있는 활동 모두를 긍정적으로 판단하고 있었다. 이는 사회
적으로 논란이 있을 수 있는 제품을 생산하는 기업일지라도 부합성이 높은
사회공헌을 하는 것에 대해 긍정적인 평가를 받을 수 있음을 제시하는 결과
라 하겠다.

또, 담배회사는 보다 적극적인 사회공헌활동을 젊은 층을 대상으로 벌이

고 있는데, 이는 대상층의 높은 호응을 이끌어내고 있다. 이러한 사회공헌 활동에 대해서 우려가 있을 가능성도 높지만, 젊은 층에게 상상예찬이라는 콘셉트 아래 높은 수준의 예술 공연 체험 기회와 다양한 교양 및 마케팅 강의, 사회 관련 체험 프로그램의 기회를 제공하는 측면에서 아무런 사회공헌을 수행하지 않는 것 보다 타당하다는 의견이 존재한다.

2) 이미지 전이 이론

사회공헌활동의 종류 중에서 앞서 제시했듯이 시장중심적 사회공헌활동에는 회사가 비영리적인 조직이나 개인에 대한 전략적 제휴를 통해서 회사의 이미지 상승 및 브랜드에 대한 판매에 대한 기대를 가지고 수행하는 경우가 있다. 이러한 연구는 스포츠 분야에서 활발하게 제시되었는데, 기업이 체육 관련 단체에 기부하거나 대형 스포츠 이벤트에 스폰서십을 제공하는 경우에 해당 스포츠가 지닌 긍정적인 이미지가 회사와 브랜드로 전이되는 현상을 연구했다(Gwinner and Eaton, 1999). 가장 긍정적인 방식으로 이미지의 전이가 이뤄지는 경우는, 기업의 부족한 측면에 대해 사회공헌활동을 통해서 그 활동으로 수혜를 받는 비영리단체나 유명인, 개인 등의 긍정적 이미지가 기업과 해당 브랜드로 전이되는 경우일 것이다. 그러나 모든 경우에 이미지의 전이가 이런 식으로 이뤄지는 것은 아니다. 배지양(2012)에 따르면 기존 이미지가 좋지 않은 상황에서 이에 대한 개선책으로 비영리 단체에 사회공헌활동을 수행한 경우에는 기존 기업의 이미지가 개선되는 것이 아니라 오히려 비영리단체의 이미지가 저해되는 효과만이 나타났다. 이러한 결과는 비영리 단체나 명망 있는 개인의 경우 지나치게 낮은 이미지의 기업에서 후원을 받는 것이 바람직하지 않은 결정임을 의미하는 것이다. 하지만 이러한 결과는 일반적인 것이 아니고, 이슈 현저성이 지나치게 높은 경우, 즉 이미

그림 3-3

주류 회사와 아트 분야의 사회적 공헌활동 컬래버레이션 사례

주류 회사 페르노리카는 박지은 작가와의 협업으로 '발렌타인 17년 서울 에디션' 한정판을 발매했다.

자료: 페르노리카 코리아. 2018.7.2. "'발렌타인 17년 서울 에디션' 국내 면세점 단독 출시". 페르노리카 코리아. https://www.pernod-ricard-korea.com/company/news/8357(검색일: 2021.11.16).

지가 실추된 기업의 경우 이미지를 실추시키는 사건이 일어난 지 오래되지 않았고 그 사건이 매우 부정적인 경우에 해당되는 것이라 하겠다.

성공적인 이미지 전이를 가져온 결과도 다수 존재한다. 양주의 경우 도수도 높고 고가이면서 평소 우리나라에서 그렇게 이미지가 높다고 하기는 어려웠다. 따라서 양주 회사는 자사의 이미지를 높이고 브랜드의 위상을 제고하기 위해 예술가와 협업함으로써 자신의 브랜드의 심미성을 높이고, 더 고급스러운 이미지를 사회공헌활동을 통해서 구축하고자 했다. 그 사례로 페르노리카는 대표적인 주류 브랜드인 발렌타인을 통해 국내의 유망한 신진 또는 중견 아티스트를 지원하고 그들의 작품을 브랜드 제품 포장에 삽입하는 방식으로 협업해 사회적으로 지원이 필요한 미술 창작 분야의 사회공헌활동을 수행했다. 이러한 활동은 언론과 대중의 긍정적인 호응을 얻고 있었다. 이는 사회공헌활동에서 긍정적 이미지 전이 효과의 이론이 적용된 사례

라 하겠다.

2. 사회공헌활동을 설명하는 사회적 관점의 이론

1) 피라미드 이론

캐럴(Caroll, 1979)은 사회공헌활동의 개념을 설명하면서 경제적·법적·윤리적·자선적 책임의 네 가지 영역으로 구분했다. 경제적 책임은 기업의 본래의 존재 이유로서, 사회가 기대하는 브랜드를 만들고 이를 통해 최대한의 수익을 내며 경쟁력 있는 상태를 유지해 지속적으로 이익을 창출하는 것을 말한다. 법적 책임은 기업이 사회의 구성원으로서 법률에서 제시한 바를 벗어나지 않는 범위에서 경제적 성과를 추구하기 위한 활동을 말한다. 윤리적 책임은 사회의 도덕과 윤리적 기대에 부응하는 활동을 하며 회사의 정직한 활동과 윤리적 행동은 단순히 법과 규정에 맞추는 것보다 훨씬 이상이어야 함을 인식하는 활동이다. 자선적 책임은 예술에 대한 지원을 중시하며 기업의 경영진과 종업원이 지역사회의 자선활동에 직접 참여하는 책임을 말하며, 자발적으로 지역사회의 삶의 질을 높이는 데 기여하는 기부적인 활동을 의미한다(Carol, 2003). 여기서 유의해야 할 점은 피라미드 구성에서 맨 아랫단계의 책임을 수행하지 못하면 그 윗단계의 책임으로 나아갈 수 없다는 것이다.

〈그림 3-4〉에서 볼 수 있듯이 궁극적으로 기업의 활동하는 터전인 사회에서 좋은 기업시민의 역할을 수행하고 공중에 기대에 부응하기 위해서는 사회공헌활동이 필수적임을 드러내는 동시에 사회공헌활동이 기업의 역량이 남을 때 시혜적으로 수행하는 것이 아닌 의무의 성격이 큰 필수경영 활

그림 3-4

캐럴이 제시한 사회책임활동 피라미드 모형

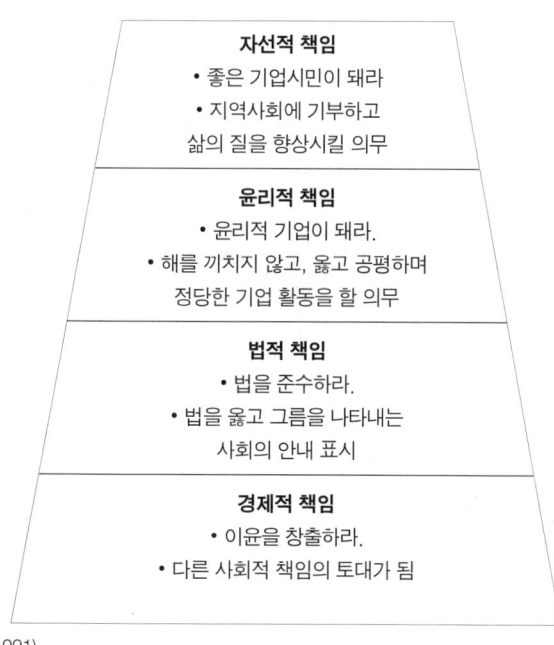

자선적 책임
- 좋은 기업시민이 돼라
- 지역사회에 기부하고
  삶의 질을 향상시킬 의무

윤리적 책임
- 윤리적 기업이 돼라.
- 해를 끼치지 않고, 옳고 공평하며
  정당한 기업 활동을 할 의무

법적 책임
- 법을 준수하라.
- 법을 옳고 그름을 나타내는
  사회의 안내 표시

경제적 책임
- 이윤을 창출하라.
- 다른 사회적 책임의 토대가 됨

자료: Caroll(1991).

동임을 의미하는 것이다.

2) 이해관계자 이론

'이해관계자stakeholder'라는 용어는 1963년 스탠포드연구소Stanford Research Institute 내부 메모에서 최초로 사용함으로써 등장한 것으로 알려져 있다. 그 당시의 지배적인 패러다임이었던 '기업이 유일하게 존중해야 할 집단으로 기업의 존재 이유이자 목표로 여겨진 주주shareholder의 이익에 봉사하는 것'에 대해서 그 한계를 지적하면서, 실제로 조직의 지속적 성장에 결정적인 영향을 끼치는 일련의 집단이 이해관계자임을 주장했다(Freeman, 1984). 즉,

기업의 생존에는 주주뿐 아니라 소비자단체, 지역사회, 정부 규제기관, 언론, 내부 공중 등이 해당 기업에 가지는 기대에 얼마만큼 충족하는가에 달려 있음을 제시했다. 다시 말해 이해관계자 이론의 핵심은 기업이 주주의 이익을 위한 결정과 경영상의 이로움을 위해 행하는 경영진의 결정 범위를 넘어서, 기업과 관련된 집단의 구성원들이 그 기업에 기대하는 바를 충족시키는 결정을 내리는 것이 궁극적으로 그 기업의 생존과 성장에 큰 영향을 끼친다는 것이다(Brenner and Cochran, 1991).

기업이 사회에 대한 기대를 충족시키는 대표적인 활동으로 사회공헌활동을 들 수 있다. 이해관계자 이론은 사회공헌활동을 그들의 기대에 부응할 수 있는 수단으로 판단하고 있었으며, 기업이 사회에 기여하고 다양한 공중의 요구에 기업의 자원을 사용하는 것이 주주의 이익을 해치는 것이 아닐뿐 아니라 궁극적으로 지속 가능한 성장에 절대적으로 긍정적인 영향을 끼치는 것으로 평가하는 것으로 파악된다.

이러한 이해관계자 이론의 특징으로는, 주주뿐 아니라 소비자, 언론, 시민단체, 지역사회, 정부 규제 관련자, 종업원, 협력업체 등 다양한 이해관계자들의 기업에 대한 기대를 충족시키되 어떠한 이해관계자 공중도 명백한 우선권을 가져서는 안 된다는 것이다(Donaldosn and Preston, 1997). 오히려 이해관계가 발생했을 때 이를 조정하는 역할을 수행해야 하며, 이해관계자들의 다양한 기대가 상충되는 경우 이를 조정하는 역할을 수행해 궁극적으로 공익에 가장 가까운 결정을 내리는 것이 기업 최고경영진의 역할이다.

이해관계자 이론을 사회현상에 적용한 대표적인 연구에서는 소규모 기업을 대상으로 해 사회공헌활동을 이해관계자들에게 벌인 경우와 주주 위주의 활동만을 벌인 경우로 나눈 뒤 각 기업들의 주가, 지속가능성, 순이익 등을 종속변인으로 하여 비교한 것이 있다. 이 연구에서는 이해당사자의 기대에 부응해 사회공헌활동을 수행한 경우가 주주를 위한 활동만을 수행한 경우보다 더 좋은 결과를 가져온 것으로 나타났다.

3) 제도이론

제도이론institutional theory은 글로벌 기업은 기업의 사회공헌활동에 근본적으로 차이가 나게 되는데, 그 이유는 각 국가나 지역사회별로 법이나 윤리, 기업에 기대하는 바가 다르기 때문이라는 내용을 다룬다. 다시 말해서 기업은 다양한 형태의 제도로 구성된 사회적 구조 내에서 역할을 수행하게 되는데, 이러한 제도는 기업의 의사결정에 중요한 영향을 끼치게 된다(Campbell, 2007). 기업이 생존하기 위해서는 기본적으로 사회에서 작동하는 제도적 시스템에 순응해야 하는데, 다시 말해서 국가별 제도적 요인, 특히 정치, 경제, 노동, 교육, 문화 시스템이 서로 다른 사회의 특징이 사회적 책임활동 수행에 영향을 끼치게 된다는 것이다. 제도적 관점에서의 사회책임활동 연구에서는 특히 정치제도, 노동제도, 교육제도가 얼마만큼 사회공헌활동에 대한 요구가 있는지에 따라 사회공헌활동의 양과 성과에 정적인 영향을 끼치는 것으로 나타났다(Ioannou and Serafeim, 2012). 즉, 사회공헌활동 수행 여부와 성공적 활동은 다국적 기업인 경우 해당사회의 제도적 영향, 즉 공적 규제나 기업의 행동을 모니터링하는 비정부 조직, 지역사회의 기대 등이 영향을 끼친다.(Campbell, 2007).

제도이론에 근거해 다국적 기업인 경우 각 국가별 사회공헌활동의 수행 정도가 다르게 되는 이유를 제공하며 해당 국가가 사회공헌활동이 얼마만큼 제도적으로 요구되는 지에 따라 서로 다르게 수행되는 것에 대해서 설명력이 제공된다.

4) 자원기반관점 이론

자원기반관점 이론resrouce based view theory은 사회적 책임활동을 근본적으로 기업의 역량 및 경쟁력 강화를 위한 전략적인 관리 노력으로 상정한다. 이는 기업의 경쟁우위의 원천은 움직일 수 없는 역량 그리고 모방이 어렵고 대체가 불가능한 자원의 소유 여부에 달려 있는데, 이러한 핵심 자원과 역량을 지니는 것이 기업의 경쟁력의 원천이라는 주장이다(Wernefelt and Barney, 1991). 하트(Hart, 1995)에 의하면 기업의 사회적 책임활동은 기업의 경쟁력의 원천이라는 역할을 수행할 수 있는데, 가령 환경적·사회적 책임 활동을 지속해 온 기업의 경우 그 사회공헌활동이 기업에 친환경 이미지를 만들어주고, 나아가 사람들에게 환경 분야의 명성을 지닌 기업으로 여겨지게 된다면 이는 해당 기업에 타 기업 대비 경쟁우위를 얻게 되는 것이다.

사회적 책임활동을 수행하는 데 대한 자원기반관점 이론의 적용에서 시사하는 점은, 우선 사회적 책임활동은 기업의 차별화 전략에 중요한 요소로서 작용할 수 있다는 것이다. 특히 환경에 대한 관심이 높아진 지금 시점에서 친환경이라는 이미지가 중요한 기업군에서는 이 요소가 더욱 두드러질 것이다. 그리고 만약 사회적 책임활동을 통해서 얻어진 무형의 대체 불가능하고 모방이 어려운 자원인 '명성'이 구축될 경우, 이 원리에 대한 비용편익 분석을 통해서 추가적인 사회공헌활동에 대한 예측이 가능하다(이양복, 2016). 다시 말해서 어떤 브랜드에 대해서 고객이 친환경적인 사회공헌활동을 통해서 얻어진 명성에 근거해 구매를 하게 된다면, 해당 회사는 명성을 공고히 하기 위해서 전략적으로 추가적인 사회공헌활동을 수행하게 될 것임을 말한다.

이 분야의 종합적인 연구로는 반살(Bansal, 2005)이 자원기반관점 이론을 바탕으로 기업의 활동을 파악한 것이 있다. 연구 내용을 분석한 결과, 초기에 기업은 소비자단체, 지역사회, 정부, 미디어 등의 제도적 압력에 의해서 사회적 책임활동을 수행하다가, 사회공헌활동이 축적되면서 경쟁우위 기회 창출의 동기를 중요하게 여기게 된다는 사실을 발견했다. 이러한 결과는 사회적 책임활동이 단순히 시혜적 활동의 수동적인 역할에서 머무는 것이 아니라 경영 관리 활동에서 능동적 역할을 수행해서 얻어낼 수 있는 중요한 자원의 역할로 이해하고 인식했다는 점에서 그 의의가 크다고 하겠다.

3. 사회공헌활동의 미래와 명성 관리

1) 공유가치 창출

사회공헌활동은 사회책임성에 대한 개념의 성찰을 통해서, 사회공헌활동의 일회적이고 시혜적인 성격에서 벗어나 지역사회 또는 수혜층이 자생적으로 존재를 유지하고 기업에는 지속가능성을 고양하게 되는 공유가치 창출 creating shared value: CSV 활동으로 진화되게 되었다. 이러한 활동을 통해서 기업은 사회문제 해결과 사회적 공헌의 자생적 유지가 가능하도록 지속적인 관심을 기울이게 되었고, 이는 기업의 사회적 책임성이 한층 강화되는 효과를 얻게 되었다.

사회공헌활동이 보다 적극적으로 빈곤이나 양극화 문제 해소에 기여하고자 하는 원인은, 기업은 점차 글로벌화되면서 성장해 지속적으로 이익을 창출하는 데 비해서 개인은 그렇지 못하고 있는 현실에 기인한다. 이러한 점에 주목해 기업이 가치 창출을 수행해야 한다는 개념은 기업이 경제적 이익과 사회적 효용을 동시에 추구해 지역사회 문제를 해결한다는 점에서, 기존의 사회공헌활동에서처럼 기업이 사회에 이익을 환원하는 것과는 근본적으로 다르다 하겠다(Porter and Kramer, 2011). 이는 기업이 사회문제를 적극적으로 해결하고 이를 통해 사회적 가치의 총량을 확대하는 방식으로, 기존의 사회공헌활동의 적극적 사회 참여를 내포하는 개념이라 하겠다.

　CSV의 주요 사례로 자주 언급되는 것은 네슬레의 사례가 있다. 이 기업은 원두 생산국의 영세한 소작농민들에게 질병에 강하고 생산량이 뛰어난 좋은 커피 품종을 무상으로 보급하고 커피 재배 기술을 전수하며 이들이 수확한 커피를 정당한 가격에 구입하는 일련의 프로젝트 활동을 수행하고 있다. 이를 통해 커피 판매업체로서 커피 생산국 농민들의 단순 재배만을 통한 저소득의 고착화를 벗어나, 공공선의 입장에서 지역사회의 생산 가치 사슬을 만든다는 데 큰 의의가 있다. 비슷한 방식으로 한국의 기업인 CJ도 식품 원료의 단순한 수입이 아닌 수입국가의 농민들이 효과적으로 농사를 지을 수 있도록 기술을 전수하고 계약 재배를 해 인도네시아나 베트남 등에서 좋은 원료를 확보하면서, 해당 지역의 농민들이 빈곤에서 벗어날 수 있는 공유가치를 창출하고 있었다. 그러나 원료 확보 차원에서만 CSV가 진행되는 것은 아니다. 유한킴벌리의 경우 우리나라 사회의 취약한 점을 빈곤한 노인 가구의 증대로 보아, 사회문제를 해결하고 기업의 가치사슬 안에 노인 빈곤의 문제를 담고 이를 해결하는 방식으로 CSV를 진행했다. 따라서 유한킴벌리는 '시니어 비즈니스 일자리 기금'을 만들고 시니어가 사업을 진행할 때 자금 지원을 했으며, 시니어가 운영하는 소기업과의 협력 네트워크를 구축하고 이들에게 사내 일자리를 개방했으며, 나아가 시니어가 자원이라는 국민 인식 캠페인을 수행했다. 이러한 액티브 시니어 사업을 통해서 노인층의 소득을 증대시키고 이들이 일할 수 있는 사회적 여건을 조성하며, 나아가 시니어층이 참여하는 시니어 용품 개발을 사업 분야로 육성해 이를 통해 이윤을 창출하는 활동을 수행했는데, 이는 CSV의 모범적 사례라 하겠다(이정기·이장우, 2016).

2) 브랜드 액티비즘과 ESG

사회공헌활동 중 프로모션 위주의 활동 역시 기업에 중요한 전략적 결정으로 자리매김하고 있다. 사회공헌활동의 프로모션의 동기가 사회문제 해결이라는 브랜드의 철학 내지 지향점과 만나는 지점에서 '브랜드 액티비즘 brand activism'이 출발하게 되었다.

광고의 일환으로 진행되는 사회공헌활동이 아닌 브랜드의 공익적 가치와 철학이 담긴 실천적 활동으로 인식되는 것이 점차 젊은 층의 소비자들에게서 요구되는 시점이며, 이에 대한 응답으로 브랜드 액티비즘이 주목받게 되었다. 현대의 소비자들은 더 이상 단순히 제품의 기능만을 보고 구입하는 것이 아니라 브랜드가 추구하는 사회적 가치 추구활동에 동의하는 행동을 나타내기 위해서 구매를 하기도 한다. 즉, 브랜드의 철학을 통해서 그 브랜드가 사회적 문제를 얼마만큼 진정성 있게 해결하려고 하는가에 따라서 소비를 하는 '미닝아웃meaning out'이 젊은 세대를 중심으로 두드러진 소비 트렌드가 되었다. 예를 들어 미국의 아이스크림 회사 벤앤제리스Ben and Jerry's는 브랜드 철학으로 '세상에 더 이로운 가치를 제공하자'라고 주장하며 인종차별과 성차별 문제를 해결하는 데 자사 수익의 7.9%를 사용하겠다고 천명한 것이 가장 두드러진 예라 하겠다. 또한 코로나19가 창궐하는 현 시점에서 라틴 아메리카 지역의 소규모 상점들도 운영에 큰 어려움을 겪게 되었는데, 이들을 돕기 위해서 에이비인베브AB InBev사는 소규모 상점들이 운영을 계속하고 소비자들에게도 필수 소비재의 배송 서비스를 제공할 수 있도록 무료 온라인 배송 플랫폼을 개발해 배포했다. 서비스명인 티엔다세르카Tienda Cerca(가까운 가게)를 통해서 소비자들은 티엔다세르카 모바일 앱이나 온라인을 통해 제품을 배달 주문을 할 수 있었고 소비자나 상인 모두에게 비용이 청구되지 않았다. 현재 이 서비스는 에콰도르에서는 7만 개 이상의 매장이

그림 3-5
티엔다세르카 서비스 혜택을 받는 소상인들

자료: ABInBev. 2020.5.19. "Over 500K neighborhood shops remain open during pandemic thanks to Tienda Cerca." ABInBev. https://adage.com/article/special-report-cannes-lions/ab-inbevs-tienda-cerca-and-linkedin-project-win-creative-ecommerce-grand-prix-cannes-lions/2345856(검색일: 2021.11.16).

등록되었고, 멕시코에서도 2만 개 이상의 매장이 등록되어 있으며 이외에도 콜롬비아, 에콰도르, 페루, 멕시코, 엘살도르, 도미니카 공화국, 파나마, 온두라스에서도 출시되어 현재 중남미에서 약 40만 개의 소상공인이 티엔다세르카를 사용하고 있다.

사회공헌활동의 확장에서 현재 가장 주목받은 개념으로 ESG environments, social, governance(환경, 사회, 지배구조)를 들 수 있다. ESG는 기업 경영 활동의 의무로서 수행되고 있으며 국가적으로도 이 기준에 부합하는 것을 어느 정도 강제성을 부여하고 있는 추세인데, 이에 따라 국내 기업들의 ESG 실행이 가속화되고 있다. 기업은 ESG의 정착을 위해 조직을 신설하고 전략 수립 및 실행 계획을 마련하고 있으며, 지속적 성장을 평가하는 비재무적 성

표 3-1

블룸버그사의 ESG 평가 항목

ESG 항목	정책 분야
환경	에너지 효율, 친환경, 지속 가능 물질 사용. 기후변화 대응, 생물 다양성, 친환경 상품 개발
사회	협력사 존중, 지역사회와의 관계, 인권, 직장 내 여성 비율, 안전 및 보건, 윤리 경영
지배구조	이사회 다양성, 이사회 독립성, 주주 권리, 주주총회 의결권 행사 결과

자료: 김선민(2014).

과로서 ESG에 대한 활동을 강화하고 있다. 이처럼 ESG는 기업의 비재무적 성과를 판단하는 기준을 통해서 기업이 얼마만큼 사회적 책임을 수행하고 있는지 측정하는 도구로서 개발되었으며, 향후 ESG를 활용한 평가는 특히 투자자들로 하여금 사회적 책임을 높은 수준에서 수행하는 기업에 투자할 수 있는 중요한 지표를 제공한다(Son and Lee, 2019). 이 중 사회공헌활동과 직접적인 연관이 있으면서도 사회에 대한 분야에서 정량적으로 우수한 평가를 받아야 하는 것이 좋은 기업임을 증명하는 지표로 활용되기 때문에 기업의 사회공헌활동은 더욱 강화될 것으로 예상된다. 특히 단순 기부보다는 기업이 사회적 문제를 직접 해결하는 데 기여함으로써 공중에게 더욱 우호적인 이미지를 지각할 수 있도록 하며, 나아가 이러한 활동이 지속되어 기업의 명성으로 축적되는 효과도 기대할 수 있을 것이다.

기업이 관심을 가지고 있는 중 각 분야에 해당하는 것으로 블룸버그가 기업 평가에 활용하고 있는 항목은 〈표 3-1〉과 같다. 표에서와 같이 사회 분야에서의 ESG 활동에 대한 평가로 환경과 인권, 남녀평등, 이사회의 독립성 등의 내용이 주로 언급되고 있다. 이들 평가 항목은 향후 투자자의 입장에서도 기업을 평가하는 기준으로 제시되는 만큼, 사회적 영향력 평가에서 좋은 명성을 얻는 일보다 더 직접적인 행동 요인으로서 작동하게 되었다.

4. 결론

지금까지 기업의 명성에 사회공헌활동이 끼치는 영향과 사회공헌활동의 이론적 기제에 대해서 논의했다. 그러나 기업의 명성에 사회공헌활동만이 영향을 끼치는 것은 아니다. 명성의 구성 요소로는 ≪포춘Fortune≫지의 "가장 존경받는 기업World's Most Admired Companies" 조사에서 제시된 변수에서 볼 수 있듯이 혁신성, 경영의 질, 장기투자 가치, 공동체와 환경에 대한 책임, 인재 모집, 제품과 서비스의 품질 우수성, 재무 건전성, 기업 자산의 현명한 활용 요소 등 다양한 요소가 존재한다(Deephouse, 2000). 폼브런(Fombrun, 1996)은 명성의 구성 요소를 감성적 소구, 상품의 질, 근로자 환경, 재무 성과, 비전과 리더십, 사회적 책임이라고 보았다. 한국에서는 차희원(2006)이 '한국형 명성지수'를 개발했는데, 그 구성 요소로 기업 철학, 리더십, 경영 성과, 인적 자산, 통합 커뮤니케이션, 쌍방 커뮤니케이션 요인, 이미지를 제시했다. 따라서 사회공헌활동이 기업의 이미지를 향상하고 명성을 높이는 데 기여하는 것은 공통적이지만 그중에서 사회공헌활동이 차지하는 요소가 절대적이라고는 할 수 없고, 기업경영 성과 측면이 더 높은 비중을 차지하는 것으로 보인다. 하지만 기업의 사회공헌활동에 대한 요구가 커지고 있으며 소비자들이 책임 있는 사회시민으로서의 역할을 크게 기대하고 있는 현 시점에서, CSV, ESG, 브랜드 액티비즘 등의 관점은 각각의 차이점은 있다 하더라도 기업의 적극적인 사회 참여를 요구하고 있다는 점은 같기 때문에, 사회공헌활동은 가장 가시적으로 두드러지는 기업의 명성 향상 요인으로 작용할 것으로 판단된다.

특히 기업의 정체성 및 이미지와 부합성이 높은 사회공헌활동 분야에서 지속적으로 활동함으로써 이들 간의 정렬이 이뤄질 경우에 가장 효과적으로 공중의 인식 속에 해당 기업이 높은 명성을 가지고 있음을 인식하게 될 것이다. 따라서 향후 그 명칭이 사회공헌활동, CSV, EGS, 브랜드 액티비즘 등 어떤 것이 되었건 간에 기업이 자신의 정체성과 이미지에 부합하는 사회공헌을 꾸준히 펼친다면 명성이 축적되며 그로 인해서 얻게 되는 긍정적 효과를 누릴 수 있을 것이다.

5. 사회공헌활동이 기업명성을 높인 사례: 이케아의 사회공헌활동

이케아는 스웨덴의 조립가구회사로서, 높은 품질의 가구를 비교적 저가에 판매하는 것으로 유명하다. 이케아는 홈페이지를 통해 자사의 철학을 전면에 내세웠는데, 예로부터 집을 꾸미는 것은 소수의 부유층에게만 허용되어 왔지만 오늘날에 와서 이는 부당한 일이고, 누구나 자신의 집을 예산에 맞춰 꾸밀 수 있어야 하며 이를 이케아가 가능하게 한다고 천명했다. 특히 노르웨이는 척박한 땅으로 인해서 절약하고 아끼며 가능한 한 자원을 아껴 쓰는 것에 최적화되어 있고, 따라서 미니멀한 디자인으로 높은 미적 수준을 제공하면서도 합리적인 가격으로 가구를 제공한다고 주장했다.

이들은 비싼 가격에 좋은 가구를 제공하는 것은 누구나 할 수 있지만 저렴한 가격으로 좋은 가구를 제공하는 것은 어려운 일이며, 여기에는 새로운 접근 방식이 필요하다고 소비자에게 제안한다. 그래서 이케아는 미니멀한 디자인 외에도 전 세계에서 가장 저가로 자재를 구입해 원가를 낮추고 있으며, 그뿐만 아니라 소비자도 가격을 낮추는 데 동참해야 한다고 말하는데,

이는 소비자가 직접 가구를 고르고 이를 계산대로 가져와야 하며 집에 가서 직접 조립을 해야 하는 것을 의미한다. 이케아는 이렇게 회사와 소비자가 함께 매일 삶을 더 좋게 만드는 일과 가격을 낮추는 일에 함께 해야 한다고 제안하고 있다.

하지만 낮은 가격이 절대 안전이나 제품의 질을 포기한다는 뜻은 아니고 스웨덴은 국제적으로 안전과 우수한 성능으로 명성을 쌓아온 나라임을 강조하면서, 이케아는 스웨덴 기업으로 현재 세계에서 가장 빠르게 성장하는 가구회사이자 동시에 평등한 사상으로 부자나 가난한 자가 똑같이 사회의 일원으로서 대우받아야 한다고 말한다. 이케아는 고객을 소비자가 아닌 파트너가 되기를 요청하고 있었다.

이케아는 이러한 기업 철학과 브랜드 스토리를 통해서 유추된 기업 이미지에 적극적인 사회공헌활동을 더해서 명성을 쌓아가고 있었다. 특히 기업 철학에서 유추된 미니멀한 디자인, 그리고 절약을 통한 자원 낭비 최소화로 환경을 보호한다는 긍정적인 이미지와 연관된 사회공헌활동을 수행하는데, 탄소 제로를 목표로 제품 생산 시 발생하는 에너지를 전량 재생산 에너지로 쓰기 위한 사업 분야에 지속적으로 투자하고 있다.

가난해도 집을 꾸밀 수 있고 생활환경을 개선할 수 있게 한다는 기업 철학과 관련된 사회공헌으로는 '난민을 위한 새빛 캠페인'이 있다. 이 캠페인은 LED 전구나 조명기구가 한 개 판매될 때마다 1유로를 유엔난민기구에 기부하고, 이 기금으로 난민캠프 생활환경을 개선하는 데 사용하게 했는데, 그 결과 렙트랙RepTrak이 발표한 2019년 글로벌기업 CSR 평판 순위에서 10위를 차지하는 성과를 나타냈다.

국내에서도 이케아는 사회공헌활동을 통해서 매년 미혼모 가정을 위한 주거환경 개선사업에 기부하고 있으며, 또한 이들을 대상으로 집을 꾸미거나 환경을 개선하는 방법을 교육시키는 프로젝트, 그리고 이케아 매장 취업

그림 3-6

이케아사의 인형 그리기 대회 사회공헌활동 포스터

자료: 이케아 코리아. 2020.11.9. "이케아 코리아 '즐거운 놀이터, 우리집' 캠페인 실시". 이케아 코리아.
https://www.ikea.com/kr/ko/this-is-ikea/newsroom/-pub48a625aa(검색일: 2021.11.16).

알선 등의 지원을 수행하고 있다. 그뿐만 아니라 어린이를 대상으로 이케아
인형 장난감 그리기 대회를 개최해서, 선정된 디자인으로 만들어진 한정판
장난감을 판매하고 수익금은 '세이브 더 칠드런' 단체에 기부해 오고 있다.
일반적으로 다국적기업은 본사가 위치한 국가에서는 사회공헌활동을 활발
히 수행해도 지사에서는 그렇지 않은 경우가 많은데, 이케아는 진출한 나라
마다 적극적으로 사회공헌활동을 수행하고 있으며 이는 이케아의 명성을
축적하는 데 중요한 요소로 기여하고 있다.

생각해 볼 문제

1. 사회공헌활동의 효과성을 높이고 좋은 기업 명성을 쌓기 위해서 어떤 요소들이 필요한가? 부합성 이론과 이미지 전이 이론을 실제 사례에 적용하여 논의해 보자.

2. 현대 사회에서 사회공헌활동이 왜 필요한지 사회학 관점의 이론(이해관계자 이론, 제도 이론 등)을 기반으로 논의해 보자.

3. 미래의 사회공헌활동과 명성관리는 어떤 방향으로 나아가야 하는가? CSV, EGS, 브랜드 액티비즘 등이 구현된 실제 사례가 있다면 이를 토대로 미래의 사회공헌활동 방향에 대해 논의해 보자.

4장

조직사회학적 관점

조직명성과 위기

김수진(이화여자대학교 커뮤니케이션·미디어학부 겸임교수)

유승희(고려대학교 미디어학교육연구단 연구교수)

1. 들어가는 말

인터넷 기반의 다양한 매체가 발전하면서 소셜미디어의 등장, 나아가 AI, AR, VR 등 기술의 발전은 조직과 공중 간의 관계 구축에 많은 영향을 미쳤다. 조직의 명성 관리를 위한 주요한 커뮤니케이션 수단으로 소셜미디어가 널리 이용되고 있으며, 동시에 가짜 뉴스의 생산과 확산으로 인한 새로운 위기 또한 소셜미디어를 통해 이루어지고 있다.

위기는 "조직의 운영을 방해하고 재정과 명성을 동시에 위협하는 갑작스럽고 예기치 않은 사건"(Coombs, 2007: 164)으로, 조직의 이미지와 명성에 영향을 미친다. 위기에 면역력이 있는 조직은 없다. 조직에 위기는 매번 다스리고 풀어가야 하는 어려움이다. 조직이 위기에 직면할 것인지 아닌지가 아니라 언제 위기에 직면할 것인가의 문제이다. 즉, 경영 활동을 하면서 위기에 직면하지 않는 조직은 없으며 이상적으로는 조직은 모든 위기에 대응할 준비가 되어 있어야 한다. 그러나 실제로 위기는 다양한 형태와 형태로 나타나며 조직의 위기 프로토콜이 항상 적용되는 것은 아니다.

위기 커뮤니케이션은 조직이 이해관계자 및 조직에 대한 피해를 예방하거나 최소화하기 위해 노력하는, 위기 이전, 도중, 이후에 이루어지는 조직과 이해관계자 간의 대화라 할 수 있다(Fearn-Banks, 2007). 위기 커뮤니케이션 이론과 전략을 보면, 전통적으로 위기가 발생했을 때 관리하는 방법이나 위기 이후 조직의 명성을 회복하는 방법에 초점이 맞추어져 있다(Coombs, 2019; Lee, 2016; Ulmer, 2012). 예를 들어, 두 가지 지배적인 위기 커뮤니케이션 이론인 이미지 회복 이론image restoration theory(Benoit, 1997)과 상황적 위기 커뮤니케이션 이론situational crisis communication theory: SCCT(Coombs, 2007)은 다양한 위기 대응 전략을 제안하지만 이러한 전략은 반응적이며 이해관계자보다는 조직의 이익 보호에 초점을 맞추는 경향이 있다.

위기 커뮤니케이션 환경은 미디어와 커뮤니케이션 기술의 발전으로 인해 크게 바뀌었다. 예를 들어 소셜미디어는 조직의 위기 및 위험을 강조하기 위한 환경 스캐닝의 중요한 요소로 부상하며 위기 커뮤니케이션을 디지털 환경 안으로 위치시켰다고 할 수 있다(Coombs and Holladay, 2012). 그뿐만 아니라, 소셜미디어와 정보통신기술information and communications technology: ICT의 지속적인 발전은 위기 생태계를 더욱 복잡하게 만들고 있다. 많은 소셜미디어 플랫폼이 사용자 친화적인 방송 도구(예: 스냅챗Snapchat, 페리스코프Periscope)를 제공함에 따라 위기 상황의 실시간 스트리밍이 행해지면서 위기관리의 어려움이 증폭되고 있는 것 또한 오늘날의 현실이다(Fichet, Robinson, Dailey and Starbird, 2016). 디지털 시대의 위기 커뮤니케이션 환경은 전통적인 위기 커뮤니케이션 이론의 통찰력과 실효성이 떨어지는 또 다른 위기 생태계의 변화로 이어졌다.

이에 본 장에서는 조직명성에 영향을 미치는 위기 커뮤니케이션에 대한 이론적 논의를 검토하고, 변화하는 위기 생태계를 향한 새로운 논의를 더함으로써 명성 회복에 대한 새로운 방향성을 얻고자 한다. 아울러 커뮤니케이션 기술 발전과 함께 도래한 위기 환경과 생태계의 변화에서 발생할 수 있는 다양한 상황에 대한 논의를 통해 명성 관리에 대한 새로운 청사진을 제시하고자 한다.

2. 조직명성과 위기 커뮤니케이션

조직의 명성 회복을 위한 위기 커뮤니케이션 연구는 '이미지 회복 이론'과 '상황적 위기 커뮤니케이션 이론'이라는 두 개 이론을 중심으로 조직의 대응 전략을 형성하는 데 중점을 두어왔다(Diers-Lawson and Pang, 2016; Coombs et al., 2010). 이미지 회복 이론과 상황적 위기 커뮤니케이션 이론은 위기 커뮤니케이션의 두 가지 핵심 이론으로, 모두 조직이 위기 상황에 어떻게 대응하는지를 설명하고자 한다(Page, 2019).

두 이론의 핵심은 위기 시에 조직이 사용할 수사학적 반응을 제공한다는 것으로, 두 이론 모두 조직이 위기 상황에 어떻게 대응할 수 있는지 설명하고자 한다는 점에서 공통점이 있다. 그러나 이미지 회복 이론은 책임귀인과 공격성이 공존할 때만 위기가 존재할 수 있다고 주장하는 반면, 상황적 위기 커뮤니케이션 이론은 조직의 책임귀인에만 초점을 맞추고 있다는 점에서 위기 상황에 대한 다른 개념을 적용하는 것을 알 수 있다. 이 두 가지 이론의 차이점을 살펴봄으로써 조직명성에 대한 함의를 찾을 필요가 있다.

1) 이미지 회복 이론과 상황적 위기 커뮤니케이션 이론

위기 상황 중의 커뮤니케이션은 관련 공중이 조직을 어떻게 볼 것인가와 관련이 있다는 것을 이해해야 하며, 이 점에서 위기관리자가 어떤 위기 커뮤니케이션 전략을 쓰느냐에 따라 조직의 명성에 대한 영향이 판가름 난다는 것을 명심해야 한다(김영욱, 2002).

이미지 회복 이론은 위기 시 기업 커뮤니케이션 검토를 위한 지배적인 패러다임으로 설명되고 있으며, 조직이 잘못된 일로 고발을 당했을 때 반드시 이미지 회복을 해야 함을 강조한다(Dardis and Haigh, 2009). 이 이론은 부정 denial, 책임 회피evasion of responsibility, 공격성 축소reducing offensiveness of event, 수정 행위corrective action, 굴욕적 사과mortification라는 주요한 5개의 수사학적 유형을 전제하고 있는데, 위기 시에 조직은 설명, 방어, 정당화, 합리화, 사과, 심지어 자신의 행동에 대한 변명을 제공해 공중의 비난에 대응해야 함을 설명하고 있다(Benoit and Pang, 2008).

커뮤니케이션 활동은 목표지향적 행위이며, 좋은 명성을 유지하고자 노력하는 것이 중요한 커뮤니케이션 목표의 하나라는 것은 이미지 회복 이론들이 가지는 공통된 가정 중의 하나이다(Benoit, 1995). 베노이트(Benoit, 1995)는 버크(Burke, 1973)의 드라마 이론, 웨어와 린쿠겔(Ware and Linkugel, 1973)의 사과 이론, 스콧과 라이먼(Scott and Lyman, 1968)의 고전적 설명론을 통합해 이미지 회복 전략을 구축했다(김영욱, 2002). 이미지 회복 전략은 누군가로부터 공격받았을 때 자신의 명성을 지키기 위해 어떻게 반응해야 할 것인가에 대한 것으로, 개인적 차원에서 시작해 조직 수준까지 발전한 것이다(Benoit, 1995).

이미지 회복 이론은 위기에 대한 결과로 부정적 명성 위협이 발생하기 위해선 책임과 공격성이 모두 필요하다고 주장하는데, 이미지 회복 이론은 위기에 대한 결과로 부정적 명성 위협이 발생하기 위해선 위기책임성과 공격성offensiveness 이 모두 필요하다고 주장한다(Benoit, 1997). 이미지 회복 전략에 공격성 축소가 포함된 것은, 이미지 회복 이론의 위기 개념에 공격성이 전제되어 있기 때문이라 할 수 있다.

이미지 회복 이론이 수사학 관점에서 위기를 바라본다면(Frandsen and Johansen, 2017), 조직이 처한 맥락을 검토하는 상황적 위기 커뮤니케이션 이론은 위기 이력과 사전 명성에 기반한 위기 대응을 권유하는 데 초점을 맞추고 있다. 상황적 위기 커뮤니케이션 이론은 위기 대응을 위해 부정deny, 감소diminish, 그리고 거래deal라는 세 가지 전략을 제시한다. 부정은 부인, 공격자 공격, 희생자 만들기라는 3개의 하위 카테고리로 나뉘며, 감소는 변명과 정당화라는 2개의 하위 카테고리로 나뉜다. 거래에는 5개의 하위 범주인 감사, 우려, 보상, 유감 표명 및 사과가 포함된다. 상황적 위기 커뮤니케이션 이론은 정보를 전달하는 것이 최우선 순위라고 주장한다. 상황적 위기 커뮤니케이션 이론과 이미지 회복 이론 모두 조직이 위기 상황에서 사용할 수 있는 전략을 제공하고 있으며, 이러한 이론들을 그들의 전략 목표별로 분류한다.

상황적 위기 커뮤니케이션 이론은 귀인 이론attribution theory(Weiner, 1985)을 바탕으로 하며, 위기 상황에 따른 잠재적 위기 대응 전략을 규정하는 데 주안점을 두었다(Coombs, 2014; Coombs and Holladay, 2002; Coombs, 2007; Ma and Zhan, 2016). 귀인 이론은 사람들이 부정적 사건들에 대한 인과적 책임을 돌리려고 한다는 것을 제시하며, 사람들이 본인 주변에서 왜 나쁜 일들이 발생하는지에 대한 이유를 찾으려 한다고 설명한다.

상황적 위기 커뮤니케이션 이론은 조직위기에 대한 책임성을 바탕으로 다양한 위기 형태를 희생군victim cluster, 사고군accidental cluster 그리고 예방가능군preventable cluster이라는 3가지 클러스터로 구분했다. 희생군은 조직 책임성이 약한 위기를 수반하고, 사고군은 특정 부분에 대해서는 조직 책임성이 있지만 그 수준은 약한 편이며, 예방가능군 조직의 책임이 큰 위기를 포함한다. 선행 연구를 통해 보면, 조직에 대한 공중의 책임귀인이 클수록 조직 명성에 대한 위협이 심해지는데(Coombs and Holladay, 2002; Coombs, 1998; Lee, 2004), 이에 따라 예방 가능한 위기가 명성에 가장 부정적인 영향을 미친다(Claeys, Cauberghe and Vyncke, 2010; Verhoeven, Van Hoof, Ter Keurs and Van Vuuren, 2012).

상황적 위기 커뮤니케이션 이론은 이 3개 클러스터 위기 유형에 대한 대응 전략으로 각각 부정전략, 축소전략, 복구전략을 제시했는데, 이는 조직의 책임 수용도에 따른 것이다. 즉, 부정전략을 사용할 때 조직은 위기에 대한 모든 책임을 거부하고, 축소전략은 위기 피해에 대한 조직의 책임을 최소화하며, 복구전략은 기관이 사과를 하거나 희생자들에게 보상함으로써 조직이 모든 책임을 지는 것이다. 따라서 책임귀인은 위기 상황과 가장 효과적인 대응 사이의 관련성을 형성함으로써 책임성에 따른 위기에 대한 효

표 4-1

조직명성에 대한 이미지 회복 전략과 SCCT 위기 대응 전략의 비교

이미지 회복 전략(Benoit, 1997)	SCCT 위기 대응 전략(Coombs, 2007)
부정(Denial) • 단순 부인(simple denial) • 비난 전가(shift the blame)	**기본 위기 대응 전략:** **부정전략(Denial Posture)** • 공격자 공격(attacking the accuser) • 부인(denial) • 희생양 만들기(scapegoating)
책임 회피(Evasion of responsibility) • 도발(provocation) • 능력 부족(defeasibility) • 사고(accident) • 좋은 의도(good intentions)	**축소전략(Diminishment Posture)** • 변명(excusing) • 정당화(justification)
공격성 감소(Reducing offensiveness of event) • 강화(bolstering) • 최소화(minimization) • 차별화(differentiation) • 초월(transcendence) • 공격자 공격(attacking the accuser)	**복구전략(Rebuilding Posture)** • 보상(compensation) • 사과(apology)
수정 행위(Corrective action)	**2차적 위기 대응 전략:** **강화전략(Bolstering Posture)** • 상기(reminding) • 환심 사기(ingratiation) • 희생자화(victimage)
굴욕적 사과(Mortification)	

과적인 대응 전략을 제안하는 것을 가능하게 한다(Coombs and Holladay, 2002).

즉, 상황적 위기 커뮤니케이션 이론은 높은 책임의 위기 상황(예방가능군) 에서 많은 책임을 수용하도록 규정된 위기 대응 방법들, 중간 책임의 위기 상황(사고군)에서 중간 정도의 책임을 받아들이도록 규정된 위기 대응들, 그 리고 낮은 책임의 위기 상황(희생군)에서 적은 책임을 받아들이도록 규정된 위기 대응의 매칭 패러다임을 제시한다(Coombs, 2006, 2007). 최근 연구들은 위기 생태계의 변화와 함께 좀 더 복잡해지긴 했지만, 규정된 책임과 수행

된 책임의 양을 맞추는 것은 여전히 SCCT 전략의 핵심이다(Coombs, 2015). 특히, 조직명성과 관련해 상황적 위기 커뮤니케이션 이론은 책임성에 부합하는 위기 대응 전략들이 위기 상황에서 책임귀인을 낮추고, 조직의 명성을 상승시킬 것이라고 전제하고, 조직에게 귀인된 책임이 위기 대응 전략과 명성 간의 관계를 매개한다고 제안한다(Claeys and Cauberghe, 2014; Coombs, 2015; Ma and Zhan, 2016).

페이지(Page, 2019)는 상황적 위기 커뮤니케이션 이론의 위기책임성에 따른 위기 대응 전략이 명성에 미치는 영향, 즉 효과성이 작고 그 결과가 일관되지 않는다는 점(Coombs, 2016; Ma and Zhan, 2016)에 착안해 상황적 위기 커뮤니케이션 이론과 이미지 회복 이론의 변인을 비교해 어떤 이론이 위기가 명성에 미치는 영향을 더 잘 예측하는지 확인하고자 했다. 페이지에 따르면, 상황적 위기 커뮤니케이션 이론은 위기책임성에만 초점을 둔 반면, 이미지 회복 이론은 위기책임성과 공격성offensiveness이 동시에 존재할 때 위기가 존재할 수 있다. 결과적으로, 상황적 위기 커뮤니케이션 이론보다 이미지 회복 이론이 명성에 대한 위협을 더 잘 설명하는 것으로 확인되었다. 이러한 연구 결과는 위기 다각화와 함께 조직의 위기 커뮤니케이션 또한 좀 더 섬세하게 보완될 필요가 있음을 암시한다. 아울러, 이 연구에서는 조직은 명성에 대한 잠재적 위협을 평가할 때 공중이 느끼는 공격성offensiveness의 의미를 숙고할 것을 제안했는데, 이와 관련해 조직의 위기 커뮤니케이션에 영향을 미치는 수용자 측면의 요소를 고려할 필요가 있다.

2) 조직명성과 도덕적 기반 이론

도덕적 기반 이론moral foundations theory은 사람들이 왜 특정 행동들을 불쾌하게 여기는지, 거슬리는 행동으로 이해하는지에 대한 설명을 제공하는 사회

심리학적 이론 중 하나이다(Haidt and Joseph, 2004). 도덕적 기반 이론은 다섯 가지 영역으로 구분해 도덕의 기초를 제시했는데, 다섯 가지 기초는 배려(반대는 피해), 공정성(반대는 기만), 충성(반대는 배신), 권위(반대는 무질서), 그리고 정결함(반대는 오염)이다(Graham et al., 2009, 2011, 2013; Niemi and Young, 2016). 배려(피해)는 고통 완화 그리고 타인을 돌보는 것에 초점을 맞춘다. 공정성(기만)은 관계 교환을 위해 좋은 파트너가 되는 성향을 설명한다. 충성(배신)은 집단을 지지하는 개인들이 집단 내에서 더 호의적으로 인식된다는 것을 의미한다. 권위(무질서)는 개인이 계층적 권위를 존중해야 하는지 여부에 대한 태도를 반영한다. 정결함(오염)은 혐오의 가치 혹은 다른 기초들을 위반하지 않는 특정 행동에 대한 반감에 주목한다. 이 혐오 혹은 반감은 종종 종교적 혹은 사회적 규범으로부터 발생한다(Graham et al., 2013). 이 이론은 사람별로 이러한 기초들이 각기 다르다고 주장하며, 특히 정치 보수주의자들이 이 다섯 가지 기초를 모두 갖고 있는 반면, 정치 진보주의자들은 오직 배려(피해), 그리고 공정성(기만)만을 갖고 있는 경향이 있다고 지적했다(Niemi and Young, 2016).

　도덕적 기반 이론을 통해 조직의 위기 커뮤니케이션에 대해 공중이 느끼는 무례함 또는 위반감offensiveness에 대한 강조를 하며 상황적 위기 커뮤니케이션 이론의 책임성에 따른 대응 전략이 보완될 필요가 있음을 제시한 연구가 있다(Page, 2019). 예를 들어, 위기 상황에서 조직의 위기 커뮤니케이션에 대해 공중이 무례함을 느끼고 거슬림을 느낀다면 조직이 의도한 커뮤니케이션 효과를 얻기는 어려울 것이다. 다양한 사람들이 지닌 다른 해석, 즉 적대감을 느끼는 행동이 다르다는 점에 착안해, 조직의 위기와 관련해 공중이 느끼는 위반감이 조직의 명성에 어떤 영향을 미치는지 알아볼 필요가 있음을 이 연구는 지적한다. 이와 관련해 페이지(Page, 2019)는 도덕적 기반 이론에 근거해 조직 위기에 공중이 어떻게 위반감을 표현하는지 검토했다. 연구 결과, 책임귀인과 관련해 위반감은 조직명성에 부정적인 영향을 미치는 차원과 명성에 해를 끼치는 것을 완화하는 '덕망'이라는 차원으로 구분되는 것으로 나타났다. 특히 위반감과 덕망은 위기 후 조직명성에 영향을 미치는 것으로 나타나, 위기와 관련해 공중의 위반감과 덕망이 어떻게 표출되는지 알아볼 필요가 있음을 강조했다. 이러한 결과는 조직의 위기책임성 판단에 영향을 미치는 위반에 대한 공중의 정서를 어떻게 측정하고 다스릴 수 있는가에 대한 논의를 통해 이미지 회복 전략의 보완이 가능함을 암시한다. 특히, 정치 성향에 따라 도덕적 기초에 차이가 있다는 연구 결과를 통해 정치 성향을 위기 커뮤니케이션의 새로운 공중 유형화 기준으로 제안해 볼 수 있다.

알파슬란과 미트로프(Alpaslan and Mitroff, 2021)는 도덕적 기반 이론이 지닌 '개인화individualizing 도덕 기반'과 '구속력 있는binding 도덕 기반'을 구분했다. 개인화 도덕 기반은 이해관계자를 공정하게 대우하고 잠재적 및 실제적 피해로부터 보호할 필요성을 강조하는 특징이 있다. 이와는 다르게 구속력 있는 도덕 기반은 조직의 도덕적 범위를 확장해 광범위한 이해관계자를 포함하고, 그들과의 신뢰와 연합을 구축함으로써 전문성과 다양한 의견이 존중되고 열린 마음과 비판적 사고가 높이 평가되는 문화를 만들 필요성을 강조한다.

특히 위기관리에서 도덕적 기반의 중요성을 강조하며, 도덕적 기반 이론의 5개 차원(배려, 공정성, 충성, 권위, 정결함)을 바탕으로 선제적 위기관리와 반응적 위기관리의 필요성 및 방향성을 제시했다. 이들은 조직의 위기관리가 도덕적이 되기 위해서는 위기관리의 원칙과 관행을 조직 및 기관의 시스템, 구조 및 프로세스에 포함할 필요가 있음을 강조했다.

도덕적 기반 이론을 바탕으로 진행된 최근 연구들은 모두, 위기에 대한 공중의 해석과 반응이 다르기 때문에 위기와 관련해 조직의 책임성에 대한 공중의 반응을 이해하는 것이 매우 중요하다는 전제를 담고 있다. 아울러,

도덕적 기반 이론을 구성하는 차원이 위기 후 조직의 명성 회복을 위해 어떻게 전략적으로 연결될 수 있을지에 대한 함의를 제공하는 것을 알 수 있다. 이를 통해 변화하는 위기 생태계에서 직관과 전략적 추론이 함께하는 도덕적 기반을 바탕으로 둠으로써 위기 커뮤니케이션의 보완을 기대할 수 있을 것이다.

3) 기대 위반 이론

위기에 대한 기업명성의 역할에 대한 연구 결과는 종종 모순되는 경우가 있다(예: Coombs, 2014; Coombs and Holladay, 2006; Klein and Dawar, 2004; Sohn and Lariscy, 2012). 특히, 위기에 대한 기업명성에 대한 상반된 관점에는 첫째, 긍정적인 기업명성은 위기 사건의 부정적 영향을 감소할 수 있다는 관점과, 둘째, 긍정적인 기업명성은 위기 사건의 부정적 영향을 증가시킬 수 있다는 관점이 있다. 전자의 관점은 기업의 좋은 명성이 위기의 해로운 결과를 감소시키는 '방어물', '완충제', '안전망'으로 작용할 수 있다고 명시한다(예: Claeys and Cauberghe, 2014; Coombs and Holladay, 2006; Turk et al., 2012). 반면, 후자의 관점은 긍정적인 명성은 이해당사자의 높은 기대치가 위기에 의해 심각하게 위반되어, 기업 위기의 부정적인 영향을 악화시킬 수 있다고 주장한다(예: Davies et al., 2001, 2004; Dowling, 2001; Kim, 2011, 2014). 즉, 긍정적인 명성은 기업에 대한 이해관계자의 높은 기대치가 위반되거나 모순될 때, 책임을 물게 할 수 있다는 것이다.

기대 위반 이론expectancy violation theory: EVT 은 높은 기대 위반 혹은 모순으로 인해 좋은 사전 명성이 위기 중 부정적인 결과를 더 악화시킬 수 있다는 관념을 뒷받침한다(Burgoon and Le Poire, 1993). 대인관계에서 기대 위반은 "수신자가 예상한 행동 표시와 다르다고 인식된 행동(들)"으로 정의되지만(Afifi and Metts, 1998: 367), EVT는 기업 커뮤니케이션을 포함하는 다른 커뮤니케이션 맥락(예: 이해당사자들과 기업과의 상호작용)에도 적용된다(Davies et al., 2001, 2004, Dowling, 2001, Kim, 2014).

EVT에 따르면, 기업의 기대 위반은 기업의 사후 평가에 영향을 미치는 인지적 정보 처리에서 동기 유발 요소로 작용한다(Burgoon, 1993; Fediuk, Coombs and Botero, 2010). 기대를 넘어서는 기업일 경우에는 기대한 대한 결과는 긍정적으로 나타나고, 기대에 미치지 못하는 기업일 경우에는 부정적 이라는 점에서 기대 위반의 가치는 긍정적이거나 또는 부정적일 수 있다(Afifi and Burgoon, 2000; Burgoon, 1993; Burgoon and Hale, 1988). EVT는 사람들의 기대가 긍정적이든 부정적이든 그 기대가 위반될 때 각성을 경험하고, 해당 위반을 더욱 긍정적 또는 부정적으로 평가하는 경향이 있다고 주장한다.

EVT는 기업명성의 중요성을 강조하고 있다는 점에서 특히 PR 영역에 적용할 수 있는 부분이 많으나 아직 PR 연구자들에 의해 광범위하게 다뤄지지 않았다(Olkkonen and Luoma-Aho, 2015). EVT는 기업의 행동이 이해관계자들의 높은 기대 수준에 미치지 못하는 위기 상황과 위반과 같은 부정적인 조건에서 주로 사용되어 왔다(Davies et al., 2001, 2004; Dowling, 2001; Kim, 2011, 2014 ; Love and Kraatz, 2009; Sohn and Lariscy, 2012). 몇몇 선행 연구들은 긍정적인 기업명성이 위기 중 부정적인 결과, 더 부정적인 태도 및 기업 평가 형성 등을 가져올 수 있음을 보여준다(예: Dean, 2004; Kim, 2011, 2014; Lyon and Cameron, 2004; Rhee and Haunschild, 2006; Sohn and Lariscy, 2012). 즉, EVT는 좋은 명성의 조직이, 이해관계자들이 낮은 기대치를 갖는 좋지 않은 명성의 기업보다 이해관계자들의 높은 기대 위반에 대해 더 가혹하게 처벌받을 것이라고 예상한다. 이와 같이 EVT는 공중이 기업에 대해 긍정적인 기대를 가지고 있을 때 위기를 어떻게 인식하고 대응하는지, 그리고 왜 그들이 더 부정적인 방식으로 정보를 처리하는지를 명확히 한다는 것을 설명한다(Kim, 2014).

이러한 연구들은 EVT 체계를 바탕으로 다양한 위기 상황에서 기업명성이 이해관계자들의 반응과 평가에 어떤 역할을 하는지 검토할 필요성을 상기시켜 주는 것이라 할 수 있다.

3. 기업 위기 유형과 명성:
역량 관련 위기 대 도덕성 관련 위기

일반적으로 기업 위기는 이해관계자들의 중요한 기대를 위협하고 조직 운영 혹은 명성에 심각한 영향을 주거나 부정적인 결과를 생성하는 특정된, 예상치 못한 색다른 사건 혹은 일련의 사건들에 대한 인식으로 개념화된다(Coombs, 2014). 이러한 기업 위기는 해당 기업의 명성에 영향을 미친다는 점에서 기업명성을 구성하는 하부 차원에 초점을 맞추어 기업 위기를 유형화할 수 있는데, 바로 '역량 관련 위기'와 '도덕성 관련 위기'이다(Lee, Lim and Drumwright, 2018; Sohn and Lariscy, 2014).

먼저, 기업명성을 기업의 역량(또는 CA명성)과 기업의 도덕성(또는 CSR명성)으로 구분하는 것(예: Brown and Dacin, 1997; Kim, 2014; Rim and Song, 2017)은 기업명성을 단일 차원으로 보는 것이 공중의 기업 평가라는 사회적 현상을 충분히 설명하지 못한다는 점에서 필요하다(Tao, 2018). 기업의 역량(또는 CA명성)은 기업이 제품 및 서비스를 제공하는 것에서의 전문성과 능력에 대한 평가를 뜻하며(Kim, 2014; Sen and Bhattacharya, 2001), 기업의 도덕성(또는 CSR명성)은 기업이 속해 있는 사회 환경에 미치는 긍정적 영향을 최대화하려는 도덕적 의무, 즉 환경 지속가능성, 지역사회 지원, 자선 행위, 직원 또는 소비자에 대한 윤리적 대우 등에 대한 평가를 말한다(Kim, 2014; Mar Garisia et al., 2005; Sen and Bhattacharya, 2001).

전술한 바와 같이, 기업명성의 하부 차원에 따라 기업 위기 유형은 역량 관련 위기와 도덕성 관련 위기로 제시해 볼 수 있다. 먼저, 역량 관련 위기는 기업의 CA명성에 부정적으로 영향을 미치는 결정적 사건으로, 제품 및 서비스에 대한 전문성, 기술 혁신, 업계 선도기업industry leadership이라는 평가 등과 관련된 기업명성에 부정적인 영향을 미치는 사건이다(Lee et al., 2018; Sohn and Lariscy, 2014). 이러한 역량 관련 위기에는 제품 결함 위기 등이 포함될 수 있다(예: Wojciszke, Brycz and Borkenau, 1993). 또한, 도덕성 관련 위기는 CSR명성에 부정적으로 영향을 미치는 결정적 사건으로, 환경 보호, 지역사회 지원, 자선 행위 등 사회가 중시하는 규범과 가치 그리고 사회적으로 기대되는 의무와 연관된 기업명성에 부정적인 영향을 미치는 사건으로 정의된다(Lee et al., 2018; Sohn and Lariscy, 2014). 예를 들어, 기업의 횡령이나 노동 착취 등이 있다(예: Wojciszke et al., 1993).

공중은 역량 관련 위기와 도덕성 관련 위기를 구별할 수 있으며, 이러한 기업 위기 유형에 따라 해당 위기가 발생했을 때 공중의 반응이 달라진다. 따라서 이러한 유형화는 PR과 명성 관리에서 중요하다고 할 수 있다. 먼저, 공중이 CA명성(즉 역량)을 평가할 때는 CA명성(즉 역량)과 관련된 정보를, CSR명성(즉 도덕성)을 평가할 때는 CSR명성(즉 도덕성)과 관련된 정보를 사용한다는 점에서 공중은 두 차원을 구분해 기업을 평가한다고 볼 수 있다 (Brown and Dacin, 1997). 이러한 평가는 위기 상황에서도 유효하다. 한 실험 연구(유승희·차희원, 2015)에서는 기업의 위기책임성이 높은 역량 관련 위기 상황에 비해 기업의 위기책임성이 낮더라도 도덕성 관련 위기 상황에서 도덕성과 관련된 CSR명성이 더 많이 훼손된다는 것을 실증했다. 또 다른 연구(Lee et al., 2018)에서도 CA명성보다 CSR명성에 가중치를 두는 공중은 역량 관련 위기 상황에서보다 도덕성 관련 위기 상황에서 해당 기업에 대한 신뢰를 더 나쁘게 평가했다. 한편, 킴과 우(Kim and Woo, 2019)는 제품 결함 문제, 즉 역량 관련 위기 상황에서도 위기 전 CSR명성이 좋은 경우, 위기가 발생하더라도 기업의 CSR명성은 유지되고 있다는 것을 입증함으로써 위기 유형에 따른 명성 평가가 다르다는 것을 보여주었다.

또한, 선행연구에서는 각 유형에서 CA명성 관련 위기 대응(즉 기존에 자사는 좋은 역량을 보여주었으며, 위기 후에도 역량을 강화하기 위해 전념하겠다는 메시지)과 CSR명성 관련 위기 대응(즉, 기존에 자사는 좋은 도덕성을 보여주었으며, 위기 후에도 도덕성을 강화하기 위해 전념하겠다는 메시지) 중 어떠한 위기 대응이 효과적인지를 검증함으로써 두 유형이 다르게 인지됨을 확인했다. 예를 들어, 한 연구(Kim, Kim and Cameron, 2009)에서는 기업의 위기책임성에 관계없이, 노트북 배터리 폭발과 같은 역량 관련 위기가 발생했을 때 CA명성 관련 위기 대응을 하는 것보다 CSR명성 관련 위기 대응을 하는 것이 더 효과적임을 확인했다. 이는 역량을 강조하는 메시지를 제공하는 것이 위기의 원인에 적합한 설명으로 받아들여지고, 주변부가 아닌 핵심을 다루고 있다고 여겨지기 때문이다(Kim et al. 2009). 이러한 인지적 기제를 위기 대응에 대한 '진단성 인식perceived diagnosticity'으로 개념화할 수 있는데, 이는 해당 위기 대응이 위기와 관련이 있거나 적절하다고 인지되는 정도를 뜻한다(Tao and Song, 2020). 타오와 송도 도덕성 관련 위기가 발생했을 때는 CA명성 관련 위기 대응보다 CSR명성 관련 위기 대응을 했을 때 공중이 해당 메시지의 진단성 인식을 더 높이 인지해 메시지를 더 잘 수용하고, 이를 통해 기업명성을 효과적으로 재구축할 수 있음을 확인했다.

한편, 역량 관련 위기와 도덕성 관련 위기가 공중의 위기 및 위기의 기업에 대한 평가에 다르게 영향을 미친다는 연구 결과(Lee et al., 2018)도 보고되었다. 즉, CA명성보다 CSR명성에 가중치를 두는 공중의 경우, 도덕성 관련 위기 상황에서 기업 신뢰 하락 정도가 유의하게 컸던 반면, CA명성에 더 가중치를 두는 공중의 경우, 도덕성 관련 위기 상황에서보다 역량 관련 위기 상황에서 기업 신뢰 하락 정도가 더 크긴 했지만, 통계적으로 유의하지는 않았다. 이는 공중이 기업 위기 유형에 따라 스키마 단서schematic cues로 인해 위기와 관련된 긍정적 혹은 부정적 정보를 다르게 처리하기 때문이다(Kim, Ferrin, Cooper and Dirks, 2004). 구체적으로, 공중은 역량을 평가하는 상황에서는 부정적인 정보보다 긍정적인 정보에 더 가중치를 두는 긍정성 편향을 보이는 반면, 도덕성을 평가하는 상황에서는 긍정적인 정보보다 부정적인 정보에 더 가중치를 두는 부정성 편향을 보인다(Skowronski and Carlston, 1987; Wojciszke, 2005; Kim et al., 2006). 이에 리 등(Lee et al., 2018)은 CA명성에 가중치를 두는 공중이 위기로 인한 신뢰 평가가 유형 간 차이가 통계적으로 유의하지 않은 것이 역량과 관련된 긍정성 편향에 의한 것이라고 설명했다(Lee et al., 2018). 또한, 이러한 기업 위기 유형에 따른 편향으로 인해 유발되는 감정이 달라질 수 있다(Wojciszke and Dowhyluk, 2003; Wojciszke, 2005). 이를 조직적 맥락에서 실증적으로 검증한 연구는 거의 없지만, 기업 위기 유형에 따른 감정 유발 차이를 검증한 연구(유승희·차희원, 2015)에 따르면, 위기책임성이 높거나 낮은 상황 모두 역량 관련 위기일 때보다 도덕성 관련 위기일 때 부정성 편향에 의해 더 큰 분노가 표출됨이 확인되었다.

기업 위기 유형을 역량 관련 위기와 도덕성 관련 위기로 구분한 기존 연구들은 특히 앞서 언급된 기대 위반 이론에 근거해 논의하는 경향을 보인다(예: Kim, 2014; Lee et al., 2018; Tao and Song, 2020). 각 위기 자체가 기업에 대한 명성 평가가 형성되어 있어야 하기 때문이다(Tao and Song, 2020). 기대 위반 이론에 따르면 긍정적인 명성은 공중의 기대이고, 위기가 발생하는 것은 이러한 기대를 위배하는 것이므로 위기로 인한 부정적인 결과를 더욱 악화시킨다(Burgoon and Le Poire, 1993). 이와 관련해 킴(Kim, 2014)은 제품 결함 위기가 발생했을 때 기존에 어떤 명성을 보유하고 있는 것이 유리한지 확인했다. 구체적으로, 제품 결함 위기 시 사전에 긍정적인 CSR명성을 가지고 있는 것은 긍정적인 CA명성을 가지고 있는 것보다 오히려 유리한데, 이는 제품 결함 위기로 인해 기업의 역량에 대한 기대가 손상되어 부정적인 결과가 증폭되는 반면, CSR명성은 완충 효과를 가질 수 있기 때문이다(Kim, 2014). 이와 유사하게, 도덕성 관련 위기 맥락에서의 연구(Tao and Song, 2020)도 위기 전 긍정적인 CA명성을 가지고 있는 것보다 긍정적인 CSR명성을 가지고 있을 때 기업의 도덕성에 대한 기대가 위반될 것이라 예상하는 정도violation expectedness가 낮으며, 이를 통해 위기 시 기업 태도에 유의한 영향을 미침을 확인했다.

4. 새로운 위기와 공중의 변화

우츠, 슐츠, 그리고 글로카(Utz, Schultz and Glocka, 2013)는 과거 위기 커뮤니케이션 연구에서는 매체의 역할을 무시하고 주로 위기 유형과 위기 커뮤니케이션 전략 등에 초점을 맞추는 경향이 있었지만, 새롭게 등장한 소셜미디어가 위기의 역학에 핵심적인 역할을 하고 있는 지금, 위기 커뮤니케이션 연구에 보다 복합적인 모델이 필요하다고 주장한다. 구체적으로 조직과 조직의 이해관계자 간에 각각 갖는 상대적인 힘의 크기와 방향 등이 달라졌다는 것이 눈에 띄는 변화다. 이전의 위기 상황에서는 조직이 가장 영향력 있었지만, 소셜미디어 등이 활용되고 있는 현재에는 조직의 영향력은 줄어들었고, 오히려 조직의 이해관계자가 더 큰 영향력을 갖게 되었다고 볼 수 있다(차희원, 2015).

소셜미디어가 공중이 할 수 있는 행동의 범위를 확대(윤성이, 2012)하면서 위기와 관련해 새로운 현상을 논의할 필요가 있다. 새로운 현상에는 위기에 관한 공중의 온라인 행동인 2차적 위기 커뮤니케이션secondary crisis communication(Luo and Zhai, 2017)과 소셜미디어를 통해 조직 관련 정보가 확산되면서 발생하거나 증폭된 위기로 정의되는 소셜미디어 위기(Hosseinali-Mirza, de Marcellis-Warin and Warin, 2015)가 포함된다.

1) 2차적 위기 커뮤니케이션과 조직명성

소셜미디어는 조직의 위기 상황에서 공중의 역할을 수동적인 정보 수신자에서 콘텐츠 공유자이자 여론 형성자로 바꾸어놓았다(Cheng, Mitomo, Otsuka and Jeon, 2016; Morgan and Wilk, 2021). 소셜미디어 이용자들은 자신의 관점에서 위기 상황에 대한 콘텐츠를 창조하고, 또 다른 이용자의 콘텐츠를 수신하며, 이를 전달할 수 있다(Oh et al., 2013). 즉, 소셜미디어로 인해 2차적 위기 커뮤니케이션은 현재 위기 커뮤니케이션의 새로운 특징으로 볼 수 있다(Lin et al., 2016; Schultz et al., 2011; Utz et al., 2013). 또한, 2차적 위기 커뮤니케이션은 해당 위기의 전파뿐 아니라 새로운 위기를 유발할 수 있고(Luo and Zhai, 2017), 조직명성에 해를 입힐 수 있으므로(Morgan and Wilk, 2021) 위기관리에서 더욱 중요해졌다.

2차적 위기 커뮤니케이션은 위기와 관련해 정보를 공유하거나, 전파하거나, 댓글을 다는 것을 말한다(Luo and Zhai, 2017; Schultz, Utz and Goritz, 2011). 이러한 2차적 위기 커뮤니케이션에 대한 선행 연구는 크게 두 가지 방향 이루어졌다. 구체적으로, 공중의 2차적 위기 커뮤니케이션 의도에 영향을 미치는 요인을 검증하는 것과 2차적 위기 커뮤니케이션에 따른 소셜미디어 데이터를 분석해 2차적 위기 커뮤니케이션의 콘텐츠적 특징을 확인하는 것이다.

먼저, 2차적 위기 커뮤니케이션 의도를 낮추는 요인을 판별하는 데 초점을 둔 선행연구자들은 위기 커뮤니케이션 채널의 효과를 주로 비교했다. 예를 들어, 우츠 등(Utz et al., 2013)은 조직이 트위터를 통해 위기 커뮤니케이션했을 때보다 페이스북을 통해 위기 커뮤니케이션을 했을 때, 공중의 2차적 위기 커뮤니케이션 의도가 더 낮았음을 확인했다. 에볼라와 같은 건강 관련 위기 커뮤니케이션 상황에서는 인스타그램이 트위터보다 더 많은 온라인 행동을 유발했다(Guidry et al., 2017). 한편, 소셜미디어 상황에서 공중의 2차적 위기 커뮤니케이션과 위기 전 조직명성 간 관계를 검증한 연구(Zheng, Liu and Davison, 2018)에 따르면 위기 전 기업의 명성은 해당 기업에 대한 공중의 기대로 작동하기 때문에 위기 발생이 이러한 기대를 훼손하는 것으로 여겨져, 명성이 높은 기업일 경우 위기에 따른 2차적 위기 커뮤니케이션에 더 많이 참여하는 것이 입증되었다.

다음으로, 2차적 위기 커뮤니케이션의 콘텐츠적 특징을 밝히고자 한 선행연구들은 소셜미디어 포스팅, 댓글, 공유 수 등 2차적 위기 커뮤니케이션을 일종의 콘텐츠로 보고(Pace, Balboni and Gistri, 2017), 이를 분석했다. 예를 들어, 2013년에서 2015년까지 게시된 "센트럴을 점거하라Occupy Central"에 관한 웨이보 포스팅을 수집해 토픽 클러스터링과 감성 분석을 한 연구(Luo and Zhai, 2017)는 2차적 위기 커뮤니케이션에서 공중이 위기와 관련해 이야기하는 토픽과 공중이 느끼는 감정은 계속해서 바뀌며, 토픽은 공중의 감정에 영향을 미친다는 것을 확인했다. 이와 유사하게, 2014년 건축자재 및 인테리어 도구 판매 업체인 홈디포Home Depot의 회원 신용카드 정보 유출에 대한 트윗을 분석한 연구(Syed, 2019)는 2차적 위기 커뮤니케이션에 따라 명성을 위협하는 콘텐츠가 만들어지며, 이러한 콘텐츠에는 기업을 탓하는 콘텐츠와 부정적인 감정을 중계하는 콘텐츠가 있음을 보여주었다. 또한, 이러한

표 4-2

소셜미디어 이용자의 위기 반응 프레임워크

단계	설명
프레이밍과 정체성 발달	• 위기 사건의 정체성을 정의함(묘사적 이름을 부여함) • 온라인 커뮤니티를 활성화함 • 위기 사건과 관련된 개인 즉 장본인을 지명하고 공격함(악당화함)
의미 형성	• 위기 사건과 관련된 개인에 초점을 두고 그를 비난함 • 조직을 보호하기 위한 '진실'을 전파함 • 토론을 위기 너머로 확장함 • 조직의 반응을 수용함
책임성 귀인	• 위기에 대한 조직의 책임을 따짐 • 조직이 위기와 관련해 실행한 변화에 초점을 맞춤 • 조직의 불안정성을 보이는 경우, 이에 대해 비판함
방심하지 않는 재건	• 위기와 관련해 전후사정과 결과를 수용함 • 조심스럽게 조직의 미래를 낙관적으로 봄 • 계속해서 조직을 주시함 • 향후 조직 관련 이슈 및 위기를 증폭시킬 수 있음

자료: Morgan and Wilk(2021: 102057).

트윗이 다시 2차 위기 커뮤니케이션을 유발함을 확인했다(Syed, 2019). 다시 말해, 책임귀인 트윗은 차후 책임귀인 트윗 생성을 높이며, 부정적 감정 트윗은 차후 부정적 감정 트윗 발생을 높인다는 것이다.

모건과 윌크(Morgan and Wilk, 2021)는 2018년 호주 크리켓 '볼 탬퍼링ball tampering' 사건을 호주 크리켓의 위기로 상정하고, 이에 대한 트위터, 인스타그램, 페이스북, 온라인 포럼 및 커뮤니티의 포스팅을 분석해 2차적 위기 커뮤니케이션을 통해 공중이 위기와 관련해 어떤 일을 하는지 확인했다. 구체적으로 살펴보면, 소셜미디어 이용자들은 위기에 대한 반응으로 4가지 단계, 즉 ① 프레이밍과 정체성 발달framing and identity development, ② 의미 형성 sense making, ③ 책임성 귀인accountability, ④ 방심하지 않는 재건vigilant rebuilding

을 거치며, 이는 소셜미디어 이용자의 위기 반응 프레임워크social media users' crisis response framework: SMUCR framework로 정의되기도 한다(Morgan and Wilk, 2021)(〈표 4-2〉 참조).

기존 연구를 종합해 보면, 공중은 위기가 발생하면 소셜미디어를 통해 그에 관한 정보를 공유하거나, 전파하거나, 댓글을 다는 등의 2차적 위기 커뮤니케이션에 참여하며, 이는 조직에 도움이 될 수도 있고 그렇지 않을 수도 있다(Morgan and Wilk, 2021 참조). 따라서 위기 대응 시 공중의 커뮤니케이션 행동을 주시하고, 이해하는 것이 더욱 중요해졌다고 할 수 있다. 한편, 대부분의 위기 커뮤니케이션 연구가 조직과 정보 송신자의 관점에서 이루어져(Ha and Riffe, 2015), 여전히 위기 상황에서 공중이 어떻게 커뮤니케이션하고 반응하는지에 대한 연구가 부족하므로 향후 2차 위기 커뮤니케이션에 관한 연구가 활발히 진행되어야 할 것이다.

2) 소셜미디어 위기와 조직명성

전술한 바와 같이, 소셜미디어 위기는 소셜미디어에서 조직 관련 정보의 확산에 따라 발생 또는 증폭된 위기(Hosseinali-Mirza et al., 2015)다. 이러한 소셜미디어 위기는 매출 등 조직의 재무 성과에 대한 영향에 비해 명성에 대한 영향이 상대적으로 더 크다는 점(Hosseinali-Mirza et al., 2015)에서 명성 관리 관점에서 특히 중요하게 다루어져야 한다고 볼 수 있다.

소셜미디어의 특징으로 인해 새롭게 등장한 조직의 위기로 온라인 파이어스톰online firestorm과 조직이 타깃팅된 허위 정보를 들 수 있다. 이 두 가지 현상은 모두 소셜미디어의 어포던스affordance에 의해 정보의 확산에 따른 것이라 볼 수 있다. 소셜미디어는 이용자가 매개된 콘텐츠의 정보원으로서의 역할을 할 수 있도록 함(Sundar and Nass, 2001)으로써 공중이 조직에 대해 더 많은 목소리를 내고 더 공개적으로 논의하게 만들며(Hauser, Hautz, Hutter and Füller, 2017), 이에 따라 현대 허위 정보의 양상은 뉴미디어가 이용자에게 자신의 의견을 표현하고 이를 담은 콘텐츠를 생산하는 능력을 부여한 것에 의한 것임이 지적된 바 있다(예: 염정윤·정세훈, 2019; Giglietto, Iannelli, Valeriani and Rossi, 2019). 따라서 온라인 파이어스톰과 허위 정보를 소셜미디어 위기로 상정하고 이를 명성과 PR 관점에서 논의하고자 한다.

(1) 온라인 파이어스톰

온라인 파이어스톰online firestorm은 최근 몇 년간 소셜미디어에서 자주 나타나는 현상으로(Johnen, Jungblut and Ziegele, 2018), 소셜미디어에서 개인, 기업, 또는 집단에 대한 부정적인 WOMword-of-mouth과 불만 행동이 갑작스럽게 폭발하는 것을 뜻한다(Pfeffer, Zorbach and Carley, 2014).

페퍼와 그의 동료 학자들이 온라인 파이어스톰을 학문적으로 다룬 이후로, 온라인 파이어스톰의 개념을 정확히 이해하기 위해 선행연구자들은 학문적 정의 및 특징을 논의했다. 구체적으로, 아인윌러와 슈타일렌(Einwiller and Steilen, 2015)은 페퍼 등의 정의에서 조직에 대한 불만 행동에 초점을 맞추고 '소셜미디어에서 표현된 불만에 타인이 동참하는 상황'을 온라인 파이어스톰이라고 했다. 또 다른 연구자들은 커뮤니케이션(즉 WOM)에 초점을 맞추었다. 예를 들어, 스티치 등(Stich, Golla and Nanopoulos, 2014)은 온라인 파이어스톰을 '소셜미디어에서 부정적인 WOM이 표현된 비판적인 포스트가 갑자기 대량으로 폭발하는 것'으로 정의했으며, 헤어하우젠 등은 '짧은 시간에 다른 소비자들의 상당한 지지를 받는 부정적인 온라인 WOM'으로 정의한 바 있다(Herhausen, Ludwig, Grewal, Wulf and Schoegel, 2019).

또한, 유사한 개념과의 비교를 통해 온라인 파이어스톰의 본질적인 특징을 제시했다. 페퍼 등(Pfeffer et al., 2014)은 온라인 파이어스톰은 감정적 속성과 대상에 대한 공격 의도를 반드시 가지고 있으며, 사실 여부가 확인되지 않은 루머와 달리 사실 확인 여부가 확인된 정보도 확산될 수 있다고 주장했다. 아인윌러 등(Einwiller, Viererbl and Himmelreich, 2017)은 온라인 파이어스톰이 모욕적이고 공격적이며 불경한 언어를 사용해 적대감을 표출하는 메시지인 '플레이밍flaming'(Cho and Kwon 2015) 및 집단이나 개인의 사회적 정체성에 치욕적인 상처를 주고자 하는 '혐오 표현'(hate speech, Boeckmann and Liew 2002)과 감정적 속성이 높고 대상에 대한 공격을 암시한다는 점에서 유사하지만, 소셜미디어 네트워크 내에서 대량의 메시지가 빠르고 급작스럽게 폭발한다는 점에서 구별된다고 지적했다. 온라인 파이어스톰을 '모럴패닉moral panic'[1]과 비교한 연구(Johnen, Jungblu and Ziegele, 2018)에 따르면, 온라인 파이어스톰은 모럴패닉의 5가지 특징을 가지고 있으면서도, 모럴패닉과 비교했을 때 더 쉽게 발생할 가능성이 높고, 확산 속도가 더 빠르며, 공중이 자신의 참여를 억제하려는 경향이 약하고, 분노가 더 강하다. 모럴패닉과 공유하는 특징은 다음과 같다. ① 문제가 되는 행동과 그 결과에 대한 관심이 높다. ② 그 행동을 하는 대상에 대한 적대감이 있다. ③ 문제가 되는 행동과 그 결과가 실제보다 과장되는 불균형성disproportionality을 보인다. ④ 문제가 되는 행동이 실제이며, 심각하다는 것이 사회 전체 또는 일부에서라도 합의가 되어 있다. ⑤ 현상이 빠르게 나타났다 사라지는, 즉 휘발성이 크다.

온라인 파이어스톰의 발생하면 문제가 되는 개인, 기업, 또는 집단의 명성에 매우 해롭기 때문에(Einwiller and Steilen, 2015; Herhausen et al., 2019) 이와 같은 부정적인 결과를 줄이기 위해 온라인 파이어스톰의 기제를 이해하

---

1 모럴패닉은 사회의 가치와 이익을 훼손하는 상황, 사건, 사람, 집단이 나타났을 때 그에 대한 집단적 행동이다(Cohen, 1972).

는 것이 필요하다(Johnen et al., 2018). 이러한 맥락에서 온라인 파이어스톰이 왜, 어떻게 형성되고, 여기에 공중이 왜, 어떻게 참여하는지를 밝히기 위한 연구가 진행되었다.

온라인 파이어스톰에서 분노가 핵심적 특징이라는 점에서 아인윌러 등(Einwiller et al., 2017)은 독일 신문에 보도된 온라인 파이어스톰 기사를 내용 분석해 분노를 유발하는 자극제, 즉 외부 사건을 유형화했다. 구체적으로, 도덕적으로 잘못된 행동을 한 경우, 상업적으로 잘못된 행동을 한 경우, 자신 또는 자신이 동일시하는 대상의 명예가 공격당했다고 인식한 경우, 대상의 무능함이 인식된 경우 등 4개의 외부 사건 유형이 공중의 분노를 형성하고 부정적 eWOM electromic WOM 전파에 영향을 미치는 외부 사건으로 나타났다. 또 다른 연구(Johnen et al., 2018)는 공중이 온라인 파이어스톰에 동참하는 이유로 도덕적 잣대에 따른 판단과 사회적 인정 욕구를 제시했다. 실험 및 실험 참여자의 댓글에 관한 내용 분석을 통해 고발된 개인/기관을 공격하는 것이 사회적으로 적절하다고 인식할수록 온라인 파이어스톰에 참여하고자 하며, 댓글에 분노를 표현되는 경향을 확인했다. 또한, 이미 온라인 파이어스톰에 참여한 사람들의 수가 큰 경우에는 사회적 인정 욕구가 작동되어 지배적인 여론을 따르고자 하며, 분노를 댓글로 표현했다.

온라인 파이어스톰에 참여하기까지의 경로를 사건에 대한 '인지적 평가 → 유발된 감정 → 복수하고자 하는 욕구 → 참여 의도'로 구성해 검증한 연구(Delgado-Ballester, López-López and Bernal-Palazón, 2021)도 있다. 사건에 대한 인지적 평가(즉 심리적 거리감 및 심각성)가 분노, 슬픔, 혐오를 유발하지만, 분노와 혐오만이 복수 욕구를 통해 온라인 파이어스톰 참여 의도에 정적 영향을 미침이 확인되었다. 한편, 온라인 파이어스톰 참여를 저해하는 데 효과적인 대응을 판별하고자 한 연구(Herhausen et al., 2019)에서는 기업이 소비자의 부정적인 포스트에 대응할 때 사죄를 하거나, 소비자센터로 연락해 달라고 하거나, 공감을 표현하거나, 또는 설명을 제공하는 것은 부정적인 eWOM을 낮추었으나, 보상하겠다는 대응은 오히려 부정적인 eWOM을 높였다. 또한, 감정 유발이 높은 포스트의 경우, 공감 표현은 오히려 부정적인 eWOM을 활성화했으며, 설명제공은 이를 완화했다.

문화적 차이에 따른 온라인 파이어스톰의 양상을 비교한 연구(Kim, Sung, Ji, Xing and Qu, 2021)에 따르면, 미국의 트위터에서는 중국의 웨이보에 비해 대상의 능력과 관련된 명성을 훼손할 수 있는 온라인 파이어스톰이 더 많이 발생했다. 또한, 대상의 윤리 또는 사회적 책임에 관한 명성을 훼손할 수 있는 온라인 파이어스톰은 중국의 웨이보에서 더 많이 발견되었다.

(2) 조직이 타깃팅된 허위 정보

최근 학문적 관심이 더욱 높아지고 있는 허위 정보(Golovchenko, Hartmann and Adler-Nissen, 2018; Lazer et al., 2018)는 조직에게 새로운 소셜미디어 위기가 될 수 있다. 조직이 소셜미디어에서 퍼지는 허위 정보의 희생양이 될 수 있기 때문이다(Jahng, 2021). 이러한 허위 정보는 '현혹하거나 기만 또는 혼란을 주기 위해, 의도적 고의의 혹은 목적성이 있는 노력으로 주장 또는 유포되는 거짓 정보'(Fetzer, 2004)로, 기존 위기 관련 연구에서 주로 다루어진 루머와는 구별된다. 루머는 '사실 확인 없이 사람들 사이에서 유포되는 이야기 또는 진술'(Allport and Postman, 1947)로, 항상 기만적 의도에 따라 만들어지는 것은 아니며, 때로는 사실로 판명될 수 있다는 점(류현숙·김경우, 2020)에서 허위 정보와 개념적으로 다르다.

허위 정보 문제는 특히 소셜미디어에서 두드러졌는데, 소셜미디어에서는 정보를 만들고 퍼뜨리는 것 자체가 상대적으로 편하고 쉬우며(Tandoc, Lim and Ling, 2018), 기자와 같은 전통 미디어의 감시를 거의 받지 않고 적은 비용으로 허위 정보를 전파할 수 있기 때문이다(Allcott and Gentzkow, 2017). 이에 조직이 타깃팅된 허위 정보를 소셜미디어 위기로 제안하고자 한다.

　PR커뮤니케이션과 조직명성 관점에서 허위 정보는 조직의 명성에 해를 입히기 위해 고의를 가진 잘못된 정보(Berthon and Pitt, 2018; Vafeiadis et al., 2019; Vafeiadis and Xiao, 2021)로 정의될 수 있다. 특히 PR 실무자들을 상대로 한 인터뷰에 따르면, 조직에 관한 허위 정보는 조직의 명성을 손상시키고자 하는 동기가 있어야 한다(Jahng, Lee and Rochadiat, 2020). 이와 관련해 장(Jahng, 2021)은 실험을 통해 온라인 허위 정보의 주요 특징, 즉 정치적 의도와 조직의 명성에 해를 입히고자 하는 의도 여부에 따라 해당 허위 정보를 조직의 위기로 판단하는지 검증했다. 그 결과, 실험 참여자들은 조직의 명성을 훼손하고자 하는 허위 정보를 가장 심각한 위기로 보았으며, 정치적 이슈를 포함해 분열을 일으키고자 하는 허위 정보는 해당 조직의 명성에 해가 되는 위기로 평가하지 않았다.

　한편, 조직을 타깃팅한 허위 정보가 소셜미디어에서 전파될 때 조직의 명성을 보호하기 위해 어떠한 전략이 효과적인지 확인하는 연구도 이루어졌다. 예를 들어, 스타벅스의 탈세에 대한 허위 정보 전파가 스타벅스의 명성에 미친 영향을 사례 분석한 연구(Sisson and Bowen, 2017)는 허위 정보가 전파되었더라도, 기업의 평소 기업윤리가 허위 정보로부터 기업의 명성을 보호할 수 있음을 밝혔다. 연구자들(Sisson and Bowen, 2017)은 이러한 연구 결과를 통해 기업의 문화와 투명성에 기반한 주도적인proactive 명성 관리가 중요함을 강조했다. 또한, 밀스와 롭슨(Mills and Robson, 2020)은 브랜드 가치를 위협할 수 있는 허위 정보가 퍼졌을 때 조직은 이러한 허위 정보를 소비자들이 믿지 않도록 설득하기 위해 감정을 유발하고 소비자들이 정보를 잘 이해할 수 있도록 하는 브랜드 스토리텔링을 통해 전략적으로 해결할 수 있다고 주장했다. 또 다른 연구(Vafeiadis and Xiao, 2021)에서는 허위 정보에 대한 반박 메시지를 수용하고 조직에 대한 긍정적 태도를 형성할 수 있는 공중의 특징을 확인했는데, 관여도와 인지욕구가 높은 사람이 반박 메시지를 긍정적으로 평가하고 조직에 긍정적인 태도를 보이며 조직에 대한 기부 의도가 높았다.

5. 위기와 감정: 조직명성과 공중 유형

수십 년 동안 베노이트의 이미지 회복 이론(Benoit, 1995)과 쿰스의 상황적 위기 커뮤니케이션 이론(1995)은 PR에서 위기 커뮤니케이션 연구의 지배적인 패러다임으로 작용하며 많은 모범 사례와 위기관리와 대응을 위한 모델을 제시했지만, 위기 준비와 관련해 특히 개인 내 위기 메시지 처리의 기반이 되는 인지적 메커니즘에 대한 논의는 간과되어 왔다(Avery, Lariscy, Kim and Hocke, 2010). 많은 연구들이 위기 상황에서 조직의 명성 유지에 주로 초점을 맞추고 있지만(Avery et al., 2010), PR학자들은 위기 커뮤니케이션에 대한 수용자 반응에 내재하는 심리적 변수를 설명하기 위한 노력은 상대적으로 부족함을 지적한 바 있다. 조직명성 관리를 위한 전략적 커뮤니케이션을 위해서는 위기와 관련된 공중에 대한 이해가 필요하다.

1) 위기 커뮤니케이션에서 감정의 역할: 분노행동주의 모델

비교적 최근, 적지 않은 연구들이 위기 커뮤니케이션에서 감정의 영향에 대해 초점을 맞추고 있다(Jin, Liu, Anagondahalli and Austin, 2014; McDonald, Sparks and Glendon, 2010). 감정은 위기 커뮤니케이션에 대한 수용이나 명성 태도에 영향을 미치고, 분노나 동정과 같은 감정은 특히 기업명성에 중요한 역할을 하는 것으로 확인되고 있다(차희원, 2015).

사람들은 위기에 의미를 부여하기 위해 대처 전략을 취하고 이것이 정서적 현저성으로 나타난다(Jin, 2009). 인지평가 이론에 의하면, 상황에 대한 주관적 평가에 따라 개인의 감정이 발생하게 된다(Lazarus, 1991). 다시 말해서, 상황에 대한 인지적 평가는 개별 정서적 상태를 촉발하는데, 이러한 개별 정서적 상태는 이 상황이 어떻게 인식되는가에 대한 응답으로 나타나는 것이다. 위기 커뮤니케이션에서, 감정은 적용된 위기 대응 전략을 강화 혹은 약화시킬 수 있고(Cooms and Holladay, 2005), 뚜렷한 감정적 반응은 다른 태도와 행동 의도를 불러일으킬 수 있다(Jin et al., 2014; McDonald et al., 2010). 예를 들어, 부정적인 입소문을 유발하기 때문에 두려움은 부정적인 결과물과 연관되어 있는 반면, 분노는 부정적인 구매 의도를 불러올 수 있다(McDonald et al., 2010). 이와 유사한 맥락에서, 개인이 위기 관련 정보에 노출된 후 느끼는 분노 혹은 불안과 같은 감정들은 개인으로 하여금 적극적으로 관련 정보를 찾고 공유하도록 촉구할 수 있다(Jin et al., 2016).

분노는 위기 중 발생하는 기본 감정 중 하나이다(Coombs and Holladay, 2005). 이는 사람이 조직에 대해 예방 가능한 위반 혹은 부당함에 대한 책임을 묻는 경우(Jin et al., 2014; Kim and Jin, 2016) 그가 느끼는 분한 감정을 나타낸다(Novaco, 1994). 또한 분노는 사람들이 문제 해결을 위해 행동을 취하도록 촉구하는 동기 부여 감정으로 작용할 수도 있다(김수진·차희원, 2009; Turner, 2007). 쿰스와 홀러데이(Coombs and Holladay, 2005)는 분노는 피해자가 아닌 이해당사자non-victim stakeholders들이, 특히 관여도가 깊은 개인들이 포함될 때(Kim and Jin, 2016) 경험하는 감정이라고 주장했다.

두려움은 불확실성에 직면했을 때 유발되는 감정이며(Lazarus, 1991), 긍정적인 미래에 대한 기대와 연관되어 있다(Roseman, 2011). 두려움은 사람들로 하여금 행동을 취해 그 원인을 제거하도록 촉구한다(Roseman, 2011). 슬픔은 사람들이 위기 중 경험하는 또 다른 핵심적인 부정적 감정이다(Jin, Pang and

Cameron, 2012). 사람은 돌이킬 수 없는 손실을 겪고(Lazarus, 1991) 그것이 통제할 수 없는 상황에서 발생했을 때 슬픔을 느낀다(Jin et al., 2014). 불안은 사람이 즉각적이고 구체적인 위협을 마주했을 때 발생하는 혐오 감정이다(Eysenck, Derakshan, Santos and Calvo, 2007; Lazarus, 1991). 하지만 이는 제어가 가능하다(Jin, 2009). 불안은 통제력 상실 및 생리적 흥분 고조와 연관되어 있고, 따라서 개인들은 그것들을 완화하기 위해 노력한다(Eysenck et al., 2007). 혐오감은 분노와 유사한 감정으로 조직 내부에 위기의 근원이 있을 때, 즉 조직이 위기 상황에 책임이 있을 때 혐오감을 느낀다(Jin, Liu and Austin, 2014).

부정적 감정들 외에, 긍정적 감정들의 역할 또한 위기 커뮤니케이션에서 조사되었다. 위기 동안 경험하는 긍정적 감정은 중요한 정보에 더 주의 깊게 집중하게 하고 정보 처리를 촉진하는 것으로 알려져 있다(Fredrickson, Tugade, Waugh and Larkin, 2003). 긍정적인 감정은 순간적으로 좋은 반응을 느끼도록 하고, 스트레스 상황 극복에 도움을 주며 추후 정서 상태 개선에도 도움을 줄 수 있다(Fredrickson et al., 2003).

공감은 다른 사람의 감정과 일치하는 감정을 개발할 때 발생한다(Kim and Jin, 2016). 공감은 "그 사람의 상황에 대한 깊은 유대감을 바탕으로 그의 주관적 경험을 공유하는 것"을 의미하므로 특정 관점을 수용하는 것이 필요하다(Campbell and Babrow, 2004: 160). 위기가 팽배한 조직에 대해 공감을 느끼는 개인은 그 조직에 대해 더욱 긍정적인 성향을 띠게 된다(Schoofs, Claeys, De Waele and Cauberghe, 2019).

공포와 달리, 희망은 방해물이 존재할지라도 같은 불확실한 상황이 목표 달성의 기회를 부여할 때 생겨난다(Myrick, 2017). 달리 말하면, 낙관주의와 성공에 대한 조망이 희망을 특징짓는다고 할 수 있다. 희망의 감정은 사람들로 하여금 새로운 정보에 수용적이게 하고(Tugade, Fredrickson and Feldman

Barrett, 2004), 그들의 목표 달성을 위한 동기를 증가시킨다(de Mello and MacInnis, 2005).

위기 중 사람들은 위기관리 방식에 따라 행복감을 표출하며 호의적으로 행동할 수도 있다. 예를 들어 2012년 발생한 허리케인 샌디Sandy와 관련된 미국 내 트윗들에 대한 분석은 사람들이 정부가 보낸 허리케인 관련 경고 메시지 수신으로 인해 긍정적인 감정(예: 행복)을 느끼게 된 것을 보여준다(Brynielsson, Johansson, Jonsson and Westling, 2014). 기쁨의 감정은 증대된 고객 충성도로 이어질 수 있다(McDonald et al., 2010). 만족감을 발전시키는 것은 개인들이 그들의 니즈와 니즈 성취를 위한 노력으로 주위를 전환하도록 돕는 높은 수준의 인식 혹은 마음챙김과 관련되어 있다(Brown and Ryan, 2003). 만족은 위협 상황의 부재뿐만 아니라 목적 달성을 위한 개인의 만족과 믿음에서 발생한다(Dillard and Nabi, 2006).

흥미는 상황을 새롭고 복잡하지만 이해 가능하다고 평가하는 것에서 발생할 수 있다(Myrick, 2017). 흥미는 사람들로 하여금 문제 해결 지식과 기술을 사용함으로써(Silvia, 2001) 낯선 상황을 탐색하도록 자극한다(Silvia, 2008).

위기와 관련해 공중의 정서적 반응을 이해하는 것은 위기 커뮤니케이션의 효과적인 수용을 위한 공중세분화와 관련된다. 특히, 기업명성에 영향을 미치는 위기 관련 감정 중의 하나인 분노는 몇몇 연구를 통해 특정 행동 의도를 강화하고 추진하는 역할을 함으로써 행동주의 공중으로 변화할 수 있는 중요성이 제시된 바 있다(Austin, Overton, McKeever and Bortree, 2020; Ilakkuvan, Turner, Cantrell, Hair and Vallone, 2016; Jang, Turner, Heo. and Barry, 2021; Turner, 2007).

터너(Turner, 2007)는 분노행동주의 모델anger activism model을 통해 분노와 효능감 수준이 결합해 4개의 차별되는 집단을 형성하며 이러한 집단들은 행동에서도 차이점을 보인다는 것을 입증했다. 특히 가장 강력한 분노를 느끼며 동시에 효능감 수준이 높은 사람들은 행동주의 집단으로 구분되었는데, 이 집단은 주제에 대해 매우 강한 태도를 보임과 동시에 행동에 집중하고자 하는 의지를 나타냈다. 위기와 관련된 감정은 효능감과 같은 다른 인지적 요소와 결합할 때 더욱 적극적인 공중으로 변화한다는 점에서 위기 커뮤니케이션 수용에 영향을 미치는 인지적 요소와의 결합을 생각해 볼 필요가 있다.

2) 1차 위기 공중과 통합위기매핑 모델

위기 상황에서 공중은 상황 해결의 중요성, 기능적 역할 및 장기적인 영향에 따라 다르게 정의된다. 도허티(Dougherty, 1992)는 공중의 기능적 역할 차원에서 권능적 공중enabling publics, 기능적 공중functional publics, 규범적 공중 normative publics, 그리고 분산된 공중diffused publics로 구분했다. 권능적 공중은 주주, 이사회 및 규제기관과 같이 조직의 자원을 통제할 수 있는 권한이 있다. 기능적 공중은 주로 조직의 소비자로 구성되며 규범적 공중은 정치적 또는 이익 집단과 같은 공유된 가치 때문에 형성된다. 분산된 공중은 공식적인 조직의 구성원은 아니지만 그럼에도 불구하고 강력한 집단의 사람들이라고 할 수 있다.

루카세브스키(Lukaszewski, 1997)는 조직이 커뮤니케이션해야 하는 4가지 핵심 공중이 있으며, 가능한 한 빨리 그들과 커뮤니케이션하기 위해 공중의 우선순위가 만들어져야 한다고 주장했다. 그는 첫 번째로 희생자들과 같이 가장 직접적인 영향을 받은 사람들을 꼽았고, 두 번째로 공중의 분노를 직감할 수 있는 내부 직원, 세 번째로 가족 및 친척과 같이 간접적으로 영향을 받는 사람들, 네 번째로 뉴스미디어 및 기타 외부 커뮤니케이션 채널을 꼽았다.

울머(Ulmer, 2001)는 공중을 장기적인 영향 측면에서 구분했는데, 1차 공중은 조직이 속한 지역사회와 직원이고, 2차 공중은 고객과 미디어이다. 진, 얀과 팽(Jin, Yan and Pang, 2007)은 위기 상황에서 가장 먼저 커뮤니케이션해야 하는 1차 공중의 특성으로 세 가지를 제시했다. 첫째, 1차 공중은 위기에 의해 가장 큰 영향을 받는 공중이고, 둘째, 위기가 해결되는 과정에서 그들은 공통의 관심사와 운명을 공유하며, 셋째, 조직의 명성과 운영에 장기적인 이해관계와 영향력을 가지고 있다.

진, 팽과 캐머런(Jin, Pang and Cameron, 2007)은 위기 시 1차 공중의 위기 반응을 이해하기 위해서 감정의 인지평가 이론을 바탕으로 통합위기매핑 모델integrated crisis mapping model: ICM을 구성했다. 이 모델은 라자러스(Lazarus, 1991)의 인지 평가 이론에 기초해 위기 상황에서 주요 이해관계자가 경험하는 다양한 감정을 식별한 새로운 개념적 프레임워크라 할 수 있다(Lu and Huang, 2018).

위기 상황에서 라자러스(Lazarus, 1991)는 서로 다른 핵심 관계적 주제core relational theme에 의해 구동되는 서로 다른 평가에 기초한 6가지 부정적인 감정(분노, 공포, 불안, 죄책감, 수치심, 슬픔)이 주로 있다고 주장했다. 진, 팽과 캐머런은 여섯 가지 감정 중 네 개에 해당하는 분노, 공포, 불안, 슬픔을 위기 시 공중이 경험하는 지배적인 감정으로 보았고, 죄책감과 수치심은 피해자와 같은 외부 공중과는 관련성이 떨어지기 때문에 부차적인 감정으로 간주했다.

통합위기매핑 모델은 위기에 대한 기존 범주와 위기 상황에서 공중이 경험하는 감정의 역할에 대한 논의를 바탕으로 두 개의 축으로 구성한 위기매트릭스에서 발전했다. 여기서 감정은 '1차 수준 감정'과 '2차 수준 감정'으로 구분했는데, 1차 수준 감정은 공중이 첫 번째 또는 즉각적인 사건에서 경험하는 감정이고, 2차 수준의 감정은 시간이 지남에 따라 후속 사건에서 공중

그림 4-1

통합위기매핑 모델

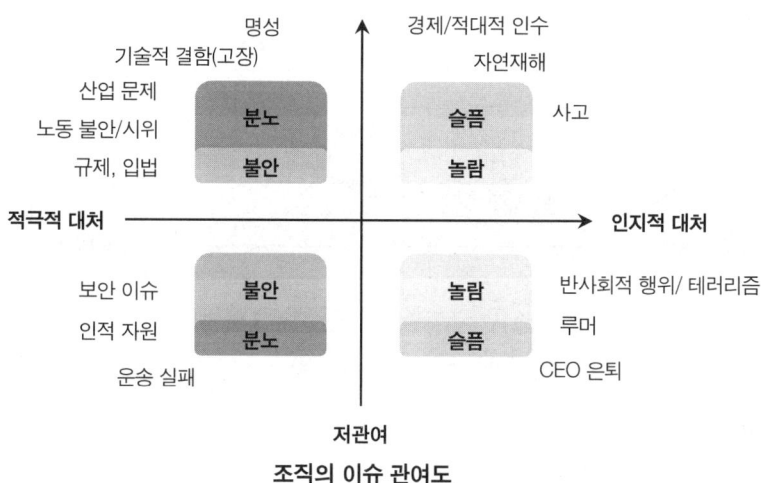

자료: Jin, Pang and Cameron(2007).

이 경험하는 것으로, 위기에 대한 조직의 대응에 달려 있는 것이다. 2차 수준의 감정은 지배적인 감정으로부터 전이되거나 1차 수준과 공존함으로써 이루어질 수 있다.

위기 매트릭스의 X축은 공중의 대처 전략이다. 공중의 대처 전략은 위기 상황을 다루기 위해 공중이 선택하는 지배적인 방법을 뜻한다. 여기서 대처 전략은 인지적 대처cognitive coping와 능동적 대처conative coping로 나뉜다. 인지적 대처는 공중이 자신의 웰빙과 관련해 위기의 의미를 생각하거나 해석하는 방식을 정리하는 것을 뜻하며, 능동적 대처는 문제가 있는 관계를 바꾸거나 바람직한 관계를 유지하기 위해 상황을 관리하거나, 조치를 취하고자 함으로써 상황을 관리하고자 함을 의미한다. Y축은 조직의 관여 수준으로, 높고 낮은 수준의 범위가 있다. X축과 Y축을 바탕으로 구성된 사사분면에는 위기 형태가 구분되어 있다. 위기 형태는 내적-외적, 사적-공적, 비자연

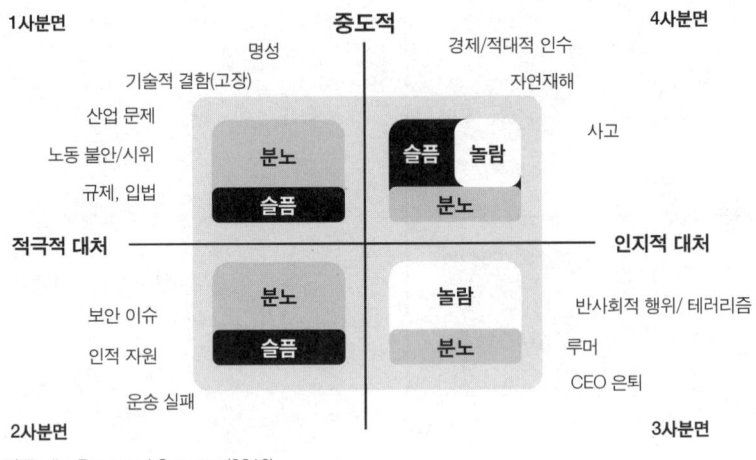

그림 4-2

수정된 통합위기매핑 모델

자료: Jin, Pang and Cameron(2012).

적-자연적 기준에 기반해 개념화된 것이다(〈그림 4-1〉 참조).

통합위기매핑 모델을 적용해 연구를 진행한 쳉, 로와 팽(Cheng, Loh and Pang, 2011)은 동서양 간에 위기 공중이 느끼는 정서적 반응의 차이를 지적하며 위기 상황에서 경험하는 인지와 정서는 문화에 의해 영향을 받는다고 주장했다. 진 등(Jin et al., 2012)은 통합위기매핑 모델을 적용한 다층적 테스트에서 공중이 위기 상황에서 경험하는 기본 정서는 불안감이라는 것을 확인하고 수정된 통합위기매핑 모델을 제시했다(〈그림 4-2〉).

이 연구는 사사분면에 속하는 14개 위기 사례를 검토했는데, 사사분면에 배치된 위기 형태와 관련해 공중이 느끼는 후속적 감정은 다양하게 나타났다. 대처 전략에 대해서는 사분면에서 모두 인지적 대처보다 적극적 대처가 더 분명하게 나타났다. 연구를 통해서 적극적 대처는 내적인 인지적 대처가 외적으로 가시화된 것임을 알 수 있었고, 이 점에서 인지적 대처는 적극적 대처의 선행변인임이 밝혀졌다.

통합위기매핑 모델을 바탕으로 페이스북 홈페이지에 대한 질적 내용 분석을 진행한 연구도 있다(Guo, 2017). 이 질적연구는 2013년 보스턴 마라톤 폭탄 테러에 대해 통합위기매핑 모델의 개념과 실효성을 검토한 연구이다. 연구자는 폭탄 테러 한 달 후 보스턴 마라톤 페이스북 페이지에 게시된 보스턴육상협회Boston Athletic Association: BAA의 공개 댓글과 게시물에 대한 질적 내용 분석을 진행했고, 연구 결과를 통해 온라인 공중의 정체성, 대처 및 BAA의 참여에서 비롯된 긍정적인 공중의 감정을 보여주었다. 온라인 공중은 '디지털 레토릭 커뮤니티'를 형성했는데, 이 커뮤니티에서 재생산되는 담론은 긍정적인 감정, 공중의 대처 및 BAA의 결정에 도움이 되는 것으로 나타났다. 이 연구는 조직 중심적이고 커뮤니티 기반의 위기 후 재생 담론을 필요성을 강조했고, 이는 특히 소셜미디어의 도움을 통해 가능함을 설명했다.

이러한 연구 결과를 종합해 볼 때, 조직위기와 관련해 공중이 느끼는 정서적 반응은 전략적 커뮤니케이션을 위한 공중세분화를 가능하게 할 것이다. 특히, 통합위기매핑 접근 방식은 위기 모델 구축을 위한 새로운 방향과 1차 공중의 정서적 반응을 고려해 위기 대응을 형성하는 보다 정확한 방법을 제공할 수 있다는 점에 의미가 있다. 또한, 통합위기매핑 모델의 감정 기반 개념화는 조직 전략과 대응이 타깃 공중에게 보다 더 맞춤형으로 연마될 수 있도록 공중의 관점에서 위기를 이해하려는 시도가 필요하다.

3) 위기 커뮤니케이션의 인지-정서 이중요인 모델

디지털 환경으로의 전환과 변화는 위기 커뮤니케이션에서 감정의 역할에 대한 다각적 검토의 필요성을 제시한다. 특히, 어떻게 표현이 되어 공중에게 이르는가, 즉 표현의 형태가 전면에 내세워진 온라인 커뮤니케이션 환경은 위기 커뮤니케이션 학자와 실무자들 모두에게 매우 중요한 부분이다. 예를 들어, 온라인 비평은 사람들이 온라인으로 영화나 제품을 리뷰하거나, 조직의 명성 인식을 공유하거나, 최근 사건에 대한 논의를 주고받을 때마다 부정적 감정이 확산되는 등 다양한 영향을 줄 수 있다(Lu and Huang, 2018). 또한 몇몇 실증 연구는 감정이 온라인상에서 입소문 공유를 촉발할 수 있음을 보여주었다(Botha, 2014; Guadagno, Rempala, Murphy and Okdie, 2013).

한편, 위기 커뮤니케이션 학자들이 인지에 영향을 미치는 정서의 강력한 합리성rationality으로 작용할 수 있는 가능성을 무시한 것을 지적하며, 조직 위기 동안 위기 감정이 공중의 인식과 평가에 미치는 영향을 검토한 연구가 있다(Lu and Huang, 2018). 이 연구는 위기정보 처리의 '감정-인지 이중요인 모델emotion-cognition dual-factor model of crisis communication'을 개념화해 제시했는데, 감정-인지 이중요인 모델은 위기 커뮤니케이션 이론(예: 상황 위기 커뮤니케이션 이론, 통합위기매핑 모델)과 심리학 이론(예: 감정 전염, 인지 평가 이론, 및 평가 경향 이론)을 바탕으로 구성되어, 공중이 조직 위기에 대처할 때 특정 감정 변수에 따라 인지 지향적 패턴과 감정 지향적 패턴을 모두 따를 수 있다는 전제를 바탕으로 한다. 또한 위기로 인한 부정적인 감정이 공중의 위기정보 처리에 어떻게 영향을 미칠 수 있는지 설명을 제공한다.

인지-감정 접근 방식에 따라 통합위기매핑 모델의 타당성과 신뢰성을 검토한 연구들도 있다(예: Brummette and Sisco, 2015; Guo, 2017; Jin et al., 2016). 일례로, 818개의 트윗 분석을 바탕으로 조직의 외부 이해관계자가 위기에 관련된 조직에 대한 인식뿐만 아니라 특정 감정을 표현하기 위해 트위터를 사용한다는 것을 보여준 연구가 있는데(Brummette and Sisco, 2015), 이 연구는 위기 통합매핑 모델의 구성 요소에 기반해 분석을 진행했다. 위기 통합매핑 모델에서는 매핑 모델에서는 위기 동안 이해관계자의 지배적인 정서적 반응으로 슬픔을 꼽았지만, 이 연구에서는 분노가 조직의 이해관계자가 표출하는 지배적 감정임을 발견했다. 특히 조직의 정보가 부족하고 불확실성이 높은 상황에서 위기에 대한 감정적 분위기가 조성되었다는 것을 알 수 있다.

위기 정서, 관여, 인구통계학적 속성과 공중의 적극적 대처의 관련성을 검토한 연구도 있다(Jin, Fraustino and Liu, 2016). 이 연구는 1840명의 미국 성인을 대상으로 한 전국 대표 설문조사를 통해 가상의 테러 공격 중에 공중이 조직 위기 커뮤니케이션에 어떻게 대응하고 서로 의사소통하는지에 대한 감정적 예측 변수로서 통합위기매핑 모델의 주요한 감정적 예측 변수인 공포, 분노 및 불안을 조사했다. 위계적 회귀 분석을 통해 2013년 보스턴 마라톤 폭탄 테러에 대한 이전 언론 보도에 대한 연령, 성별 및 공중의 영향을 조사했다. 위기 감정, 관여도 및 인구통계학적 속성은 다양한 커뮤니케이션 행동 결과를 예측하는 중요한 요인으로 나타났다. 이 연구를 통해 보면, 젊은이들은 소셜미디어를 통한 추가적인 정보행위를 한 후에 소셜미디어와 대인커뮤니케이션 모두를 통해 그들이 얻는 재난 정보를 공유하는 것으로 경향을 보였다. 중장년층 여성은 재난 상황을 두려워하고 불안해하며 재난 상황과 이전 재난 미디어 보도에 깊이 관여하는 경우, 보호 조치를 취할 가능성이 더 높게 나타났다. 이 연구는 공중이 위기에 대응하는 방식에서 감정, 인구 통계 및 위기 관여도가 수행하는 복잡한 역할에 대한 새로운 통찰력을 제공했다는 데 의미가 있다.

정서-인지 이중요인 모델은 위기 커뮤니케이션 이론과 심리학 이론을 바탕으로 제시된 개념적 모델로서 다음과 정리해 볼 수 있다. 첫째, 공중은 직접적이고 단일한 방식이 아닌 여러 단계에서 위기정보 처리를 한다는 가정에 기반했다. 둘째, 위기정보 처리 과정은 위기 정서와 합리적 인지 처리에 기반한 2단계로 정의했고, 이 두 단계의 상호작용이 가능함을 제안했다. 셋째, 공중이 위기 초반에 경험하는 감정은 인지적 평가뿐만 아니라 위기정보의 프레이밍 효과와 정서적 전염 메커니즘에 의해 결정된다. 이러한 점은 조직위기에 대한 공중의 평가를 이해하는 데 정서-인지 접근 방식이 어떻게 가능하고 왜 중요한지 설명하는 것이라 할 수 있다.

6. 조직의 메시지와 명성 회복

1) 조직의 위기정보와 공중의 위기효능감

에이버리와 박(Avery and Park, 2016)은 조직의 위기 커뮤니케이션에서 위기 대응과 관련한 공중의 순응을 이해하기 위해서는 행동의 강력한 예측변인인 자기효능감을 연구에 포함시켜야 할 필요가 있음을 제시했다.

쿰스(Coombs, 2009: 106)는 위기 시 조직이 전달하는 "지침정보instructing information의 개발 및 전달을 개선하는 방법을 탐구하는 연구가 거의 없음"을 지적한 바 있다. 위기 대비 정보의 인지 처리에 대한 보다 철저한 이해는 지시를 준수하려는 청중의 동기를 강화하는 중요한 첫 번째 단계이다. 공중으로 하여금 권유 사항을 준수하는 동기를 강화하기 위해서는 무엇보다 위기 대비 정보가 어떻게 인지적으로 처리되는지에 대한 좀 더 철저한 이해가 필요하다. 이 점에서 행동을 예측하는 강력한 변인으로 자기효능감에 대해서 살펴볼 필요가 있다.

전술한 바와 같이, 자기효능감의 영향은 위기 맥락에서는 상대적으로 탐구되지 않았다. 그러나 선행연구에 따르면, 자기효능감은 행동 의도에 강력한 영향력을 행사한다. 바넷과 동료들(Barnett et al., 2009)은 효능감이 위기에 대한 '대응 의지willingness to respond: WTR'를 예측하는 주요 변인임을 밝혔다. 또한, 송, 김, 한(Song, Kim and Han, 2013)은 한국 원자력 발전소를 수용하는 데 영향을 미치는 요인으로 인지된 효능감, 위험 인식, 그리고 소통의 질을 검토했는데, 인지된 효능감이 가장 강력한 요인임을 확인했다.

위기 대비 정보와 관련하여 자기 효능감을 논의한 연구는 더욱 부족하지만, 몇몇 선구적인 연구가 존재한다. 워너(Werner, 2015)는 위기 팀과 정기적으로 실행되는 포괄적인 위기 계획을 통해 자기효능감과 위기 준비에 대한 인식이 향상될 수 있음을 밝혔다. 프리스비와 동료들(Frisby et al., 2014)은 식품관련 위기(계란 회수)동안 보호 조치를 취하게 하는 개인의 지식과 자기효능감에 대한 지침 메시지의 매개 효과를 검토했다. 일반적인 표준 메시지는 지식을 증가시켰지만 자기효능감은 감소시키는 반면, 고도로 교육적인 지침 메시지는 지식과 효능감을 모두 증가시킨다는 것을 발견했다.

에이버리와 박은 행동예측변인으로 연구되어 온 자기효능감이 조직의 위기 커뮤니케이션 영역에서도 연구되어야 할 필요성을 제시하고, 자기효능감 개념에 기반한 위기효능감 척도를 구성했다(Avery and Park, 2016). 반두라는 자기효능감 척도는 영역 특화적이어야 함을 강조하며 자기효능감의 구성 개념은 영역에 따라 적절하게 변화할 수 있음을 언급했다(Bandura, 2006). '인지된 자기효능감에 대한 모든 목적을 위한 측정'이 없기 때문에 '모든 목적에 맞는 측정'과 같은 접근 방법은 일반적으로 설명 및 예측에 제한적이다(Bandura, 2006: 207). 위기의 복잡성은 위기가 야기하는 광범위한 위협과 더불어 자기효능감을 조정하는 중요한 맥락으로 자리매김한다. 따라서 애초에 개념화된 바와 같이 자기효능감은 위협을 피하기 위해 권장된 대응 방법을 수행할 수 있는 자신의 능력에 대한 신념을 반영한다(Witte, 1992). 자기효능감은 성과에 초점이 맞추어져 있다. 위기효능감은 사람들의 통제권을 벗어난 위기 상황 동안 권유된 행동을 성공적으로 수행할 수 있을지를 반영하는 신념으로 개념화했다. 위기효능감은 이미 존재하고 있는 위협 또는 위기 상황에 대한 대처 또는 관리에 좀 더 초점이 맞추어져 있다. 물론 위기 중에는 일상에서 보다 개인의 효능감에 영향을 미칠 수 있는 일시적 비상사태도 있다. 따라서 위기 상황에 맞게 효능감을 조정하고 측정할 필요가 있다.

식품매개성 질병, 기상 비상사태, 그리고 공중보건 질병 위협에 대한 위기효능감 관련 연구를 보면 다채로운 인구통계학적 차이를 알 수 있다(Avery and Park, 2016). 연령별로는 노년층이 위기 상황 대처에 자신감을 갖고 위기 지시를 잘 따르는 경향이 있었는데, 실제로 70세 이상의 참가자들은 가장 높은 위기효능 점수를 보였고 가장 어린 그룹(18~29세)의 점수가 가장 낮게 나타났다. 이 결과는 젊은 세대가 위기에 대한 준비가 덜 되어 있기 때문에(Spence, Lachlan and Burke, 2011) 위기 상황에 대처하는 능력에 대한 자신감이 낮다는 이전 연구와 일치하는 것이다.

결혼 상태와 자녀 유무, 소득 수준은 모두 위기효능감에 영향을 미치는 것으로 나타났다. 흥미롭게도 가장 높은 위기효능감 점수는 기타 결혼 범주에 속했고, 기혼 참가자는 별거 참가자보다 위기효능감 점수가 유의하게 높았지만 기타 범주를 보고한 참가자보다 유의하게 낮았다. 이러한 결과는 결혼이 위기효능감을 강화하는 것으로 보인다는 것으로 일반적으로 건강에 대한 문헌연구 결과와 일치하는 것이다(Kiecolt-Glaser and Newton, 2001; Van Jaasrveld, Miles, Edwards and Wardle, 2006). 이러한 연구 결과는 지침정보 메시지 구성에 다음과 같은 시사점을 준다. 먼저, 혼자 사는 사람들은 지시를 따르는 데 정서적 또는 물리적 도움 없이도 실천할 수 있는 지침정보가 필요할 수 있다. 이 연구에서는 소득 수준에 따른 차이도 나타났는데, 중요한 점은 위기효능감이 가장 높은 집단과 가장 낮은 집단의 격차에 주목할 필요가 있다는 데 있다. 지침 메시지는 이러한 격차를 염두에 두고 공중이 가용할 수 있는 자원에 기반해 맞춤화되어야 한다. 통계적으로 유의하지는 않았지만, 모든 집단에 걸쳐 소득 수준이 올라갈수록 위기효능감도 높아지는 경향이 있었다. 소득 수준(인컴)은 위기 상황 동안 스스로를 보호하기 위한 수용자의 인지된 능력을 손상시켜서는 안 된다.

조직의 대응 전략은 위기 유형에 따라 다르고, 공중의 반응 프로토콜도 상황의 특성에 따라 다르며, 청중들은 서로 다른 위기에 대해 고유한 방식으로 조직의 지시 사항을 수행할 것이다. 이와 관련해 공중의 반응 프로토콜에 작용하는 위기효능감의 역할을 생각해 볼 필요가 있다. 조직의 식품 리콜 위기 메시지에 대한 반응 연구 결과, 권장 행동을 준수하려는 의도는 사용자로부터 나온 메시지보다 조직의 메시지에 대한 응답에서 더 강하게 나타났고, 조직의 정보 소스에 따르고자 하는 의도는 젊은 층보다 중장년층에서 더 높이 나타났다(Freberg, 2012). 이러한 결과는 조직의 입장에서 위기 소통 시에 메시지 관련 효능감 관련 공중세분화의 중요성을 상기시키는 것이라 할 수 있다. 더욱 흥미로운 점은 정보가 정확한 정보로 확인되었는지에 대한 여부와 관계없이 연구참가자들은 유사한 수준의 준수 의도를 나타냈다는 점이다. 이 연구는 청중이 항상 정보의 정확성을 확인하는 것을 우선시하지 않는다는 것을 나타내지만, 공중의 위기효능감은 조직에서 내보는 정보를 따를 가능성을 높이고 아울러 위기 커뮤니케이션을 얼마나 비판적으로 소비하는지에 영향을 미칠 수 있다는 점을 제시하고 있다.

위기효능감은 조직의 위기관리자에게 중요한 시사점을 제공한다. 공중의 위기효능감 수준에 대한 인식을 발전시킴으로써 위기관리자들은 효능감 수준이 낮은 공중을 식별하고 위기 동안 효능감을 강화할 수 있는 전략적 메시지를 개발할 수 있다. 또한 위기에 앞서, 위기관리자들은 취약한 공중, 특히 고위험 지역과 고위험 대상자를 위한 위기효능감 연구를 강화하기 위해 지속적인 캠페인을 수행할 수 있다.

알두리, 킴과 틴달(Aldoory, Kim and Tindall, 2010)은 위기 상황의 피해자가 아닌 공중을 대상으로 한 실험에서 문제 인식과 관련 정보 획득 의도에 위기로 인한 피해자와 동일한 경험을 했다고 인지하는 정도perceived shared experience가 유의한 변인임을 확인했다. 이는 위기에 대한 효능감은 사람과 사람 사이에서 전달될 수 있는 것으로서, 타인과 공유하는 경험은 임파워먼트 또는 회복력을 공유하는 데 기여할 수 있음을 의미한다. 이러한 연구 결과는 위기효능감 강화에서 대인관계 채널을 활용 가능성을 시사한다.

위기효능감의 역할은 통합위기매핑 모델(Jin et al., 2012)과도 관련지어 볼 수 있다. 통합위기매핑 모델은 수용자 기반의 감정 중심 모델을 사용해 조직의 위기 관여와 기본 대처 전략의 연속성을 바탕으로 공중의 위기 반응을 매핑했다. 진과 동료들은 인지적 대처가 능동적 대처의 선행 변인임을 밝혔는데, 이는 대처가 시작되기 전에 자기효능감의 강력한 인지적 인식이 예방 행동의 수행에 동기를 부여하는 것이다. 만약 위기 예방 노력이 성공적이지 못한 상태에서 대처 과정이 시작된다면, 위기효능감은 대처 단계에 접근하고 확장하는 중요한 이론적 영역이 될 것이다.

많은 연구들이 위기 동안의 행동, 위기 및 위기 이후 단계에 초점을 맞춘 데 비해 위기 이전 준비와 관련해서는 행해진 바가 별로 없다(Avery et al., 2010). 따라서 위기효능감은 공중의 피해를 완화하기 위한 프로토콜이 발생하는 위기 전 단계에서 이론적 논리를 확장할 수 있는 잠재력을 가지고 있다고 볼 수 있다. 또한, 인간 행동을 설명하는 자기효능감의 힘을 감안할 때, 인지된 능력에 기반한 수용자 세분화는 실행 가능한 캠페인 전략을 가능하게 할 것이다(Rimal and Adkins, 2003).

2) 초기 위기 대응으로서 지침정보와 개선정보

위기는 정보 필요성을 창출한다. 조직은 위기 동안 단계별로 지침정보, 개선정보adjusting, 내재화정보internalizing라는 세 가지 유형의 정보를 제공해야 하는데, 특히 지침정보와 개선정보는 즉각적으로 제공되어야 한다(Coombs,

2007; Sturges, 1994). 지침정보는 이해관계자로 하여금 자신을 물리적으로 보호할 수 있도록 말해주는 정보이고, 개선정보는 수정 행위와 우려를 표현하는 것과 관련된 정보를 제공한다(Coombs, 2007; Sturges, 1994). 지침정보와 개선정보는 모두 이해관계자가 스스로를 보호하고 안심시키는 데 도움이 되며(Sturges, 1994; Sellnow, Ulmer and Snider, 1998), 두 종류의 정보 모두 위기에 대한 통제감을 제공하고 궁극적으로는 조직에 대한 긍정적인 감정을 이끌어낸다(Gonzalez-Herrero and Pratt, 1995; Maynard, 1993). 내재화정보는 조직이 명성을 관리할 수 있도록 도움을 주기 위한 정보이다(Sturges, 1994). 지침정보와 개선정보는 초기 위기 대응을 반영하는 것으로, 이미지를 회복하고 명성을 보호하기 위한 내재화정보와는 차이가 있다.

학자들은 지침정보와 개선정보를 제공하는 것이 조직과 공중에 모두 이익이 된다고 주장한다. 왜냐하면 위기 초반에 지침정보와 개선정보를 제공함으로써 조직은 명성보다 공중의 이익을 우선시하게 되고, 이는 공중에게 호의적으로 여겨질 가능성이 높아지기 때문이다(Coombs, 1999; Kim and Liu, 2012; Kim, Avery and Lariscy, 2011; Lee, 2009). 한편, 위협이 무엇인지, 이에 대처하는 방법이 무엇인지 아는 것은 특히 건강 위기, 제품 리콜, 자연 재해 동안 자기 보호에 중요한 공중의 자기효능감을 증가시킨다(Frisby, Veil and Sellnow, 2014; Kim et al., 2011).

킴과 성(Kim and Sung, 2014)은 지침정보와 개선정보만으로도 다른 내재화 전략보다 조직에 대한 이해관계자의 호의적인 태도를 향상시키는 데 효과적이라는 연구 결과를 보여주었다. 셀나우와 동료들(Sellnow, Lane, Sellnow and Littlefield, 2017)은 IDEA(내재화-internalization, 배포distribution, 설명explanation, 행동action) 모델을 제안하며 이 모델을 통한 지침 메시지의 초안을 제시했는데, 사실만을 담은 실제 뉴스 스토리보다 위험 근접성, 개인적 관여도, 행동 단계를 포함하는 새로운 스토리가 보호 행동 의도를 창출하는 데 훨씬 더 효과적임을 밝혔다. 프리스비와 동료들(Frisby et al., 2014)은 사람들은 새로운 이야기보다는 구체적인 지침 메시지를 읽은 후에 지식과 효능감이 높아졌다고 보고하는 것을 발견했다.

　내재화정보에 비하면, 지침정보와 개선정보에 대한 연구는 상대적으로 간과되어 온 부분이 있다(Kim et al., 2011). 위기책임성과 조직명성에서 지침정보와 개선정보의 차이를 공포 소구와 함께 검토한 연구를 보면, 고위협의 지침정보는 저위협 지침정보보다 위기책임성을 크게 인식하게 했고, 위기책임성은 조직명성에 대한 위협의 부정적 효과를 매개하는 것으로 나타났다(Zhang and Zhou, 2020). 개선정보의 대리효능감 메시지는 조직의 명성 보호에 직접적인 영향을 미쳤다. 또, 지침정보에서 위기책임성과 조직의 명성에 대한 자기효능감 메시지의 영향력은 관찰되지 않았다. 이러한 연구 결과와 관련해 위기정보 형태와 위기책임성, 조직명성의 관련성에 대한 고찰이 더 필요함을 알 수 있다. 예를 들어, 지침정보에서 왜 자기효능감 메시지의 영향력이 관찰되지 않았나에 대한 부분은, 정보 형태와 메시지 소구의 결합이 위기책임성 인식과 조직명성의 관련성에 대한 검토가 필요함을 상기시키는 것이라 할 수 있다.

　예를 들어, 2009년에 발생했던 신종플루에 대한 공중의 반응 연구에서 박과 리(Park and Lee, 2016)는 정부가 제공한 효능감 메시지는 공중보건 위기에 대한 공중의 개인적 통제 인식을 크게 향상시켰고, 결과적으로 정부의 책임귀인을 감소시켰다. 그러나 의사의 조언은 공중의 개인적 통제감을 약화시킬 수 있으며, 결과적으로 정부에 대한 책임을 증가시킬 수 있다. 이 연구는 정부의 효능감 메시지는 의사의 메시지보다 공중을 더 임파워한다고 보고 있다. 왜냐하면 정부가 효능감 메시지를 제공함으로써 공중은 위기에 대한 통제 인식을 증가시키고, 효능감 메시지를 제공함으로써 방어적인 귀인 동기를 줄일 수 있기 때문이다.

결론적으로, 지침정보와 개선정보에서의 위협과 효능감 메시지의 조화에 대한 일관적이지 않은 연구 결과들은 많은 과제를 던져주고 있다. 중요한 것은 지침정보와 개선정보를 전달하고 공중의 수용을 이해하는 것은 위기 커뮤니케이션의 필수 단계라는 점이다.

7. 위기와 명성 관련 사례

조직의 명성에 결정적인 타격이 될 수 있는 위기를 인지하고 이를 해결하는 것은 매우 중요하다. 최근 공중의 감정적 반응과 행동적 반응을 특별히 크게 유발한 위기 사례를 살펴보면 앞서 언급된 개념 중 크게 3가지 공통점을 찾을 수 있다. ① 윤리, 인권, 사회적 책임, 공정성 등의 이슈와 결합되어 **도덕성 관련 위기(또는 CSR명성 관련 위기)**로 발전하며, 이로 인해 ② **공중의 분노**가 발생하며 조직에 대한 행동이 유발되는데, 이러한 위기 촉발 및 전개 과정에는 ③ **소셜미디어**가 큰 역할을 한다는 것이다. 또한, 조직이 이러한 위기를 해결하기 위해서 3가지 특징을 고려한 위기대응을 했을 때 이를 공중이 '진정성 있는' 대응으로 수용함을 알 수 있다. 이를 2개의 위기 사례 분석을 통해 확인하고자 한다.

1) 사례 1: 롯데마트 예비 안내견 출입 이슈

'롯데마트 예비 안내견 출입 이슈'는 2020년 11월 29일 한 개인이 자신의 인스타그램에 롯데마트에서 매니저로 보이는 직원이 예비 안내견의 입장을 무리하게 막았다는 목격담을 게재하면서 시작되었다. 이 예비 안내견은 '퍼피워킹puppy walking', 즉 생후 7주부터 안내견이 될 강아지를 일반 가정집에 위탁해 1년간 사회화 교육을 받게 하는 과정을 거치고 있었으며, '안내견 공부 중입니다'라는 장애인 안내견 교육용 주황색 조끼를 입고 있었다. 목격자는 직원이 "장애인도 아니면서 강아지를 데리고 오면 어떡하냐"라며 언성을 높이는 바람에 강아지는 불안해서 리드줄을 물었고, 데리고 온 아주머니(퍼피워킹 자원봉사자)는 우셨다고 전하며, 불안해하는 예비 장애인 안내견의 사진을 함께 올렸다. 이에 수많은 네티즌과 몇몇 인플루언서들은 해당 글을 전파하며 분노를 표현했고, 인스타그램 등 롯데마트의 SNS 계정에는 롯데마트를 비판하고 사과를 요구하는 댓글을 달았다.

이 사례는 조직 관련 정보의 확산으로 인해 발생한 전형적인 소셜미디어 위기로, 분노와 함께 짧은 시간 내 소셜미디어에서 롯데마트에 대한 비판적인 포스트가 대량으로 폭발하는 온라인 파이어스톰이라 할 수 있다. 또한, 예비 안내견 출입 이슈는 안내견을 동반한 시각장애인이나 예비 안내견을 훈련하는 사람들의 보행권을 침해하는 위법 행위라는 점뿐 아니라 장애인 인권 및 동물권과 관련된 이슈라는 점에서 윤리적·사회적 규범과 연결된다. 이러한 점에서 롯데마트의 CSR명성에 부정적 영향을 미칠 수 있는 위기라 할 수 있으며, 이로 인해 조직에 대한 부정적 감정 즉 분노가 더 증폭되었을 가능성이 있다.

이후 롯데마트는 위기의 시발점이었던 인스타그램을 통해 임직원 일동 명의의 사과문을 게재했지만, 진정성이 없는 사과라며 해시태그를 통한 불매운동까지 일어났다. 롯데카드를 자른 인증 사진과 함께 '롯데 불매', 'NO 롯데' 등 해시태그가 달린 포스트뿐 아니라 롯데 관련 제품을 불매한다는 'NOTTE No+Lotte' 포스터도 게시되었다. 사과문의 경우, 피해 당사자는 '견주'가 아니라 '퍼피워킹 자원봉사자'라는 점과 '배려하지 못한 점'이 아니라 '법을 위반했다는 사실'을 명확히 하지 않았고, SNS를 주로 이용하는 사람들 사이에서 남을 비꼬거나 조롱할 때 주로 사용되는 '궁서체'로 사과문을 작성하여 게재했다는 점에서 공중의 비판을 받았다. 즉, 민감한 이슈임에도 불구하고 이슈의 특수성과 소셜미디어 문화를 제대로 고려하지 않은 사과 문으로 인해 공중은 더 분노하고 불만 행동으로 이어지도록 한 것이다.

2) 사례 2: 쿠팡 덕평물류센터 화재 이슈

'쿠팡 덕평물류센터 화재 이슈'는 2021년 6월 17일 경기도 이천시에 위치한 쿠팡의 덕평물류센터에서 화재가 발생하면서 시작되었다. 이 화재의 진압 은 만 6일이 걸렸으며, 화재 진압 중 소방관 1명이 숨졌고 물류센터 직원 중 사상자는 0명이었다. 화재의 원인은 건물 지하 2층 물품 창고 선반 위쪽 멀 티탭에서 튄 불꽃으로 추정되었다. SCCT에 따르면, 이 위기는 특정 부분에 조직의 책임이 있지만, 그 정도는 약한 편인 사고군에 속한다고 볼 수 있다. 그러나 화재가 쿠팡의 안전불감증에 기인한 것이라는 주장과 함께 물류센 터 직원들에 대한 열악한 처우에 대해서도 문제가 제기되면서 조직의 도덕 성 관련 위기로 그 의미가 확장되었다. 이에 공중은 각종 커뮤니티를 통해 쿠팡을 비판하며 불매 운동을 진행했다. 소셜미디어를 통해 '#쿠팡탈퇴' 등 의 해시태그를 걸고 쿠팡의 슬로건인 '쿠팡 없이 어떻게 살 수 있을까?'를 이용하여 '쿠팡 없이 살 수 있다'는 회원 탈퇴 인증글을 게시한 것이다.

이 사례는 소셜미디어에서 조직 관련 정보의 확산으로 인해 증폭되었으 며, 화재 사고 이틀 뒤인 6월 19일에 집계된 '#쿠팡탈퇴' 해시태그가 달린 포스트 수는 17만 건 이상이 확인된 온라인 파이어스톰이라고 볼 수 있다. 또한, 사고 전 1000만 명이었던 쿠팡 앱의 일일활성화 사용자 수는 사고 이 후 800만 명 이하로 감소하여 해당 위기는 쿠팡의 명성뿐 아니라 매출 등의 금전적 피해를 초래하였다.

이에 쿠팡은 6월 18일 강한승 대표이사가 화재의 원인을 포함한 사고 수

습 전 과정에서 당국에 협조하겠다는 사과문을 발표하였으며, 사고 발생 3일 후 피해당사자인 순직한 소방관과 물류센터 인근 지역 주민, 그리고 함께 문제가 제기되었던 물류센터 직원에 대한 보상 및 지원 대책을 마련하였다. 구체적으로, 화재로 순직한 소방관의 유족을 평생 지원하는 방안을 마련하고 순직 소방관 자녀들을 위한 장학기금을 설립했다. 화재로 피해를 입은 인근 지역 주민들에 대해서는 주민 피해 지원센터를 개설하여 의료비 등 보상책을 실시하고 출장 건강검진 및 상담 서비스를 제공했다. 또한, 일자리를 잃은 덕평물류센터 직원의 경우, 상시직 1700명은 근무를 할 수 없는 기간에도 급여를 정상 지급했으며, 단기직 포함 모든 직원이 원하는 다른 쿠팡 사업장에서 일할 수 있도록 전환배치 기회를 제공하였다. 이러한 위기 대응 이후 7월부터는 쿠팡 앱의 일일활성화 사용자 수가 900만 명대로 회복되었다.

위와 같이 쿠팡은 직접적인 피해를 입은 공중 외에도 함께 문제시된 직원에 대한 윤리적 대우를 고려한 위기 대응을 함으로써 쿠팡의 도덕성과 관련된 명성에 대한 위협을 해결하고 고객의 신뢰를 다시 얻은 것으로 볼 수 있다. 이를 통해 조직은 조직의 위기책임성이 낮은 위기라 하더라도 이것이 공중의 분노와 실질적 행동을 유발할 수 있는 이슈와 결합될 수 있음을 인지하고 이를 고려한 위기 대응을 해야 함을 알 수 있다.

생각해 볼 문제

1. "소셜미디어 이용자의 위기 반응 프레임워크"(Morgan & Wilk, 2021)에 따르면 위기와 관련하여 공중은 온라인 행동을 통해 조직에 부정적 영향을 주기도 하지만, 조직이 위기 상황을 타개하는 데 도움을 주기도 한다. 이러한 행동을 활성화할 수 있는 조직의 전략에는 무엇이 있을까?

2. '조직을 타깃팅한 허위정보'로 인한 위기는 조직의 새로운 위기라 할 수 있다. 2020년 12월, 한 음식점 리뷰 전문 유튜버가 올린, 간장게장 무한리필 식당이 음식을 재사용한다는 허위정보는 국민적 공분을 사며 해당 식당이 영업을 중단하도록 했다. 이 같이 조직을 타깃팅한 허위정보는 특히 온라인 파이어스톰으로 발전할 수 있다. 이러한 허위정보의 콘텐츠적 특징에는 무엇이 있을까?

3. '통합위기매핑 모델'(Jin, Pang and Cameron, 2007, 2012)에 따르면 위기에 대한 감정적 반응은 1차 감정과 2차 감정으로 나뉜다. 통합위기매핑 모델을 적용한 몇몇 연구들에서 1차 감정과 2차 감정이 다르게 나타나면서, 위기 커뮤니케이션에서 감정의 역할에 대한 논의가 더해지고 있다. 특히 특정 행동을 수행하게 하는 동기로서 감정의 역할은 위기 커뮤니케이션을 수행하는 조직의 입장에서 필수적으로 고려해야 할 부분이다. 이와 관련해, 특정 행동에 대한 동기화와 행동 수행에 영향을 미치는 감정은 어떤 것이 있을까? 또한 이러한 감정의 역할을 통해 조직명성에 영향을 줄 수 있는 공중의 특성에는 어떤 것이 있을까?

5장

기업명성의 마케팅 관점과 이론

박혜영 (한신대학교 미디어영상광고홍보학부 조교수)

1. 경영/마케팅 관점 관련 명성 이론

많은 경영학자들이 명성이 무형 자산으로서 지니는 가치에 대해 인식하고 있었으며 명성의 경제적 보상이 실제로 얼마나 큰가를 보여주고자 노력했다. 특히 명성은 컨설팅 회사, 법률회사, 투자은행, 병원 및 대학교와 같이 지식에 바탕을 둔 조직에 큰 관심사가 되었는데, 이들 조직이 제공하는 서비스는 무형 재화이기에 명성에 의해서 구매되기가 더욱 쉽다고 보았다(Fombrun, 1996). 이러한 기업들 이외에도 기업이 고객에게 질 좋은 상품을 판매하거나 서비스를 잘할 때, 그 기업의 명성은 가치 있는 자산이 되며 이로 인해 명성 자산을 창출하게 된다. 마케팅 전문가들은 명성 자산을 '상표자산brand equity'이라고 불렀으며 회계사들은 '성가good will'라고도 불렀는데, 명성이 일종의 무형 자산을 의미하기 때문이다.

이처럼 경영 및 마케팅 학자들은 명성을 자원이나 자산으로 개념화한다(차희원, 2015). 이들은 명성을 무형 자산으로 보고, 실제 명성 자본을 많이 보유하고 있는 기업이 경쟁사에 비해 우위를 획득하는 것으로 보았다. 기업의 명성은 제품 가격을 올릴 수 있게 해주고, 마케팅 비용을 절감하게 해주며, 의사 결정을 보다 자유롭게 해 이익을 얻을 수 있게 한다(Fombrun, 1996). 경제 및 경영학에서는 명성을 설명하기 위해 명성을 경영을 위한 자원으로 보았으며(자원의존 이론resource based theory), 명성이 기업 및 조직이 보내는 정보 신호로 형성된다고 주장했다(신호이론signaling effect). 또한 마케팅 학자들은 브랜드와 기업명성 간의 관련성에 주목했다(슈퍼브랜드corporate super brand). 본 장에서는 마케팅 관점에서 기업명성 논의의 토대가 되는 이론인 자원의존 이론, 신호이론, 슈퍼브랜드에 대해 정리하고 이론을 접목한 연구 결과를 짧게 정리해 보고자 한다.

1) 자원의존 이론

자원의존 이론은 기업을 하나의 자원과 능력의 묶음으로 본다(Barney, 1991; Peteraf, 1993). 이 자원들이 가치와 희소성이 있고 모방이 불가능하며 독특하다면, 이러한 자원을 보유한 기업들이 다른 기업에 비해 지속적 경쟁 우위를 달성하게 된다는 것이다. 결국 자원 기반 관점은 기업의 전략적 행동과 전략적 목표 달성의 근본적인 해법을 외부 환경에서보다는 기업의 내부 특성에서 찾는 것이라 할 수 있다. 바니(Barney, 1991)는 자원을 기업에 의해 통제 가능한 모든 자산과 능력, 조직 과정, 정보, 지식 및 기업 특성 등을 포함하는 것으로써 기업이 전략을 수립하고 실행할 수 있도록 해주는 것이라 정의했다.

즉, 자원의존 이론은 지속 가능한 경쟁적 이점의 원천을 찾는 것으로, 전략적 경영에 관한 주요 연구 분야 중 하나였다(Porter, 1985; Rumelt, 1984). 자원의존 이론에서는 기업명성을 기업의 이점으로 작용하는 자원으로 간주한다. 이전에는 기업이 내부 강점을 이용하고 약점을 피하는 전략을 실행하는 가운데 경쟁 우위를 차지한다고 보았다가, 점차 기업 내부의 기회와 위협을 분석하는 것으로 변화되었다(Lamb, 1984). 이러한 변화를 통해 자원의존 이론은 기업이 자원을 통제하고 이용하며 또 다른 종류의 자원을 개발할 수 있는 것으로 그 의미가 확장되었다.

자원의존 이론에서는 자원이 전략적 자산이 되기 위해서는 가치 창출, 희소성, 비모방성, 비대체성 등의 특성을 갖춰야 한다는 것을 가정한다(Barney, 1991). 기업의 자원은 모든 자산, 능력, 기업 속성, 정보, 지식 등을 의미하며 기업은 이를 전략적으로 이용해 효과성을 높이고자 한다. 기업의 자원은 가치를 창출하는 전략으로 사용되며, 기계나 생산 설비의 '물적 자본', 경영자, 훈련, 판단, 지성, 관계, 통찰력 등의 '인적 자본', 조직의 계획,

인사 시스템, 역량 등의 '조직적 자본'으로 구성된다. 기업은 가치를 창출하기 위해 경쟁사가 모방할 수 없고, 지속 가능한 경쟁 우위를 지녀야 하는데, 이때 지속 가능한의 의미는 오랜 기간 지속해야 한다는 의미가 아닌 '다른 기업이 모방할 수 없을 때까지 지속되어야 한다'는 뜻이다. 지속 가능한 경쟁 우위 확보에 대한 중요성은 예기치 못한 변화로 산업 구조가 바뀌더라도 경쟁적 이점이 되는 중요한 자원이 있다면 지속 가능한 경쟁 우위 확보가 가능하기에 더욱 중요하다고 보았다.

자원의존 이론에서는 두 가지 가정을 기반으로 한다. 첫째는 자원의 '이질성'으로, 동일한 산업군 내에 있는 기업이라도 서로 상이한 자원과 활용 능력을 갖추고 있어야 한다는 것이다. 만약 모든 자원의 수준이 동일하다면 기업은 전략을 실행하지 않을 것이다. 하나의 기업이 실행한 전략을 따라하면 되기 때문이다. 시장에 먼저 진출한 기업의 경우 시장을 선점하기에 유리하고 유통망을 얻기 쉬우며 고객 관계를 통해 명성을 얻게 될 가능성이 크다. 그러나 그렇게 하기 위해서는 시장 기회에 대한 정보가 필요하고, 그 정보를 다른 기업보다 먼저 알아야 한다. 이러한 정보는 자원이 될 수 있으며 기업 간 정보에 대한 자원은 다를 수밖에 없다.

둘째는 자원의 '부동성'으로, 자원이 이질적이라 하더라도 다른 기업이 자원을 쉽게 획득할 수 있다면 경쟁 우위는 지속될 수 없다는 것이다. 즉, 서로 상이한 자원과 능력은 오래도록 지속되어야 하며, 자원은 비유동적이야 하며 쉽게 모방할 수 없어야 한다고 보았다. 이 경우, 우위를 선점하지 못한 모든 기업에는 시장에 대한 진입장벽이 존재하며, 잠재적 경쟁 상대를 갖게 된다. 그리고 우위를 선점한 기업은 기존의 진입장벽을 보호하려 노력할 것이며, 이때 진입 장벽은 기업이 가진 자원이 서로 다르고 유동적이지 않다는 것을 보여준다.

자원의존 이론에서는 명성을 자원이자 모방할 없는 한 기업의 독특함으로 보았다(Caves and Potter, 1977). 기업이 지속 가능한 경쟁 우위를 확보하는 것은 자원에 의해 결정된다는 것이다. 전략적 학자들은 기업명성에 대해 독특하면서도 모방하거나 복제하기 어려운 무형 자산이며, 이를 회사 역량에 영향을 미치는 큰 자산으로 설명했다(차희원, 2015). 이들은 명성을 회사에 대한 자원으로 보았고 명성은 가치를 지닌 것으로 관리될 수 있다고 보았다. 바니(Barney, 1991)는 그의 연구에서 전략적 자산이 되기 위한 조건으로 가치성, 희소성, 불완전 모방성, 비대체성을 논의했다.

- **가치성**: 기업의 자원은 지속적인 경쟁 우위를 확립하기 위해 가치를 창출해야 한다는 것이다. 기업의 자원은 주어진 외부 환경의 기회를 활용하고, 위협은 줄일 수 있을 만큼 전략적으로 가치가 있어야 한다.
- **희소성**: 기업이 아무리 가치 있는 자원을 가지고 있어도, 다른 경쟁 기업이 이를 보유하고 있으면 별 의미가 없다는 것이다. 즉, 경쟁 우위를 갖기 위해서는 자원의 희소성이 중요해진다. 같은 산업군 내에서 해당 자원을 보유하는 기업의 수가 적을 때 소수의 경쟁 기업들이 생길 수 있으며 자원을 통제할 수 있게 된다.
- **불완전 모방성**: 기업은 다른 기업이 자원을 모방할 수 없도록 해야 한다. 그러나 기업 간 경쟁 상황에서는 경쟁 우위에 있는 기업을 모방하려고 하기에 법률적 제재 등을 이용해야 한다. 기업의 자원을 완전하게 모방하는 것은 어려운데, 이는 각 기업이 가진 역사가 제각기 다르며 조직문화 등의 자원은 모방하기 어렵기 때문이다. 또한 기업이 가진 자원은 원천을 알 수 없거나 해당 자원에 대해 완전히 이해하기 어려운 상황일 수 있으므로 쉽게 모방하기 어려우며, 모든 기업이 동일한 기술 자원을 가지고 있다 하더라도 사회적 관계나 문화 등은 결코 동일할 수 없기에 완전하게 모방할 수 없는 것으로 보았다.

• **비대체성**: 경쟁 우위를 점한 기업의 자원을 동일하게 모방하는 일은 어려운 일이지만, 유사하게 혹은 완전히 다르게 모방하는 것은 가능하다. 그러나 전략적으로 동등한 가치를 지니는 대체제는 없다.

자원의존 이론의 관점에 따르면, 한 산업 내에서 경쟁하는 기업들은 그들이 통제할 수 있는 자원에 대해 이질성을 인정하고, 동시에 각 기업이 보유하는 이질적인 자원들은 다른 기업에의 완전한 이동이 불가능한 것으로 보고 있다. 결과적으로 기업은 그들이 축적해 온 이질적 자원에 근거해 전략을 형성하게 되고 이들 자원을 가장 효율적이고 효과적인 방법으로 활용할 수 있는 전략적 선택을 하게 된다(Oliver, 1997; Madhok, 1997). 자원 의존 관점의 태동은 산업의 구조적 매력도를 바탕으로 기업 간 경영 성과 차이를 설명하던 산업조직론 접근법의 이론적 한계에 기인한다(Rumelt, 1991, 1997; Wererfelt and Montgomery, 1986). 즉, 신고전파 경제학의 논리 체계를 지니고 있는 기존의 산업조직론 연구 흐름으로부터 벗어나, 경영 활동의 주체인 기업을 단순한 암흑상자가 아닌 경제 활동을 이끌어내는 의사결정의 실체로 다루고자 자원의존 이론이 등장한 것으로 볼 수 있다(권기환, 2006).

바니(Barney, 1991)는 명성을 기업의 자원이자 지속 가능한 경쟁 우위의 원천이라고 보고, 이 조건을 구체화하는 데 목적을 두고 연구를 진행했다. 이 연구에서는 자원과 경쟁적 이점의 관계를 〈그림 5-1〉과 같은 프레임 워크에 적용해 연구를 진행했다. 이 연구에서 전략적인 계획은 지속 가능한 경쟁 우위를 만들어냈지만 대부분의 기업이 이러한 계획을 세우고 있기 때문에 희소성, 비대체성 조건에 위배되는 것으로 논의되었다. 따라서 공식적 전략보다는 비공식적 전략을 통해 경쟁 우위를 만들어낼 수 있으며, 비공식적 전략 계획은 희소하고, 똑같이 모방하기 어려울 것으로 판단했다. 또한 정보 처리 시스템은 경쟁적 이점이 될 수 있으나 이를 처리하는 컴퓨터 같

그림 5-1
자원 이질성과 부동성, 가치성, 희소성, 불완전 모방성, 비대체성 및 지속적인 경쟁
우위 간의 관계

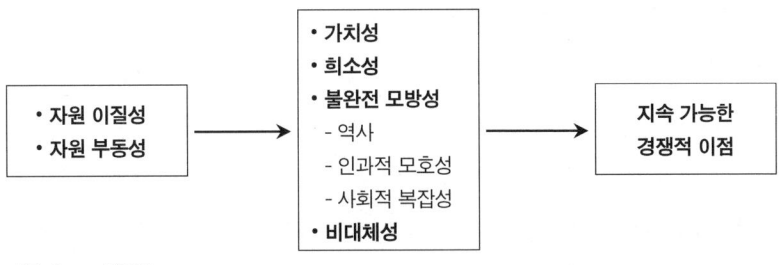

자료: Barney(1991).

은 기계는 누구나 구입할 수 있기에 모방성에 위배되고, 경쟁적 이점이 될
수 없는 것으로 보았다. 좋은 명성은 경쟁적 이점이 될 수 있다고 보았는데,
만일 좋은 명성을 가지고 있는 기업이 얼마 없다면 이는 희소성에 부합되는
것이며, 좋은 명성이 형성되었다는 것은 역사적인 요소를 가지고 있는 것이
고, 이는 비공식적 사회관계를 나타내며 또한 쉽게 모방이 가능하지 않은
부분으로 생각했다. 명성의 대체제로 개런티가 언급되기도 했는데, 좋은 명
성을 갖게 된다고 해서 개런티가 보장된 것은 아니기 때문에 비대체성에 위
배된다고 보았다. 이 연구에서는 기업의 지속 가능한 경쟁적 이점을 조사하
고 이러한 자원들의 특성이 가치성, 희귀성, 불완전 모방성, 비대체성 등에
부합하는지 혹은 위배되는지를 통해 기업의 특성들이 경쟁 우위를 만들어
낼 수 있는지를 분석했다.

제조업체의 대형 유통업체에 대한 판매촉진비 제공 원인의 이론적 근거
로 자원기반 이론resource-based view 관점과 힘-의존power-dependence relations 관점
을 제시한 연구가 진행되었다(이호택·이한근·지성구, 2014). 이 연구에서는 대
형 유통업체에 납품을 하고 있는 중소 제조업체들을 대상으로, 이들이 유통
업체에 제공하는 판매촉진비, 구체적으로는 판매장려금, 신제품 입점비, 판

촉사원비 지원에 영향을 미치는 선행 요인과 결과 요인을 규명하고자 했다. 이 연구에서는 기업의 성과를 결정짓는 것은 기업이 속한 경기나 매력도 등의 외부요인이 아닌 내부역량이라고 주장하는 자원기반 이론을 바탕으로 했는데, 기업의 핵심 역량인 제조업체 브랜드 명성, 제품 차별화 역량, 소비자 유대 역량 등을 판매촉진비 지원의 선행 요인으로 간주했다. 이 연구에서는 이러한 핵심 역량이 부족한 제조업체는 거래하는 대형 유통업체가 가지고 있는 핵심 역량을 레버리지하기 위해 판매촉진비 지원이 늘어날 수밖에 없다는 가설을 세웠다. 아울러, 판매촉진비 지원의 결과 요인으로 기존의 많은 선행연구들에서 입증된 바 있는 기업의 재무적 성과와 고객 성과 그리고 해당 유통업체에 대한 매출의존도를 결과변수로 선정해, 판매촉진비 지원이 늘어날수록 해당 변수들 역시 증가할 것이라는 가설도 세웠다. 연구 결과, 자원기반 이론 변수 중, 제조업체의 소비자 유대역량은 판매촉진비 지원과 부(-)적 관계에 있었으며, 힘-의존 관점의 변수들인 유통업체의 준거력, 유통업체의 제조업체 대체 가능성, 유통업체의 시장 감시 능력 등은 모두 판매촉진비 지원에 정(+)의 영향을 미치는 것으로 파악되었다. 또한 제조업체의 대형 유통업체에 대한 판매촉진비 지원 수준은 재무 성과, 고객 성과 그리고 해당 대형 유통업체에 대한 의존성에 정(+)의 영향을 미치는 것으로 나타났다.

2) 신호이론

신호이론이란 명성이 형성되는 과정에서 기업이 공중에게 회사 정보에 대한 신호를 보낸다는 것이다. 명성이 형성되기 시작하면 좋은 명성은 경쟁적인 이점으로 작용하게 되기 때문에, 기업 입장에서는 지속적으로 외부 공중에게 회사 정보에 대한 신호를 보냄으로써 지속적으로 명성 관리 활동을 하게 되는 것으로 보았다(Caves and Porter, 1977; Wilson, 1985). 명성을 형성하는 중요한 신호는 경제적인 측면을 담당하는 것이다.

경제적 관점에서 명성이란 한 조직의 특별한 자질을 뜻하는데, 예를 들어 좋은 품질의 제품을 제작한다는 등의 주변 관찰자들의 기대 또는 평가의 의미를 지닌다. 따라서 경제학적 관점에서 명성은 기업의 과거 행동, 즉 결과물을 보고 판단하는 것을 뜻한다. 그러나 회사는 다양한 이해관계자와 얽혀 있고, 그들은 서로 다른 기준으로 기업을 평가하므로(McGuire et al., 1988) 명성 관리가 단순하게 어느 한 가지 측면에서만 진행되어서는 안 된다.

신호이론에서는 회사가 이해관계자들의 관심사에 맞춰 이들의 지지를 얻을 수 있도록 하는 다양한 활동을 포함한다. 폼브런과 섄리(Fombrun and Shanley, 1990)는 신호이론을 마케팅, 회계, 제도적, 그리고 전략적 관점에서 설명하고 있다. 우선 마케팅 관점에서의 신호는 회사가 자신의 이익을 늘리기 위해 정보를 소유하지 못한 공중에게 회사의 현재 활동이나 결과, 전망 등의 정보를 제공하는 신호를 의미한다. 분석 전문가들이 공식적인 네트워크나 보고서를 통해 기업을 평가하고 공중이 이를 활용하게 하는 것이다. 이를 통해 정보의 불균형을 해소할 수 있으며, 투자자와 같은 공중은 시장 실적이 높고 위험도가 낮은 기업을 좋게 평가함으로써 시장 활동에 참여할 수 있게 된다. 다음으로 회계 자료가 신호가 될 수 있다. 회계 자료는 경제 실적에 관심 있는 공중에게 명백한 정보를 제공하는 수단이 된다. 재무제표를 통해 회사의 경제적 성과를 알 수 있게 되며 미래 자원이 얼마나 배정되었는지 확인할 수 있다. 회사의 수익성이 높아야 이익 효과를 낼 수 있으며 공중은 위험을 피하기 위해 이러한 자료를 활용할 것이다. 세 번째로 제도적 신호이다. 기업은 사회적·제도적인 환경에 속해 있고, 공중은 이를 바탕으로 기업을 평가하고 있다. 기관 투자자는 법인 형태의 투자자를 의미하며 이들의 자본력은 개인보다 우세하므로 사회적 자본의 원천으로서 경제적 기능이나 증권시장에 대한 영향력이 크다. 네 번째로 전략적 신호가 있다. 공중은 기업의 차별적인 전략에 기초해 기업을 평가하게 된다. 기업이 다양성을 확장하는 것은 기업의 관심사, 미래 관점을 확인하게 하는 신호로 작용한다. 기업은 전략적인 광고를 통해 타 기업과 차별적인 제품 정보를 제공할 수 있으며 이것이 공중에게는 전략적 신호로 작동하게 된다.

또한, 신호는 기업 내부에서만 전달되는 것이 아니라 외부에서도 발견될 수 있으며, 앞서 언급했듯이 경제적인 능력 외에도 다양한 신호 요인이 존재할 수 있다. 공중은 이처럼 회사와 관련된 여러 가지 정보 신호를 해석하면서 기업명성을 형성한다. 명성 순위는 일종의 규범적 통제의 형태가 될 수도 있는데, 명성의 형성은 곧 다른 기업과 구별되는 고유한 진입장벽을 갖게 됨을 의미한다(Caves and Porter, 1977).

공중이 다양하기 때문에 회사를 평가하는 기준도 다양할 수밖에 없다 (Freeman, 1984). 명성은 다양한 이해관계자들의 기대를 반영한 '상대적인' 가치인 셈이다. 명성은 공중이 '축적된 정보'를 바탕으로 회사를 평가하는 것으로, 정보가 불균형적이고 애매할수록 공중은 더 많은 정보를 찾으려고 한다고 논의되었다(Shrum and Wuthnow, 1988).

기업과 관련이 있는 공중에게는 제품 구매, 일자리 선택, 투자처 결정 등에서 명성이 중요한 역할을 담당하게 된다(Dowling, 1986). 구체적으로 살펴보면, 기업은 소비자 공중에게 상품의 질, 호의적 명성에 대해 신호를 보냄으로써 고가로 가격을 책정할 수 있고(Klein and Leffler, 1981: Milgrom and Roberts, 1986b), 더 나은 사람들이 해당 기업에 입사 지원을 하게 만들며 (Stigler, 1962), 자본 시장에서 자원을 쌓게 해주고(Beatty and Ritterm 1986), 투자자들을 이끄는(Milgrom and Roberts, 1986a) 등 긍정적 결과들을 가져온다.

≪포춘≫이 선정한 500대 기업에 대한 실증적인 연구 결과에서도, 자산 이전의 수익과 기업의 사회적 책임 명성 간에 높은 상관관계가 있으며, 기

업명성 순위에서 경제적 성과가 중요한 신호 기능을 제공한다는 것이 논의되었다(McGuire, Sundgren and Schneeweis, 1988). 폼브런과 샌리(Fombrun and Shanley, 1990)도 명성을 기업 간 경쟁 프로세스의 결과로 형성된다고 보았다. 즉, '명성을 외부인이 기업에 대해 가지는 실제적인 인식이자 특성 혹은 신호'라고 정의했다(Myers and Majluf, 1984).

명성 형성에서 기업은 사회적 지위를 위해 최대한 자신의 주요 특성을 이해관계자들에게 신호로 보내게 되는 것이다(Spence, 1974). 신호이론에서는 정보에 관한 비대칭성 때문에 다양한 공중이 여러 정보나 신호를 바탕으로 선택적으로 주의를 기울여 기업명성을 판단하게 된다고 보았다(Spence, 1974). 스펜스(Spence, 1974)는 기업이 보내는 신호들을 관측 가능한 것으로 정의했다.

이처럼 다양한 공중은 기업 활동으로부터 나오는 이용 가능한 정보를 통해 기업명성을 형성하게 되는데, 미디어, 혹은 다른 외부적 정보로부터도 신호를 받게 된다. 이때 공중은 중요하다고 생각되는 정보를 사용하고 전파한다. 결국 기업의 활동, 성과, 전망 등에 대한 신호들과 개인의 해석들이 합쳐져 업계의 기업명성 순위에 대한 집단적 판단이 된다(DiMaggio and Powell, 1983). 명성이 형성되면, 이 명성들은 다시 신호가 되어 기업의 이해관계자들의 행동에도 영향을 미치게 되는 것이다.

정보 비대칭과 모호성은 관리자와 이해관계자 간의 상호작용을 갖게 하는데, 이해관계자일수록 정보를 찾을 가능성은 더 높다(Shrum and Wuthnow, 1988). 사실상 관리자와 이해관계자가 같은 평가를 내리거나 둘 사이에 정보 대칭을 이루는 것은 부자연스럽다. 폼브런과 샌리(Fombrun and Shanley, 1990)는 현실적인 명성 형성 모델을 제안했다(〈그림 5-2〉 참고). 이들은 명성을 시간이 흐름에 따라 쌓이는 공중의 판단으로 보았다. 이들은 정보의 불균형과 모호함, 다른 성격의 공중이 명성 형성에 참여하는 것이 보다 현실

그림 5-2

불완전한 정보 환경에서의 명성 형성 모델

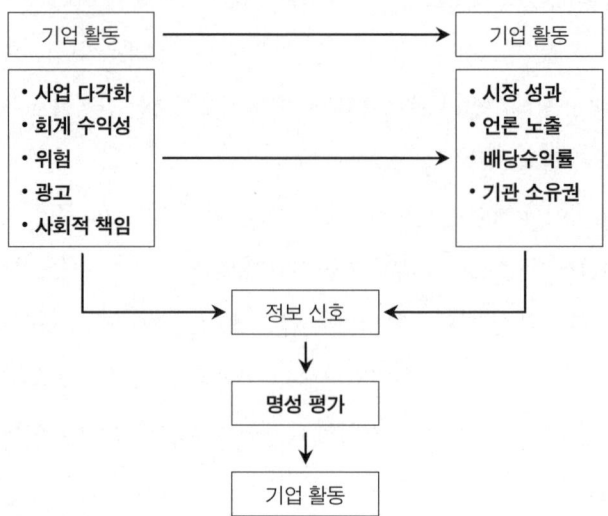

주: 본 연구에서 추정된 관계는 굵게 표시함.
자료: Fombrun and Shanley(1990).

적인 모델이 될 수 있을 것으로 보았다.

신호이론을 토대로 폼브런과 섄리(Fombrun and Shanley, 1990)는 여러 정보 신호에 대한 명성 평가와 관련해 가설을 세워 연구를 진행했다. 이 연구에서는 불완전한 정보로 특징지어진 시장에서 명성을 위해 기업이 경쟁을 벌이는 가운데, 시장신호market signals, 회계신호accounting signals, 조직신호institutional signals, 전략신호strategy signals라는 네 가지 정보 신호에 의해 기업의 명성을 평가한다는 가설을 세우고 실증적 연구를 진행했다. 이 연구에서의 네 가지 신호에 대한 설명은 아래와 같다.

① 시장신호는 회사가 자신의 이익을 늘리기 위해 정보를 소유하지 못한
   공중에게 회사의 현재 활동, 결과, 전망 등의 정보를 제공하는 신호를

말한다. 분석 전문가들이 공식 네트워크나 보고서를 통해 그 기업을 평가하고, 공중은 이를 활용함으로써 정보의 불균형을 해소할 수 있다. 시장신호를 통해 공중이나 투자자들은 시장 실적이 높고 위험이 낮은 기업을 좋게 평가한다.

② 회계적 수치 역시 기업의 신호로 작용한다. 기업의 회계 자료는 회사의 경제 실적에 관심 있는 공중에게 명백한 정보를 제공한다. 재무제표를 통해 회사의 경제적 성과를 알 수 있고, 미래 자원이 얼마나 배정되었는지 확인할 수 있다. 공중은 회사의 수익성이 높아야 장기적인 이익 효과를 낼 수 있다고 믿으며, 위험을 피하려는 경향이 있다.

③ 조직신호란 기업은 사회 제도적인 환경에 속해 있고 공중은 이를 바탕으로 기업을 평가한다는 것이다. 기관 투자자, 사회적 책임, 매체가시성을 통해 이를 알 수 있다. 기관 투자자는 법인 형태의 투자자(예: 회사재단의 기금을 관리하는 법인)를 말하는데, 이들의 자본력은 개인보다 우세하고, 사회적 자본의 원천으로서 경제적 기능이나 증권시장에 대한 영향력이 크다. 또한 기업은 공익에 투자하고, 친환경적 제품을 만들거나 공정한 고용기회를 제공하는 등 사회적 책임을 다해야 공중의 좋은 평가를 얻을 수 있다. 또, 조직 신호를 보내기 위해 기업은 여러 매체를 통해 기업 정보를 전달하기도 한다. '매체 가시성'은 매체에서 기업 정보가 눈에 띄는 정도를 의미하는데, 기업은 신문 기사나 언론 보도를 통해 공중에게 정보를 전달한다. 공중은 작은 기업에 비해 큰 기업에 대한 정보를 더 많이 얻을 수 있다.

④ 전략신호란 공중이 기업의 차별적인 전략에 기초해 기업을 평가한다

는 것을 뜻한다. 예를 들어, 기업이 사업 다양성을 확장하는 것은 기업의 관심사, 미래 관점을 확인하게 해주는 전략신호에 해당한다. 따라서 기업은 광고를 통해 경쟁사와 차별적으로 제품에 대한 정보를 전달하며, 사업 다각화 등을 통해 전략신호를 내보낸다.

폼브런과 샌리(Fombrun and Shanley, 1990)의 연구에서는 시장, 회계 자료, 제도적 환경, 전략의 4개 신호로 구분해 실증적 연구를 진행했다. 첫째, 시장신호에 대해서는 '기업의 현재 시장 실적이 좋을수록 명성도 더 좋을 것이다'라는 가설은 채택되었으나 '기업의 현재 시장 위험 조정이 클수록 명성은 나빠질 것'이라는 가설은 기각되었다. 둘째, 회계신호에서는 '기업의 이전 회계 수익성이 클수록 명성이 더 좋을 것이다'와 '이전 회계 위험성이 클수록 명성은 나빠질 것이다'라는 2개 가설 모두 채택되었다. 기업의 회계 자료는 공중에게 경영 실적을 보이는 명백한 정보를 제공하는 것으로 나타났다. 셋째, 기업은 사회제도적인 환경에 처해 있고 공중은 이를 통해 기업을 평가한다는 이론 아래, '기업의 자본을 사회적 제도에 투자할수록 명성은 더욱 좋을 것이다'와 '기업이 사회복지에 헌신할수록 명성이 더 좋을 것이다'라는 가설은 채택되었지만, 기업의 매체 가시성 관련 가설 세 가지는 모두 기각되었다. 기업의 규모는 기업명성에 정적 영향력이 있는 것으로 나타났다. 넷째, 전략신호는 기업 광고, 기업의 다각화 등에 관련해서는 기존 가설이 모두 채택되어, 광고 집약도가 클수록 명성은 더 좋으며 비관련 다각화가 클수록 명성은 더 나쁠 것이라는 것을 입증했다.

이 연구를 통해서는 기업명성을 형성하는 데 다양한 사회적인 요인이 있음을 밝힐 수 있었으며, 공중은 회계, 시장, 매체 등의 다양한 정보로부터 나온 여러 신호를 종합해 기업명성을 형성할 수 있다는 것을 알 수 있었다. 흥미로운 것은 미디어 노출이 강할수록 기업명성에 부정적으로 영향을 미친다는 결과인데, 이는 매체의 보도가 주로 기업 경영에 의문을 제기하는 사건을 다뤘기 때문이며, 또한 모든 외부 공중이 모든 형태의 보도에 대해 부정적으로 반응하고 있을 때 매체가 회사의 보도자료에 의존하는 행태 등이 작용한 것으로 논의되었다.

신호이론을 바탕으로 IT 벤처기업 최고경영자의 인적 및 사회적 자본이 신기술 기반 벤처기업의 성장에 미치는 영향을 정도를 설명하고 대기업의 매개 역할을 규명한 연구가 진행되었다(최영근, 2012). 분석 결과, IT 벤처기업에서 R&D 배경 또는 관련 업종 경험을 가진 최고경영자가 많을수록 대기업과의 협업 관계를 형성할 가능성이 높으며, 이를 매개로 기업 공개에 소요되는 기간이 짧아지는 것을 발견했다. 이 연구에서는 최고경영자의 배경과 경력이 기업의 자본으로 활용되며 이것에 대한 정보가 공중에게 신호로 전달될 때의 긍정적 효과 등을 밝혔는데, 이로써 기업명성 형성 과정이 쉽게 설명될 수 있다.

3) 슈퍼브랜드

기업명성은 마케팅 분야에서 상당히 주목받아 왔다(Varey, 2013). 기업의 위상, 호감도 등은 상품의 질과 관련이 있다고 보았는데, 좋은 명성은 신뢰, 존경, 확신을 만들게 되므로 명성 자산은 마케팅 분야에서의 브랜드 자산과 같은 의미로 보았다. 명성은 기술, 혁신성, 우수한 성과, 고객 관리를 통해 형성되는데, 이를 통해 다른 기업과의 차별점이 된다. 기업 브랜드는 기업의 가치를 표현하고 핵심 가치를 부여하며 신뢰와 확신을 주면서 관계를 지지하게 하는데, 이러한 점에서 명성은 슈퍼브랜드corporate super brand이다(Dowling, 2001).

기업명성은 마케팅 연구에서 대체 가능한 연구로 인식되어 왔다(Varey,

2013). 그는 아마존 웹사이트에 있는 3000여 개의 기업명성 관련 도서 목록에서, '마케팅 커뮤니케이션'이란 키워드를 사용한 도서는 20%에 지나지 않는다고 언급했다. 나머지 중 90% 정도는 '마케팅 관점의 기업명성', 그리고 50% 정도는 '명성'과 '마케팅 커뮤니케이션'을 동시에 사용하고 있었다.

이처럼 기업명성은 마케팅 분야에서 좋은 의지, 혹은 브랜드 자산이라고 불렸다(Fombrun, 1996). 마케팅학자들은 기업명성이 단순히 기업 이미지만을 뜻하는 것이 아니라 신뢰, 진정성, 종합적 판단 등을 의미하며, 단순히 전달된 메시지만을 뜻하지 않는다고 보았다. 학자들은 기업 브랜드와 기업명성이 점차 합쳐지는 가운데 있으며, 기업명성이 더 포괄적이며 그것이 기업 커뮤니케이션으로 확장되고 있다고 설명했다(Varey, 2013).

다울링(Dowling, 2001) 역시 기업 이미지, 기업명성, 슈퍼브랜드 간의 관계를 설명했다. 기업에 대한 단순한 인상이나 평가인 기업 이미지가 가치 판단에 의해 평가될 때 기업명성으로 변하게 된다는 것이다. 또한 기업명성이 신뢰나 지지 등과 같은 보다 강도 높은 태도로 형성될 때 '다른 사람에게 추천하고 싶은', '다른 제품보다 이 제품을 선택하고 싶은' 슈퍼브랜드가 만들어지게 된다는 것이다.

기업의 슈퍼브랜드가 개별 제품에 끼치는 영향력에 대한 많은 논의가 진행되었다. 키친과 슐츠(Kitchen and Schultz, 2002)는 기업을 하나의 슈퍼브랜드로 보고 개별 상품들에 미치는 영향력에 대해 '우산효과umbrella effects'라 설명하면서, 기업의 핵심 가치와 정체성을 확립하고 커뮤니케이션을 통해 우산효과를 극대화하는 것이 효율적이라고 보았다(Kitchen and Schultz, 2002). 키친과 슐츠(Kitchen and Schultz, 2002)의 연구에 따르면, 기업명성은 기업의 개별 브랜드 판매액 혹은 순이익, ROIC 등 재무지표에 영향을 끼칠 수도 있고, 위기 시 더 적은 비용으로 훼손된 명성을 복구하고, 직원 채용 시 더 좋은 인재를 모집하게 한다.

차희원(2005)의 연구에서는 PR의 본질인 조직-공중 관계성이 기업명성이나 기업 이미지와 다른 개념인지에 의문성을 제기하고 이들 간 연관성에 주목해, 경영학과 PR 학문 분야의 학제 간 발전을 시도한 연구를 진행했다. 이 연구는 PR 자산 가치를 주장하면서도 기업 로열티와 연결하는 데 미흡했던 조직 공중 관계성 패러다임에 대한 실증적 연구로, 조직 공중 관계성이 기업 자산 가치를 갖는지를 슈퍼브랜드와의 관계성 검증을 통해 논의했다. 이 연구에서는 기업 이미지, 기업명성 간의 상호 관련성이 입증되었으며, 기업 이미지와 기업명성은 조직 공중 관계성에 영향을 미치며 조직 공중 관계성은 기업 슈퍼브랜드에 긍정적 영향을 미치는 것으로 나타났다.

또한 기업명성 모델을 국내 기업에 적용해 기업 자산으로서의 슈퍼브랜드에 대한 기업명성의 연관성을 확인하고 미디어 이용 차이를 분석한 연구가 진행되었다(이철한·차희원, 2005). 이 연구에서는 전문가 집단으로부터 국내 기업의 명성을 구성하는 요인을 추출했고, 명성 측정 문항을 개발해 소비자들의 평가를 바탕으로 기업명성 차원과 구성 요인을 검증했다. 이 연구에서 얻어진 명성 평가 모델과 측정 지표를 활용해, 국내 대기업들의 자산 개념으로서 슈퍼브랜드를 종속변수로 두고 기업명성을 구성하는 각각의 차원(경영 능력, 기업시민, 기업 커뮤니케이션, 제품과 직원)을 독립변수로 해 개별 기업의 명성을 높이는 기업 홍보 활동에 대해 평가했다. 분석 결과, 기업 자산 가치로서 슈퍼브랜드에 대한 기업명성의 영향력은 긍정적이었으며 기업 간 차이도 확인되었다.

2. 심리학적 관점 명성의 주요 이론

심리학에서 명성은 개인적 수준에서 분석되며(Dalton and Groft, 2003) 기업 명성을 이해관계자들이 기업과 상호작용하는 가운데 위험성을 평가하는 매 커니즘으로 보았다(Smaiziene and Juceviciusm 2009). 기업명성을 통해 잠재적 고객, 직원, 파트너사 등은 기업의 미래 행동을 예측할 수 있다는 것이다(차희원, 2015). 즉, 명성이 높은 기업이나 조직의 경우 높은 신뢰 수준과 낮은 위험성을 예측하게 한다.

심리학자들은 명성이 다양한 자극에 의해 형성된다고 보고 명성의 평가 과정은 개개인의 정보화 과정을 통해 형성된다고 보았다(정교화 가능성 모델). 또한 명성은 인지와 태도로 구성된 스키마의 일종이며(Grunig, 1993), 속성의 집합체이자 인식적 과정이면서 추론의 과정을 거치는 것으로 설명되었다(스키마 이론). 이에 더해 인지심리학자들은 정보가 어떻게 복구되는지 이해하기 위해 연상 네트워크 모델로 정보 조각들이 기억 속에서 두 개 이상의 연결을 통해 연상되는 것으로 기업명성을 설명했다(연상 네트워크 모델).

1) 정교화 가능성 모델

페티와 카시오포(Petty and Cacioppo, 1986a)의 정교화 가능성 모델elaboration likelihood model: ELM은 많은 태도 변화 연구들 중에서 태도 변화가 두 종류의 분리된 과정을 통해 이루어진다는 것을 보여주었다. 정교화 가능성 모델은 처리 과정이 중심 경로 처리와 주변 경로 처리의 서로 다른 과정으로 진행됨을 설명한다(〈그림 5-3〉 참고).

첫 번째로 중심 경로를 통한 태도 변화를 살펴보자. 중심 경로를 통한 태

그림 5-3

정교화 가능성 모델

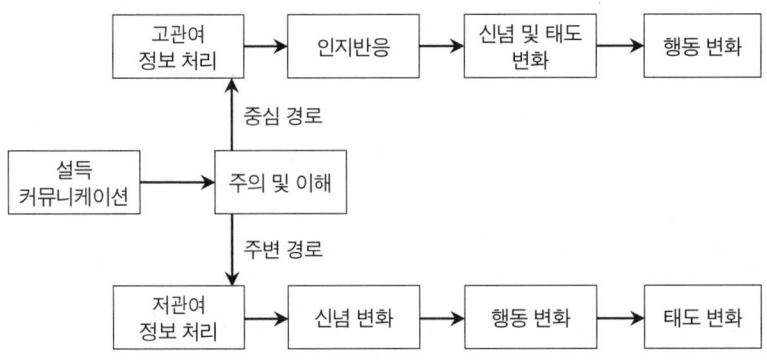

도 변화에서 수용자는 메시지에 주의를 기울이게 된다. 수용자는 메시지를 처리하는 과정애서 심사숙고해 자신의 기존 태도와 비교하게 된다. 수용자가 메시지를 처리할 때 수용자는 메시지와 관련한 인지 반응을 산출한다 (Petty and Cacioppo, 1986a). 인지 반응은 수용자가 메시지를 처리하는 결과로 생기며 호의적 혹은 비호의적 태도를 보이게 한다. 이때 메시지를 지지하거나 지지하지 않거나 하는 정도가 부분적으로 수용자의 신념 및 태도를 변화시키게 만든다. 신념 및 태도가 중심 경로 처리로 인해 변화가 이루어지게 되면, 그렇게 변화된 태도는 지속적이며 행동을 예측하게 해준다 (Cialdini, Petty and Cacioppo, 1981). 설득 과정이 중심 경로를 통해 이루어질 때, 수용자는 메시지를 평가하기 위해 중심 단서를 사용하게 되는데, 여기서 중심 단서란 메시지와 직접적으로 연관되며 이를 지지하는 자료이자 근거를 의미한다(Park and Hastak, 1995).

두 번째로 주변 경로를 통한 태도 변화가 있다. 주변 경로를 통해 태도 변화가 이루어질 때 수용자는 메시지를 주의 깊게 고려하지 않게 된다. 따라서 인지 반응이 일어날 가능성이 떨어지며 수용자는 메시지 수용 여부를 결정하기 위해 단순히 주변 단서를 활용하게 된다. 주변 단서란 메시지 출처의 매력과 전문성, 메시지 주장의 수, 메시지가 제시되는 맥락에 영향을 주는 자극(음악, 이미지 요소) 등으로 주변 경로를 통해 정보 처리가 진행될 경우, 수용자의 신념은 변화될 수 있지만 태도는 변화되기 어렵다. 태도 변화가 이루어진다 하더라도 변화는 일시적이며 행동에 대한 예측력을 갖고 있지 못하다(Cacioppo,Harkins and Petty, 1981; Petty, Cacioppo and Schumann, 1983; Miniard, Sirdeshmukh and Innin, 1992).

정교화 가능성 모델에서 수용자가 중심 경로를 통해 메시지 혹은 정보를 처리할지 주변 경로를 통해 처리할지에 대해서는 관여, 인지욕구, 처리 능력, 메시지 논지 등이 영향을 미친다.

(1) 관여

고관여 상황에서는 중심 경로 처리가 저관여 상황에서는 주변 경로 처리가 영향을 미치는 것으로 나타났다. 저관여 상황에서는 주로 주변 경로를 통해 정보를 처리하게 되며 주변 단서를 통해 신념 및 태도를 변화시키는데, 고관여 상황에서는 중심 경로 처리를 하며 중심 단서가 신념, 태도, 행동에 더 큰 영향을 미치게 된다.

(2) 인지욕구

인지욕구는 사람이 생각하는 것을 즐기거나 원하는 경향성을 나타내는데, 인지욕구가 높은 사람은 제품과 직접적으로 관련된 정보가 많은 광고에 반응하며, 광고의 주변적 정보에는 덜 반응하지만 인지욕구가 낮은 사람은 광고의 주변적인 것이나 배경적인 부분에 더 주의를 기울이는 경향이 있다. 인지욕구가 높은 사람은 중심 경로를 통해 중심 단서를 처리하지만, 인지욕구가 낮은 사람은 주변 경로를 통해 주변 단서를 처리하게 된다.

(3) 처리 능력

수용자가 메시지를 처리하려는 동기가 높더라도 메시지를 처리할 능력이 없으면 주변 경로 처리를 하게 된다. 이때 수용자의 메시지 처리 능력이, 중심 경로인지 주변 경로인지를 결정하는 정보 처리 과정에 영향을 미치게 된다. 수용자가 메시지를 이해하고 처리할 능력이 있을 때는 중심 경로를 통해 설득될 가능성이 크다. 그러나 소비자가 메시지를 이해하지 못해도 주변 단서를 이용한 주변 경로를 통해 설득될 수도 있으므로, 중심 단서 및 주변 단서를 효율적으로 활용할 수 있어야 한다.

(4) 메시지

메시지(정보)가 논리적이며 탄탄한 구성력을 가지고 있을 때 수용자는 중심 경로 처리를 하게 된다. 반대로 메시지가 비논리적이고 허술한 구성력을 가지고 있다면 수용자는 주변 경로 처리를 진행하게 된다.

정교화 가능성 모델은 효율적 마케팅을 위한 기업명성을 설명하는 가운데 종속변수로 주로 구매 의도, 구매 결정 과정 등에 영향을 미치는 요인들에 대한 논의에 적용되어 연구되었다. 정교화 가능성 모델을 통해 소비자 제품 참여와 웹사이트를 통한 가족 기업 커뮤니케이션에 대한 소비자 반응을 설명하기 위한 연구가 진행되었다(Alonso-Dos-Santos, Llanos-Contreras and Farías, 2019). 이 연구에서는 가족 기업 및 비가족 기업 웹사이트에 대한 관심도를 측정하기 위해 아이트래킹 기법을 활용한 실험 연구를 진행했는데, 연구 결과, 이미지 이전 이론과 일관되게 웹사이트를 통한 가족 기업의 정체성은 웹사이트에 대한 태도와 구매 의도에 정적 영향력이 있는 것으로 나타났으며 웹사이트에 대한 태도는 가족 기업의 정체성과 구매 의도와의 관계에도 영향을 미치는 것으로 나타났다. 또한 정교화 가능성 모델을 지지해 소비자 관여도는 웹사이트를 통한 가족 기업 정체성과 구매 의도에 부적 관계가 있는 것으로 나타났다.

박종민(2000)의 연구에서는 기업명성 광고와 브랜드 광고 두 종류의 광고에 대한 소비자 태도를 연구하고자 정교화 가능성 모델과 결합 효과 모델을 적용해 기업명성 광고의 효과를 측정했다. 이때, 기업명성 광고는 정보원을 활용해 조작하고 정교화 가능성 모델에 따라 주변 단서 가설에 기초해 주변 단서로 작용한다고 가정하고, 브랜드 광고는 결합 모델에 기초해 중심 단서와 주변 단서로 동시에 혹은 중심 단서로 작용한다고 보았다. 이 연구에서는 기업명성 광고는 브랜드에 대한 소비자의 태도와 브랜드 광고에 대한 소비자의 태도를 경유하는 간접적 경로를 통해서는 구매 결정 과정에 영향을 미치지 않는 것으로 나타났는데, 기업명성 광고가 구매 행위에 간접적 경로를 통해서는 영향을 미치지 않으나 직접적 효과는 다소 미치는 것으로 나타났다. 기업명성 광고는 소비자의 상품에 대한 고관여 상황보다 저관여 상황에서 구매 결정에 영향을 미치는 것으로 나타났는데, 흥미로운 점은 동기가 부여되지 않은 소비자들은 구매 결정을 할 때 기업명성에 관한 정보에 더 크게 의존하게 된다는 것이다. 이 연구에서 정교화 가능성 모델의 적용을 통한 광고 영향력 측정이 완벽하게 타당한 결과로 이어지지는 않았다. 브랜드에 대한 태도는 관여도 수준에 상관없이 구매 의도에 중요한 영향력을 갖게 되며, 기업명성 광고에 대한 태도는 관여도 수준과 관계없이 브랜드 광고나 브랜드에 중요한 영향력을 행사하지 않았다.

관광 정보를 제공하는 여행 파워블로그의 정보 속성과 파워블로그의 명성이 여행의 관여도에 따라 어떤 영향을 미치는지를 연구했는데(김승주·윤지환, 2016) 연구 결과 중심 경로 중 정보의 정확성이 정보의 신뢰성에 가장 큰 영향을 미치는 것으로 나타났다. 그러나 주변 경로인 파워블로그의 명성에 속하는 진실성과, 인기도의 영향이 중심 경로인 파워블로그의 정보 속성에 속하는 최신성 및 풍부성보다 더 높게 나타나, 이 연구에서도 박종민(2000)의 연구에서처럼 정교화 가능성 모델이 역시 일부만 수용되는 결과가 나타났다.

2) 스키마 이론

'스키마schema'란 기억에서 체계적으로 조직화된 지식 구조를 말한다(양윤, 2013). 사람들은 스키마를 통해 정보를 통합하고 조직화하는 데 활용한다. 스키마는 인지적 개념을 위한 틀이라 볼 수 있다. 스키마는 기억 연결망과 관련되어 하나의 기억이 활성화되면 마음에 떠오르게 되는 연합들의 전체 덩어리를 의미한다. 스키마는 개인이 가지고 있는 조직화된 기대들의 집합으로 정의된다(Bettman, 1979). 스키마는 서로 다른 여러 추상 수준에서 일어나며, 기억들 간의 상호 관계에 대한 보다 고차원적인 특성을 지니게 된다. 각각의 기억만으로는 특정 대상에 대한 체계적 정보가 제공되지 못하는데, 이는 특정 대상에 대한 체계적 정보는 기억들 간의 총체적 연합인 스키마에 의해 제공되기 때문이다. 스키마는 쉽게 말하면 특정 대상을 설명해 주는 하나의 전체적인 연결망 구조라 볼 수 있다.

스키마는 한 개인이 갖고 있는 조직화된 기대들의 집합이다(양윤, 2013). 때문에 소비자의 경우 스키마에 근거해 특정 대상에 대해 추론하게 된다. 일반 소비자가 화장품을 구매한다면, 스키마에 의해 브랜드는 어떻고 가격은 어떠하며 기능과 효과는 어느 정도인지에 대한 추론 과정을 거치게 된다. 기존 스키마와 일치하는 정보가 들어오는 경우에 이 정보는 기존의 스키마와 우선적으로 연합되어 처리되는데, 이를 통해 새로운 정보가 들어오면 기존의 스키마와 일치하는 방향으로 해석될 수 있다고 보았다(Bower, Black and Turner, 1979).

마찬가지로, 새로운 정보가 유입되었을 경우 기존의 스키마와의 유사성을 판단하게 되는데, 새로운 지각은 부분적으로 현재 유입되는 정보에, 또 부분적으로 기존의 스키마에 기초하게 된다. 이로써 스키마를 통해 새로운 지식을 쉽게 흡수할 수 있으며 기존의 스키마에 의해 어떤 정보를 수용할지를 결정하게 된다. 이때 기대를 확증해 주는 정보라면 그렇지 않은 정보보다 더 잘 기억하려는 경향이 있으며, 스키마는 변화에는 저항적으로 작동하게 된다. 그러나 스키마는 투입 정보에 따라 더 체계적으로 강화되기도 하고 수정을 통해 보완되기도 하는데, 예를 들어 소비자가 제품에 관한 경험과 지식이 증가한다면 스키마는 더욱 정교해지고 복잡해질 것이다(양윤, 2013).

명성 논의에서 명성은 인지와 태도로 구성된 스키마의 유형으로 보았는데(Grunig, 1993), 명성 있는 조직에 관한 스키마나 인지적 연상을 언급하면서, 명성은 속성의 집합체이며 명성 측정은 스키마의 본질적 특징을 조작할 수 있게 한다고 설명했다. 명성 스키마는 인식적 과정과 추론을 이끄는데, 스키마가 잘 변하지 않는다는 것은 명성이 안정적이고 지속적이라는 것과 일치한다고 보았다. 또한 스키마와 태도는 연관되어 있고 잘 변하지 않지만, 명성 관리에서는 조직이 긍정적인 연상과 긍정적인 명성 평가를 강화하거나 개발하는 데 영향을 미치도록 구성원들과 커뮤니케이션해야 한다고 보았다.

스키마 이론이 귀중한 도구가 될 수 있다고 제안한 연구가 있다. 이 연구에서는 기업 인수 발표 이후 기업과 재무 분석가 간의 커뮤니케이션을 살펴보고 스키마 이론의 적용 가능성을 설명했다. 이 연구에서는 보다 효과적인 IR 전략을 제안하고자 스키마 이론을 사용했는데, 인수 발표의 구체적인 맥락을 사용해 연구 대상자들의 응답에 초점을 맞춘 실증적 연구를 수행했으며, 특정 인수 발표 홍보 전략을 제안했다(Kuperman, 2003).

기업의 기존 제품과 확장 제품이 선한 제품인지 악한 제품인지에 따라, 기업명성을 기반으로 한 커뮤니케이션 형태가 기존 제품과 확장 제품에 대한 구매 의도에 미치는 영향을 알아본 연구도 있다(유건우·손용석, 2012). 이 연구에서는 정보의 유용성에 대한 판단이 제품에 대한 스키마가 활성화되는 경우 촉진될 것으로 보았다. 새로운 정보가 제공되었을 때 기존의 기대나 신념과 일치하는 경우에는 구조화된 스키마를 활성화해 정보를 쉽게 받아들이는 반면, 불일치하는 경우에는 계층 수준에 위치한 대안적 스키마에 접근함으로써 정보 습득 문제를 해결하고자 한다. 유건우·손용석(2012)은 이에 기존 제품과 확장 제품 간의 일관성 정도가 정보에 대한 유용성 판단에 영향을 미칠 것을 가정하고 실험 연구를 진행했다. 연구 결과, 선한 제품을 제공하는 기업에서는 확장 제품이 선한지 악한지 구분 없이 CSR을 강조하는 커뮤니케이션이 확장 제품에 대한 구매 의도에 더 크게 영향을 미쳤는데, 악한 제품을 제공하는 기업에서는 확장 제품이 선한 제품일 경우에는 기업 CSR을 강조하는 커뮤니케이션이, 확장 제품이 악한 제품의 경우에는 기업 역량을 강조하는 커뮤니케이션이 구매 의도에 더욱 효과적이었다. 기존 제품에 대한 구매 의도와 관련해서는, 확장 제품과 일관성이 높은 경우에 기존 제품과 연상되는 기업명성을 강조한 커뮤니케이션(선한 제품: CSR 강조, 악한 제품: 기업 역량 강조)이 효과적이었다.

스키마에 근거한 범주화 이론과 유추 학습 이론을 통해 모상표 또는 특정 대상 범주에 관한 소비자들의 내부적 지식이 상황에 따라 어떻게 전이되고 강화되는가를 실증적으로 살펴본 연구가 있다. 황윤용과 최낙환(2000)은 소비자들이 특정 제품에 대한 태도를 형성하는 데 기존에 가지고 있던 제품 범주에 속하게 될 때, 그 범주와 관련된 태도가 새로운 제품으로 전이된다고 보았다(Fiske, 1982). 즉, 특정 제품에 대한 태도는 해당 제품 범주에 잘 부합fit한다고 지각되는 정도인 하나의 범주 또는 스키마와의 전체적 연상 정도에 따라 형성된다고 여겼는데, 예를 들면 범주의 구성원과 관련해 가장 공통적인 속성이나 특징들(속성 연상, 모상표와 확장 상표의 유사성, 확장 상표의 모상표와 관련된 정보, 지각된 품질, 대체 가능성 등)을 집합화한 추상적 이미지를 형성함으로써 확장 상표를 기존의 모상표 범주와 관련짓게 되는 것이다. 이 연구에 서는, 기존의 모상표와 확장 상표 간의 관계에 대한 이론적 토대인 스키마 이론의 경우, 확장 상표가 모상표를 활성화시키지 못했을 때 소비자들의 인지적 처리 과정을 설명하기에는 다소 부족했으며, 확장 상표의 평가가 소비자가 기존에 가지고 있던 대체 범주를 활용해 이루어진다는 유차 학습 이론이 평가 과정을 보다 잘 설명해 줌을 밝혔다.

3) 연상 네트워크 모델

지식의 한 측면은 '의미 기억'으로 이루어져 있는데, 의미 기억이란 사람들이 장기 기억에 언어적 정보의 의미를 저장하는 방식을 말한다. 의미 기억에서 정보란 연결망 형태로 조직되어 있다고 보았다(Lynch and Srull, 1982). '연결망'은 저장된 의미적 개념을 나타내는 일련의 기억 마디이고, 기억 마디들을 연결해 주는 선들은 가능한 연합을 나타낸다. 의미 기억에 관한 이론에 따르면 정보는 의미연결망으로부터 확산적 활동을 통해 회상된다(Collins and Loffus, 1975). 자극이 한 마디를 활성화하게 되면 그 활성화는 연결망을 통해 확산될 것이며 다른 마디들을 활성화할 것이다. 활성화된 각각의 마디는 회상되는 기억을 나타낸다. 연구자들은 정보의 5가지가 기억 마디에 저장될 수 있다고 제안했는데, 상표명, 상표에 관한 광고, 상표 속성, 제품 범주, 상표와 광고에 관한 평가적 반응이 그것이다(Hutchinson and Moore, 1984, 양윤, 2013 재인용).

이 이론은 인간의 기억을 관련 맥락에서 서로를 활성화시키는 상호 연결된 개별 '노드node'의 네트워크로 설명한다(Anderson and Bower, 1973). 네트워크에서 노드는 기본 요소인데, 내용 기반의 관점에서 그것은 사람의 마음에 저장된 정보의 한 조각을 구성하는 것이다(Keller, 2008). 브랜드 연상은 소비자 기억에 있는 정보 노드의 예이며, 노드들은 브랜드와 연결되어 고객이 해석하는 브랜드 의미를 유지하게 된다(Keller, 1993). 한 사람이 브랜드와 함께한 모든 만남은 브랜드 연상으로 기억에 저장된다. 이러한 노드는 다양한 유형일 수 있다.

브랜드와의 대부분의 만남은 다중 모드로 구성되는데(Keller, 2003) 즉, 다른 감각을 활성화함으로써 뇌의 다른 부분도 활성화하게 되는 것이다. 따라서 포괄적인 기억을 형성하고 브랜드 이름과 로고, 브랜드의 맛이나 냄새와 같은 다양한 브랜드 측면에 대한 브랜드 인지 및 회상을 허용하려면 서로 다른 뇌 영역에 있는 노드가 서로 연결되어야 하는 것이다. 브랜드 제품 또는 광고의 징글 소리와 같은 정보 노드의 상호 연결은 학습 효과를 통해 강화되고 변경될 수 있다고 보았다(Wickelgren, 1981; van Reijmersdal, Neijens and Smit, 2007).

브랜드 이미지를 모든 브랜드 연상의 총계로 측정하는 것은 어려운 작업으로 논의되었다(Keller, 2008). 사용되는 브랜드 이미지 측정 기법을 '스케일링scaling'기법과 '정렬sorting 기법'으로 분류해 보면, 후자는 브랜드와 특정 속성 사이에 연관성이 있는지 여부만 결정하고 전자는 연관성의 강도도 고려한다. 이때, 관련 브랜드, 척도 항목, 분류 기준 등을 선정하기 위해서는 연구자의 상당한 준비가 필요하며, 척도를 적용하거나 기준을 정렬하면 응답자가 브랜드에 대해 취할 수 있는 관점이 줄어들기 때문에 도출할 수 있는 속성의 수와 유형을 제한하거나 사전 정의를 해야 할 수도 있다. 더욱이 브랜드 연상은 다른 대부분의 생각과 마찬가지로 종종 이미지의 관점에서 비언어적으로 저장될 수 있는데(Zaltman and Coulter, 1995; Zaltman, 1997), 특정 브랜드와의 만남에 대한 일종의 가공된 감각적 지각(Childers and Houston, 1983) 등이 그렇다.

네크워크 연상 모델을 쉽게 설명하면, 설화수를 구매하려고 계획하는 소비자의 머릿속에 설화수라는 마디가 활성화된다면 이는 의미 연결망 속으로 확산될 것이고, 그 결과 많은 부수적 마디가 활성화될 것이다. 이런 마디들은 설화수의 의미개념과 연합된다. 그리고 설화수의 다양한 속성들이 연합되어 떠오르게 된다. 기억에서 설화수와 유사한 다른 브랜드 및 다양한 평가 반응도 활성화된다.

소비자는 저마다 다른 기억 구조를 갖고 있을 것이며, 그때 의미 개념의 활성화는 다른 연결망 구조를 나타내게 된다. 연결망 이론을 통해, 소비자의 기억에 있는 브랜드와 해당 브랜드의 품질 간의 관계가 제품과 속성으로 연합됨을 알 수 있는데, 이러한 연합은 소비자가 다양한 브랜드에 관한 태도를 형성하는 데 중요한 역할을 하게 되며 이후 구매 행동에 영향을 줄 수 있다.(양윤, 2013) 이 때문에 마케팅 커뮤니케이션 담당자는 해당 브랜드에 대해 소비자가 브랜드와 속성들 간에 갖는 연합에 대해 알기 위해 노력해야 한다.

기업 연상이란 기억 속에 두 개의 지식 노드 사이의 관계로 기업 연상은 회사를 대표하는 지식과 이해관계자의 기억 속에 이와 관련한 다른 지식과의 연결 고리가 고려되는 것을 의미한다(차희원, 2015). 기업명성에 기업 연상과 기업 속성이 필수적인 것으로 논의되었다(Einwiller, 2013). 피시바인과 아젠은 신념에 대해 "태도 객체를 동사에 의해 다른 지식 노드와 연결하는 것"이라고 명제로서 제시했다(Fishbein and Ajen, 1975; 차희원, 2015 재인용). 이 연구자들은 "태도 객체와 연상된 존재, 전통적으로 신념이라 해석되는 존재는 명제적 네트워크에서 연결된 노드로 간주될 수 있다"라고 보았는데, 여기서 신념은 인지적 표상으로, 이는 평가적 반응을 표현할 수 있는 것이다

(차희원, 2015).

브랜드 이미지 같은 소비자 인지 과정에 대한 통찰력을 얻고자 인지심리학의 '인간 연상 기억human associative memory: HAM' 모델과 네트워크 분석 접근을 결합한 새로운 관점을 제공한 연구가 진행되었다(Thorsten and Katja, 2010). HAM 모델은 인간의 기억을 관련 컨텍스트에서 서로 활성화하는 상호 연결된 노드의 네트워크로 설명한다(Anderson and Bower, 1973). 이 연구에서는 제조업체 브랜드의 연관 네트워크를 소개 브랜드와 비교하고 다양한 네트워크 측정의 적용 및 해석을 시연했다. 네트워크 분석은 세 개 수준에서 진행되었는데, 노드 분석은 단기 마케팅 활동을 통해 영향을 받을 수 있는 두드러진 이미지 구성 요소에 대한 통찰력을 제공할 수 있었다. 그룹 수준의 분석은 브랜드를 특징짓고, 중기적이며 전략적으로 영향을 받을 수 있는 이미지 차원과 관련이 있는 것으로 나타났다. 네트워크 분석은 네트워크 구조를 전체적으로 조사했는데, 장기적으로 관리해야 하는 브랜드 이미지와 유사하게 나타났다.

차희원(2012)은 커뮤니케이션 네트워크의 사회 자본적 의미와 효과를 기업명성 측면에서 실증적으로 검증하고자 네트워크 분석을 시도했다. 사회 자본의 구조적·내용적·관계적 차원에서 소비자의 커뮤니케이션 네트워크를 분석함으로써 명성 높은 기업의 커뮤니케이션 네트워크 구조 특성과 의미를 밝히고자 한 것으로, 이 연구는 명성 높은 기업의 커뮤니케이션 네트워크 구조 특성을 '연결 정도degree', '연결 정도 중심성degree centrality', '밀도density'라는 지표를 통해 분석했다. 연구 결과, 명성 높은 기업의 네트워크는 명성 낮은 기업에 비해 연결 정도가 많고 연결 정도 중심성이 높았으며, 밀도 역시 높았다. 명성 높은 기업의 경우 소비자가 다양한 정보원을 통해 정보를 얻으며, 중복된 정보원들을 사용하고 있는 소비자들이 많기에 소비자들 간 유사한 해석을 공유하고 있음을 알 수 있었다. 또한 밀도가 높다는 점은 정보교류가 원활하고 정보 확산도 빠른 네트워크를 명성 높은 기업이 지니고 있음을 시사한다. 사회자본의 관계적 차원과 그 효과 면에서 네트워크 구조적 특성이 기업 충성도와 어떤 관련성을 갖는지도 확인했는데, 연결 정도 중심성이 클수록 충성도에 더 강한 영향력을 미쳤다. 소비자들은 유사한 정보원들을 통해 공유하는 정보가 많을수록 소비자들 간의 연결 정도가 강해지면서 정보 교류와 확산이 커지게 되는데, 이는 기업명성과 충성도가 밀접한 관련성이 있다는 것을 실증적으로 입증한 연구로 볼 수 있다.

기업 이미지 또는 브랜드 이미지란 소비자가 그 기업 또는 브랜드를 생각할 때 떠오르는 연상들로(Keller, 1993; Krishnan, 1996), 소비자는 이러한 연상들을 네트워크 형태로 기억하게 된다(Aaker, 1996; John et al., 2006; Keller, 1993). 기업 이미지 또는 브랜드 이미지의 이러한 특성을 고려할 때 어떤 위기 상황이 특정 기업 또는 브랜드의 이미지에 영향을 미친다는 것은 결국 위기 상황으로 인해 소비자가 기업 또는 브랜드에 대해 갖고 있던 연상들의 구조적 변화, 즉 기존에 갖고 있던 연상들이 사라지거나 새로운 연상들이 생성되고, 기존 연상들 및 새로운 연상들 간의 연결 관계가 변한다는 것을 의미한다(지준형, 2015). 이 연구에서 기업은 특정 위기 상황에 처했을 때 이 위기로 인해 기업 또는 기업의 특정 브랜드에 대해 소비자들이 갖고 있는 연상들 중 어떤 연상들이 부정적 영향을 받게 될 것인지, 그리고 각 위기관리 방식이 이러한 부정적 영향을 얼마나 효과적으로 감소시킬지 분석함으로써 최적의 위기관리 방식을 선택할 수 있을 것으로 보았다. 지준형(2015)은 가상의 브랜드가 '제품 결함'으로 인해 위기에 빠졌을 때 책임 전가, 변명, 또는 보상으로 대응하는 상황을 설정해 실험을 진행했다. 연구 결과, 제품 결함은 대상 속성에 대한 소비자의 평가뿐만 아니라 브랜드 태도 및 구매 의도에 부정적 영향을 미쳤다. 보상은 책임 전가 및 변명에 비해 이러한 부정적 영향을 감소시키는 데 효과가 있었다. 반면 변명은 제품 결함 대상

그림 5-4
의미 기억 연결망

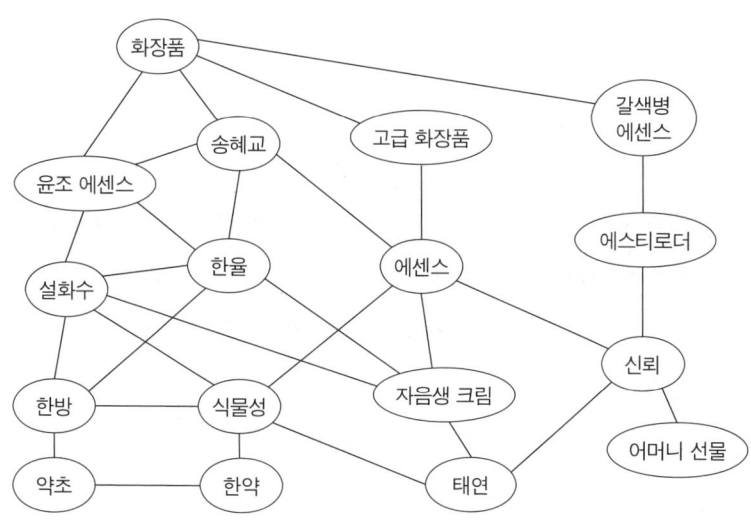

속성에 직접 연결되어 있는 연상에 대한 소비자의 부정적 평가를 감소시키는 데 가장 효과가 좋았지만, 그 외 속성에 대한 소비자의 평가에 부정적 영향을 미쳤으며 '책임 전가'의 효과는 발견되지 않았다.

3. PR 관점에서 기업 자산/평가로서의 명성

명성 연구가 논의된 이래, 명성 논의는 크게 네 가지 형태로 이루어져 왔다(차희원, 2004). ① 기업명성의 개념 정리 및 유사 개념 비교에 대한 연구, ② 기업명성의 구성 요소 및 측정 방법에 대한 연구, ③ 기업명성과 다른 변인(브랜드 가치, ROI, 경영기술, 사원 관계 등) 간의 관계 연구, ④ 기업명성의 다양한 전략에 관한 연구(PR 전략적 측면에서 매체가시성, 사회공헌 전략, 이슈 관리 PR

등과 명성 간 관련성에 대한 연구) 등이 그것이다. 국내에서도 명성 관련 논의가 활발히 진행되고 있으며, 명성 형성 전략 제안 등은 실무적 PR커뮤니케이션 에서도 차지하는 비중이 상당히 높은 편이다. 또한 많은 기업들이 궁극적으로 좋은 명성을 형성하기 위해 전략적 커뮤니케이션 활동을 진행하고 있다.

그런데, 학계나 업계에서 중요한 영역인 명성에 대한 구성 요소나 측정 방법에 대한 논의들이 실증적으로 검정된 사례는 극히 드물다. 물론, 이미 오래전에 차희원(2004)의 연구에서 '한국적 명성지수'를 개발한 적이 있다. 이 연구에서는 기업명성에 대한 선행 연구들을 정리해 기업명성의 개념과 구성 요소를 정리했으며, 한국 기업의 특성에 맞는 명성지수를 개발하고자 문헌연구, 전문가 23명의 심층 인터뷰, 전문가 15명의 전문가 오딧audit, 400 명 대상의 서베이 등, 최종적으로 지수로서의 신뢰도 및 타당도를 입증해 3개 차원, 8개 요인으로 명성지수를 개발했다. 이 연구를 통해, 명성에 대한 이론적 개념화는 물론 학자 및 실무자들이 명성지수를 실무에 직접 활용할 수 있는 기반이 마련되었다.

유선욱과 박혜영(2017)의 연구에서는 제약 기업의 명성을 구성하는 차원 들을 연구했는데, 일반적 명성지수와 제약 기업에 요구되는 명성 요인 및 제약 기업의 지속 가능성을 위해 고려되어야 할 요인들에 대해 논의해 이를 '제약 기업 명성지수'로 포함했다. 이 연구에서는 특정 산업 분야의 관점인 제약 기업의 특성 및 사회적 역할과 기업 가치와 관련된 명성 요인을 도출 해 기업명성에 대한 논의를 확장하고, 제약 기업의 통합적 명성지수를 제안 해 제약 기업의 명성 제고 전략 및 비즈니스 모델에 고려될 실무적 가능성 을 높였다.

그런데, 실무 영역에서의 명성 형성을 위한 전략 제안이나 기업 커뮤니케 이션 활동 이후 개발된 명성지수가 활용되는 일은 많지 않다. 이는 비단 명 성 분야에만 국한되는 문제는 아니다. PR커뮤니케이션의 평가 및 효과성을 입증하기 위해 관련 지수들이 활용되는 예는 극히 드물다. 경제 및 경영학 관점에서의 명성은 평가이자 자산으로 여겨지며 개념 정의 및 측정 도구 개발도 진작에 진행되었는데, 이를 통해 명성이 평가 및 자산으로 정의되는 가운데 상당 부분 수치화되어 관련 공중에게 제공되었고, 경영 성과와도 연결되어 직접 효과가 입증된 바 있다. 이에, 경영학 분야에서는 명성 형성 및 관련 논의를 위한 모델 개발 등 실증적 연구가 상당 부분 진행되어 학문적으로 그 이론적 토대가 탄탄히 세워졌다고 볼 수 있다.

한편, PR학 논의에서 종속변수로 활용이 가능한 변수는 많지 않다. 조직 공중 관계성 변수조차 하부 차원 구성, 실증적 연구를 진행하기 위한 측정 도구로서의 한계점 등이 지적되고 있다. 본 장에서는 PR커뮤니케이션 효과 측면이나 평가를 다룰 때, 마케팅 관점에서의 이론적 토대 중 자원의존 이론, 신호이론, 브랜드 자산 등을 근거로 명성을 PR학 관점에서도 주요 변수로 정리하는 가운데, PR커뮤니케이션의 직접적 효과로서 명성 변수의 활발한 적용과 논의가 시급함을 이야기하고자 한다. 따라서 차희원(2004)에 의해 개발된 한국형 명성지수의 잦은 활용을 통해 실증적 연구들을 쌓아갈 것을 제안한다.

이에, 차희원(2004)의 명성지수를 활용해, 이를 PR활동의 결과변수로 이론적·실무적 영역에서 활발히 사용할 것을 제안함과 동시에 관련 모델 또한 제안하고자 한다(〈그림 5-5〉 참고). 차희원(2004)의 연구에서 사용된 지수는 3개 차원으로, 기업 정체성 차원, 기업 경영 전략 차원, 기업 커뮤니케이션 차원이다. 이 3개 차원에 대한 실질적인 PR커뮤니케이션을 전개하고 이후 이를 측정해 직접적인 평가와 효과로 제시하면서, 이 지수를 활용해 실제 기업 수익 등의 성과와도 연결해 기업명성 차원에 대한 심도 깊은 논의 및 활동이 전개될 수 있도록 하는 것이 PR학자들의 몫이라고 생각한다.

〈그림 5-5〉는 PR 활동의 결과로 조직 공중 관계성과 기업 이미지에 긍정

그림 5-5

PR 관점에서 자산으로서의 명성 도입

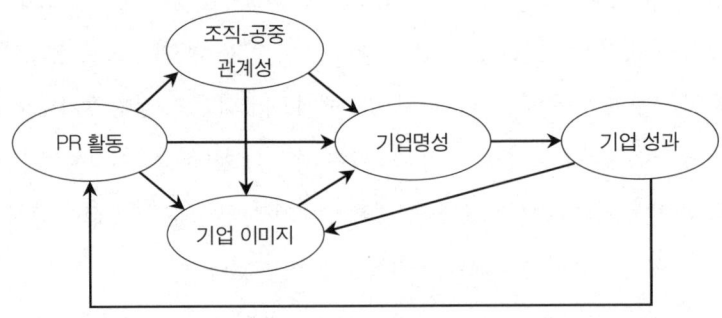

적 영향을 미치고, 오랜 기간 이러한 활동 및 결과가 축적되는 가운데 기업 명성이 점차 형성됨으로써, 이것이 결국 기업의 성과적 측면에도 정적인 영향을 줌을 실증적으로 밝혀보는 모델이다. 기업 성과 부문에서 경영 성과나 명성 순위, 미디어 노출량 등으로 구분해 다각도로 분석해 보고 이를 다시 PR 활동에 적용하는 선순환 구조를 갖추도록 한다면, PR커뮤니케이션의 기능 및 역할로서 PR활동의 정당성이 확보되는 가운데 사회적으로 그 역할이 더욱 강화되고 지지받을 수 있을 것이다. 더불어 PR커뮤니케이션 기획에 대한 결과로서 명성 지수를 활용한다면, 진행한 활동이나 추후 활동에 대해 명확한 근거로서 클라이언트를 설득하는데 보다 수월해질 것으로 기대된다.

생각해 볼 문제

1. PR 관점에서 자원의존 이론을 접목해 실무적으로 이용한다면 귀하가 소속한 기업이나 조직, 혹은 PR을 담당하는 기업이나 조직의 가치성/희귀성/불완전 모방성/비대체성을 중심으로 해서 각각 어떤 메시지를 어떤 이해관계자와 커뮤니케이션하는 것이 효과적이 겠는가?

2. 신호이론에 따라 시장신호, 회계 수치, 조직신호, 전략신호를 통해 기업 및 조직의 명성이 형성된다면, PR학 관점에서는 네 가지 중 어디에 중점을 두고 커뮤니케이션을 기획하는 것이 좋을까?

3. 기업명성을 실증적 변수로 활용하고, PR 실무에서 PR 활동에 대한 효과성을 입증하고 결 과를 평가하기 위한 척도로 활용할 수 있겠는가?

4. 현재 PR활동에서 후행변수·종속변수·결과변수·기준변수로 활용할 수 있는 척도는 무엇 이 있다고 생각하는가?

5. PR 활동에서 결과 및 효과, 평가에 대한 양적 측정 도구가 필요하다고 생각하는가?

6장
기업명성과 마케팅커뮤니케이션 사례

김석 (프레인앤리 연구소장)

1. 기업명성 사례의 선정

기업명성과 마케팅커뮤니케이션 사례를 탐색하기 위해서는 PR 활동의 다양한 목적 중 하나로서 '기업명성 제고'라는 가정을 해야 하는데, 이미 그 가정을 전제로 계량화하는 연구는 국내에서도 오래전부터 시작되었다(이철한·차희원, 2005). 그래서 기업들이 명성 제고를 위해 마케팅적 요소가 포함된 다양한 커뮤니케이션 활동을 시행한다는 것에 대한 의문을 이번 장에서 해결할 필요는 없을 것 같다. 다만 국내에서도 수십 년간 너무도 다채로운 커뮤니케이션 활동들이 축적되었는데, 여기서 어떤 기준으로 사례를 선정하는가는 중요한 요소이다. 명성과 이미지, 브랜드, 인상impression 등은 혼동될 수 있는데, 그 개념을 논의한 연구에 따르면 여러 요인 중 가장 큰 특징인 이미지에 비해 더 장기적으로 축적되었으며 부정적이지 않다는 점 때문에, 나쁜 명성은 존재할 수 없다는 것이다(차희원, 2004).

한편 이번 사례연구에서는 PR적 관점으로 접근하면서, 기업 커뮤니케이션의 네트워크 구조와 기업명성 간 관련성에 대한 연구를 실무적 입장에서 재해석하고 참조했다. 마케팅 사례는 경영학뿐 아니라 사회자본으로써의 커뮤니케이션 네트워크 연구를 기업명성에 접목할 경우 조직학, 사회학, PR학 등에까지 포괄적 논의가 가능하다. 기업 커뮤니케이션은 기업자산과 기업 정체성을 내포하기 있기 때문에 사회문제와 결합한다면 조금 더 구체화된 사회네트워크 형성과 명성 구축에 상호영향을 끼칠 수 있다. 예를 들어 사회네트워크 이론social network theory은 '관계적 인간관relational concept of man'에 바탕을 두고 인간행위와 사회구조의 효과를 설명하는 이론이자, 일정한 사람들 사이의 특정한 사회적 연결의 패턴을 분석 대상으로 삼는 사회학 이론이다(차희원, 2012). 이번 사례연구에서는 기업 커뮤니케이션의 대상으로 특정한 사회적 연결을 규정하는 것이 큰 과제였는데, 여기서는 ① 특정한 사회적 연결 패턴을 갖고 있으며, ② 장기적이고 긍정적인 결과를 모두 포함하는 사회공익적인 계기이슈(반복적이고 장기적인)라 칭할 수 있는 사회적 기념일을 둘러싸고 기업들이 명성 관리라는 PR적 목적을 두고 어떠한 커뮤니케이션을 전략적으로 행했는지 분석하고 시사점을 도출하고자 한다.

2. 계기이슈 활용 기업 커뮤니케이션

1) 사회적 기념일과 기업 커뮤니케이션 현황

기념일이란 사회문제에 대한 대중의 의식을 고취시키고, 사회적 의지와 자원을 동원하며 인류의 업적을 축하·강화하기 위해 사회적 합의에 의해 제정된 행사(특정 날짜, 주간, 연간 등)로서, '국제기념일'과 '국가기념일'로 구분할 수 있다. 국제기념일이란 국제적인 관심거리 또는 문제점에 주의를 기울이는 기간으로, UN United Nations과 UN의 하부 조직이 주도를 하며 발간보고서를 출간하기도 한다. 발간보고서에는 전 세계의 기념활동과 미래를 위해 권고하는 내용을 담는다. 국가기념일(대한민국 기념일) 이란 대한민국 정부가 제정 및 주관하는 특정한 날로, 「각종 기념일 등에 관한 규정」에 의거해 제정하거나 개별법 및 지자체 조례 등을 통해 지정되기도 한다(국경일과 기념일은 겹치지 않고, 국경일이 기념일 보다 상위 개념이다).

사회공익적 기념일을 활용한 커뮤니케이션의 중요성은 현장의 주요 이벤트·기념일·공휴일·명절을 기반으로 한 PR 플래닝에서, 다수의 PR 개론서에서, 그리고 홍보 매뉴얼 등에서 가장 필수적이며 기초적인 단계로 언급되고 있다. 기업명성 제고를 위한 마케팅 관점은 오늘날에도 여전히 그 중요성이 높으며, 아래의 세 가지 특징을 갖는 SNS/모바일 콘텐츠 시대에도 적용된다.

① 시의성: 관련 이슈와 활동에 대한 관심이 특정 일자에 집중되며, 뉴스 밸류 + 시즈널 키워드seasonal keyword 검색 효과가 높아진다.

② '착한소비' 지향 소비자: '착한기업'과 그 기업의 브랜드 제품을 선호하는 경향이 기업의 지속가능경영/윤리경영 활동은 기업 평판을 둘러싼 주요 화두이나, 상시적 활동에 대한 관심도는 낮은 편이다.

③ SNS 이용자 공감대: SNS에서 사회문제에 적극적으로 참여하는 밀레니얼-포스트밀레니얼 세대들의 문화에 참여한다. 나아가, SNS상에서 각광받는 '마이크로 기념일micro holidays'[예: 국제 왼손잡이의 날(8월 13일), 낱말퍼즐의 날(12월21일) 등]은 이용자들에게 놀이문화의 일종으로 받아들여지는데, 이를 통해 동질감 형성이 가능하다

그리하여 이번 사례연구의 분석 대상은 환경, 인권, 사회문화 등과 관련한 공익적 성격의 국가기념일 및 국제기념일로 데이마케팅에 활용되는 특정 계기(밸런타인데이, 빼빼로데이 등), 종교 기념일, 창립기념일, 여름휴가/방학/명절 등 공익적 의미가 직접적이지 않는 각종 기념일들을 제외하고, 국내외에서 관심도가 높은 주요 계기를 추출(구글 트렌드 검색량, 빅카인즈 언론 보도량 분석 등 정량지표 활용)해 해당 계기에 국내외 주요 기업에 진행한 커뮤니케이션 활동(언론 보도, 공식 홈페이지, SNS) 중 특색이 있거나 이용자 반응이 좋은 사례를 분석했다.

SNS에서는 국제기념일을 맞아 셀피selfie, 상징물 이미지, 캠페인 인증샷 등으로 관심을 표현하는데, 〈표 6-1〉의 기념일을 목록으로 국내외에서의 인스타그램 해시태그 사용량을 분석하니, 글로벌/국내 관심도가 모두 높은 기념일은 '지구의날', '여성의 날', '책의 날'이고 국내에서는 환경 분야를 제

표 6-1

주요 국제기념일 목록

환경	세계 습지의 날	2월 2일
	세계 물의 날	3월 22일
	지구의 날	4월 22일
	국제 생물 다양성의 날	5월 22일
	세계 환경의 날	6월 5일
	세계 비닐 백 안 쓰는 날	7월 3일
	세계 바다의 날	9월 마지막 주
인권	국제 여성의 날	3월 8일
	국제 인종차별 철폐의 날	3월 21일
	세계 난민의 날	6월 20일
	국제 왼손잡이의 날	8월 13일
	국제 노인의 날	10월 1일
	국제 학생의 날	11월 17일
	세계 어린이의 날	11월 20일
	국제 장애인의 날	12월 3일
	세계 인권의 날	12월 10일
문화	세계 책의 날(저작권의 날)	4월 23일
	세계 춤의 날	4월 29일
	세계 음악의 날	6월 21일
	세계 텔레비전의 날	11월 21일
사회	국제 소방관의 날	5월 4일
	세계 전자통신과 정보사회의 날	5월 17일
	세계 자살 예방의 날	9월 10일
	세계 평화의 날	9월 21일
	세계 친절의 날	11월 13일

주: 분석 시점은 2019년 12월을 기준(코로나19 선언 이후 동향은 비상시적으로 설정).
자료: United Nations. "List of International Days and Weeks." United Nations. https://www.un.org/en/observances/list-days-weeks(검색일: 2021.11.5).

그림 6-1

국제기념일 관련 인스타그램 해시태그 사용량(단위: 건)

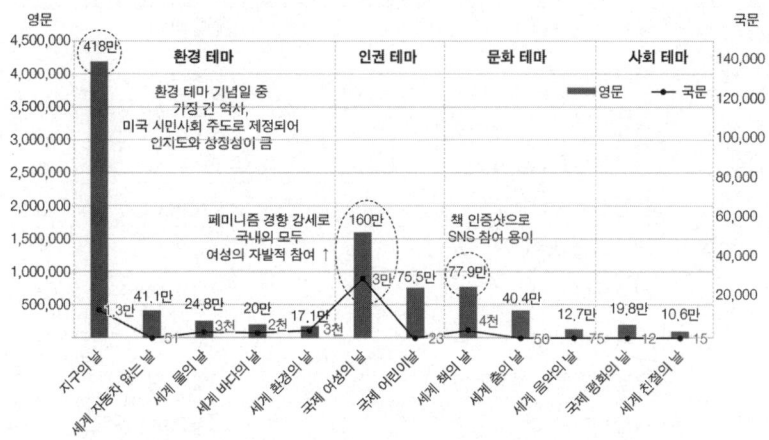

주 1: 인스타그램 해시태그 검색, 기념일 명칭 + 약어 + 변형 명칭을 포함 수치임('기념일명+연도', '기념일명+국가', 해시태그는 미포함)
　　예) 여성의 날: #womanday + #womansday + #internationalwomanday + #worldwomanday + #iwd
　　(#womanday2018, #iwd2019 등은 제외).
주 2: 〈표 6-1〉의 내용 중 해시태그가 10만 개 이상인 국제기념일만 표기함.

외한 대부분의 국제 기념일에 대한 관심도가 저조한 편으로 나타났다.

대한민국 주요 법정기념일(기념일 대상은 〈표 6-2〉 참조)에 대한 SNS에서의 관심도 분석은 대부분의 소비자/국민들이 공공기관이나 기업에서 진행한 행사나 이벤트에 참여한 것이 다수였는데, '환경' 테마 분야는 자발적 인증샷이 두드러진 편이었다. 또한 일반적으로 단체/기업에서 주최한 행사 참여 인증이 많았고, '임산부의 날'은 임산부 직접 인증이 주, 과학의 날은 초등생 부모들의 아이 자랑 콘텐츠가 많았다.

이제 2009~2019년까지 환경, 사회적 약자, 과학 등 3개 테마 기념일에 대한 기업 커뮤니케이션 활동의 언론 보도 추이를 분석해 보겠다.

빅카인즈Big Kinds 분석 툴로 2009~2019년 각각의 키워드별 연관 보도량을 분석했는데, 일간지(11개사), 경제지(8개사), 방송사(4개사) 보도 중 경제면 기

표 6-2

대한민국 주요 법정기념일 목록

환경	식목일	4월 5일
	바다의 날	5월 31일
	환경의 날(국제기념일 동일)	6월 5일
약자	장애인의 날	4월 20일
	노인의 날	10월 2일
	임산부의 날	10월 10일
기술	과학의 날	4월 21일
	정보통신의 날	4월 22일
	발명의 날	5월 19일
	정보보호의 날	7월 두 번째 주 수요일
사회	소비자의 날	12월 3일

자료: 행정안전부 홈페이지

그림 6-2

국가기념일 관련 인스타그램 해시태그 사용량(단위: 건)

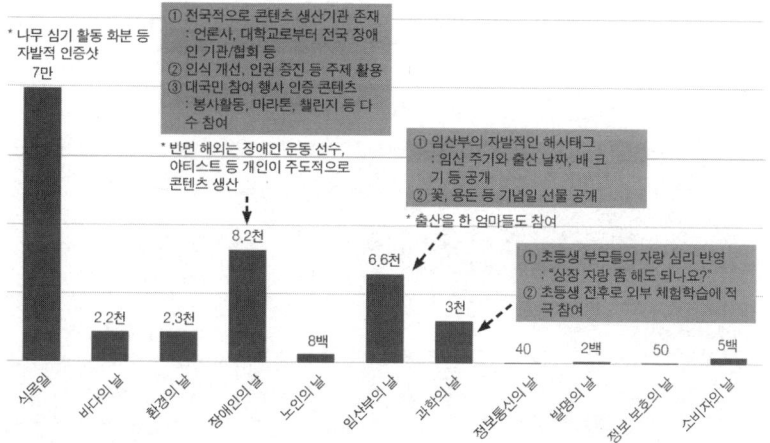

주 1: 공중-기업 커뮤니케이션과 연관성이 적은 분야(납세, 국군, 상공, 원자력, 보건, 체육, 교정 등), 정치
/역사 분야(민주항쟁, 서해 수호 등), 기타 5월 주요 계기(근로자, 어버이, 어린이, 스승, 부부, 성년의 날)
제외.
주 2: 인스타그램 해시태그 검색, 기념일 명칭 + 약어 + 변형 명칭을 포함 수치임('기념일명 + 연도', '기념
일명 + 국가' 해시태그는 미포함).

그림 6-3

환경 테마 보도량 분석

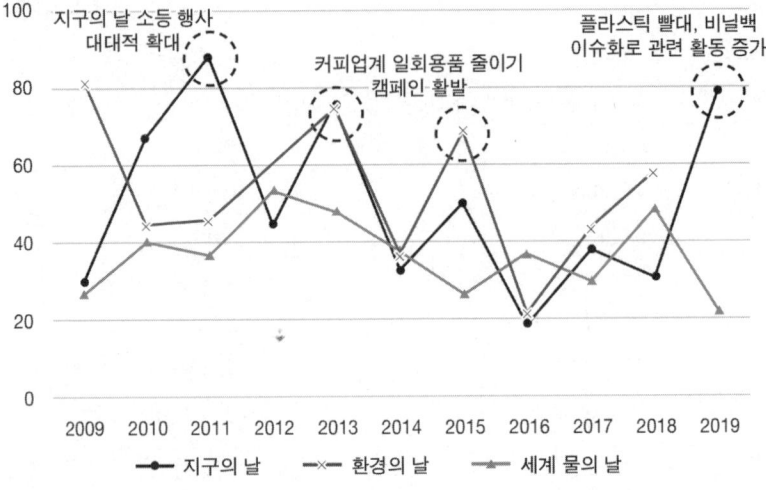

① **지구의 날**: 플라스틱 줄이기 등 소비자 참여형 친환경 캠페인, '에코기업' 주목

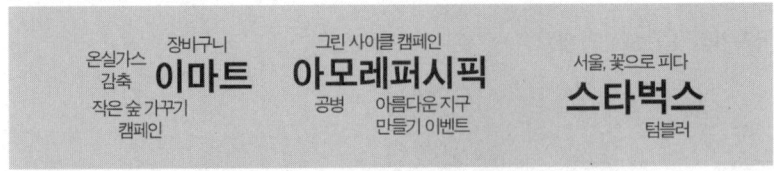

② **환경의 날**: 식음료, 자동차 업계 중심 기부와 소비자 대상 캠페인

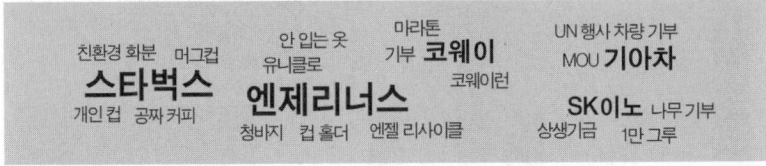

③ **세계 물의 날**

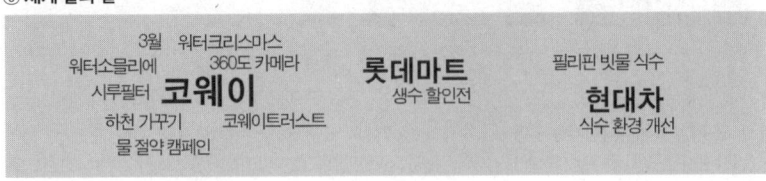

그림 6-4

사회적약자 테마 보도량 분석

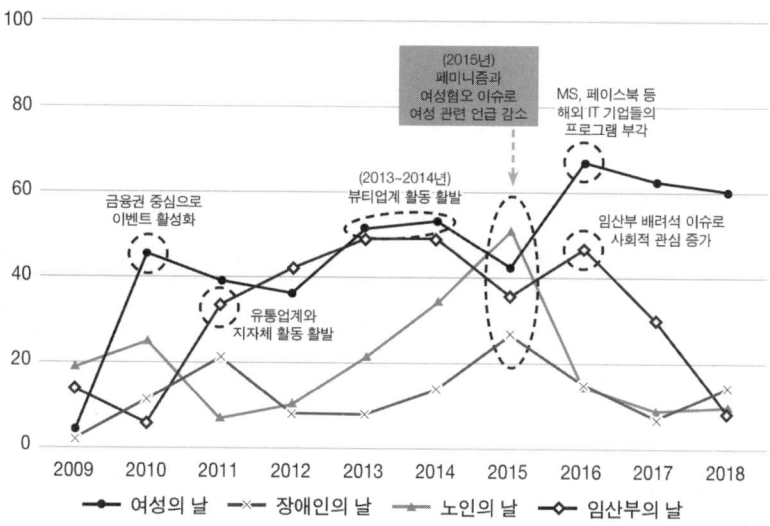

① **여성의 날**: 여성 일자리 및 비즈니스 지원 주력

우먼스데이 콘서트   한지민
라이프 이즈   **랑콤**   경력단절 여성
뷰티풀 캠페인
국내 여성 사업가
여성 임원 50%   **페이스북**
농심켈로그   지원 프로그램
임직원 행사   양성평등 일터

② **임산부의 날**: 유통업계의 내부 임직원 대상 움직임

로테스맘   출산 장려 캠페인
프로그램   **롯데백화점**   할인 행사
임산부 직원
친육아 마케팅   임산부 직원   2시간 단축
유통업계   **현대백화점**
예비맘 블루오션   예비맘 배려 프로그램

③ **장애인의 날**: 이동수단, 교육 등 장벽 해소 고려

행복 나눔 CMA
SK증권   방문 점검
계좌 개설   기부형   **현대차**
장애우 차량 특별 점검
디지털 학습   **국민은행**
보조기구
장애인 대학생

④ **노인의 날**: 식사, 이동수단 등 현실적 지원

식사 대접   김중겸 사장
현대건설
창립기념일
전동 스쿠터   메리 밀크크리스마스
현대차   **매일유업**
무상 보급   우유 무상 지원

사만 추출했고 10년 간 총 기사량이 100건 이상인 기념일만 그래프로 표기했다(〈그림 6-1〉 참조).

① 환경 테마 관련 언론 보도는 지구의 날 소등 행사의 대대적인 확대 (2011년), 커피업계의 일회용품 줄이기 캠페인 활성화(2013년), 플라스틱 빨대 및 비닐백 이슈 발생(2019년) 때 극적인 보도량 증가가 있었다. 또한 '지구의 날'에는 '에코기업'이 주목을 받았는데, 이마트, 아모레퍼시픽, 스타벅스 등의 기업들이 유관 키워드로 등장했다. '환경의 날'에는 식음료 기업인 스타벅스와 엔제리너스가, '세계 물의 날'에는 코웨이, 롯데마트, 현대자동차를 키워드로 하는 보도가 증가했다.

② 사회적 약자 테마 관련 언론 보도는 여성들을 위한 일자리 지원에서 임산부 임직원을 위한 내부 프로그램 개발로 그 내용이 확대되었고, 장애인과 노인을 위한 기부 및 이동수단 보급 등 현실적인 지원 활동과 관련된 내용 또한 꾸준히 보도되는 것으로 분석되었다.

'여성의 날'은 랑콤 등 뷰티 기업과 여성임원 비율이 높은 농심켈로그 와 관련된 보도량이 많았고, '임산부의 날'에는 여성근로자 비율이 높은 롯데백화점, 현대백화점 등 유통업계에서 제공하는 임산부/예비맘 배려프로그램에 대해 언론의 관심이 높았음을 알 수 있다.

한편 '장애인의 날'에는 현대자동차의 교통약자 배려를 위한 이동 수단제공 서비스, SK증권의 기부형 계좌, 국민은행의 교육보조사업이 각각 연관되어 기사화되었다. SK증권과 국민은행이 기부형 계좌에 교육보조사업과 연관되어 기사화되었다. '노인의 날'에는 현대건설, 현대자동차, 매일유업이 식사와 이동 수단을 제공하는 현실적 지원프로그램과 함께 기사화 되었다.

③ 과학 테마 관련 언론 보도는 '과학의 날'의 경우 기념식 수상자와 기업

그림 6-5

과학 테마 보도량 분석

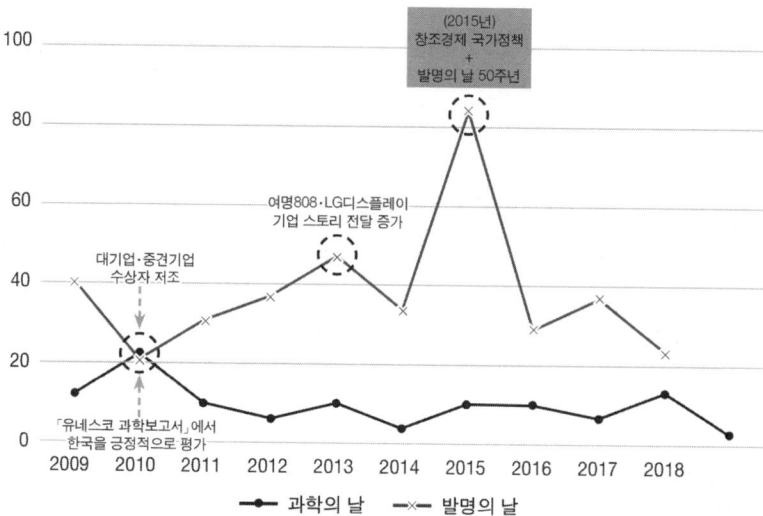

① **과학의 날**: 매년 진행되는 기념식 날 과학기술 정부 포상 수상자와 기업 언급

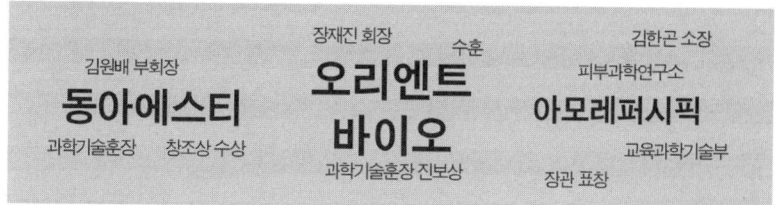

② **발명의 날**: 기념일과 엮어 기업의 발명 정신이 담긴 제품, 협업 업체 상생 지원 기업에 대한 수상 등 기업 스토리 전달

을 적극적으로 보도한 반면 '발명의 날'은 기념일과 관련된 기업의 발명 제품과 비하인드 스토리 등이 보도되는 경향이 많았다. 박근혜 정부 시절에 '창조경제'라는 국정 방향에 강하게 시동을 걸던 2015년을 정점으로, 과학 관련 테마의 보도량은 감소세로 바뀌었다. 국가 정책이 기업의 사회적 공익 기념일에 영향을 주었다고 볼 수도 있다.

동아에스티, 오리엔트바이오, 아모레퍼시픽 등의 기업들이 정부 포상을 받으며 관련 인사가 언급되는 등의 보도는 '과학의 날'에 많았다. '발명의 날' 여명808이란 특정 제품과 함께 기업의 발명 정신을 치하하는 산업훈장이 함께 언급되었고 사내발명대회 같은 기업스토리가 소개되는 등의 언론 보도가 많았다.

이를 통해 국내 기업의 기념일을 연계한 커뮤니케이션 경향을 정리해 보겠다.

첫째는 봉사활동이나 문화행사를 개최하고, 이 활동들을 관련 단체의 다른 행사 등을 위한 후원과 모금 및 기부로 연계하는 빈도가 높다는 점이다. 「기업 커뮤니케이션의 네트워크 구조와 기업명성 간 관련성」(2012)을 쓴 차희원의 연구 결과에서 밝히듯, 이는 기업명성 제고를 목적으로 하는 가장 일반적인 커뮤니케이션 활동으로 보인다. 또한 별도 재단을 마련해 매년 활동을 정례적으로 진행하고, 다양한 NGO와 협력해 활동의 규모와 파급력을 높이는 사례도 점차 증가하고 있다.

둘째는 소비자와 임직원이 함께하며 기업의 가치를 나누는 참여형 캠페인과 사회적 이슈를 활용한 인식 개선 캠페인을 결합하고, 온라인 플랫폼을 활용함으로써 참여를 확대하며, 기념일 한정 제품을 선보인 후 기부와 연계한 사회공헌 활동을 전개하는 경향이 짙어지고 있다. 임직원들이 기업의 평판을 구축하는 주체로서 더욱 그 역할이 조명받고 있다고 보여진다.

셋째는 기념일 테마와 연계해 기업의 철학, 의지, 비전을 직간접적으로 제시한다. 해외 기업에서 주로 이런 접근을 사용했었는데, 최근에는 국내기업에서도 시도하고 있다. 이처럼 기념일 활용 커뮤니케이션이 기업명성을 제고하는 계기로 충분한 효과가 있음을 기업실무에서는 인식하고 있다.

콘텐츠 기획 측면에선 커뮤니케이션 주목도 향상을 위해 인플루언서와 협업을 진행하기도 한다. 가벼운 톤앤매너나 SNS 놀이문화를 접목해 공감형 콘텐츠를 제작하면서 기업문화의 전달자로서 임직원을 활용하는데, 임직원의 모습을 친근하게 묘사해(브이로그, 직장인, 이모지 등) 기업에 대한 거리감을 좁히는 효과도 있다.

3. 주요 기업의 기념일 커뮤니케이션 사례

이제 기업명성 제고를 위한 커뮤니케이션 사례를 소개해 보겠다. 여러 기업의 다양한 사례 중 실무 현장에서 분석된 기획 의도를 바탕으로 해 몇 개의 기준으로 분류했다.

1) 기념일 대표 기업으로 인식형성 도모 사례

(1) 현대자동차

'지구의 날'을 맞아 불 끄기 행사로 어두워진 도심 속에서, 현대자동차는 옛 서울시청 건물 외벽에 〈수소로 밝힌 미래〉라는 미디어 파사드media facade 이벤트를 진행했다.

어두워진 도심에서 수소전기차 전력으로 수소 에너지의 원리를 1시간 정도를 프로젝션 매팅matting 기법으로 선보였는데, 수소 에너지의 원리와 현

그림 6-6

2019년 지구의 날(4월 22일) 수소전기차 활용 미디어파사드

자료: 현대자동차. 2019. "지구의 날 맞아 '수소로 밝힌 미래' 이벤트 실시". HMG Journal. https://news.
hmgjournal.com/MediaCenter/News/Press-Releases/hmc-earthday-hydrogen-190423#none(검색
일: 2021.11.9).

대자동차의 '친환경 모빌리티 비전'을 공유하는 목적으로 행사를 마련했다
고 한다. 또한 미디어 파사드 이벤트 준비 과정과 현장 시민 반응 등을 담은
스케치 영상을 제작하고 배포했다.

영상 내용 중에는 이벤트 기획을 담당한 임직원 인터뷰를 통해 이벤트의
취지와 비전 메시지를 전달하기도 했다. 이 영상은 유튜브와 네이버TV 등
영상 플랫폼에 게재되었는데, 모터쇼 등 현장 스케치 영상 평균 조회수(약
1000회)보다 높은 조회수를 기록했다.

(2) LG전자

LG전자는 '세계 환경의 날'을 '글로벌 자원봉사의 날'로 지정해 기업의 자
산으로 개발하고 있다. 2010년에 처음으로 '환경의 날'을 LG전자 자체 '글로
벌 자원봉사의 날'로 지정한 이후 전 세계 임직원이 사업장 근처 유적 및 환

그림 6-7

2016년 세계 환경의 날(6월 5일) 기념 '글로벌자원봉사의 날' 캠페인 포스터

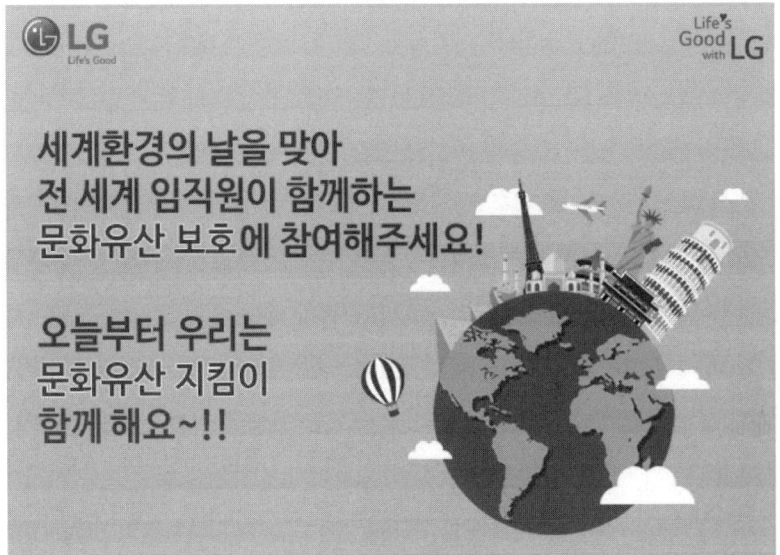

자료: 김민석. 2016.6.4. "세계 환경의 날, LG 문화유산 지킴이와 함께 해요~". LG전자 소셜 매거진, https://live.lge.co.kr/csr_pjt/(검색일: 2021.11.16).

경 보호 활동을 진행하고 있는데, 상대적으로 '지구의 날'보다 관심도가 적었던 '환경의 날'에 집중하고 있다. 2018년부터는 임직원의 봉사활동 독려를 위해 '평일 봉사휴가 제도'를 두어 '베네핏'으로 강조하고 있다.

2016년에는 전 세계 3000명의 임직원들이 참여해 국내는 청주 상단산성, 구미 도리사 등의 사업장 근처 문화유산 정화 및 보호 활동을 진행했고, 2017년에는 9개국의 600명 규모의 임직원들이 참여해 '24시간 환경보호'를 콘셉트로 전 세계 곳곳의 사업장 근처에서 하루 종일 봉사활동을 수행했다. 2018년에는 10개국의 600명 수준의 임직원들이 참여해 공원·공장·학교 등에서 묘목 심기, 쓰레기 줍기, 벽화 그리기 등의 봉사활동을 진행했다.

또한 봉사활동 현장을 담은 이미지를 활용해 블로그와 동영상 콘텐츠 제

작함으로써, 참여하는 국가마다 해당 지역에 필요한 환경보호 활동과 그에 대한 LG전자의 봉사 내용을 요약해 제공하고 있다(글로벌 자원봉사의 날의 경우에는 기념일을 알리는 보도자료와 함께 활동 후 간단한 사후 콘텐츠만 제작해 홍보하고 있다).

(3) 한화

2000년부터 21년간 시각장애인 관련 기념일에 특화한 사회공헌 활동을 지속한 한화그룹은 '점자의 날'(11월 4일)이 속한 매월 11월에 점자달력을 제작하고 배포하는 활동을 진행했다. 2018년에는 달력 제작 작업을 직접 체험할 수 있도록 대학생 50명의 자원봉사자로 구성된 '한화 점자달력 제작 자원봉사단'을 출범하기도 했다.

또한 2018년에는 '흰 지팡이의 날(10월 15일)'을 맞아 임직원의 일일 시각장애인 체험 행사도 진행했는데, 임직원들이 일일 시각 장애인 체험에 참여

그림 6-8
'흰 지팡이 체험' 영상 소개

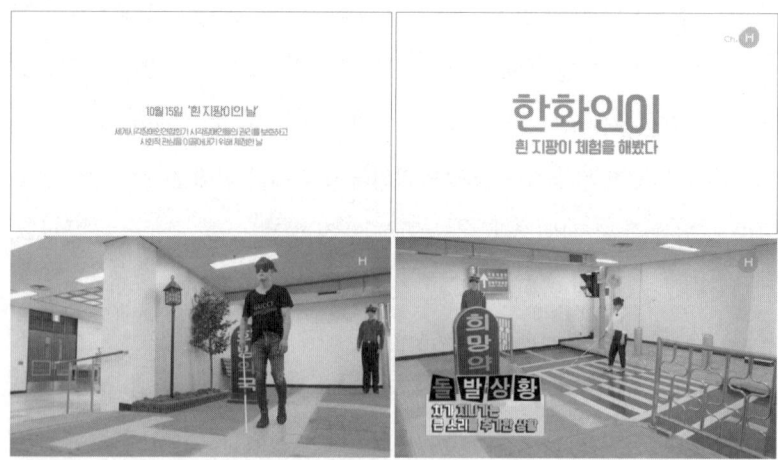

자료: 한화 TV. "흰 지팡이의 날을 맞아 특별한 체험을 한 한화 임직원들" 한화 TV[Hanwha TV](네이버TV 채널). https://tv.naver.com/v/4420032(검색일: 2021.11.16).

하는 모습을 담은 영상을 공개하고, 영상 말미에 임직원 인터뷰로 점자달력 배포 사업을 언급하면서, 자사의 업무에 시각장애인 편의를 위한 배려를 더 할 것을 다짐하며 마무리했다.

2) '기념일 상징물'을 통한 기업명성 제고 사례

(1) 스타벅스

환경 테마 기념일에 유관 단체와 적극적으로 협업하고 지속적으로 '텀블러'와 '화분 키트'를 부각하는 커뮤니케이션을 스타벅스는 수행한다. 스타벅스는 서울시와 협업해 2013년부터 '지구의 날'(4월 22일)에 '서울, 꽃으로 피다'라는 행사를 진행해 왔는데, 개인 컵 사진을 인증하면 텀블러와 꽃 화분 키트를 주고 있다. 이는 스타벅스의 대표 연례행사로, 2019년에는 현장에서 5000명을 대상으로 행사를 진행하기도 했다.. 또한 언론에 사진 보도 위주로 노출되고 있으며 SNS에 참여자들이 자발적으로 인증샷을 게재하기에 확산 효과도 매우 높은 편이다. '환경의 날'(6월 5일)에도 개인 컵, 종이컵 화분 키트 등을 판매하는 등 행사 진행에 일관된 테마를 적용하고 있으며, 그와 동시에 스타벅스의 상징 컬러인 녹색과 흰색을 친환경 활동에 꾸준히 노출하고 있다(스타벅스 뉴스룸, 2019.5.2)

(2) 아모레퍼시픽

2012년부터 지속한 '생태습지 보호 캠페인'에 새로운 상징인 '수달' 캐릭터를 도입한 아모레퍼시픽은 다년 간 진행해 온 생태습지 보호 캠페인 '러브 디 어스Love the Earth'에서 순천만 생태습지 보안관으로 '수달' 캐릭터를 개발해 지구의 날이 있는 4월에 캠페인 소개 영상, 오프라인 행사, 스케치 영상 등을 집중적으로 제작한다.

도심 속 생태습지 오프라인 행사도 진행하고 귀여운 수달 이미지와 인기 유튜버 '승헌쓰' 등 인플루언서와 적극 협업해 공중에게 브랜드제품 호감도와 캠페인 관심도를 높이고 결과적으로 환경경영을 추구하는 기업으로서 명성을 축적하는 데 영향을 주고 있다(아모레퍼시픽몰, 2019.4.15).

3) 소비자 참여를 촉진하는 베네핏 제공

(1) 애플

제품 사용자 한정의 참여형 이벤트로 브랜드에 대한 긍정적인 경험과 물질적 베네핏 제공을 하는 애플Apple사는 애플워치 사용자들을 대상으로 운동 시간을 채우는 '클로즈 유어 링스#CloseYourRings' 챌린지 진행한다. 챌린지 기록을 달성할 때마다 배지를 증정하고 사용자들은 이를 수집하면서 인증받는 일종의 에디션 캠페인을 수년 째 수행중이다.

'지구의 날(4월 22일)', '세계 여성의 날(3월 8일)'에 한정판 배지를 증정해 수집 욕구 자극하기도 하고 매년 특정 기념일에 특별 챌린지 활동으로 연도가 기입된 배지와 아이메시지 스티커를 증정해 왔다.

예를 들어 '지구의 날'에는 30분 이상 운동 시 리미티드 에디션 배지와 아이메시지 스티커를(Apple Newsroom, 2021.4.21), '세계 여성의 날'에 1.6km 운동 시 리미티드 에디션 배지와 아이메시지 스티커를 수년 간 증정했다 (Apple Newsroom, 2021.2.26).

(2) GS칼텍스

애국기업으로서 자사의 이념을 전달하고 있는 GS칼텍스는 과거 독립운동을 지원했던 GS그룹 창업주(허만정)의 정신에 기반해, 삼일운동과 대한민국 임시정부 수립 100주년을 맞이한 2019년부터 '독립서체' 캠페인을 진행하고 있다(GS칼텍스 미디어허브, 2019.4.23). 독립운동가의 글씨체를 현대에 맞게 재해석해 친필과 유사하게 복원하고 무료로 배포했는데, 2021년 8월 기준으로 약 40만 건의 다운로드가 진행되었다고 한다.

4) 글로벌기업의 경영 철학의 기념일 활용 사례

(1) 코카콜라

2007년부터 제품 생산에 사용된 물을 사회와 지구에 환원하는 '물 환원 프로젝트'를 지속하고 있는 코카콜라는 2019년 3월 '세계 물의 날'(3월 22일)을 기념해, 같은 해 1월 게재되었던 김연아의 내레이션이 더해진 김해시 시례 마을의 저수지 확장 공사 활동 영상을 SNS에 재노출하기도 했다. 꾸준히 진행하던 사회공헌활동을 관련성 높은 사회공익적 기념일을 계기로 다시 소개하는 커뮤니케이션 활동으로 보인다(코카콜라 저니. 2020.1.17).

(2) 토요타

'지구의 날'을 기념해 환경경영 철학이 담긴 캠페인 영상을 공개한 토요타는, 토요타에서 생산한 차로 세상을 돌아다니며 자연을 담는 포토그래퍼의 이야기를 담기도 했는데, 이는 2015년 발표한 '토요타 환경 챌린지 2050Toyota Environmental Challenge 2050' 캠페인의 일환이었다.

(3) 메르세데스벤츠

'지구의 날' 을 기념해 메르세데스벤츠는 2019년에 환경 기여 가치에 대한 모션그래픽 영상을 공개했다. 메르세데스벤츠는 '자동차 판매 시 10그루의 나무 심기'와 같은 사회공헌 활동을 홍보하면서 모두 함께 '환경적 발자취'를 남기자는 메시지를 전달했다. 메르세데스벤츠의 자동차가 이동하는 경로가 나뭇잎의 잎맥으로 변화하는 모션 그래픽 영상은 연관된 기념일에 다시 활용될 수도 있을 것이다.

3. 요약 및 제언

디지털 시대, 포스트코로나 시대에도 여전히 유효한 기업의 '기념일 커뮤니케이션'은 궁극적으로 기업의 평판과 윤리경영에 관한 이미지를 소비자에게 효율적으로 축적하게 한다. 소비자는 SNS에서 해시태그를 이용해 자발적으로, 그리고 활발하게 사회적 기념일에 참여하고, 기업은 기부와 봉사활동 외에도 마케팅 커뮤니케이션적으로 소비자와 기념일을 통해 다양하게 네트워크 관계를 생성하고 유지할 수 있다.

한편 '어느 기념일' 하면 기억나는 기업으로서 소비자 인식에 임팩트를 남길 수 있도록 특정 활동에 집중하는 사례가 기업들 사이에서 늘어나고 있다. 국내 기업 중에서는 현대자동차가 '지구의 날'로, LG전자가 '세계환경의 날'로, 한화그룹이 시각장애인 관련 기념일로 대표성을 구축하고 있다. 또한 사회적 기념일에 기업의 상징물을 연상하도록 만드는 커뮤니케이션 활동도 활발한데, 스타벅스는 화분과 텀블러로, 아모레퍼시픽은 수달 캐릭터로 환경친화적인 이미지와 더불어 명성을 쌓고 있다.

사회공익적 기념일은 의미 자체가 긍정적이고 사회구성원의 동의 및 지지를 기반으로 장기간 지속되고 있기에 기업 커뮤니케이션 담당자의 입장에선 해당 테마 기념일이 있는 시기에 기존에 소개된 적 있는 콘텐츠를 재가공하거나 재확산시킬 수 있다는 장점이 있다. 시의성을 통한 뉴스 가치가 증가하기에 기존 콘텐츠를 큐레이션하거나 기념일 테마에 맞게 각색해 효율적으로 활용할 수 있는 것이다. 그뿐만 아니라 글로벌기업들이 자사의 지속가능경영이나 환경경영 등에 부합하는 기념일을 계기로 콘텐츠를 활용하는 사례도 늘어나고 있다.

오늘날에는 ESG Environment, Social, Governance 경영이 큰 화두가 되고 있다. 개별 기업을 넘어 자본시장과 한 국가의 성패를 좌우할 수도 있는 키워드로 부상(매경닷컴 매일경제용어사전) 하고 있다. 이제 기업명성에 대한 소비자, 공중의 연관 키워드도 ESG와의 관계성이 더 강화되고 있다. 사회적 기념일은 제정 주체를 대상으로는 거버넌스governance와, 영향력과 테마로 사회적 social·환경적environmental 요인이 밀접하다고 보인다. 향후 기념일을 계기고 기업의 커뮤니케이션 활동이 더 활발해질 것으로 예상된다.

앞으로 더 주목해야 할 기념일을 꼽아보자면, 첫째로 기념일의 테마 측면에서는 다음과 같다.

① '임산부의 날'(10월 10일, 법정기념일)이 임신과 출산에 대한 긍정적인 인식 제고와 임산부에 대한 '배려·보호'를 넘어 워라밸, 저출산 등 다양한 사회 이슈와 연관된 기념일로 부각되고 있다.

② '정보 보호의 날'(매년 7월 둘째 주 수요일, 법정기념일)은 개인정보 보호가 기업의 재화 생산부터 커뮤니케이션까지 여러 부문에서 매우 중요한 이슈로 성장하고 소비자의 인식도 강화되었기에 지극히 당연한 테마가 되었다.

③ '세계 1회용 비닐봉투 안 쓰는 날'(7월 3일, 국제기념일)은 2008년 스페인 국제환경단체 '가이아Gaia'의 제안으로 만들어진 글로벌 시민단체 활동의 결과물이다. 우리나라도 2018년부터 정부(환경부)서 적극적으로 도입해, 우선 제과업계(파리바게트, 뚜레쥬르 등)에서 캠페인을 시작했는데, 코로나19 팬데믹 이후 1회용, 플라스틱 쓰레기 증가에 대한 심각성을

인식하면서 정부에서도 탈脫플라스틱 방침 로드맵을 구축하는 등 자원 순환 정책의 대전환이 일어나고 있다. 기업 또한 ESG 경영으로 적극 동참하고 있기에, 앞으로 가장 주목할 기념일로 부각될 것으로 예상된다.

둘째, 기념일의 흥미성 측면에서 커뮤니케이션 효과를 우선시 한다면 다음과 같다.

① '세계 이모지의 날'(7월 17일, 국제기념일)에는 애플 등 IT기업들이 매년 새로운 이모지를 공개하며 활발히 활동하고 있는데, 앞으로도 디지털 산업 분야 기업들의 참여가 예상된다.
② '국제 왼손잡이의 날'(8월 13일, 국제기념일)은 왼손잡이의 인권을 신장하고 편견에 대한 인식 변화를 추구하는 기념일로서, 전 세계적으로 다양한 행사와 함께 언론 등 여론의 관심도가 증가되는 추세다.
③ '세계 고양이의 날'(9월 9일, 비공식 기념일)은 고양이의 생명을 생각하는 날로서, 국제기념일과(8월 8일)과 우리나라의 기념일이 다르다. 반려묘 양육 인구의 증가와 함께 가전·여행·도서·예술 분야에서 반려묘 양육 관련 마케팅 활동이 활발하다.

화제와 흥미에 주목하는 커뮤니케이션이 기업명성과 직접적인 관계성이 존재한다는 연구 결과는 아직 없지만, 기업의 명성은 소비자, 이해관계자 등 모든 관계망에서 이성적이고 합리적인 요소만으로 생성되지는 않을 것이라는 현장의 작은 목소리도 반추할 필요가 있다고 본다. 향후 기업명성을 구성하는 요인으로서 새로운 원인들을 발굴할 수 있는 연구를 기대해 본다.

생각해 볼 문제

1. 기업이 사회적 공익을 추구하는 활동은 공중의 이성적, 심리적, 정서적 측면에서 영향을 끼치는 기제(機制)에 대한 연구가 필요하다. 학제 간 연구에서 기업의 명성과 상관관계가 높은 공중인식 요인의 감성별 이성별 영향 요인까지 분석된다면 더욱 구체적인 추가 연구로 발전될 수 있을 것이다.

2. 기업마케팅적 관점에서의 명성과 연계되는 사례를 타깃별로 분류하여 연구하는 방안도 생각해 본다. 예를 들어 청년 대상의 취업/창업 지원프로그램이나 토크콘서트 및 장년층 대상의 인생이모작 지원 프로그램 등으로 유목화하여 분석하는 것도 의미가 있을 듯 하다.

3. 기업명성제고에 영향을 주는 채널 및 매체분석도 PR실무관리 측면에서 스터디하고 성공 사례를 발굴할 필요가 있다. 기업명성에 영향을 주는 콘텐츠(언어적, 시각적 등)가 특정 채널에서 더욱 효과를 발휘한다던지 하는 추론이 실제 가능할지 궁금하다.

7장

PR학 관점
공중관계성과 명성

하진홍(대구대학교 미디어커뮤니케이션학과 교수)

1. 서론: PR, 공중관계성, 명성

역사적으로 P. T. 바넘이 활동했던 초기 PR 시대에는, 실체가 모호한 내용을 조작이나 선전과 같은 프로파간다propaganda를 활용함으로써 공중의 인식과 행동에 영향을 미치려고 하는 시도가 많았다. 하지만 PR커뮤니케이션은 기본적으로 실체가 없는 것을 대상으로 하지는 않는다. 비록 바넘과 베일리의 서커스 홍보가 허위와 과장된 수단을 활용해서 공중을 현혹하긴 했지만 서커스단과 서커스 행위 자체가 없었던 것은 아니다. 다시 말해, 과거에도 그렇고 지금도 그렇고 PR커뮤니케이션의 실제 대상은 분명히 존재한다.

대체로 어느 조직, 특정 상품, 또는 정부의 정책과 같이 현실에 실제로 존재하는 것들을 대상으로 PR커뮤니케이션이 진행된다. 이러한 PR커뮤니케이션 활동은 '상징적 커뮤니케이션'과 '행동적 커뮤니케이션'으로 나뉘는데, 전자에는 이벤트나 의사사건pseudo event, 또는 이러한 것들을 알리기 위해 이루어지는 언론을 통한 퍼블리시티나 미디어 홍보 활동 등이 이에 속한다. 후자에는 공중과의 관계관리, 위기관리, 그리고 사회적 책임활동 등의 커뮤니케이션 활동이 포함된다. 상징적 커뮤니케이션 활동을 통해서는 PR 대상에 대한 단기간의 이미지가 형성될 수 있고, 이렇게 형성된 이미지들이 지속적으로 공중과의 행동적 커뮤니케이션 및 소통을 통한 축적된 평가를 받으면서 결국엔 조직의 명성이 구축될 수 있다.

물론 조직 및 브랜드의 이미지와 명성이 상징적이거나 행동적인 커뮤니케이션만의 결과라고는 할 수 없다. 이미지와 명성은 조직의 정체성이나 경영 능력, 제품의 질과 서비스, 조직원들의 말과 행동, 사회적 기여, 윤리 등 수없이 많은 요소들로 이루어지기 때문이다. PR에서 이루어지는 커뮤니케이션의 활동 중 하나인 관계 관리는 특정 조직과 관련된 공중 간의 관계를 일컫는 것으로서, 이 둘 간의 관계성의 수준에 따라 이미지와 명성에 미치

그림 7-1

PR을 통한 명성 구축 과정

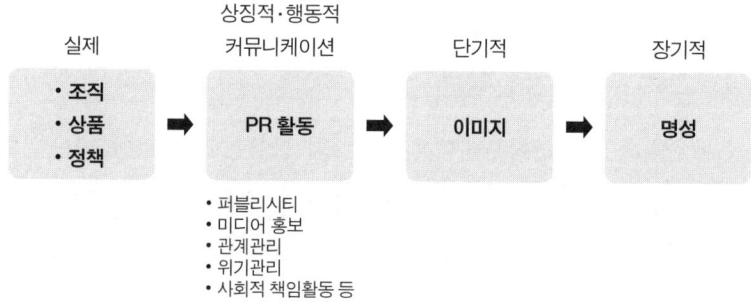

는 영향이 달라진다는 점에서 공중관계성과 명성은 매우 밀접한 개념이라고 할 수 있을 것이다. 다시 말해 조직과 공중 간의 관계성은 조직의 명성에 영향을 주는 매우 중요한 선행 요인이라고 할 수 있다.

조직과 공중 간의 관계성 효과는 이미 많은 연구들을 통해서 PR뿐만 아니라 마케팅이나 브랜드, 이미지 등의 여러 분야에서 검증이 되어왔다. 관계성의 수준에 따라 공중이 인식하는 조직, 제품, 브랜드 등에 대한 인식과 태도가 달라지며, 이용 또는 구매 의도에 영향을 미치기도 하고, 아울러 위기 상황에서 조직에 부여되는 위기책임성 정도가 달라져 위기전략의 수용 정도에도 공중관계성의 효과가 끼치게 된다.

이 장에서는 PR 관점에서 바라보는 명성에 대한 내용을 다루고 있으며, 특히 PR의 공중관계성 이론과 명성에 초점을 맞추어 PR 학문에서의 명성은 어떻게 연구되어 왔는지를 살펴보고자 한다. 이를 위해 먼저 PR에서의 공중관계성을 살펴보고, 조직의 명성에 대한 정의와 개념 등에 대해서 정리한 후, 마지막으로 PR 분야에서의 명성 관련 연구를 통해 공중관계성과 명성 간의 연관성을 알아보고자 한다.

2. PR과 공중관계성

1) 공중관계성의 정의와 개념

공중관계성 개념은 PR 학문에서 매우 중요한 의미를 가진다. PR 학문이 마케팅이나 광고 분야와 유사한 학문이라는 인식에서 벗어날 수 있게끔 PR 학문의 정체성을 확립하는 데 큰 역할을 했기 때문이다. 공중관계성 이론은 PR 활동의 주요 역할과 목적이 '관련 공중과의 관계를 형성하고 그 관계를 유지·발전시켜 나가는 것'에 있음을 명확히 규정하고 있다(Ledingham and Bruning, 2000).

PR에서의 관계성 개념은 몇 가지 단계를 거치며 이론으로 자리를 잡아나갔다. 먼저 PR 분야에서 관계성 개념이 중요한 역할을 한다는 인식이 1980년대부터 미국 연구자 및 실무자들 사이에서 자리를 잡은 이후, 관계성 개념은 공중과의 관계 형성뿐만 아니라 명성과 이미지와 같은 조직의 지속 가능한 관리를 위한 수단으로 확대되며 그 영역이 확대되기 시작했다. 그리고 조직과 공중 간의 관계를 구성하는 요소와 관계 유형을 규명하는 데 연구가 집중되었고, 그 관계성이 공중의 인식과 태도, 행동 등에 어떤 영향을 미치는지 확인하는 작업이 진행되었다. 이후 관계성의 개념이 PR 효과의 선행·과정·후행 변수로서 역할이 가능하다는 사실을 입증하면서 공중관계성 이론의 초석을 다지게 되었다(Ledingham, 2006).

조직과 공중 간의 관계성에 대한 정의는 다양하지만, 일반적으로 '조직과 공중의 행동이 경제적·사회적·문화적으로 상호 간에 영향을 주고받으며 만들어지는 상태'라고 규정지을 수 있다. 이러한 두 집단 간의 상태는 개방적, 신뢰적, 투자적, 관여적, 헌신적, 상호통제적, 만족성 등의 관계를 활용해서 설명할 수 있다(Bruning and Ledingham, 1999; Ledingham and Bruning,

2000; Huang, 2001). 관계성 개념 연구 결과들 중에서 대표적인 내용을 살펴보면, 초기에 퍼거슨(Ferguson, 1984)은 개방성, 만족, 상호이해 등을 제안했고, 그루닉, 그루닉과 일링(Grunig, Grunig and Ehling, 1992)은 신뢰, 상호통제, 만족, 개방성, 상호이해 등을 포함했다. 이후 혼과 그루닉(Hon and Grunig, 1999)은 그와 비슷하게 수평적 지위, 신뢰, 상호통제, 만족, 애착 등의 개념으로 조직과 공중 간의 관계성을 설명하려 시도했다. 레딩엄과 브루닝(Ledingham and Bruning, 1998)은 개방성, 신뢰, 애착, 관여도 등이 관계성을 효과적으로 측정할 수 있을 것으로 판단했다. 2000년대 들어서 그루닉과 후앙(Grunig and Huang, 2000), 조삼섭(2006)은 신뢰, 상호통제, 애착, 만족 등의 개념들이 관계성을 대변할 수 있다고 주장했고, 특히 후앙(Huang, 2001)은 이 네 가지 요인 이외에 아시아권에서 적용할 수 있는 관계성 측정을 위해서 '체면'이라는 요인을 추가로 제안하기도 했다.

2) 공중관계성의 이론적 바탕

(1) 대인 간 관계 이론

기본적으로 PR은 조직과 공중 간의 커뮤니케이션을 촉진하는 역할을 하는데, 이는 대인 간 커뮤니케이션 과정과 매우 흡사하다(Toth, 2000). PR 실무자들이 조직과 공중 사이에서 필요한 정보를 전달하며 둘 간의 소통을 촉진하고 이해하며 협조할 수 있도록 중재하는 행위가 대인 간 소통의 개념과 동일하기 때문이다. 이렇듯 PR의 조직-공중 관계성은 대인관계 이론에서 출발해서 조직과 공중 간, 조직과 조직 간으로 확대·발전된 개념이라고 할 수 있다. 따라서 공중관계성 이론의 뿌리는 대인관계에서부터 출발해서 그 개념을 살펴볼 필요가 있다.

① 나프의 관계 발전 모델

대인 간의 관계 형성부터 결별까지의 과정을 10단계로 설명하는 나프의 관계 발전 모델Knapp's relational development model은 관계 형성 및 유지 구간의 5개 단계와 관계가 청산되는 5개의 단계를 커뮤니케이션의 유형에 따라 구분지어 매우 자세하게 설명한다(Knapp, 1978). 이를 통해 상대방에 대한 커뮤니케이션의 유형에 따라 관계의 형성·발전·쇠퇴·분리 단계를 규정하며, 특정 커뮤니케이션의 빈도와 비중에 의해 대인 간 관계의 단계별 특성을 확인할 수 있게 된다.

먼저, 관계가 형성되는 구간phase of coming together에서는 시작 단계initiation, 실험 단계experimentation, 강화 단계intensifying의 과정을 거친다. 시작 단계에서는 서로의 첫인상을 형성해 나아간다. 이 시간은 매우 짧아서 길어야 15초 이내에 중요한 정보를 인상을 통해 얻게 되며, 그러기 위해 서로가 자신의 최대 장점만을 어필하는 커뮤니케이션과 행동을 보여주려고 노력한다. 그리고 이 단계에서는 외모 등의 육체적인 요인이 첫인상을 결정짓는 중요한 역할을 담당하게 된다. 시작하는 단계에서 활용되는 커뮤니케이션 방법론과 메시지는 여러 변수에 의해서 달라지는데, 예를 들어 둘 간의 관계의 유형, 시작 단계의 경험 유무, 소통의 시간, 다시 만나기까지 걸린 시간, 주변 상황이나 규범 그리고 특정 그룹 내의 다양한 규제 여부 등이 대인 간의 관계를 시작하는 데 영향을 줄 수 있다.

두 번째, 실험 단계에서는 자신 스스로를 드러냄과 동시에 상대방의 정보를 얻기 위한 탐색의 과정을 통해 서로 간의 관계를 느끼려고 노력한다. 따라서 가벼운 대화를 포함해 서로 간의 공통된 관심과 경험을 위주로 커뮤니케이션을 하면서, 유쾌하고 화기애애한 분위기에서 관계를 형성해 나간다. 나프는 대부분이 이 단계에서 관계가 더 이상 개선되지 않을 확률이 높다고 강조한다.

세 번째 단계는 상대에게서 감정적인 매력과 애착을 확인하기 위해 자신을 더 드러내는, 좀 더 구체적이고 사적인 내용 등으로 두 사람 간의 커뮤니케이션 범위가 더 넓고 깊어지는 강화 단계이다. 두 사람 각자가 강화 단계에 오기 위해 노력한 것들이 좀 더 깊어지는 관계에 도움이 될지를 스스로 확인하려는 비밀스런 실험이 진행된다고 할 수 있다. 이런 이유로 강화 단계는 실험 단계의 연장선이라고 일컫기도 한다. 한편, 이 단계에서는 점점 만나는 횟수가 증가하면서 가벼운 스킨십도 시도하고 서로에게 애칭을 부르는 등의 행동을 보이며 좀 더 두 사람 간의 관계를 더 깊게 하려는 모습을 보이게 된다.

두 번째 구간인 강화된 관계 유지 구간phase of coming together and relational maintenance은 통합 단계integration, 결합 단계bonding 등 2개의 단계로 설명된다. 통합 단계에서는 각자의 사회적 정보, 즉 친구, 자산, 생활공간 및 SNS 계정, 비밀이나 미래 계획 등을 공유하고 대화하면서 서로에 대한 애착을 견고히 하려는 모습을 보인다. 관계 형성의 마지막 단계이자 나프의 관계 발전 모델 중간 지점인 결합 단계는 둘 간의 관계를 공공연히 드러내며 서로가 서로에게 독점적인 관계임을 알리게 된다. 그래서 약혼이나 결혼과 같은 형태로 서로의 관계를 결합하게 되기도 한다. 이 단계까지 진행되어 둘 간의 관계에 만족하고 행복하다면 이혼이나 사망에 이르기 전까지는 이 관계가 지속될 가능성이 크지만 반드시 이를 보장하지는 못한다.

세 번째, 약화된 관계 유지 구간phase of coming apart and relational maintenance에서는 이질 단계differentiating와 경계 단계circumscribing를 거치며 관계의 종말을 예견하게 된다. 두 사람 간의 다른 점이 부각되고 공통된 생각들이 줄어들게 되는 이질 단계에서는 행동과 커뮤니케이션 행위에서도 함께하기보다는 각자의 방식을 선호하게 된다. 따라서 갈등이 자주 일어나기도 한다. 나프는 충분한 심호흡을 강조한 사회침투 이론을 빗대면서, 앞선 결합 단계가 짧은 시간 내에 진행된 경우에는 이질 단계에 접어들 수 있는 확률이 더 크다고 주장한다. 따라서 서로가 이질적으로 느껴질 때에는 각자의 공간에서 서로를 돌이켜보며 관계에 해가 되지 않도록 하는 노력이 필요하다고 제안한다. 경계 단계에서는 서로가 주고받는 양적·질적인 정보가 줄어들며 커뮤니케이션 자체가 매우 제한적으로 이루어지게 된다. 물론 좋아하는 감정표현이나 애착 정도가 급격히 낮아지는 경향을 보인다.

마지막으로, 관계 분리 구간phase of coming apart에서는 침체 단계stagnation, 회피 단계avoidance, 종료 단계termination를 끝으로 두 사람의 관계가 사라지게 된다. 침체 단계에 있는 커플은 각자가 이 관계에서 속박되거나 갇혀 있다는 느낌을 가지게 된다. 서로가 너무 잘 알기에 대화를 하지 않아도 상대방이 어떤 반응을 보일지가 예상되어 직접적인 커뮤니케이션보다는 상상의 대화를 하면서 소통 없이 행동을 하는 경우가 잦아지게 된다. 하지만 이 단계를 유지하는 경우도 있는데, 이는 관계를 끊는 데 따르는 고통과 손실을 피하고 싶은 심리가 크기 때문이다. 회피 단계에서는 서로가 같은 물리적 공간에서 생활함에도 불구하고 서로가 부재하고 있다고 치부하게 된다. 따라서 신체적·정신적·감정적 차원에서 둘 간의 상호작용은 무의미하게, 인식되고 때론 적대적이거나 악의적인 모습을 서로에게 보이기도 한다. 종료 단계에서는 서로가 서로에게 만족감을 더 이상 줄 수 없음을 깨닫고 둘의 관계를 끝내기를 원하게 된다. 나프는 서로가 행복하지 않다면 관계가 끝나는 것은 어쩔 수 없다고 설명하며, 이 외에도 물리적이거나 심리적인 분리로 인한 관계 종료는 언제 어디서나 일어날 수 있음을 강조한다.

이제까지 살펴본 대로, 나프의 관계 발전 모델은 4개의 구간에 10단계로 구성된 프로세스로 설명하고 있다. 항상 단계별로 순서대로 관계가 발전하지는 않지만, 만약에 몇 개의 단계를 뛰어 넘는다면 관계 형성 과정에서 상호 간의 중요한 정보나 단서들이 누락되면서 돈독한 관계의 질에 영향을 줄

그림 7-2
나프의 관계 발전 모델

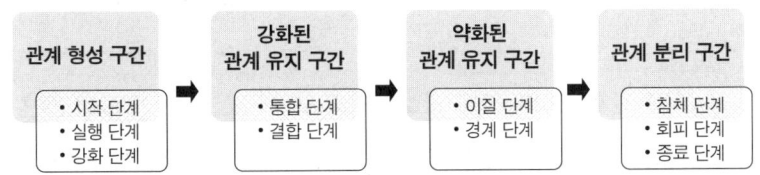

수 있는 것이다. 하지만 미디어가 고도화로 발달된 현재의 SNS 시대에는 관계 형성의 대상이나 그 범위가 이 모델이 나온 1970년대와는 비교도 안 될 만큼 다양하고 광범위해진 것이 사실이다. 또한 구간별 단계별 발전 과 정도 온라인 미디어 상황에는 적용이 힘든 경우도 있다. 예를 들어 시작 단 계에서는 외모나 인상 등이 관계 형성의 중요한 시발점이 되지만 가상인 온 라인 공간에서는 문자나 가명, 캐릭터 등을 사용하기 때문에 상대방의 얼굴 이나 인상을 확인할 수 없어 관계 형성이 상대적으로 지연되기가 쉽다. 물 론 이런 문제들이 사회적 정보 처리 이론social information processing theory 또는 하이퍼퍼스널hyperpersonal 커뮤니케이션 개념하에서는 온라인에서의 소통과 관계 형성이 오프라인에서의 면 대 면 커뮤니케이션의 효과와 별 차이가 없 다고 확인되기도 한다. 그래서 최근에는 온·오프 하이브리드 방식의 관계 형성에 대한 논의도 일고 있다. 처음 만남은 면 대 면으로 이루어지되, 그 이후의 상대방의 정보를 알기 위해 직접 커뮤니케이션보다는 페이스북 등 을 통한 프로필을 확인하고 친구 신청을 한 후 전화번호를 교환해서 문자나 단체 대화방에 초대를 하기도 하고, 서로의 SNS 계정에 코멘트를 달기도 하 면서 관계의 범위를 넓혀가는 것이다. 그리고 어느 정도 상대에 대한 매력 이 느껴지면 전화를 걸고 직접 만나 더 깊은 관계를 가지기 위한 행동과 커 뮤니케이션을 하게 되는 것이다.

② 드비토의 6단계 관계 발전 모델

개인 간 관계 형성의 또 다른 모델은 조지프 드비토Joseph DeVito에 의해 제안되었다. 드비토의 '6단계 관계 발전 모델Devito's Six-Stage Model of Relational Development'은 관계 형성과 관계 단절을 각각 3단계씩, 총 6단계로 설명한다. 먼저 '만남contact'이 그 첫 번째 단계이다. 상대방에 대한 인식이 형성되고 이 사람과 관계를 맺을지를 결정하는 단계이다. 두 번째는 '관여involvement'단계로서, 상대방을 좀 더 알아가면서 본인도 스스로를 공개하며 둘 간의 관계를 시험하게 된다. 이런 과정을 통해 서로에 대해 더 '친밀intimacy'해지는 세 번째 단계를 거치며 둘 간의 관계는 점점 견고해진다.

하지만 네 번째 단계부터는 관계가 '악화deterioration'되는 과정을 설명하는데, 이 단계에서는 두 사람의 관계가 점점 약해지기 시작하고 시간과 공간적으로 함께하는 시간이 줄어들며 서로에게 불만을 느끼는 경우가 잦아진다. 하지만 '회복repair' 단계를 통해 서로의 관계를 회복하려고 개인적으로 노력을 하게 되고, 그럼에도 회복이 되지 않으면 두 사람은 '결별dissolution' 단계를 거쳐 관계를 종료하게 된다. 이러한 일련의 과정을 큰 틀에서 보면 나프의 관계 발전 모델과 비슷한 내용을 보이긴 하지만 관계 분리 과정에서의 드비토의 모델에서 제안하는 회복 단계는 두 모델에서 볼 수 있는 큰 차이점이라고 할 수 있겠다.

나프와 드비토의 관계 발전 모델에서 제안한 대인관계 커뮤니케이션의 요인 및 변수들을 조직-공중 간 관계에 활용한 연구들이 진행되었다. 개인적인 호의성, 수용성, 유사성, 침착성의 수준을 기업의 사내 커뮤니케이션 효과에 대입한 결과를 보면, 수용적이면서 호의적인 커뮤니케이션을 한다고 직원들이 인식할수록 직상 상사에 대한 신뢰도와 만족감이 올라가는 것을 확인할 수 있었고, 상사의 커뮤니케이션이 침착하다고 인식할 경우에는 그 상사가 직원들에게 헌신한다고 느끼게 됨을 확인할 수 있었다(이유나·문

그림 7-3
드비토의 6단계 관계 발전 모델

만남 〉 관여 〉 친밀 〉 악화 〉 회복 〉 결별

비치, 2008). 이렇듯 개인 간의 커뮤니케이션 속성들은 조직과 공중 간의 관계성 연구에 기반을 마련해 주었다.

(2) 사회적교환 이론

기본적으로 대인 간의 관계는 서로에게 기대하고 교환할 만한 가치가 있을 때 형성될 수 있다. 상대방에게 기대하고 바라는 행동이나 결과에 만족하지 않는다면 관계의 필요성을 느끼지 못하고, 또한 내가 필요로 하는 정보나 자원을 상대방이 가지고 있지 않다고 판단이 되면 관계 형성의 가능성이 줄어들게 되는 것이다. 이러한 내용을 설명하는 이론이 사회적교환 이론social exchange theory, 자원의존 이론resource dependency theory, 또는 경제균형 이론economic balance theory이라고 불리는 이론들이다.

인간은 이익이 극대화되는 상황에서 주변 사람들과 관계를 맺으려고 하는 경향이 있다. 이러한 이익은 투자한 시간과 비용 대비 보상이 많을수록 더 커지게 된다. 따라서 이론에 의하면 관계가 유지되기 위해서는 자기가 얻을 수 있는 보상이 지불해야 할 비용보다 크거나 같아야만 한다. 만약에 비용이 보상보다 커지는 순간에 상대방과의 관계는 끊어지게 된다. 이처럼 마케팅 관점에서 설명되어 온 이론들이 대인커뮤니케이션 학문을 거쳐 PR 분야에 응용되어 관계성 이론의 토대로 활용되었다.

한편, 관계를 유지하거나 확대하고자 하는 심리에는 보상의 유무와 정도에 따라 달라지는데, 이러한 것을 설명할 때 자주 사용하는 개념이 바로 만족이다. 비교적 보상이 큼에도 불구하고 원래 기대했던 보상보다 작을 경우엔 관계 유지에 부정적인 영향을 미칠 수도 있다는 것이다. 기대했던 보상을 받아서 만족한 경우엔 관계가 지속되고 강화될 수 있지만 그렇지 못한 경우엔 현재의 관계를 정리하고 이를 보충할 다른 대상을 찾아 새로운 관계를 모색하게 된다.

3. 공중관계성의 전략 및 효과

PR을 이해하거나 또는 설명을 할 때 꼭 필요한 키워드는 공중public, 관계성relationship, 그리고 관리management 등이 대표적이다. PR의 가장 큰 역할이 조직과 공중 간의 관계 형성을 통해 조직의 지속 가능한 운영과 관리를 위한 커뮤니케이션 활동이라는 측면에서 공중, 관계, 관리 등의 키워드는 매우 중요한 개념인 것이다. 브루닝과 레딩엄(Bruning and Ledingham, 1999)은 이러한 조직의 운영과 관리를 위해 다양한 차원에서의 공중의 유형을 분류하고자 시도했다. 그래서 조직과 공중의 유형을 '전문적professional 관계', '대인적personal 관계', 그리고 '사회적community 관계' 등으로 나누어 설명을 했다. 또한 이러한 관계를 측정하기 위해서는 다양한 차원의 측정변인이 활용되어야 한다고 주장했다.

조직과 공중 간의 관계는 매우 역동적이고 다양한 요인에 의해서 형성되기도 하며, 또한 조직이 PR을 통해 달성하고자 하는 것과 공중이 PR로 하여금 바라는 것 등이 서로 다를 수 있기 때문에 조직-공중 간의 관계는 다양하며 항상 변할 수 있다. PR의 업무가 점점 더 다양해지고 전문화되어 가면서 공중은 조직의 PR이 자신들의 욕구나 필요를 충족하거나, 또는 문제를 해결해 주기를 바라며 전문적이고 능력 있는 신뢰가 높은 조직, 즉 전문성을 갖춘 조직과의 관계를 바라기도 한다. 때로는 따뜻하고 인간적인 소통을 통해 개인적인 관계를 맺고자 하는 대인적 관계의 성격을 띠는 관계 유형이 필요할 경우도 있다. 그리고 공중의 규모가 좀 더 큰 지역사회 차원에서 조직이 PR을 수행할 경우에는 특정 이해집단의 공중을 대상으로 할 때와는 다른 상호작용의 정도나 새로운 접근 방법이 필요한 사회적 관계의 형태로 조직과 공중과의 관계가 발현될 수도 있다. 이렇듯 조직의 유형과 이에 상응하는 관계는 공중의 태도, 의견, 행동 등에 영향을 미칠 수 있고, 그 관계가 어떻게 왜 변화하는지도 확인이 가능하게 한다.

일찍이 토스와 트루히요(Toth and Trujillo, 1987)는 관계성 측정을 위해 조직 커뮤니케이션, 경영 관리, PR 분야의 통합적 접근이 필요함을 강조했고, 이후 다른 학자들에 의해 이러한 접근법이 확대되면서 대중매체, 대인 커뮤니케이션, 조직 행동, 사회심리, 마케팅 등의 학문에서 활용하는 관계성 측정 도구를 종합해 PR 분야의 조직-공중 관계성 측정 도구를 탐색하는 연구가 활발히 진행되었다.

브룸, 케이시 그리고 리치(Broom, Casey and Ritehey, 1997)는 관계성 개념을 조직-공중 간 이론의 선행변인과 후행변인으로서의 역할을 하는 것으로 규정했다. 조직과 공중 간의 관계 필요성은 사회문화적 규범, 기대감, 자원 조달, 환경 불안 인식, 법적 필요성 등의 선행 요인에 의해서 제기되고, 이러한 조직-공중 간 관계는 조직의 목표 달성, 의존성, 일반적인 조직행동 등에 영향을 미치는 결과변인으로도 역할을 한다고 주장했다.

또한 브룸, 케이시, 리치는 이후 2000년에 이루어진 연구에서 심리치료 psychotherapy, 조직관계interorganizational relationships, 시스템 이론system theory 등을 활용해 기존의 선행변인과 결과변인으로서의 역할에 더해 중재변인으로서의 관계성 개념의 역할을 규정했다. 즉, 관계성의 개념은 조직과 공중 간의 교환, 거래, 소통, 연결 등의 역할을 통해 조직과 공중이 어떻게 관계를 형성해 나가는지에 대한 중재변인으로서의 개념으로 확대시켰다.

그림 7-4
조직-공중 관계성의 선행 및 결과변인

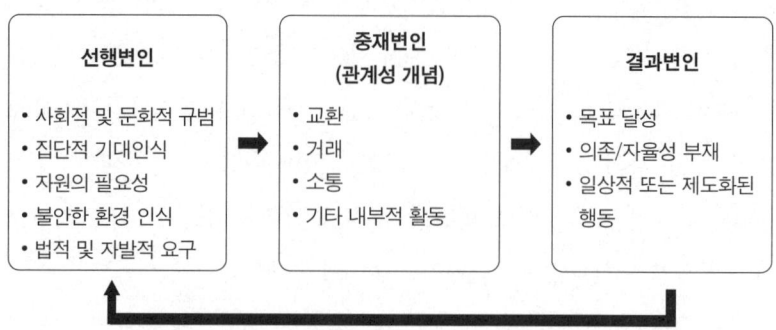

<table>
<tr><td>선행변인

• 사회적 및 문화적 규범
• 집단적 기대인식
• 자원의 필요성
• 불안한 환경 인식
• 법적 및 자발적 요구</td><td>중재변인
(관계성 개념)

• 교환
• 거래
• 소통
• 기타 내부적 활동</td><td>결과변인

• 목표 달성
• 의존/자율성 부재
• 일상적 또는 제도화된
  행동</td></tr>
</table>

그루닉과 후앙(Grunig and Huang, 2000)은 3단계 조직-공중 관계성 모델은 관계성의 형성 과정을 설명하는 변수 3가지 단계별로 구분한다. 선행변인 situational antecedents과 결과변인relationship outcomes은 앞서 브룸과 동료들(Broom et al., 1997)이 제안한 것과 거의 동일하지만, 3단계 모델에서는 이들 변인의 중간에 유지변인maintenance strategies을 추가했다. 관계성을 유지하기 위한 전략은 크게 균형전략과 불균형전략으로 나뉜다. 균형전략에는 공개성, 법적 안정성, 참여, 업무 공유, 협조/협력, 협상, 건설적 협의, 윈-윈 원칙 등이 포함된다. 반면에 불균형적인 관계 유지를 위한 전략은 분배를 통한 협상, 회피, 경쟁, 타협, 호의 등을 들 수 있다. 이러한 전략들을 통한 관계성의 질은 조직과 공중 간의 여러 결과변인들의 효과에 영향을 주는데, 이에 해당하는 변인으로서 상호통제성, 애착, 만족, 신뢰, 조직의 목표 달성 등이 활용된다.

브루닝과 레딩엄(Bruning and Ledingham, 1999)은 조직-공중 관계성의 측정 수단으로서 신뢰도, 공개성, 관여도, 투자, 헌신, 상호성, 상호통제, 상호이해 등을 활용해 관계성의 개념과 질을 확인하려는 연구를 진행했다. 이들은 PR에서 관계성 연구의 궁극적인 목적은, 조직에서 매우 중요한 전략적인 공중과의 우호적이고 장기적인 관계성을 통해, 조직의 목표를 달성하는 데에 얼마나 기여를 하는지에 대한 그 가치를 판단하는 기준을 제공하는 것에 있다고 주장했다. 이는 앞서 언급한 대로 조직-공중 관계성이 조직과 공중 간에 제공되는 정치적·경제적·사회적·문화적 혜택 정도 또는 두 집단이 얼마나 긍정적인 관련 정도로 연결되어 있는지로 설명된다는 내용과 궤를 같이 한다.

다시 말해 상호 간에 얼마나 만족하고 우호적인 상태에 있는지에 따라 관계성의 질이 달라질 수 있으며, 이러한 상태가 얼마나 지속되는지 그리고 이러한 관계가 조직의 목표 달성에 도움을 줄 수 있다는 것이다. 모든 PR 프로그램이나 활동들은 조직의 목표와 연관되어 진행되어야 하며 이러한 중심에는 조직과 공중 간의 관계성 형성, 유지, 발전이 자리를 잡고 있다는 것이다. 조직-공중 관계성이 좋은 상황에서는 조직과 공중 모두가 경험할 수 있는 혜택이 최대화될 수 있다. 공중은 조직으로 하여금 기대하는 것을 충족할 수 있고, 조직은 달성하고자 하는 목표에 조금 더 효율적으로 다가갈 수 있게 된다.

혼과 그루닉(Hon and Grunig, 1999)은 공중관계의 수준을 측정하기 위해 관계 형성의 4가지 변인과 함께 관계의 유형 2가지 변인을 제안했다. 먼저 관계 형성의 결과는 신뢰trust, 만족satisfaction. 상호통제control mutuality, 애착 commitment 등으로 구분했다. 신뢰는 서로에게 한 약속에 대해서 잘 지키는 지, 그리고 상대방의 이익을 위해 얼마나 관심을 가지고 노력을 하는지에 대한 정도로 설명할 수 있고, 그와 더불어 약속을 지키기 위한 능력이 있는 지에 대한 믿음이 포함되기도 한다. 만족은 기대보다 큰 보상을 얻음으로써 관계가 더 돈독히 되어 서로 우호적인 감정이 드는 상태로 설명할 수 있다. 그리고 상호통제는 서로가 서로에게 주는 바람직한 영향력이라고 정의할 수 있으며, 내가 하는 결정이나 조언 등이 상대방이 적절히 받아들이면 상호통제가 잘 이루어진다고 할 수 있다. 마지막으로 애착은 서로가 지금의 관계를 더 돈독하게 하고자 하는 시간과 노력을 들일 수 있을 만큼 서로에게 좋은 감정을 느끼는 정도로서, 상대방이 흠결이 있어도 이해하고 덮어주며 관계를 유지하고자 하는 상태를 일컫기도 한다.

그리고 관계의 유형은 교환관계exchange relationship과 공유관계communal relationship으로 나누었다. 교환관계는 대체로 일방적으로 어느 한쪽이 정보나 혜택을 제공받았거나 앞으로도 제공받을 것을 기대하며 이루어지는, 제로섬 방식의 이익이 이루어지는 관계 유형을 의미한다. 반면에 공유관계는 비록 돌아오는 정보나 혜택이 없더라도 서로 간의 이익이 발생할 수 있는 윈-윈 방식의 관계를 일컫는다.

이러한 공중관계성과 연관된 4가지 변인과 2가지 유형의 관계는 조직의 명성에 어떠한 영향을 미칠까? 관계 형성의 원인으로서 제안된 4가지의 변인들은 조직과 공중의 관계가 얼마나 좋은지를 나타내는 지표이기 때문에 자연스럽게 4가지 지표들이 높을수록 조직의 명성을 평가하는 공중에게 긍정적인 영향을 미친다.

그리고 조직과 공중 간의 관계의 유형이 어떤지에 따라서는 조직의 성과를 좀 더 강조하는 교환적 관계보다는 공중과 소통하며 사회적 책임을 강조하는 공유적 관계일 경우에 공중이 인식하는 조직의 명성이 더 좋아질 가능성이 크다고 할 수 있다. 아울러, 관계의 유형이 조직의 명성에 미치는 영향은 공중이 그 조직에 얼마나 관심이 많으냐를 나타내는 관여도가 높을 때 공유적 관계의 영향력이 더 구체적이고 확대되는 경향을 보인다(이정화·차희원, 2008). 이는 공중과의 관계를 형성하고자 할 경우엔 관여도가 높은 전략적 공중에겐 단순한 교환관계를 포함해 서로 윈-윈할 수 있는 쌍방향의 공유관계를 함께 유지해 나가는 것이 조직의 장기적이고 우호적인 명성 구축이 가능하다는 것을 반증하는 것이다.

4. PR과 조직의 명성

명성의 개념은 1990년대 이후 지금까지 비슷한 내용으로 정리되어 왔다. 조직이 수행한 오랜 기간 동안의 활동과 그 성과에 대해 다양한 내외부 공중이 인식하고 있는 총체적이고 종합적인 평가가 명성의 개념으로 자리 잡고 있다. 아울러 이러한 조직의 명성은 조직과 공중 간에 서로 매력과 애착, 신뢰 등의 요인들과 매우 밀접한 관계가 있는 것으로 밝혀지고 있다. 따라서 명성의 개념을 구성하는 핵심 요인으로 사회적 기대감, 기업의 개성과 정체성, 그리고 공중의 신뢰 등을 가장 꼽기도 한다(Berens and Riel, 2004).

이러한 측면에서 봤을 때 명성 관리는 PR 및 공중관계성과 매우 깊은 연관성이 있음을 알 수 있다. 명성의 정의에서 중요한 키워드가 PR과 공중관계성의 개념과 맞닿아 있기 때문이다. PR커뮤니케이션은 광고와는 달리 단기간에 목표를 달성하기보다는 장기간의 커뮤니케이션을 통해 목표에 다가가는 호흡이 긴 개념임과 동시에, 내외부 또는 직간접 공중과의 끊임없는 소통을 통해 조직의 성과와 정체성을 그들에게 알리는 활동이 바로 조직의 명성과 연관된 맥락에 있다고 할 수 있다. 아울러, 공중관계성의 결과로서 조직과 공중 간 신뢰, 애착, 매력 등이 PR의 효과라는 측면에서 명성의 그 결과물과 매우 비슷한 내용으로 다루어지고 있다.

국내에서는 명성[1]이라는 개념에 관심을 가지기 시작한 1990년대 이래 평판으로 지칭되기도 했으며, 더 나아가 이미지,[2] 정체성,[3] 브랜드 자산[4] 등과

---

1   조직에 대해서 공중이 가지는 호감, 신뢰, 차별성, 충성도 등을 기반으로 하는 호의적 감정으로서 오랜 시간 동안 이루어진 적극적인 평가 또는 애착을 말한다.

2   공중이 조직에 대해 가지는 인지나 인상 등과 같은 태도적인 측면으로서 수동적으로 평가하고 비교적 최근에 형성된 것을 일컫는다.

3   조직의 존재성을 부각시키기 위한 철학, 가치, 의미, 개성 등을 통칭해 종합적으로 보여주는

표 7-1

명성과 이미지 비교

명성	이미지
• 오래 축적된 인상에 대한 가치 판단	• 가장 최근의 인상
• 객관적·적극적 평가	• 주관적·수동적 평가
• 지속적 유지	• 쉽게 변화 가능
• 조직 구성 요인들에 대한 평가의 총합	• 브랜드별, 상품별 복수의 이미지 가능
• 이미지 개념의 후행 요인	• 명성 구축의 선행 요인
• 장기간에 걸친 구축	• 단기간에 형성 가능
• 감정, 정체성, 성과, 커뮤니케이션 등 직접 경험을 통해 주로 형성	• 광고, 이벤트, 언론 보도 등 간접경험을 통해 주로 형성
• 애착, 매력, 신뢰 등의 감정 표출	• 선호, 호감 등의 감정 표출
• 공중의 평가를 통해 드러나는 방식	• 조직 스스로가 드러내는 방식

비슷한 개념으로 혼용되어 사용되기도 했다. 이미지가 좋으면 명성 구축에 도움이 되고, 브랜드 가치와 명성은 조직의 정체성과 연관성이 높다는 식으로 서로 간의 상호연관성이 있음을 강조하며 비슷하거나 같은 개념으로 설명되어 온 것이 사실이다. 특히 명성의 개념과 가장 혼용되어 사용되어 온 것이 바로 조직 또는 브랜드의 '이미지'이다.

하지만 명성의 개념과 이미지와는 그 개념과 형성 과정, 그리고 효과 등의 차원에서 다른 점이 두드러진다. 우선 조직의 명성은 장기간에 걸쳐 공중에 의한 객관적이고 적극적인 평가를 통해 얻어진 조직의 총체적인 인상 및 가치를 의미한다. 그리고 조직과 공중 간의 직접적인 경험을 통해 애착, 신뢰 등의 감정으로 형성되는 명성은 오랫동안 지속되는 경향을 보인다. 이렇게 형성된 명성은 위기관리, 공중관계 등에 영향을 주며 조직의 지속 가

조직의 자화상으로 볼 수 있다.

4 소비자가 상품의 이름이나 상징과 같은 브랜드에 대해 기꺼이 값을 주고 구매하려고 하는 의지와 가치의 정도로서, 소비자가 느끼는 혜택의 일종이다.

능한 관리에 도움을 준다고 할 수 있다. 한편, 이미지는 단기간에 형성이 가능하고 조직 내 브랜드 및 상품별로 다양한 이미지를 활용할 수 있다. 일반적으로 미디어를 통한 간접적인 경험을 통해 즉흥적이고 수동적인 평가를 통해 이미지가 형성되기 때문에 오래 지속되기 어렵고 또 쉽게 변화될 가능성이 높다. 하지만 호감도나 선호도 제고를 통한 단기간의 마케팅 전략 차원에서는 효과적일 수 있다. 이런 측면에서 봤을 때 명성은 주로 PR에 의해서, 이미지는 광고를 통해 형성될 수 있다고 볼 수 있겠다.

일반적으로 명성 연구는 이전의 몇 가지 단계를 거쳐 진화해 왔다. 초기에는 명성의 구성 요인과 측정 방법을 탐색하는 연구가 주를 이루었고, 1950년대에는 이미지 연구 단계, 1970년대 이후에는 조직 정체성과 커뮤니케이션 연구 단계, 그리고 1990년대에 이르러서는 조직의 브랜드와 명성에 대한 연구가 본격적으로 진행되었다(Baller, 1997). 한편, PR과 연관된 연구는 매체활용성, CSR, 이슈 및 이기관리 등에서 조직의 명성 연구가 주로 진행되었다.

경영이나 마케팅과 같은 비즈니스 분야에서 활용하는 명성지수reputation quotient의 구성 요소는 매우 다양하다. 여러 명성지수들이 활용하는 공통적인 요인에는 조직의 경영 혁신과 CEO의 비전과 리더십, 조직원의 능력과 그들의 근무 환경, 제품과 서비스의 질, 재무 성과와 재무 건정성, 그리고 사회적 책임과 소비자들에 대한 감성적 소구 등이 포함된다(Lewis, 2001; Caruana, 1997; Fombrun, 1996). 이 중에서 사회적 책임과 소비자 소구를 제외하고는 대부분 경제적이거나 시장 차원의 요인들을 활용해서 조직의 명성을 측정하고 있는 상황이다. 그래서 명성지수의 요인에 대해서 시장과 경제 측면 이외의 정치사회적·규범적 요소, 윤리와 여론 등과 같은 조직운영에 관여하는 다른 요소들과 함께 공중과의 커뮤니케이션 또는 관계 등도 고려되어야 한다는 지적이 제기되었다(Berens, Rial and Gruggen, 2005; Fombrun

그림 7-5
조직명성 측정의 구성 요인

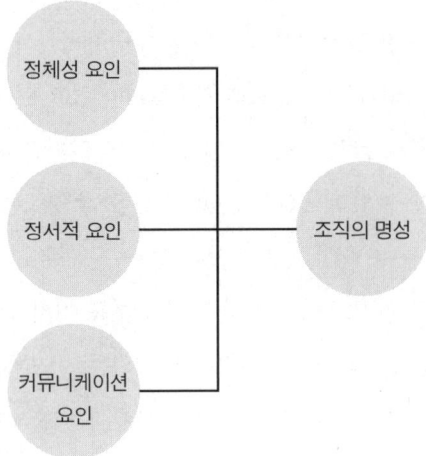

and Riel, 1997).

이러한 차원에서, PR 측면에서 보는 조직의 명성지수는 조직의 경영 성과와 비전, 리더십 같은 요인과 함께 커뮤니케이션이나 사회적 책임 등의 요인들을 더 강조하며 명성을 측정하는 구성 요인을 크게 3가지로 구분해서 설명한다. 첫 번째가 조직의 정체성 요인, 두 번째가 조직의 정서적 요인, 그리고 세 번째가 조직과 공중 간의 커뮤니케이션 요인이다. 정체성 요인에는 그 조직의 철학이나 문화, 그리고 경영의 성과, 최고지도자의 리더십, 사회적 책임활동 등이 포함된다. 정서적 요인은 그 조직이 공중에게 비쳐지는 감정적 차원으로서, 그 조직이 얼마나 친숙하고 진실되고 존경할 만한지 등에 대한 공중이 내리는 판단으로 구성되어 있다.

이러한 공중의 감정 판단에 가장 큰 영향을 미칠 수 있는 명성을 구성하는 마지막 요인은 바로 커뮤니케이션 요인이다. 여기에는 공중이 조직으로부터 보고 듣고 경험할 수 있는 요인들이 포함되어 있다. 예를 들어 시각적 로고나 심벌, 뉴스 보도, 정보 제공, 입소문, 이미지, 위기관리, SNS 소통 등의 쌍방향 커뮤니케이션을 얼마나 적극적이고 투명하게, 진정성 있게 하는가가 명성을 상승시키는 데는 매우 중요하다. 이러한 활동들은 대부분 PR 커뮤니케이션을 통해 이루어질 수 있는 요인으로서, 커뮤니케이션 요인에 좋은 결과가 나오면 공중으로 하여금 조직에 대한 좋은 감정에 영향을 주어 정서적 명성요인에도 긍정적인 영향을 미칠 수 있다.

명성을 구성하는 3가지 요인들은 서로 상호작용을 일으키며 조직의 명성에 영향을 미친다. 특히 커뮤니케이션 요인에 해당하는 긍정적 언론 보도, 퍼블리시티, 이슈 및 위기관리, PR 전문 인력 확보 등과 같은 대부분의 PR 커뮤니케이션 활동들이 조직의 명성에 유의미한 영향을 준다(차희원, 2004). PR커뮤니케이션 활동이 조직의 명성에 영향을 주는 요인은 이 외에도 언론과의 역학관계, 조직과 공중 간의 관계성 등을 들 수 있다. 이러한 PR 활동들이 장기적으로 누적되면서 호의적인 조직명성을 구축하고 유지하고 발전시키는 데에 핵심적인 역할을 할 수 있다(Grunig, 1993) 이와 같이 조직의 무형 자산인 명성을 구축하고 유지하려면 PR커뮤니케이션을 통한 공중관계성을 관리해야 한다. 이를 위해서 조직은 어떤 공중과 어떻게 무엇을 커뮤니케이션할 것인지에 대한 매뉴얼과 계획을 세워놓고, 위기나 이슈관리, 사회적 공헌 등과 같은 조직의 명성을 관리하는 선제적이고 적극적인 활동을 하는 것이 매우 중요하다고 할 수 있겠다.

5. PR과 명성 연구

1) PR의 공중관계성과 명성의 연관성

역사적으로 명성에 대한 개념이 미국의 경제잡지 ≪포춘≫지에서 매년 발표하는 "세계에서 가장 존경 받는 기업들The World's Most Admired Companies"이라는 기업 목록을 계기로 미국 국민들 사이에서 인지되기 시작된 것인 만큼, 명성에 대한 개념과 역할은 비즈니스적인 차원에서 기업의 경영이나 마케팅의 수단이자 자산이라는 인식이 강했다. 실제로 ≪포춘≫지의 리스트에 있는 기업들에 대한 평가는 기업과 공중 간의 정서적 요소나 커뮤니케이션 요소 등은 배제한 채 경영진들에 대한 평가만을 반영하는 것이라서 정작 공중으로부터 인정받는 명성이 아닌 기업 내부의 경영평가에 불과하다는 문제가 제기되었다. 이에 경영이나 마케팅, 또는 비즈니스 성격을 띤 시장 영역 이외에도 커뮤니케이션이나 고객관계 등과 같은 비시장 영역이 포함되어 평가되어야 한다는 지적이 일었다.

일반적으로 명성과 공중관계성을 구분하자면, 조직의 명성은 인지적 차원의 개념인 반면, PR에서의 조직-공중 관계성은 실체적이고 경험적인 것으로, 행동에 기반한 행위적 개념이라고 할 수 있다. 이러한 PR과 명성과의 관계를 고려한다면 어느 한 조직의 명성 관리는 PR 활동과 매우 높은 연관성을 가지고 있다고 할 수 있다. PR의 정의에서 중요한 키워드는 '조직과 공중 간의 상호호혜적 관계', '전략적 커뮤니케이션', 그리고 '지속 가능한 경영 관리' 등을 꼽을 수 있는데, 이 중에서 경영 관리라는 측면에서 조직명성이 가지는 역할이나 가치를 고려했을 때 PR과 경영 및 마케팅 등과 연관성이 매우 높음을 알 수 있다. 이러한 논란들 이후에 미국에서는 명성에 대한 정의와 개념, 명성지수 측정 방법, 그리고 효과에 대한 연구들이 커뮤니케이션 분야에서 활발히 진행되었다(Deephouse, 2002).

초기의 명성에 대한 개념은 브랜드나 이미지 등과의 차별화를 시도하면서 정의되었다. 그래서 명성의 정의를 기업과 연관되어 있는 다양한 공중에게서 표출되는 하나의 총체적 매력, 다시 말해 집단적으로 평가되고 공유되는 공통된 하나의 무형적 개념이라고 설명했다(Fombrun, 1996). 이는 각 공중이 조직에 대해서 연상하는 개인의 연상들이 공중 사이에서 구전이나 미디어를 통해서 집단적으로 공유되며 하나의 명성으로 귀결되기도 했다.

하지만 여러 공중이 기업과의 경험이 각기 다르고 그 기업과의 관여도나 문제 의식 등의 차원에서 다를 수 있기 때문에 기업은 하나의 명성을 가지기보다는 여러 형태의 명성을 가질 수 있음을 지적하기도 했다(Bromley, 2000). 이러한 논의와 지적을 바탕으로 PR학자들은 기업에 대한 각 공중의 연상을 평균화한 총체적 명성 개념 대신에 개별적으로 인지된 연상을 측정하는 방법을 제안하기도 했다. 기존의 집단적 연상이 총체적 명성의 개념으로 활용되었다면, 앞으로는 각 공중이 어느 조직에 대해 다양한 속성별로 인지하고 연상하는 인지적 명성을 활용하자는 것이다. 이를 위해 개인별로 조직에 관한 사물, 행위, 속성, 행위, 평가 등의 차원을 분석해서 조직의 인지적 명성을 설명하고자 했다(Grunig and Hung, 2002). 일차원적인 명성지수가 아닌 다차원적인 명성지수를 측정하는 방법에 대한 다양한 연구들이 다음과 같이 진행되었다.

허튼과 동료들(Hutton et al., 2001)의 연구 결과에 따르면 조직의 PR커뮤니케이션을 담당하는 부서의 기능, 예산, 활동비용 등이 조직의 명성 구축에 기여를 하는 것으로 밝혀졌고, 이처럼 기업 철학에 바탕을 둔 PR 활동이 결국에는 명성 관리와 연결되었다. 한 조직의 훌륭한 명성이 다른 경쟁 조직과 차별화되어 있으며 우월하다는 인식을 갖게 하는 데 기여하고, 아울러 공중의 지지를 획득할 수 있으며 위기 상황 시에는 완충 역할을 할 수 있다는 점에서, PR 활동이 조직의 명성을 구축하고 제고하는 데에 매우 중요한 역할을 하는 것이다.

한편으로는 PR의 공중관계성 개념이 PR의 본질을 대변하는 것인지, 아니면 조직의 이미지와 명성을 위한 하나의 수단인지에 대한 논란이 일기도 한다. 특히 PR이 관계성 이론을 통해 학문적 위상을 찾아가는 시기에 조직-공중 관계성을 이미지와 명성 관리를 위한 도구로 활용하는 연구가 많이 진행되면서 명성 관리가 PR의 또 다른 이름이 아닌가 하는 자조적인 이야기가 나오기도 한 것이다. 하지만 이러한 지적은 그만큼 PR과 명성 간에 매우 밀접한 관련이 있다는 걸 반증하는 것이기도 하다. 실제로 후기엠스트라(Hooghiemstra, 2000)는 퍼블리시티를 통한 많은 노출과 평상시의 이슈관리 및 위기관리, 그리고 주요 공중을 대상으로 하는 적절한 사회적 책임활동 등의 PR커뮤니케이션을 통한 공중관계 관리는 조직의 이미지는 물론 조직의 명성을 견고히 할 뿐만 아니라, 조직을 둘러싼 쟁점이 있을 경우 조직의 명성을 보호하고 훼손을 예방함으로써 공중과의 관계를 돈독하게 할 수 있음을 주장했다. 이는 PR 활동이 조직의 명성과 얼마나 밀접한 연관성이 있는지를 설명하고 있다.

2) PR 분야에서의 명성 연구

학문과 연구의 목적은 '어느 영역에서 일어나는 문제를 해결하기 위한 이론을 창출하는 것'이라고 한다(LittleJohn, 1995). 이런 측면에서 PR학문은 경영, 마케팅, 광고, 저널리즘 등 유사하거나 중첩되는 학문 분야와의 충돌에 마주하며 성장한 학문이라고 할 수 있다. 이 과정에서 PR이라는 명제에 대한 가치관과 정체성을 형성하기 위해 많은 연구들이 진행되면서 다양한 이론들이 활용되고 새로운 이론들이 제안되기 시작했다.

PR만의 가치를 역할과 기능 규정에서 찾으려 노력한 PR 4 모델을 시작으로, 이러한 모델의 성과를 바탕으로 하는 PR의 우수이론excellence theory이 탄생하게 되었고, PR의 정체성을 부여해 준 공중관계성 이론 등 또한 PR학문의 견고한 토대를 마련해 주었다. 우수이론은 조직-공중 관계성을 활용한 관계경영이 PR과 마케팅의 중요한 개념으로 자리를 잡으면서 많은 관심을 받게 되었다. 또한 공중과의 관계는 PR뿐만 아니라 경영과 마케팅 분야 등에서 연구의 화두가 되었다. 이를 계기로 관계경영의 역할을 PR이 수행하면서 PR의 기능이 명확해졌고, 조직의 목적 달성 여부 평가에 PR의 기여평가 기준이 마련되었으며, PR 전문가가 최고경영진dominant coalition에 포함되는 기회가 많아졌다. 한편, 공중관계성의 역할과 관련해 조직의 명성 증진에 기여할 수 있다는 연구들이 우수이론을 통해서 가설을 증명해 보이기도 했다.

관계성 이론은 레딩엄과 브루닝(Ledingham and Bruning, 1997)은 기존의 관계성 이론과 관계 마케팅 등에서 활용된 관계성 측정 요인들을 종합해 5가지로 요약했다. 신뢰, 공개, 관여, 투자, 헌신 등이 바로 그것이다. 이러한 요인들은 결국 소비자들의 만족에 영향을 주는 요인들로 밝혀져 소비자 및 공중과의 관계성 수준을 파악하는 데 많이 활용되었다.

이후 상황적 위기 커뮤니케이션 이론과 같은 위기 커뮤니케이션이나, 헬스 커뮤니케이션, 사회적 책임활동 등의 전략 커뮤니케이션 분야에서 다양한 이론들이 제안되며 활발한 연구가 진행되고 있는 상황이다. 이처럼 PR학문의 영역과 역할 등에서 PR만의 가치와 정체성을 가지고 그 중요성을 넓혀하고 있는 것이다.

PR학문의 명성에 관한 연구는 공중과의 관계성, 이슈 및 위기관리, 사회적 책임활동CSR, 그리고 공공PR이나 기업의 이미지 등의 분야에서 주로 이루어지고 있다. 물론 명성의 개념 연구와 구성 요인들에 관한 연구도 진행되었지만 커뮤니케이션 활동 요인을 제외하면 대부분 기업 철학, CEO, 경영 성과, 브랜드 및 인적 자산 등 기업 정체성이나 경영 관련 요인들이 대부분이어서 PR 분야보다는 경영이나 마케팅 학문 분야에서 더 관심 있게 진행되는 연구라고 할 수 있을 것이다.

PR 분야에서 다루어진 명성 연구들의 특징은, 특정 영역에서 명성 연구가 진행되기도 했지만 한편으로는 여러 영역을 아우르는 연구도 적지 않게 수행되었다는 것이다. 가령 위기 상황 시 조직의 CSR 활동이 조직의 명성에 미치는 영향 연구, 조직의 이미지와 공중관계성 그리고 조직의 명성이 위기관리 효율성에 미치는 영향 연구, 또는 CSR 활동과 공중관계성 그리고 명성 간의 관련성 연구 등이 바로 그것이다. 이런 연구들의 연장선상에서 차희원(2011)은 커뮤니케이션 요소(정보원, 신뢰, 메시지 수용, 커뮤니케이션 분위기 등)들이 기업명성에 어떻게 실질적으로 영향을 미치는지를 알아보는 연구를 통해, 기업이 공중과의 적극적이고 좋은 분위기 속에서 커뮤니케이션 메시지가 원활이 진행될 경우 고객들과의 관계를 우호적으로 유지할 수 있고, 그것이 결국에 기업의 명성에 긍정적인 영향을 미친다는 것을 확인했다. 이는 커뮤니케이션의 특성, 즉 공중이 조직의 메시지를 수용하는 정도와 상호 간의 커뮤니케이션 분위기에 따라 기업의 명성이 좌지우지될 수도 있을 뿐만 아니라 조직과 공중 간의 관계성의 질 또한 조직의 명성에 영향을 미친다는 것을 확인한 결과이다.

조직의 명성에 대한 연구는 PR영역의 확장 맥락에서 바라볼 수 있다. 초창기의 명성 연구가 마케팅학적·사회학적·심리학적 등의 차원에서 이루어지다가 PR 측면에서도 볼 필요가 있음을 인지하게 된 계기는 공중관계성이나 우수이론과 같은 이론들이 있었기 때문이다. 공중관계성은 관계경영과 매우 유사하며 우수이론은 조직의 생태학적 관리와 결을 같이하는 면이 많기 때문이다. 나아가 조직의 위기관리와 시민사회의 구성원으로서의 조직이 무엇을 해야 할지에 대한 고민이 커지게 되면서 위기 커뮤니케이션과 사회적 책임활동 등에 대해서도 PR 측면에서 심도 있게 다루어지고 있다. 이제부터는 PR에서 다루어지고 있는 명성의 연구들이 다양한 PR 분야에서 어떻게 진행되어 왔는지에 대해서 정리를 해볼 예정이다.

(1) 공중관계성과 명성 연구

명성의 개념이 경영학이나 마케팅학 분야의 전유물로 여겨졌던 이유는 명성을 한 조직의 자산으로만 평가하고 관리했기 때문이다. 물론 조직의 명성은 그 조직의 유형 및 무형 자산에 포함된다. 하지만 자산으로서의 명성은 그 조직의 성과나 경영의 결과로만으로 볼 수는 없다. 왜냐하면 조직의 명성은 관련 공중과의 적극적인 커뮤니케이션을 통해 우호적인 공중관계성을 오랫동안 장기적으로 유지해야만 비로소 구축될 수 있기 때문이다. 한편, 조직의 명성이 그 조직을 구성하고 대표하는 상품, 브랜드, 서비스, 종업원 등이 관련 공중에게 표출하는 총체적인 매력이라고 보았을 때, 그 공중과의 커뮤니케이션이 얼마나 진정성이 있는지, 활발히 진행되는지, 장기간에 걸쳐 지속적으로 관리되는지 등에 따라 조직의 명성에는 많은 영향을 끼치게 된다(Gotsi and Wilson, 2001; Fombrun, 1996).

일찍이 그루닉(Grunig, 1993)은 조직과 공중 간의 상징적 또는 행동적 관계를 통해 조직의 명성을 계속 쌓아나가게 된다고 주장했고, 그 외에도 커뮤니케이션 활동을 통한 우호적인 조직-공중 관계성은 조직에게 긍정적인 구전효과를 일으키며 결국엔 명성에 실질적으로 좋은 영향을 미칠 수 있다는 많은 연구들이 진행되었다(Hong and Yang, 2009; Yang, 2007).

조직-공중 관계성이 조직의 명성에 영향을 미치는 것은 확실하지만 공중관계성 이론에서 제안하는 공중관계성에 대한 결과 차원의 요인들 모두가 조직의 명성에 영향을 미치는 것은 아니다. 혼과 그루닉(Hon and Grunig,

1999)의 관계 형성의 4가지 변인과 관계유형의 2가지 요인 중에서 중에서 애착·만족·신뢰 관계가 형성되어 있고 서로 공유적 관계라고 인식을 하면 조직의 명성에 긍정적인 영향을 주는 것으로 나타났지만, 나머지 상호통제성 요인과 교환적관계 요인은 조직의 명성에 영향을 미치지 못하는 것으로 나타났다(이정화·차희원, 2008). 한편 이슈에 대해서 공중이 인식하는 공중프레임이 이러한 결과를 조절할 수 있는데, 예를 들어 조직-공중 간의 관계성이 좋고 특정 이슈를 공중이 경제프레임으로 받아들이는 경우엔 전반적으로 조직의 명성을 높게 평가할 수 있다는 것이다.

PR학에서의 공중관계성의 개념은 경영학에서의 관계경영의 개념과 비슷한 면이 많다. 공중관계성으로 인해 PR이 그 역할의 중요한 변화와 함께 정체성을 구축할 수 있었고, 관계경영을 통해 이제까지의 4P product, price, place, promotion에서 벗어나 조직의 경영에도 새로운 활력을 찾았기 때문이다. 먼저 PR의 효과를 단순 보도자료 배포나 공중의 설문을 통한 효과 분석이 아닌 공중과의 관계성을 통해 파악함으로써 PR의 역할을 규정할 수 있게 되었다. 이로 인해 PR의 기능이 전략적인 차원으로 발돋움하며, 4P 중 하나인 프로모션 기능만을 담당하는 것이 아니라 공중과의 관계를 형성·유지·관리하는 총체적인 기능으로서의 PR만의 정체성을 확보할 수 있게 되었다. 다시 말해 공중관계성 개념은 PR이 무엇인지, 어떤 기능과 가치를 가지고 있는지, 사회 내에서 조직과 공중에게 PR이 어떤 혜택을 줄 수 있는지에 대한 방향성과 함께 PR의 정체성을 구축하는 데 큰 역할을 한 것이다(Ehling, 1992). 이로 인해 조직 내에서의 경영 이념이나 목적뿐만 아니라, PR의 목표, 실행, 평가 등 대부분의 전략들이 관계성을 중심으로 수립되고 진행되었다(Ledingham and Bruning, 1998).

그림 7-6

변수로서의 공중관계성과 명성의 효과

① 독립변수로서의 관계성

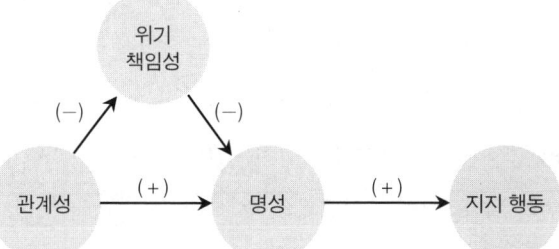

② 독립변수로서의 명성

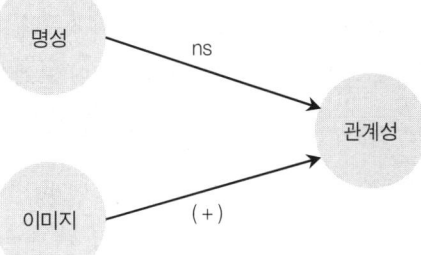

③ 상호작용 효과(관계성과 명성)

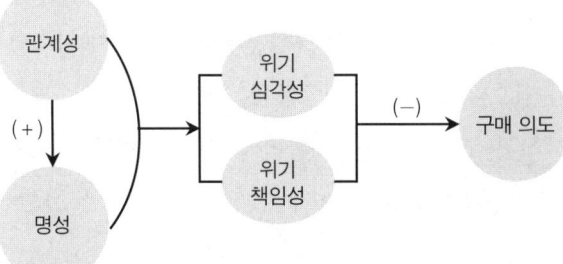

(2) 위기 커뮤니케이션과 명성 연구

위기 커뮤니케이션 분야에서의 명성 관련 연구는 명성의 개념을 독립변수나 종속변수, 또는 매개나 조절변수로 다양하게 활용되면서 진행되어 왔다. 예를 들어 조직의 명성이 위기 시에 어떤 영향을 미치는지, 위기 대응 전략들과의 상호작용 효과는 어떠한지, 위기 대응 메시지 및 전략의 유형에 따라 조직의 명성에 어떠한 영향을 끼치는지 등의 연구들에 명성 개념은 자주 등장한 변수이다. 이런 차원에서 공중관계성과 명성은 브랜드 가치brand equity, 정체성identity, 조직의 존귀성prestige 등과 함께 위기 연구에서 자주 활용되는 변수들 중에 하나라고 할 수 있다(Fearn-Banks, 1996).

먼저 위기 시 공중관계성은 조직의 위기책임성과 조직의 명성 훼손에 부(-)적인 영향을 미치게 된다. 즉, 공중과의 우호적인 관계를 가지고 있는 조직이 위기를 맞았을 때 공중이 인식하는 그 조직의 책임은 적어지게 되고, 그 조직의 명성 훼손은 적어진다는 것이다(Coombs and Holladay, 2001). 좀 더 구체적으로 살펴보면, 조직과 공중이 두터운 신뢰 관계를 형성하고 있으면 위기 상황에서 협상을 통해 분쟁 해결의 가능성이 높아지는 등 관계성의 수준은 조직 위기책임성의 정도, 협상, 평가 등에 영향을 미치게 된다.

그렇다면, 공중관계성과 조직의 명성이 위기 상황 시에 각각의 역할에 어떠한 차이가 있으며 또 어떠한 상호작용을 하는 것일까? 기본적으로 공중과의 관계성과 조직의 명성이 위기관리에 미치는 영향에 대해서는 관계성이 좋고 명성이 높을수록 위기관리에 효과적이라고 할 수 있다. 하지만 각각의 개념의 역할과 효과는 조금 다를 수 있다(한정호·조삼섭, 2009). 먼저, 위기 상황에서 공중이 느끼는 위기책임성을 감소시키는 데에는 관계성이 명성보다 더 효율적으로 작용한다. 오히려 명성은 공중으로 하여금 위기책임성 인식을 더 증폭시키는 역할을 한다. 공중은 기업의 명성이 좋은 조직일수록 위기책임성이 높다고 인식하는 경향이 있고, 관계성이 좋은 조직일수록 위기책임성이 낮다고 인식한다는 것이다(Coombs, 2012). 예를 들어 최고의 제품과 서비스, 유명한 브랜드를 보유하고 있는 높은 명성의 기업이 위기에 처했을 때 공중은 '이런 기업이 어쩌다가 이렇게 되었을까?'라며 배신감을 느끼거나, 명성 높은 기업일수록 책임감을 더 가지고 위기에 대처하라는 노블리스 오블리주를 주문하는 경향이 큰 것을 볼 수 있다.

게다가 위기에 대한 조직의 위기심각성 인식에도 공중관계성과 조직의 명성은 각기 다른 영향을 미치기도 한다. 제한적인 영향을 미치는 기업명성과는 달리 공중관계성은 위기의 심각성에 정(+)적인 영향을 끼치는 것으로 나타났다. 이는 공중관계성이 좋은, 즉 신뢰와 만족, 친밀 등의 감정을 가지고 있고 쌍방향 소통 등을 통해 서로 잘 이해하는 조직이 위기에 처했을 때는 공중이 이 위기로 인해 그 조직이 심각한 경영난에 처해 있거나, 나아가 사회와 국가경제에 악영향을 미칠 것을 염려하는 차원에서 나타나는 공중의 반응이라고 보면 타당할 것이다.

여러 공중관계성과 명성 연구의 결과를 분석해 보면, 관계성 변수는 독립변수로서 명성에 긍정적인 영향을 주며, 위기 시에는 위기책임성을 완화시켜주는 역할을 하는 것으로 드러났다. 하지만 명성 변수는 관계성 변수에 직접적인 영향을 주지는 못했다. 다만, 비록 명성 변수가 독립변수로서의 영향을 주지는 못하더라도 관계성 변수와의 상호작용을 보이며 위기심각성과 위기책임성에는 영향을 끼치는 것으로 확인되었다.

이러한 공중관계성과 명성이 위기 상황에서 보이는 영향을 정리해 보면, 전반적으로 위기 상황 시에는 조직의 명성보다는 공중관계성이 더 큰 역할을 한다는 것을 알 수 있다. 그 이유는 관계성과 명성이 밀접한 관련이 있기는 하지만 두 개념이 정 반대의 속성을 가지고 있기 때문이다. 명성은 공중이 조직에 대해서 느끼고 기대하는 평가에 대한 인식으로서 인지적 차원의 속성이 강한 반면에, 관계성은 오랜 기간 실제적인 경험과 행동을 기반으로

해서 만들어지는 행위적 차원의 속성이 강하다. 따라서 위기 상황에서 더 쉽게 귀인 또는 행동으로 변환되는 것은 명성보다는 관계성이 더 크게 작용을 하기 때문으로 해석할 수 있을 것이다.

이러한 측면에서 볼 때, 위기 상황 시에는 추상적인 이미지나 인지적 개념의 명성보다는 공중과 오래 동안 쌓아온 신뢰, 만족, 애착, 소통 등과 같은 관계성을 통해 위기를 관리하는 것이 더 현명한 방법일 것이다. 다시 말해, 조직이 공중과의 관계를 얼마나 오랫동안 지속적으로 관리를 했는지 (relationship history)가 위기 상황에서 그 조직의 명성과 자산 등의 유무형의 가치를 보호하는 데 매우 중요한 역할을 할 수 있다고 보는 것이다(Coombs, 2000).

(3) CSR과 명성 연구

조직의 명성을 측정하는 여러 방법론들이 활용하는 요인들 중에 반드시 들어가는 요인이 바로 조직의 사회적 책임활동이다. 이러한 사회적 책임활동은 CEO를 비롯한 조직 구성원들의 윤리적인 태도와 성과를 포함해, 조직을 넘어선 사회 및 국가, 그리고 세계의 환경을 생각하며 지속 가능한 조직의 운영이 가능하게끔 하려는 의지와 실천을 아우르는 개념이다. 기업은 한 사회를 구성하는 경제적 구성원으로서의 이윤을 창출하는 역할뿐만 아니라 '기업시민corporate citizenship'이라는 차원에서 관련 공중에게 사회적 책임을 보여주면서 공중과의 우호적인 관계와 이미지를 구축함으로써 비로소 기업의 명성을 구축할 수 있다. 따라서 CSR 분야에서는 기업이 기업시민으로서 그 조직의 정당성을 확보해 나가기 위한 수단으로 CSR를 활용하는 추세이며, 이러한 CSR 활동들이 조직의 명성에 어떻게 기여를 하는지에 많은 연구들이 진행되었다.

CSR 활동을 하는 궁극적인 목적 중 하나는 관련 공중, 특히 조직의 이해

그림 7-7

변수로서의 SCR과 명성의 효과

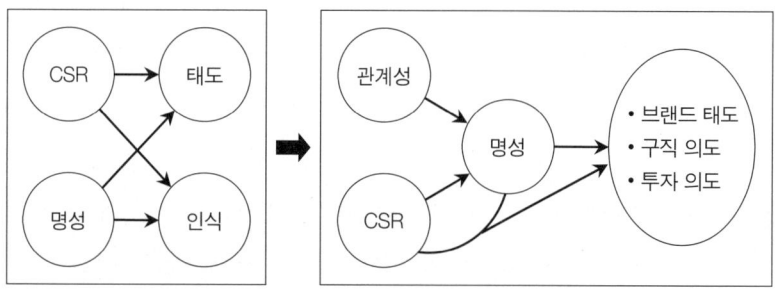

관계자와의 관계를 우호적으로 형성하기 위해서이다. CSR은 공중이 조직에게 바라고 기대하는 바에 대해 사회적 책임을 가지고 이타적인 행동을 함으로써 조직의 정당성, 사회 기여도, 그리고 상호호혜적인 관계를 만들고 이미지와 명성을 쌓아가기 위한 과정이라고 할 수 있다. 이러한 과정들은 경제적인 이윤 추구와 관련이 없는 이타적인 기부금 협찬, 자원봉사, 공익 사업 등과 같은 사회적 공헌 활동 등의 모습으로 표출되며, 이해관계자를 넘어 소비자, 지역사회, 언론, 비영리단체 등의 다양한 공중과의 관계를 형성해 나아갈 수 있다(Maignan and Ferrell, 2004).

이타주의적 동기에 의해서 진행된 사회공헌활동은 조직과 공중의 관계성을 우호적으로 만들고, 이어서 조직의 명성에 해가 되는 내용 언급은 줄어들게 하는 경향이 나타나게 하는 효과가 있다(배지양, 2018). 다시 말해, 이타적인 동기가 아닌 조직의 이미지 개선 또는 이익을 위해 진행하는 CSR 활동은 공중관계성 개선과 명성 구축에 도움이 되지 않는다는 것이다. 공중의 이익을 위한 진정성 있는 CSR 활동이 관계성을 증진시키고 명성에 긍정적인 영향을 미칠 수 있다.

많은 기업과 조직들이 명성 관리를 위해 CSR 활동을 한다는 것은 자명한 사실이다. CSR 활동과 조직의 명성은 공중의 조직에 대한 인식과 태도 그리고 행동에 직간접적으로 영향을 미치는 독립변수로서, 각각의 역할에 중점을 두는 연구들이 PR학 연구 초기에 집중적으로 진행되었다. 이후에는 두 변수의 상호작용을 통한 선형적인 인과관계가 공중에게 영향을 끼치는지를 탐색하는 연구들이 많이 진행되었다. 이러한 연구 흐름은 CSR 활동에 대한 공중의 인식이 조직과의 관계성 및 명성에 직접적인 영향을 주고, 아울러 CSR과 명성인식이 상호작용을 통해 조직의 브랜드 태도, 구매 의향, 투자 의향, 취업 추천 등의 태도에 영향을 미친다는 사실을 보여준다(Sen, Bhattacharya and Korschun, 2006; 윤각·조재수, 2007).

또한 위기 상황에서의 CSR 활동과 명성 간의 상호작용 효과도 발견된다. 높은 명성을 소유한 조직이 위기를 겪은 이후에 CSR 활동을 할 경우엔 그 의도를 상호호혜적으로 인식하지만, 낮은 명성의 조직에는 그 반대로 조직의 이익을 위해서 진행하는 CSR이라고 생각하며 그 의도를 좋지 않게 인식한다는 것이다(Bae and Cameron, 2006). 이렇듯 CSR 활동과 명성은 서로 후행변수, 혹은 상호작용 효과를 지닌 변수로서 많은 연구에 함께 활용되고 있다.

CSR과 명성 사이에서 이들의 관계를 매개하고 조절하는 변수들 또한 많이 존재한다다. 예를 들어 CSR 활동에 대해 공중이 인식하는 이타적 동기 여부나 가치 지향 여부, 조직의 이미지나 정체성 인식의 정도 등에 따라, 조직의 명성을 포함해 해당 조직의 관계성에 미치는 영향이 달라질 수 있다는 것이다. 또 하나, CSR과 관계성 그리고 명성 간의 흥미로운 사실은 CSR 활동이 명성 구축에 직접 영향을 주는 것보다는 관계성을 거치는 것이 명성에 미치는 효과가 더 크다는 것이다. 관계성이 명성에 미치는 선행지표로서의 영향력이 다른 변수들의 영향력보다 더 크다는 것을 말해준다. 그만큼 명성 구축과 관리, 그리고 강화 전략에서 공중과의 관계성을 매우 중요하게 다뤄야 할 필요성이 강조되어야 한다.

6. 관계성과 명성 관리 사례

1) 국내 사례: 공중관계의 부재와 명성의 몰락

국내 대기업들 중에서 사회적 이슈 또는 위기에 자유로운 곳은 아마도 없을 것이다. 그 피해의 파급력에 따라 자그마한 경제적 손실이나 이미지의 훼손 정도는 감수할 만한 사안이지만 이슈나 위기로 인해 기업의 명성에 타격을 입은 경우에는 이를 회복하는 데 많은 시간과 노력과 경비가 필요하게 된다. 예를 들어 2015년, 국내 유수의 기업이 경영권 다툼을 벌이며 가족 간 전쟁과 같은 혈투를 벌인 적이 있었다. 그 과정 중에 부적절한 기업의 지배구조 문제라든지 문어발식 순환출자 등의 이슈들이 한꺼번에 터져 나오면서 되돌릴 수 없을 만큼 기업명성이 무너지는 상황이 초래된 것이다.

이 기업이 '평소 공중과 소통을 하며 관계성을 만들기 위해 노력을 했는가'라는 측면에서 보면 매우 아쉬운 점이 많다. 실제로 이 기업은 소비재 중심의 제조, 유통, 판매 사업을 주로 하기 때문에 관련 공중과의 접점 기회가 많았음에도 광고나 PR, 사회공헌활동 등과 같은 커뮤니케이션 활동이 많지는 않은 기업이었다. 이로 인해 '껌 팔아 만든 대기업', '보수적인 짠돌이 기업', '일본 기업' 등 우호적이지 못한 수식어가 이 기업에 꼬리표처럼 붙어 다니며 공중의 인식을 지배하고 있었다. 이런 분위기에서 기업에 연이어 악재가 터졌으므로 공중의 시선은 따뜻할 리 없었고, 오히려 보수적인 갑질 문화를 가진 공룡 기업으로 낙인이 찍히기도 했다.

결국 경영권을 장악한 새로운 CEO는 이러한 문제점을 파악하고 최우선으로 기업 철학과 비전 그리고 기업문화 재정립을 선언하고, 태스크포스를 꾸려 기업 브랜드 로고와 심벌 등을 대대적으로 교체하며 이를 광고와 PR을 통해 대국민 인식개선을 위한 커뮤니케이션을 전개했다. 아울러 그 사태를 반면교사로 삼아 기업의 명성 관리와 이슈 및 위기관리를 위한 전략을 수립해 나갔다. 만약 이 기업이 평소에 이러한 활동과 작업을 수행했더라면 당시에 있었던 위기들도 수많은 대기업의 위기 중 하나로 묻혔을 수도 있을 것이다. 하지만 공중과의 우호적 관계가 약했던 탓에 집안 문제가 사회적인 문제로 악화되어 더 큰 사태를 초래하게 되었고, 결국엔 기업의 가장 중요한 자산인 명성에까지 타격을 본 셈이 되었다.

2) 해외 사례: 공중의 불신으로 무너진 명성

2015년 세계 판매량 1~2위를 유지하던 글로벌 자동차 회사가 배출가스 저감장치 조작 사건으로 한순간에 공중을 배신한 범죄 기업이 되었다. 이 회사는 당시 자국 내에서 브랜드 명성 1위, 신뢰도 1위의 자리를 굳건히 지키고 있었던 터라 국민들뿐만 아니라 전 세계적으로도 그 파급력이 일파만파 번져나갔다. 우선 경제적 피해만 해도 86조 원의 리콜과 과징금 비용이 발생했는데, 이는 이 회사의 5년 치 수익을 초과하는 금액이었다. 게다가 이 사건은 기술적 결함이 아닌 의도를 가지고 소프트웨어를 조작한 악의적 범죄라는 인식이 강해 공중의 시선은 매우 차가웠다. 게다가 이 회사는 평소 '클린 디젤'이라는 슬로건을 통해 다른 경쟁사들과의 기술적·환경적 차원에서 우월한 이미지를 강조했던 터라 그 파장이 쉽게 가라앉지 않았다.

하지만 평소 공중과의 관계에서 신뢰와 명성이 두터웠던지라, 이 문제를 조기에 관리했더라면 더 큰 사태로 이어지는 것을 막을 수 있었을 것이다. 그러나 아쉽게도 위기관리는 제대로 이루어지지 못했다. 이 기업의 CEO는 사건에 대한 해명 없이 사퇴를 했다가 그의 책임론이 도마 위에 오르자 여론에 떠밀려 몇 달 후 사과를 하는 등 타이밍을 놓친 소극적인 위기 대응으로 사태를 더 키웠다. 이제까지 쌓아온 공중과의 신뢰와 명성을 송두리째 무너뜨리는 순간을 초래한 것이다. 물론 이러한 공중을 향한 소극적인 커뮤니케이션과 보상은 한국에서도 반복되었고, 국민의 공분을 샀다.

결국 이 회사는 신용등급이 하향조정되었고, 그로 인한 매출 급감과 자동차값 하락, 영업이익 악화를 겪으며 '디젤게이트 자동차', '디젤스캔들 회사'와 같은 불명예스러운 낙인이 찍히게 되었다. 이 사례를 통해, 공중으로부터 받은 신뢰와 명성은 기술 또는 시스템 문제로 인해서는 쉽게 무너지지 않지만 거짓과 조작과 같은 불신 행위로 인한 이슈에는 매우 취약하다는 것이 확인되었다. 다시 말해 공중과의 관계 형성과 이로 인한 조직의 명성은 그 조직의 윤리성과 도덕성, 그리고 진정성 등이 뒷받침되어야 장기간 지속될 수 있다는 것을 보여준다고 할 수 있겠다.

7. 결론

조직의 우호적인 공중관계와 명성은 조직 스스로가 원한다고 해서 그것을 그대로 얻을 수 있는 것이 아니다. 공중이 느끼고 인지하는 평가가 어떠냐에 따라, 또는 공중의 시선에서 그 조직이 공중에게 던지는 다양한 이야기나 활동 등을 고려해서 판단하고 평가하는 결과에 따라 조직과의 관계성이나 명성이 정해지기 때문이다. 따라서 어느 하나의 이벤트나 성과에 의해서 명성과 관계성이 만들어지지는 않는다. 지속적인 조직과 공중 간의 여러 가지 소통 및 접근으로 관계성과 명성이 쌓이기 시작하는 것이다.

조직의 명성 관리와 공중과의 관계성 구축은 다양한 전략과 전술 등을 통해 이루어진다. 예를 들어 조직의 수장에 관한 PI personal identity 구축, 사회적 책임활동 전개, 전략적인 위기관리, 지속적인 광고 및 PR 활동, 브랜드 및 이미지 관리 등 이번 장에서 살펴본 내용의 전반적인 것들이 조화롭게 진행되었을 때 비로소 조직의 효율적인 명성 관리와 공중과의 관계성 구축이 가능할 수 있다. 이러한 여러 가지 수단들을 통합하며 최근에 화두가 되고 있는 것이 바로 한 조직이 환경이나 사회, 그리고 윤리적 관리 측면에 얼마나 관심을 가지고 그 조직을 운영하는지를 가늠할 수 있는 ESG environment, society, governance 활동이다. ESG 활동은 조직의 지속가능성뿐만 아니라 조직이 속한 사회의 환경이나 커뮤니티, 그리고 윤리적 관계를 고려하며 다양한 공중의 건강한 생존을 함께 이루어 나가기 위한다는 점에서 조직의 명성과 공중관계성 개념과 매우 밀접한 관계가 있다고 할 수 있다.

지금까지의 조직명성이나 공중관계성 등의 개념 또는 이와 연관된 활동과 연구들이 개별적으로 진행되었다면, 이제는 통합적인 관점에서 명성과 관계성을 볼 필요가 있다. 이번 장에서 살펴보았듯이 관계성과 명성의 개념은 각각의 개념을 둘러싼 연구 결과에서도 그렇고, 위기 상황이나 CSR 활동 등을 다룬 연구 결과에서도 마찬가지로 독립변수와 종속변수 간에 상호작용 효과를 갖는 등 다양한 역할을 보이는 것을 확인했다. 이는 조직이 공중관계성에만 집중을 하거나, 조직의 명성 관리에만 치중하거나, 또는 위기와 CSR 등의 전략 커뮤니케이션에서만 커뮤니케이션 활동을 집중하기보다는 이를 통합적으로 관리하는 전략과 시스템이 필요함을 의미하기도 한다.

이러한 필요성은 현재 ESG가 각광을 받는 것과 무관치 않다. 조직의 명성과 PR의 공중관계성 개념의 속성이 바로 쌍방향, 균형, 신뢰, 애착, 공개, 공유, 소통 등을 포함하고 있고 이러한 속성을 ESG 개념이 강조하고 있기 때문이다. 다시 말해 조직이 공중과 사회와 밀착해 소통해야 하며, 그들이 생활하는 환경에 투자를 아끼지 않고, 윤리적인 방법을 통해 조직을 운영할 때어야 비로소 그 조직은 공중과 사회로부터 훌륭한 명성과 우호적인 관계성을 확보하면서 지속 가능한 조직으로의 성장가능성이 커질 수 있는 것이다. 몇 년 또는 몇 십 년 짧게 지속하다가 없어지면서 공중으로부터 잊히지

않는, 몇 백 년 이상을 영속하며 공중과 사회와 함께 성장하고 존경받는 조
직과 기업이 많아지기 위해서라도 활발한 PR의 공중관계성과 조직의 명성
연구가 더 필요한 이유일 것이다.

생각해 볼 문제

1. 기업, 정부기관, 지방자치단체 등 어느 한 조직을 선정해서 그 조직의 정체성identity, 이미지image, 명성reputation 등을 조사해 보고, 이번 장에서 배운 내용을 활용해 이들 세 가지의 개념이 어떻게 다르고 어떻게 연관되어 있는지를 정리해 보고 분석해 보자.

2. PR의 여러 분야에서 공중관계성 및 명성 개념이 선행 또는 후행 변수로서 사용되어 왔다. 명성 개념이 선행 및 후행 변수로 활용된 연구들을 찾아보고, 이 연구들의 방법론이나 결론 부분에서 제시된 조작적 정의와 해석을 비교·분석해 보자.

3. ESG의 개념이 PR의 공중관계성 및 조직명성의 개념들과 어떻게 연관되어 있는지 생각해 보자.

8장
미디어와 명성

최세라(콜로라도주립대학교 저널리즘·미디어커뮤니케이션학과 박사과정)
김장열(콜로라도주립대학교 저널리즘·미디어커뮤니케이션학과 교수)

1. 서론

한동안 PR의 의미로 사용되었던 '홍보publicity'라는 단어는 원래 대언론관계media relations를 지칭하는 말이다. 그만큼 PR에서 미디어의 역할이 중요하기 때문이다. 또, PR 캠페인을 기획할 때 미디어를 중도 공중intervening audience이라고 부른다. 최종 목표 공중target audience은 아니지만 공중에게 그만큼 절대적인 영향을 미치기 때문에 때문이다. 지금은 물이나 전기 보급과 같이 여겨질 정도로 일상생활에서 필수 요소가 된 인터넷과 누구나 활용하고 있는 소셜미디어로 인해서 기존 미디어의 영향력이 감소했다고는 하지만, 미디어, 즉 전통언론[1]의 영향력은 여전히 막강하다.

그동안 미디어의 보도가 기업의 명성에 어떤 영향을 미치는지에 대해서 의제설정 이론agenda-setting theory과 관련 틀짓기, 점화, 의제구축 이론을 중심으로 실증적 연구가 꾸준히 진행되어 왔다. 또한 여기에 이슈소유권의 개념을 추가해 미디어와 명성 간의 상관관계를 연구한 연구 결과들도 계속 나오고 있다(차희원, 2015). 그밖에도 미디어시스템 의존 이론, 이슈소유권 이론과 함께 이슈도드라짐issue obtrusiveness, 의제업테이크 이론agenda-uptake theory 등과 같이 미디어의제와 효과에 대한 새로운 이론들도 계속 소개되고 있으며 기존 이론도 꾸준히 발전하고 있다. 특히 소셜미디어의 역할과 영향력이 미디어의제와 어떻게 상호작용하고 있으며 이러한 커뮤니케이션 의제가 기업의 명성에 어떻게 영향을 미치는가에 대한 연구 결과들도 새로 나오고 있다.

기업에 명성은 무슨 의미가 있을까? 명성은 기업의 가치를 높이고 위기 시 완충 역할을 할 수 있으며 직원들의 사기를 진작시키고 충성도를 고양할

---

1   이 장에서 편의상 언론, 전통언론과 미디어, 매스미디어를 혼용해 사용하지만 모두 동일한 의미임을 밝혀둔다. 소셜미디어는 별도로 소셜미디어라고 표현했다.

수도 있다. 명성이 높은 기업은 경쟁업체보다 유리한 위치에 설 수도 있으며 투자 유치에도, 주식 평가에도, 신규 직원 채용에도 도움이 된다. 그러나 명성은 영원한 것이 아니고 기업이 지속적으로 노력하고 투자를 해야만 유지할 수 있다. 또한 위기에 잘못 대응하면 오랫동안 어렵게 쌓아온 명성이 순식간에 무너질 수도 있다. 이처럼 기업에 중요한 명성에 가장 큰 영향을 미치는 것이 바로 미디어다. 즉, 미디어의제가 기업의 명성에 절대적인 영향을 미치는 것이다.

반대로 미디어의제가 기업명성에 일방적으로만 영향을 미치는 것이 아니라, 의제업테이크 이론에서 주장하듯이 미디어의제도 기업의 PR 활동 결과에 따라, 즉 공중의제에 영향을 받기도 한다. 그뿐만 아니라 다른 형태의 미디어의제에 영향을 주기도 하고 받기도 한다. 이처럼 미디어와 명성의 관계는 다방향적이고 역동적이다.

이 장에서는 미디어와 명성을 다루는 다양한 연구를 소개하고, 이를 토대로 미디어와 명성 간의 관계에 대해서 고찰해 보고자 한다. 나아가서 기업의 명성을 높이기 위해서, 명성을 유지하기 위해서, 위기로 인해 손상된 명성을 회복하기 위해서 어떻게 해야 하는가에 대해서도 제안하고자 한다.

2. 명성 관련 미디어 이론들

명성과 미디어의 관계를 다루는 주요 미디어 이론에는 의제설정 이론, 점화 이론, 틀짓기 이론, 의제구축 이론, 이슈소유권 이론, 미디어시스템 의존 이론, 의제업테이크 이론 등이 있다. 이 이론들은 미디어가 의제를 설정해서 공중으로 하여금 그 의제가 중요하다고 인식하게 하고(what to think about) (의제설정), 반대로 기업의 입장에서 미디어가 그 의제가 중요하다고 판단하게끔 전략적 PR을 통해 미디어의제를 유도하기도 한다(의제구축). 미디어는 공중이 특정 의제를 어떻게 볼 것인가에 영향을 미칠 수 있고(how to think) (틀짓기 이론), 미디어가 어떤 이슈를 보도하는가에 따라 수용자들이 판단하는 기준이 달라지기도 한다(점화이론). 미디어의 역할은 여기에 한정되지 않는다. 조직 또는 기업은 특정 이슈를 미디어에서 강력하게 소유함으로써(이슈소유권) 기업명성을 높이고 공중의 지지를 얻을 수 있다. 하지만, 이는 수용자들의 미디어 의존성이 높아야 효과가 있다(미디어시스템 의존 이론). 나아가서 미디어의제는 미디어에서 공중으로만 흐르는 것이 아니라 공중의제, 다른 미디어의제에 영향을 받기도 한다. 특히 소셜미디어의 등장으로 인해 전통적인 의제설정 이론만으로는 복잡하고 다방향적인 이러한 의제이동 현상을 설명하기에는 한계가 있다. 따라서 위에 서술한 미디어 이론 외에서 더욱 새롭고 포괄적인 이론들이 필요하고, 또한 등장할 것으로 기대된다. 이 장에서는 위에 언급된 각각의 이론들을 적용한 연구들을 논의해 보기로 한다.

1) 의제설정 이론, 점화효과 이론, 틀짓기 이론과 의제 구축 이론

명성과 미디어와 관련해서 가장 연관성이 많은 이론은 아마도 의제설정 이론과 이와 연관된, 점화priming, 틀짓기framing, 그리고 의제구축agenda-building 이론들일 것이다. 이들 이론들은 미디어의제가 기업이나 조직의 명성에 어느 정도의 영향을 어떻게 미치는가에 대해서 서로 보완하며 다양한 시각에서 살펴보고 있다.

(1) 의제설정 이론
의제설정 이론은 미디어가 어떤 이슈를 강조해서 보도하면 공중(수용자)

들이 그 이슈를 중요한 문제로 지각하게 된다는 대표적인 매스 커뮤니케이션 이론이다(McCombs and Shaw, 1972). 보통 어떤 기업이나 조직의 활동은 미디어를 통해서 사람들에게 알려지기 때문에 미디어에서 해당 기업이나 조직에 대해서 얼마나quantity 그리고 어떻게quality 보도하는가에 따라서 공중이 그 기업이나 조직에 대해 갖게 되는 인식이나 태도에 영향을 미친다. 요즘은 소셜미디어의 등장으로 인해 의제설정효과가 감소했다고는 하지만 미디어가 기업이나 조직의 명성에 미치는 영향은 아직도 절대적이다.

딥하우스(Deephouse, 2000)는 의제설정 이론, 자원의존 이론[2]과 매스 커뮤니케이션 이론을 통합해 '미디어 명성media reputation'이라는 개념으로 발전시켰다. 그는 기업의 미디어 명성은 미디어에 소개된 기업에 대한 전반적인 평가로 정의되는데, 이 평가는 기업에 대한 미디어 기사의 흐름에서 비롯된다고 설명했다. 자원의존 이론 관점에서 볼 때, 조직의 명성은 조직을 경쟁 사회에서 우위에 놓을 수 있는 특징을 가졌으며, 쉽게 모방하거나 다른 것으로 대체가 어려운 자원의 특성을 보인다. 그와 더불어, 미디어 기사의 내용은 개별 미디어 작업자, 그들이 일하는 조직, 기업 및 이해관계자의 뉴스 출처를 포함한 외부 영향, 이데올로기의 복잡한 상호작용을 통해 생성된다. 따라서 미디어 명성은 기업, 미디어, 기업에 대한 뉴스의 이해관계자 및 뉴스 독자를 연결하는 집합적인 개념으로 볼 수 있다.

또한 딥하우스는 미디어 명성을 미디어 호의성 계수coefficient of media favorableness: CoMF로 측정했는데, 그가 제안한 공식은 다음과 같다(Deephouse, 2000: 1102).

---

2   자원의존이론은 페퍼와 살란시크(Pfeffer and Salancik, 1978)의 의해 제시된 이론으로, 조직은 자신이 보유한 자원 및 필요한 자원에 따라 전략적 선택을 해야 한다는 이론이다.

$$\text{Coefficient of media favorableness} = \begin{cases} (f^2 - fu) / (total)^2 & \text{if } f > u; \\ 0 & \text{if } f = u; \\ (fu - u) / (total)^2 & \text{if } u > f; \end{cases}$$

CoMF공식에서, f는 주어진 연도에 기업에 호의적인 보도 단위의 수, u는 해당 연도에 기업에 대한 비호의적인 보도 단위 수이며, total은 해당 연도의 기업의 전체 보도 수를 가리킨다. 이 변수의 범위는(-1, 1)이며, 여기서 1은 모든 호의적 보도 수, -1은 비호의적 보도 수, 0은 해당 연도 동안 f와 u 사이의 균형을 나타낸다. 미디어 호의성계수가 높을수록 그 기업의 미디어 명성이 높다고 보는 것이다. 이 공식은 이슈소유권 이론에서도 확인할 수 있다.

딥하우스(Deephouse, 2000)는 이슈와 관련된 신문기사를 활용해 미디어 명성의 상승이 평균자산 수익률return on assets: ROA 증가에 영향을 미친다는 것을 증명했다. 호의적인 명성이 기업의 성과를 증가시키는 무형 자산임을 입증한 것이다. 그는 이론적 분석과 실증 연구를 통해, 기업의 명성은 미디어의 호의적인 보도에 따라 올라갈 수도 있지만 반면에 비호의적인 보도로 인해 내려갈 수도 있음을 밝혀냈다.

캐럴과 매컴스(Carroll and McCombs, 2003) 또한 의제설정효과를 통해 미디어가 기업의 명성에 영향을 미친다는 것을 입증했다. 이들은 의제설정효과를 1차와 2차로 구분했던 매컴스 등(McCombs et al., 1997)의 선행연구를 바탕으로 기업의 명성을 비즈니스 차원에서 분석했다.

앞서 매컴스 등의 연구(McCombs et al., 1997)에 따르면 1차 의제설정은 이슈나 행위자의 현저성salience을 다루고, 2차 의제설정은 이슈나 행위자의 속성attribute을 다룬다. 예를 들어, 환경오염 이슈(현저성)에 대한 뉴스 보도가 나온 후, 수용자들이 환경을 중요한 문제로 생각한다면 이는 1차 의제설정

효과라고 할 수 있다. 쉘Shell이라는 석유기업(행위자)이 다른 석유기업들보다 미디어에 더 많이 노출되었을 때, 수용자(공중)들이 쉘을 석유기업으로서 중요한 회사로 여기게 된다면 이는 1차 의제설정효과(현저성)라고 할 수 있다. 나아가서 수용자들이 미디어에서 쉘과 관련되어 있으며 많은 관심을 얻고 있는 이슈(예: 태양 에너지)(속성)로 연관시킬 때는 2차 의제설정효과라고 할 수 있다.

이들의 연구를 토대로 캐럴과 매컴스(Carroll and McCombs, 2003)은 비즈니스 측면에서 2차 의제설정효과를 '본질적 속성substantive or cognitive'과 '평가적 속성evaluative or affective'으로 나누었다. 본질적 속성은 이념, 경험, 개인적 특성을 포함하는데, 이를 비즈니스 측면에 적용하면, 기업의 본질적 속성은 사회공헌, 경영 철학, 직원 복지, 재무 성과 등을(Deephouse, Carroll and McCombs, 2001), 평가적 속성은 긍정, 중립, 부정과 같은 감정, 정서적인 어조를 가리킨다(McCombs and Ghanem, 2001). 미디어는 단순히 정보 전달만 하는 것이 아니라, 정서나 톤과 같은 감정적 부분도 공중에게 함께 전달한다. 이들은 비즈니스 뉴스의 의제설정효과가 공중이 기업을 평가하는 데 어떠한 영향을 미치는지 살펴보았다.

캐럴과 매컴스(Carroll and McCombs, 2003)은 의제설정효과를 토대로 기업 명성과 관련한 다섯 가지 명제를 제시했다. 첫째, 기업 관련 보도의 양은 기업에 대한 공중의 인식과 관련이 있다(1차 의제설정효과). 즉, 미디어에서 해당 기업 관련 보도가 많이 다루어질수록 공중은 그 기업을 긍정적으로 인식한다는 것이다. 둘째, 기업의 특정 속성에 대한 미디어 보도의 양에 따라 공중은 해당 속성으로 기업을 인정하게 된다(본질적 속성). 셋째, 기업의 특정 속성에 대한 미디어 보도가 긍정적일수록 공중은 그 속성을 더 긍정적으로 인식하게 되며, 반대로 특정 속성에 대한 미디어 보도가 부정적일수록 공중은 그 속성을 더 부정적으로 인식하게 된다(평가적 속성). 넷째, 미디어 보도에서 기업과 관련된 본질적·평가적 속성의 양에 따라 이 기업에 대한 공중의 태도와 의견이 영향을 받게 된다. 다섯째, 기업의 의제를 전달하기 위한 기업의 PR 노력은 기업의 속성 의제와 미디어 사이에 높은 일치를 가져오게 된다. 캐럴과 매컴스(Carroll and McCombs, 2003)의 연구는 1차 의제설정효과와 2차 의제설정효과라는 두 가지 차원에 대한 다섯 가지 명제를 통해 기업명성에 미치는 미디어의 영향에 대해 보다 체계적이고 실증적인 연구를 위한 발판을 제공한 연구로 평가된다.

추후 캐럴(Carroll, 2004)은 비즈니스 뉴스와 관련해 1차와 2차 의제설정효과를 검증했다. 그는 1차 의제설정과 관련해, 미디어의 보도가 많을수록 해당 기업에 대한 공중의 인식도가 높아지는 것을 확인했다. 2차 의제설정과 관련해서는, 특정 이슈나 기업의 속성에 대한 뉴스 보도량과 이러한 이슈에 대해 기업을 이야기하는 공중의 크기가 비례함을 증명했다. 특히, 공중은 특정 속성을 이용해 기업명성을 평가할 때, 경영진 성과와 직장 환경에 관련한 미디어 보도량이 공중이 기업명성을 평가하는 데 관련성이 있음을 확인했다.

차희원(2004a, 2006) 또한 의제설정효과에 기반해서 비즈니스 분야의 1차 및 2차 의제설정효과를 확인했다. 이 연구에 따르면 미디어에 나타난 기업 순위가 높고 의제 속성 관련 기사가 많이 나온 기업일수록 기업명성도 높은 것으로 나타났다. 비단 경제 이슈뿐만 아니라 비경제적 이슈, 사회적 이슈도 기업명성에 대한 미디어의 의제설정효과가 있는 것으로 확인되었다.

(2) 점화효과 이론과 틀짓기 이론

의제설정 이론(McCombs and Shaw, 1972)은 미디어에서 특정한 이슈를 강조해서 보도하면 공중이 그 이슈를 중요하다고 인식하게 된다는 것을 설명해 주기는 하지만 이러한 보도로 인해서 여론의 방향이 어떻게 변하는지에 대해서는 설명하지 못하는 한계가 있다. 점화효과 이론priming theory은 의제설정 이론의 부족한 점을 보완해 주는 이론으로, 의제설정효과 이후에 발생하는 여론의 변화 방향에 미치는 효과를 설명해 준다. 즉, 점화효과란 미디어가 어떤 이슈를 보도하는가에 따라 수용자들이 판단하는 기준이 달라진다는 것이다(Severin and Tankard, 2001).

미디어 틀짓기 이론media framing theory(Goffman, 1974) 또한 의제설정 이론의 부족함을 다른 측면에서 보완해 주는 이론이다. 의제설정 이론은 미디어가 특정한 이슈를 강조함으로써 공중이 그 이슈에 대해서 중요하게 생각하게 된다는, 즉 공중으로 하여금 "무엇에 대해 생각할 것인가what to think about" (Cohen, 1963: 13)를 잘 설명하기는 하지만 그 이슈를 '어떻게 바라볼 것인가how to think'에 대해서는 설명하지 못한다. 반면에 틀짓기 이론은 미디어가 이슈의 특정한 측면을 강조할 수 있으며, 반면에 어떤 측면은 소홀히 하거나 최소화 시킬 수 있다고 설명한다. 즉, 미디어가 특정 이슈를 강조 또는 최소화함으로써, 공중이 해당 이슈를 미디어가 의도하는 방향으로 바라보게 된다는 것이다. 의제설정 이론 연구들에서도 증명했지만 긍정적인 보도는 기업의 명성에 긍정적으로 기여하는 반면에 부정적인 기사는 기업의 명성에 부정적으로 작용하게 된다. 틀짓기 이론도 이러한 미디어의 틀짓기 속성에 주목함으로 기업이 명성을 높이기 위해서 어떻게 PR 전략을 세워야 하는지에 대한 가이드라인을 제시한다.

또한 틀짓기 이론은 비단 기업명성뿐만 아니라 미디어기사 프레임이 국가의 명성에 미치는 영향도 설명할 수 있다. 이병종(2010)의 연구는 1994~2010년 중 4년의 기간을 선정해(1994~1995년, 1999~2000년, 2004~2005년) ≪뉴욕타임스≫에 나타난 한국 관련 기사들을 분석한 결과, 한국 관련 기사가 국방, 정치, 경제 등 하드파워 주제에서 점차 문화, 예술, 스포츠, 생활 등과 같은 소프트파워 주제를 다루는 것으로 이동했으며 기사 주체도 정치단체나 기업에서 한국인 개인으로 변화하고 있다고 했다. 또한 서술 묘사도 성장과 위험, 위기와 고통에서 우아함과 세련됨으로 변화하고 있다고 분석했다(이병종, 2010:176). 물론 이는 한국의 발전에 따른 위상의 변화가 ≪뉴욕타임스≫ 기사에 반영된 것이기도 하겠지만 세계 유수의 신문에서 이렇게 한국의 변화를 긍정적으로 서술함으로써 한국의 명성이 높아지게 됐다는 점 또한 중요하다 하겠다.

(3) 의제구축 이론

의제구축 이론agenda-building theory(Cobb and Elder, 1971)은 원래 정치학에서 시작했으나, 누가 미디어의제에 영향을 미치는가에 주목함으로써 의제설정 이론과 함께 기업명성에 직간접적으로 영향을 미치는 미디어효과를 설명해 준다. 특히 의제구축 이론은 기업이 자신들에 대한 긍정적인 뉴스거리를 미디어에 제공해 미디어에 자사의 긍정적인 기사가 노출되도록 유도한다는 점에서 PR의 가치를 입증하고 PR을 전략적으로 활용해야 하는 당위성을 제공한다.

디스타소(DiStaso, 2012)는 의제설정의 개념을 확대해 미디어 간 의제설정 intermedia agenda setting 효과와 기업명성 간의 상관관계를 연구했다. 그는 ≪포춘≫지에서 선정한 "가장 존경받는 기업Most Admired Companies" 207개의 실적 기사를 다룬 중앙지 및 지역신문을 분석해, 지방신문의 경우 긍정적인 기사와 상관관계가 높은 반면에 중앙지는 부정적인 기사와 상관관계가 있음을 발견했다. 또한 중앙지 및 지방신문 모두 실적 기사가 중립적인 경우에는 기사의 양에 따라 명성도 올라감을 확인했다. 즉, 의제설정 이론이 미디어가 공중의 의제를 설정하는 데 초점을 맞췄다면, 미디어 간 의제설정은 누가 의제를 설정하는지에 주목한 의제설정 이론의 확장 이론이라 할 수 있다.

의제구축 이론은 한 미디어의 의제설정이 다른 미디어의 의제설정에 미치는 영향을 설명한다. 디스타소(DiStaso, 2012)의 연구 결과, 독립변수(전체적인 보도의 톤, 영업실적 보도자료와 관련된 긍정적·부정적·중립적인 톤과 지역 보도 및 전국 보도)와 기업명성이 밀접하게 관련되어 있음을 확인했다. 기업이 매년 내보내는 실적 보도자료는 언론과 투자자 모두들에게 사용되기 때문에 중요한 역할을 하는데, 이는 특히 투자자들에게 영향을 미치는 것으로 나타났다. 그 이유는 이 투자자들이 ≪포춘≫지의 올해의 가장 존경받는 기업의 순위를 매기는 기준으로 기업의 실적 보도자료를 사용하기 때문이다. 즉, 기업이 실적 보도자료를 내보냄으로써, 미디어와 투자자들, 그리고 ≪포춘≫지의 존경받는 기업으로 매겨지는 데 미디어의제구축 기능을 하게 된다는 것이다.

또한 디스타소(DiStaso, 2012)의 연구는 그동안 대부분의 의제설정 연구가 미디어와 공중, 그리고 명성 간의 관계를 조사한 반면에 기업의 PR 활동이 미디어의제 형성에 중요한 역할을 한다는 의제구축효과에 주목했다는 점에서 의미가 있다. 의제구축 이론은 현저성salience의 형성 과정에 미디어 외에도 정책 입안자, 이익 단체 및 기업과 같이 여러 그룹 간의 상호 영향이 포함되는 것으로 본다. 예를 들어, 기자 회견, 보도 자료 배포 및 인터뷰, 캠페인 등은 언론의 보도 내용을 구축하는 데 지대한 영향을 미칠 수 있다는 것이다.

특히, 의제구축의 역할은 보도자료에서 두드러지게 나타났다. 터크(Turk, 1986)는 주정부가 미디어 보도 자료의 배포를 통해 해당 주 기관의 현저성을 높인다고 보고했다. 반면에 하먼과 화이트(Harmon and White, 2001)의 후속 연구에서는 반대로 미디어의제구축이 기업의 보도자료 작성 내용에 영향을 미친다는 연구 결과가 나왔다. 그 이유는 보도자료를 작성하는 기업 입장에서도 언론에서 잘 다룰 수 있는 내용을 보도자료에 담으려고 하기 때문이라는 것이다.

한편, 강문정과 차희원(2007)은 기업명성과 공중의 이슈프레임이 기업의 정당성 인식에 미치는 영향에 관한 연구를 통해 기업명성이 위기 상황에서 기업의 정당성 회복에 도움이 됨을 밝혀냈다. 특히 기업명성은 같은 성격의 이슈프레임과 작용할 때 더 큰 영향력이 있는 것으로 나타났다. 또한 이슈 프레임을 과학경제 프레임과 사회윤리 프레임으로 나눠 살펴본 결과, 기업의 존재에 대한 제도적 정당성이 과학경제 프레임에 영향을 주었다면, 사과나 기부와 같은 행동적 정당성은 사회윤리 프레임에 긍정적 영향을 주는 것으로 나타났다.

이러한 미디어의제설정의 긍정적 효과를 측정하는 연구들 이외에도, 미디어의 의제설정과 개인 사이에서 어느 쪽이 공중의 인식에 더 영향을 미치는지에 관한 연구도 있었다. 샤피(Shafi, 2017)는 개발도상국을 대상으로 도드라진 이슈와 도드라지지 않은 이슈의 차이를 연구했는데, 이 연구에 따르면, 방글라데시의 경우 미디어의 의제설정효과보다도 개인의 차이에 따라 '이슈도드라짐' 현상이 현저하게 나타났다. 특히, 이슈의 도드라짐은 교육수준과 관련이 깊은데, 미디어 보도의 범위와 상관없이, 두드러진 이슈가 그렇지 않은 이슈에 비해 사람들의 인식에 더 큰 영향을 미쳤다. 샤피의 연구 결과는 의제설정효과 원래의 두드러짐 효과를 지지하지만, 이슈의 두드러짐에 대한 인식이 인구의 교육 및 소득 수준과 관련이 있음을 밝혀냈고, 개발도상국에서 미디어의 의제설정과 관련된 더 많은 연구가 필요함을 시사했다.

2) 이슈소유권 이론

이슈소유권issue ownership theory 이론도 원래는 정치 커뮤니케이션 이론으로,

버지와 팔리(Budge and Farlie, 1983)를 비롯해 페트로식(Petrocik, 1989)에 의해 소개 및 발전되었다. 이슈소유권 이론의 토대는 유권자들이 특정 이슈에 관해 상대적으로 우월한 정책이나 수행 능력을 가지고 있다고 여겨지는 정당에게 투표를 한다는 것이다. 즉, 정당이 유권자가 중요하다고 생각하는 이슈를 '소유'한 정당이라고 여긴다면 유권자는 해당 정당을 더 선호할 것이라는 것이다. 미국의 예를 들면 민주당이 공화당보다 환경 문제를 더 잘 다룰 수 있다고 믿는 사람들이 더 많은 반면에 공화당이 민주당보다 외교 정책 문제를 더 잘 처리할 수 있다고 믿는 사람들이 더 많다고 알려져 있다. 이 경우 미국의 대통령 후보가 민주당 소속이라면 자신들이 더 잘할 수 있는 외교 정책 문제를 더 강조하고 환경 문제는 덜 강조해야 선거에 유리할 것이다. 물론 공화당 후보의 경우는 그 반대의 전략을 선택해야 유리하다 (Benoit, 2018).

이를 기업의 명성에 적용해 보자. 공중은 어떤 이슈에 관해 해당 기업이 성공적으로 그 이슈를 처리할 수 있다고 인식한다면, 즉 그 이슈를 소유하고 있다고 인식한다면, 이는 곧 그 기업의 명성 향상에 도움이 될 것이라 볼 수 있다. 반대로, 이슈를 해당 기업이 잘 해결할 수 없다고 본다면, 즉 이슈소유권이 약하다고 인식한다면, 이는 곧 그 기업의 명성을 약화시키는 데 영향을 미칠 것이라 본다. 이와 관련해 메이여르와 클레이네인하위스 (Meijer and Kleinnijenhuis, 2006)는 의제설정 이론에 이슈소유권을 적용해 2차 의제설정과 이슈소유권 모두 기업의 명성에 영향을 미치는 것을 확인했다. 즉, 특정 이슈를 미디어에서 더 많이 다룰수록(2차 의제설정효과) 공중은 그 이슈와 그 이슈를 소유한 기업 간의 연관성을 생각하게 되고, 따라서 해당 기업은 그 이슈에 대한 저명성이 높아지게 되어 결과적으로 기업의 명성이 높아진다는 것이다.

이슈소유권 개념을 한국의 대표적인 기업들에 적용해 명성 연구를 한 차희원, 송연희와 김장열(Cha, Song and Kim, 2010)은 기업의 이슈소유권이 공중으로 하여금 기업명성에 긍정적 영향을 미치는 것을 확인했다. 이들은 현대그룹이 대북 사업과 관련된 이슈를 더 잘 해결할 수 있을 것이라고 생각하는 공중에게 현대그룹의 기업명성을 평가하게 했는데, 이슈소유권이 기업명성에 긍정적인 영향을 미치는 것을 밝혔다. 또한 채용과 관련된 이슈소유권과 명성과의 관계에서도 같은 결과를 얻었다. 대부분의 다른 이슈소유권 연구가 부정적 이슈에 중점을 두어왔다면, 이들의 연구는 기업을 둘러싼 긍정적인 사회경제적 이슈에 주목했다는 점에서 의미가 있다고 볼 수 있다.

이슈소유권과 명성을 위기 커뮤니케이션에 확장해 기업명성에 미치는 영향과 위기전략의 상호작용을 분석한 연구들이 있다. 서지원과 차희원(2010)은 실험 연구를 통해 이슈소유권, 기업명성과 방어적 위기 커뮤니케이션 전략의 상호작용이 공중의 수용에 유의미하게 영향을 미치는 것을 검증했다. 이들은 '상기시키기 전략'과 '정당화하기 전략'이 기업명성에 긍정적 영향을 미치는 것을 확인했는데, 기업이 위기와 관련된 이슈를 잘 해결할 수 있을 것이라고 믿는 공중은 기업이 위기 상황에서 기업이 과거에 잘한 일들을 공중에게 상기시키거나 정당화했을 때 이 기업을 더 긍정적으로 수용했다. 하지만 이 기업이 타인에게 위기책임을 넘기거나 희생시키는 전략을 사용했을 때는, 비록 해당 기업의 이슈소유권을 높게 인식하는 공중이라고 해도 위기 커뮤니케이션 수용에 가장 낮음을 보여주었다.

이는 쿰스의 상황적 위기 커뮤니케이션 이론situational crisis communication theory: SCCT과 점화 이론으로도 설명될 수 있다. SCCT에서 상기시키기 전략은 기업이 위기 상황에서 자신의 선한 과거를 공중에게 상기시킴으로써 기업의 위기책임을 낮추고 명성 타격을 완화시키는 전략이다.

점화효과에 의하면, 개인이 특정 이슈 또는 자극에 노출되면 그것과 관련된 이미지를 더욱 강화하게 된다. 이는 기업이 어떤 이슈에 대해 지속적·긍정적으로 관여를 하고 있으며 공중도 이 기업이 이슈를 잘 해결할 능력이 있다고 생각한다면, 공중은 잠재적으로 이 기업에 호의적인 스키마를 갖게 됨을 의미한다. 이를 위기 상황에 적용해 보면, 기업이 이슈와 관련된 위기를 맞게 되더라도, 과거의 선한 행위와 위기 대처 능력을 공중에게 보여준다면 이러한 메시지는 공중이 가지고 있던 긍정적 기업 이미지를 더욱 강화시키고, 이 위기에 또한 잘 대처할 것이라고 받아들이게 될 것이다.

또한, 서지원과 차희원(2010)의 연구에서 희생시키기 전략은 위기 상황에서 기업명성에 도움이 되지 않는 것으로 나타났다. 이 실험연구에서는 위기의 책임이 기업 내부에 있다고 보지 않았기에 실험 참가자들이 위기에 대한 기업의 책임이 크다고 생각하지 않았지만, 정당화를 하기 위해 타인을 희생시키는 전략은 이기적인 기업으로 보여지기 때문에, 기업이 기존에 가지고 있던 이슈소유권과 기업명성을 유지하기에는 부족하다고 보았다. 이 연구는 기업이 위기 상황이 아닐 때에도, 공중과의 신뢰 관계를 유지하기 위해서 기업의 경제적 이득뿐만 아니라, 사회 전반적으로 거시적인 문제 해결 능력을 인정받기 위해 노력해야 함을 시사한다.

이들의 연구 결론은 기업의 이슈소유권과 위기책임성이 기업에 대한 공중의 태도에 유의미한 영향을 미친다고 한 김사라와 김수연(2016)의 연구 결과와도 일치한다. 이들은 기업이 소유한 이슈 영역에서 위기가 발생했는지 아닌지를 구분했는데, 공중은 기업이 소유하지 않은(이슈와 무관한) 위기보다 기업이 소유한 이슈 영역에서 위기가 발생했을 때 해당 기업의 위기 커뮤니케이션을 더 긍정적으로 받아들였다. 또한 이슈소유권과 위기책임성 사이의 위기 커뮤니케이션 수용 정도를 살펴본 결과, 이슈소유권과 관련된 위기가 발생했을 때 기업의 위기책임성에 더욱 민감하게 반응하며, 특히, 이슈소유권이 일치하며 위기책임성이 낮았을 때 기업의 위기 커뮤니케이션 수용도가 가장 높게 나타났다. 이는 기업이 평상시에 특정 이슈에 대해 잘 대처할 것이라는 능력을 보여준다면, 낮은 위기책임 상황이 발생했을 때 공중의 기업에 대한 태도(위기 커뮤니케이션 수용도, 기업의 이미지 회복, 기업에 대한 지속적 이용 의도)가 가장 긍정적으로 나타날 것임을 보여준다. 따라서 기업은 자신들이 잘 다룰 수 있는 특정 이슈들을 찾아서 평상시에 이 이슈들을 소유하고 지속적으로 관리해야 한다. 그래야 위기가 발생했을 때 기업에서 내보내는 위기 커뮤니케이션 메시지에 설득력이 실리고, 공중이 이를 수용할 가능성이 높아지기 때문이다.

3) 미디어시스템 의존 이론

이처럼 미디어의제설정이나 이슈 소유권에 따른 미디어 명성 연구와 더불어, 복잡한 미디어의 특성과 한계에 초점을 맞춘 연구들도 최근에 많이 발표되고 있다. 이러한 연구들은 미디어시스템 의존 이론media system dependency theory이나 이슈도드라짐 효과를 근거로 미디어의 상황적·제한적 효과를 설명하고 있다.

미디어시스템 의존 이론은 개인이 특정 정보에 대한 미디어에 의존할수록 미디어가 제공하는 메시지 효과도 높다고 제안한다(Ball-Rokeach and DeFleur, 1976). 의존성dependency은 "한 당사자의 요구 충족 또는 목표 달성이 다른 당사자의 자원에 달려 있는 관계"(Ball-Rokeach and DeFleur, 1976: 6)를 나타내는데, 개인은 미디어가 제공하는 자원이 자신의 목표를 달성하는 데 도움이 된다면 미디어와 의존관계를 발전시킬 수 있다. 거시적 관점의 미디어시스템 의존은 미디어시스템이 국가와 사회, 경제에 의존을 하고 있으며, 미시적 관점의 시스템 의존은 미디어와 이해관계자의 관계를 중점으로 보고 있다. 이때 이해관계자는 미디어를 사용하면서 이해understanding, 방향성 orientation, 놀이play라는 세 가지 주요 목표를 중심으로 동기를 갖는다. 볼로

그림 8-1

미디어시스템 의존 모델

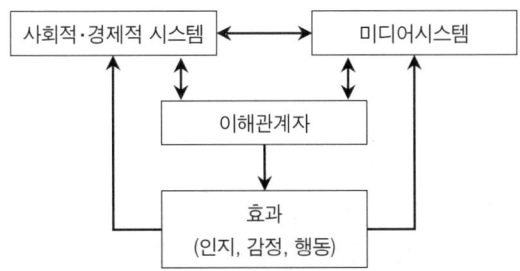

자료: Ball-Rokeach and DeFleur(1976).

키치와 드플로(Ball-Rokeach and DeFleur, 1976)는 미디어의 영향의 정도는 개인의 미디어 의존도에 따라 정도가 다르다고 설명했는데, 이때 개인의 미디어 의존도에 영향을 미치는 이유를 두 가지로 설명했다. 첫 번째는 권력의 비대칭이 발생할 때 이해관계자들은 특정 유형의 미디어에 더욱 의존한다는 점, 두 번째는 사회가 불안정하거나 불확실하고 모호한 상황에서 이해관계자들은 미디어에 더욱 크게 의존한다는 점이다. 이때 미디어시스템이 잘 발달되어 있고 충분한 정보를 제공한다면 미디어의 영향력은 더욱 강해진다고 설명했다.

미디어시스템 의존 모델(〈그림 8-1〉)은 사회적·경제적 시스템, 미디어시스템, 이해관계자, 그리고 효과 사이의 관계는 서로 의존적임을 설명한다. 사회적·경제적 시스템은 미디어시스템과 이해관계자에게 영향을 미치고 영향을 받으며, 미디어시스템도 이해관계자와 상호의존적 관계이다. 이해관계자들은 사회적·경제적 시스템과 미디어시스템의 상호의존을 통해 인지, 감정, 행동에 영향을 받는다. 또한 이해관계자들의 인지, 감정, 행동은 사회적·경제적 시스템과 미디어시스템에 영향을 미친다.

아인윌러와 캐럴(Einwiller and Carroll, 2010)은 미디어가 기업명성에 미치는 영향을 미디어시스템 의존 이론과 지향성 욕구need for orientation를 근거로 연구했다. 이들은 미디어 의존은 결국 공중의 목적이 무엇인가에 따라 달라지며, 기업의 미디어 의존도 측면에서 알아봐야 한다고 주장했다. 위버(Weaver, 1980)는 개인의 지향성 욕구가 미디어 현저성에 영향력이 있다고 주장했다. 아인윌러와 캐럴(Einwiller and Carroll, 2010)의 연구 결과, 기업의 '경영 및 기업 전략'과 '재무 성과' 부분에 대해서는 참가자들의 미디어 의존도가 낮았는데, 이것은 그들의 관심 밖의 주제였기 때문이었다. 반면에 관심 있는 분야(예: 제품 및 서비스, 사회적 및 환경적 책임)에 대해 배우려는 욕구는 그들의 목표와 결합해 강한 지향성 욕구를 만들어냈다. 한편 기업의 '사회적 및 환경적 책임' 차원에 대한 미디어의 현저성은 공중의 기업 평가에 유의미한 영향력이 있었다. 결론적으로, 이들은 미디어 의존성, 개인의 지향성 욕구와 미디어 현저성의 상관관계가 기업의 사회적 책임 정보에 대한 미디어 인식에서 기인한다고 강조했다. 즉, 이해관계자가 중요하게 생각하지만 직접 경험이 어렵다면 명성 차원에 대해 미디어 현저성을 높임으로써 기업의 미디어 명성을 높이는 데 중요한 역할을 할 수 있다고 주장했다.

위기 커뮤니케이션 전략이 기업명성에 미치는 효과를 연구한 차희원·서지원·김장열(Cha, Suh and Kim, 2015)의 연구도 이슈소유권과 이슈도드라짐 효과가 기업명성에 영향을 미침을 확인했다. 하지만 그 효과는 다양한 상황적 변수에 따라 제한적이었다. 이들은 평소에 특정 이슈를 소유한 기업이 과거의 선행을 상기시키는 전략을 사용할 때 도드라진 이슈보다는 도드라지지 않은 이슈의 경우에 메시지 수용과 기업명성에 더 긍정적으로 작용한다고 주장했다.

4) 의제업테이크 이론[3]

의제설정 이론은 특정 이슈에 대한 언론 보도의 양이 증가함에 따라 해당 주제에 대한 공중의 관심도 증가한다고 본다(McCombs and Shaw, 1972). 하지만 디지털 미디어의 발전으로, 공중은 미디어의제에 영향을 받기도 하지만 반대로 소셜미디어를 통해 미디어의제에 영향을 미치기도 하는 시대가 되었다. 그러나 기존의 의제설정 이론은 이러한 영향 경로를 다루지 못했다는 한계를 발견한 그루쉰스키와 와그너(Gruszczynski and Wagner, 2017)는 의제업테이크 이론을 소개했다.

의제업테이크 이론은 의제설정 이론과는 달리 의제설정효과가 반드시 일방향으로 흐르지 않는다는 점에 주목한다. 그루쉰스키와 와그너(Gruszczynski and Wagner, 2017)는 2008년 미국 대통령 선거를 연구하면서 의제업테이크 현상을 발견했는데, 버락 오바마Barack Obama와 존 매케인John McCain 와 관련된 3개월 동안의 데이터를 사용해 가설을 테스트한 결과, 일반적으로 주류 미디어의 의제는 니치 미디어의 의제와 공중의 의제에 영향을 받는 것으로 나타났다. 또한 니치 미디어의 의제 역시 공중과 주류 미디어의 의제에 의해 영향을 받는다는 것을 발견했다.

이들은 의제업테이크의 공중과 미디어의 다방향적인 관계를 설명하기 위해 다음과 같이 다변량 통계 모형의 '벡터자기회계 모델vector autoregression(VAR) models'을 사용했다.

---

3 의제업테이크 이론에서 '의제업테이크(uptake)'는 의미상 '의제 상호영향', '의제 교환', '의제 활용' 등으로 번역할 수도 있겠으나 그렇다고 이렇게 번역한 단어들이 업테이크를 정확하게 표현하는 것도 아니어서 원어를 그대로 차음 표기했다.

$$y = \alpha + \beta x_t + \beta x_{t-1} + \beta z_t + \beta z_{t-1} + \beta y_{t-1} + \varepsilon$$
$$x = \alpha + \beta z_t + \beta z_{t-1} + \beta y_t + \beta y_{t-1} + \beta x_{t-1} + \varepsilon$$
$$z = \alpha + \beta x_t + \beta x_{t-1} + \beta y_t + \beta y_{t-1} + \beta z_{t-1} + \varepsilon$$

여기에서 y는 특정 이슈에 관련한 검색 주목도search attention, x는 미디어의 주목도, t는 시간, z는 블로그의 주목도를 가리킨다. 이 공식에서 (t - 1)은 시간차를, (y - 1)은 검색차를 나타낸다. 단일 종속변수회귀 모델과 달리 VAR은 생성된 계수가 여러 방정식으로 동시에 추정되기 때문에 해석에 어려움이 있으므로, '그랜저 인과성 검정granger causality test'을 사용해 각 내생변수가 각 방정식의 다른 변수에 어떻게 영향을 미치는지 알아보았다. 이때, 변수 x의 시차 값에 의해 예측된 y의 분산을 설명하기 위해, 어떻게 x 그랜저가 y를 유발했는지를 측정했다.

이처럼 의제업테이크 이론은 역동적dynamic이며 의제 간의 이전은 다방향적이다. 주류 미디어, 니치 미디어, 개별 미디어 소비자 및 다양한 정치 엘리트와 같은 뉴스 매개 환경의 관련 행위자들이 자신의 특정 목표 및 능력의 맥락 내에서 다른 관련 행위자의 행동을 인식하고 또 행동한다고 본다(Sulkin, 2005).

의제업테이크 이론에서 공중은 정치적·사회적으로 논란이 되는 이슈가 있을 때 미디어의제에 영향을 받기도 하지만 검색과 소셜미디어 플랫폼에 글을 올리거나 공유를 통해서 반대로 미디어의제에 영향을 미치기도 한다.

예를 들어 2008년 대통령 선거 기간 동안에 게재된 이라크 분쟁과 관련한 기사는 공중에게 의제설정효과를 발생시켰다. 공중은 이 기사를 바탕으로 구글에서 검색을 했다. 그런데 이 문제에 대한 공중의 지속적인 구글 검색으로 검색량이 증가하면서 오히려 언론 보도 후 미디어의제에 영향력을 발휘한 것이다.

또 한 가지 주목할 만한 점은, 미디어에서 공중으로 또는 공중에서 미디어로 영향을 미치는 방식은 이슈의 특성에 영향을 받는다는 것이다. 예를 들어 낙태, 경제, 이라크 전쟁과 같이 '단단한hard' 정치적·사회적 이슈들, 즉 공중이 직접적인 경험이 거의 없거나 복잡한 이슈들은 거의 전적으로 해당 이슈의 언론 보도에 의존하기 때문에 의제설정효과가 강하게 나타났다. 그뿐만 아니라 미디어시스템 의존효과도 발생했다. 반면에 공중이 직접 경험할 수 있는 정리해고, 급여, 자동차 기름 값과 같은 이슈는 의제설정효과가 크지 않은 것으로 나타났다. 공중은 이러한 의제에 대해서는 오히려 더 높은 수준의 통제력과 영향력을 보여준다.

공중은 특히 소셜미디어 플랫폼을 통해서 미디어의제설정에 큰 영향을 준다. 특히 하드뉴스보다는 사회적 논란거리, 연예, 문화와 같은 이슈에 더 현저하게 영향을 미치는데, 그렇더라도 일방적으로 영향을 주는 것이 아니라 뉴스미디어의 현저성salience이 다시 소셜미디어 플랫폼 내에서 화제성share of voice에 영향을 주는 상호보완 관계를 유지하게 된다. 즉, 의제업테이크 현상은 공중의 관심사relevant issues가 뉴스미디어의 의제설정에 일방적으로 영향을 주는 것으로 이해하기보다는 공중의 관심사와 뉴스미디어의 의제설정이 상호보완적으로 화제성을 증가시키는 것으로 이해해야 한다(Gruszczynski and Yang, 2021).

또한 의제업테이크 이론은 의제구축 이론agenda-building과 연계함으로써 기업의 명성에 영향을 미치는 커뮤니케이션 생태계를 더 잘 설명하고 예측할 수 있게 해준다.

언론이 정보를 찾아서 수용자에게 필요한 정보를 걸러서 제공하는 게이트키퍼의 역할을 하는 시대가 아니라 우리 모두가 소셜미디어 시대를 살고 있는 오늘날, 전통적인 미디어를 통한 의제설정효과만으로는 복잡하고 다방향적인 커뮤니케이션 행태를 설명할 수가 없다. 미디어의제가 공중에게 영향을 미치듯 공중의제 또한 미디어의제에 영향을 미치는 시대다. 기업 입장에서 명성을 유지하고, 명성을 드높이고, 명성의 실추를 막는 것 모두 다, 이처럼 새로운 커뮤니케이션 생태계를 고려해 전통 미디어, 공중, 소셜미디어 이용자들과 전략적으로 커뮤니케이션을 해야 하는 것이다.

의제업테이크 이론은 근래에 새롭게 소개된 이론이기 때문에 아직까지 미디어 명성과 관련된 연구는 많지 않지만, 주류 미디어, 니치 미디어와 공중 의제를 다양한 각도로 접근해 그들의 연관성을 보여준다는 점에서 앞으로 미디어 명성 연구에 긍정적 기여를 할 것이라 볼 수 있다.

3. PR 관점에서 보는 명성과 미디어

기업의 명성은 단기간에 이루어지는 것이 아니라 기업이 책임 있는 사회의 구성원으로서 꾸준히 제 역할을 담당하고 좋은 사업 성과를 낼 때에 명성을 얻을 수 있다. 이를 위해서 기업은 PR 관점에서 목표 공중인 소비자뿐만이 아니라 주요 이해관계자인 정부, 사내직원, 지역사회 주민, 시민단체, 소비자단체 등 다양한 공중과 소통하고 이들과 좋은 관계를 유지해야 한다. 그리고 이를 위해서 가장 중요한 중도 공중인 언론과 좋은 관계를 형성하고 기업에 우호적인 미디어의제를 확보하기 위한 노력을 해야 한다. 물론 개인간 관계나 대면 커뮤니케이션을 통해 명성이 형성되기도 하지만, 미디어를 통한 명성이 개인 네트워크에 영향을 주고 있다는 점에서 미디어의 영향력은 절대적이라고 하겠다.

하지만 디지털미디어 시대의 도래로 인해 공중이 의제를 받아들이고 행동하는 방식에 근본적인 변화가 생겼다. 이전 아날로그미디어 시대와 디지털미디어 시대의 근본적인 차이점 중 하나는, 공중 개개인이 능동적으로 정보를 탐색하고 배포할 수 있게 되면서 정보의 수용자에서 정보의 전달자, 나아가서 창조자 역할도 할 수 있게 되었다는 것이다. 또한 정보를 처리하는 방식이 더욱 자유로워지면서, 미디어의 의제설정 기능을 넘어 개인 의제설정 영향의 범위가 더욱 확대되었다. 이미 소셜미디어상에서 웬만한 미디어보다 더 팔로워 숫자가 많은 개인(소셜 인플루언서)들이 활발히 활동하고 있고, 이들 또한 의제를 설정하고 있다.

채드윅(Chadwick, 2017)은 여전히 전통 미디어가 다양한 공중에게 메시지를 전달하는 역할을 하고 있지만, 의제설정 기능이 가능해진 개인들뿐만 아니라 더 다양한 공중에게 영향을 미치기 위해 노력해야 한다는 점에서 미디어의 환경은 하이브리드가 되었다고 주장했다. 그는 하이브리드 미디어 환경에서 개인들은 상대적 중요성을 중심으로 다양한 콘텐츠를 평가하고 선택한다고 주장했다. 따라서 미디어가 수신자들에게 메시지를 전달하기 위해 여전히 노력을 하고 있지만, 그와 동시에 수많은 개인들도 온라인 활동을 통해 수신자들에게 메시지를 전달한다(Ragas and Tran, 2013). 즉, 과거에는 미디어에서 걸러진 정보를 개인이 수동적으로 수용했었다면 이제는 미디어와 개인이 서로 정보를 제공하고 공유함으로 상호 영향을 미치게 되었다는 것이다.

이에 따라 기업의 명성 또한 보다 다양한 방식으로 평가받고 명성을 유지하는 방식 또한 과거와는 달라져야 한다. 기본적으로 미디어의제를 선점하고 의제를 구축해서 기업과 관련한 호의적인 보도가 지속적으로 나올 수 있도록 노력해야 하겠지만 이렇게 하는 것만 가지고는 충분하지 않다. 다양한 공중을 대상으로 직접 소통하고 설득하려는 노력도 하면서, 동시에 공중의제나 개개인들이 설정하는 의제가 미디어의제에 영향을 미칠 수 있도록 전략적으로 커뮤니케이션해야 한다.

4. 미디어와 명성 관련 전략과 사례

많은 PR 연구자들이 미디어와 명성의 관계에 대해서 연구했는데, 미디어의 제가 명성에 어떻게 영향을 미쳤는지, 틀짓기와 점화 효과가 어떻게 사용되었는지, 기업이 의제구축을 어떻게 해서 미디어의제에 영향을 미쳤는지, 공중의제가 어떻게 해서 미디어의제에 영향을 미치고 명성에 영향을 미쳤는지, 위기 시에 추락한 명성을 회복하기 위해서 기업에서 어떤 PR전략을 활용했는지 등에 대해 앞에서 살펴본 이론들을 적용해 몇 가지 사례를 중심으로 살펴보고자 한다.

1) 후쿠시마 원자력 발전소 사고와 프레임 효과

최진봉과 이서현(Choi and Lee, 2017)은 후쿠시마 원자력 발전소 사고가 발생했을 때 도쿄전력東京電力이 위기에 대처하는 전략 중 하나로 보도자료를 어떻게 활용했는지 연구했다. 또한 이 연구는 도쿄전력이 보도자료를 통해 공중에게 정보를 어떻게 지속적으로 제공했는지, 시간이 지남에 따라 손상된 명성을 복구하기 위해 어떤 미디어 프레임을 활용했는지 연구했다. 연구 결과, 도쿄전력은 후쿠시마 원자력 발전소 사고와 관련해 총 300개의 보도자료를 배포했는데, 이 중 280개에 '공식 업데이트'라는 프레임을 사용했다. '공식 업데이트' 프레임에는 도쿄전력이 현재 진행 중인 작업과 위기에 대응하는 방법에 대한 정보뿐만 아니라 점검 결과 및 거주자를 위한 준비 정보도 포함되었다. 또한, 모든 종류의 정보가 상세하게 제공되었고 실시간으로 업데이트되었다. 도쿄전력은 후쿠시마 제1원자력발전소의 상태와 대기중에 포함된 방사성 물질의 핵종 분석 결과 등을 단 몇 분 만에 사람들에게 알렸으며, 후쿠시마 제1원자력발전소의 각 발전소 가동 중단 정보와 건물

지하층에서 배수되는 물에 대한 정보를 제공했다. 또한 발생할 수 있는 전력 부족에 대비해 서비스 지역의 정전에 대한 정보를 제공하고 공중에게 전력 사용량을 줄이는 데 협력해 줄 것을 요청하는 보도자료를 배포했다. '공식 업데이트' 프레임의 주제로는 ① 시설에 대한 영향, ② 반응기의 온도, ③ 압력 감소, ④ 방사선, ⑤ 정전, ⑥ 도쿄전력 직원을 포함했다. 공식 업데이트 프레임 다음으로 '귀속' 프레임이 8개의 보도자료에서 사용되었으며 전체 메인프레임의 2.7%가 사용되었다. 다음으로는 '사과' 프레임과 '공지' 프레임이 각각 6회씩 사용되었으며, '공지' 프레임에는 대지진으로 인한 큰 폭발과 함께 저준위 방사성 오염수가 바다로 방출되었다는 내용을 명시했다. 또한 도쿄전력은 보도자료를 통해 방사성 물질 누출과 전력 부족에 따른 고통 및 불편을 호소하는 부상자와 사망자에게도 사과했다.

결론적으로, 위기 커뮤니케이션 관점에서 보았을 때 도쿄전력은 본질적으로 '위기 회피 전략'을 사용했다고 볼 수 있다(Claeys, Cauberghe and Vyncke, 2010). 분석된 자료에서 볼 수 있듯이, 도쿄전력은 '귀속' 프레임을 사용해 지진 및 여진에 대해 책임을 묻고 자신들의 책임을 회피했다. '귀속' 프레임은 도쿄전력이 지진과 그에 따른 위기를 통제할 수 없고 피할 수 없는 자연 재해로 보았기 때문에 사용되었으며, 도쿄전력 직원의 사망 또는 회사 문제로 인한 국민의 직접적인 불편 등 불가피한 주요 사안에 대해서만 '사과' 프레임을 사용했음을 알 수 있다. 즉, '귀속' 프레임을 사용해 자연적 지진이 도쿄전력의 문제로 이어진 것이기 때문에 지진에 책임이 있음을 강조했으며, 자신들에 대한 책임은 생략했다. 하지만 도쿄전력이 사과문을 늦게 공개하자 일본 국민의 분노를 샀고, 이는 도쿄전력소에 상당한 명성 손상을 초래했다. 최진봉과 이서현(Choi and Lee, 2017)은 도쿄전력의 상대적으로 낮은 빈도의 '사과'와 '귀속' 프레임에 대해 쿰스와 홀러데이(Coombs and Holladay, 2008)의 관점을 빌려와 평가했다. 쿰스와 홀러데이에 따르면 '사과'

프레임은 조직이 위기에 대한 책임을 인정하고 공중에게 용서를 구하는 것으로, 조직의 훼손된 명성을 회복하고 전체적인 조직 이미지를 보호하기 위한 효과적인 전략으로 간주된다(Coombs and Holladay, 2008). 하지만 도쿄전력은 '사과' 프레임을 적게 사용했는데, 만약 '사과' 프레임의 형태로 책임을 좀 더 많이 수용했더라면 부정적인 여론이나 공중의 태도를 개선할 수 있었을 것이라고 봤다.

이처럼 위기가 발생하면 기업의 입장에서는 가급적이면 책임을 지지 않으려고 하거나(책임 회피 전략) 모든 사실과 귀책사유가 기업에 있음이 드러나야만 책임을 인정하고 사과하는 경우가 많은데(사과전략), 이는 명성 관리 차원에서 하지 말아야 할 전략이다. 도쿄전력은 '공식 업데이트' 프레임이나 '귀속' 프레임과 같이 책임 회피 전략을 주로 선택하고 정작 필요한 '사과' 프레임은 최소화함으로써, 손상된 명성을 회복하기보다는 오히려 공중에게 더욱 부정적인 인식만 심어주게 되었다.

2) 걸프만 기름 유출 위기 사건, 그리고 BP의 의제구축 및 전략적 프레이밍

최진봉(Choi, 2012)은 2010년에 발생한 걸프만 기름 유출 위기 시 영국의 정유회사 BP가 미디어를 통해 어떻게 의제 구축을 활용했는지 또한 프레임 유형 파악을 통해 분석했다. 그는 BP가 배포한 보도자료를, 상황적 위기 커뮤니케이션 이론situational crisis communication theory과 이미지회복 이론Image restoration theory을 적용해 분석했다. 상황적 위기 커뮤니케이션 이론은 기업이 위기의 유형과 책임에 맞춰서 대응 전략을 선택할 것을 제안하고 있는데(Coombs and Holladay, 2002), 최진봉은 BP가 '사회적 책임'과 '자선적' 프레임을 활용해 기름 유출 위기를 성공적으로 다루었다고 보았다. BP는 보도자료에서 이 두 프레임을 이용하면서 기름 유출로 인한 피해를 정화 및 개선하고 희생자들에게 보상하기 위한 노력을 공개적으로 보여주었다. 즉, 정화와 피해자 보상을 주요 위기 대응책으로 삼아 기름 유출 위기에 대처하는 데 성공한 것이다. 이미지회복 이론은 긍정적인 이미지를 유지하고 복원하기 위해 조직은 명성이나 이미지를 위협하는 것이 무엇인지 결정하고 어떤 공중을 설득해야 하는지 결정해야 한다고 제안한다(Fearn-Banks, 2016). BP는 이를 바탕으로 기름 유출 위기를 처리하는 과정에서 BP의 명성을 위협하는 요소가 무엇인지, 이해관계자가 누구인지 파악했으며, 기름 유출 위협 이후 긍정적인 이미지 회복을 위해 '사회적 책임', '자선', '공식 업데이트' 프레임을 활용해 위기관리와 기름 유출에 대한 책임을 다하기 위해 모든 노력을 기울이는 모습을 보여주었다.

슐츠 등(Schultz, et al., 2012)은 BP 기름 유출 사건에서 미디어의제 구축과 전략적 프레이밍 사이의 연관성을 연구했다. 이들은 '연관 프레임associative frames'을 적용해, 상호 연관된 문제, 행위자 및 원인, 결과 및 해결과 같은 '귀속'의 복잡하고 의미론적인 네트워크를 분석했다. 또한 위기가 발생하면 미디어의 관심을 받게 되는데, 기업이 추락된 명성을 회복하기 위해서 전략적 프레임 구축이 중요함을 강조했다. 특히 이 연구는 자동화된 콘텐츠 분석을 사용해 3700개가 넘는 기사와 BP의 보도자료를 분석했다. 분석 결과, BP는 '기름 유출 자체'(74%)에는 많은 관심을 기울였지만 유출 '원인'에는 거의 관심을 기울이지 않은 것으로 나타났다. 게다가 위기 초기에는 원인이 규명되지 않아 추가 조사가 이뤄졌으며, '결과'(56%)보다 '솔루션 전략'(66%)에 대해 논의를 한 것으로 나타났다. 결국 BP의 의제는 원인 규명보다는 해결책에 초점을 맞추고 있었다. 즉, 비난을 피하기 위해 기름 유출 문제를 기업의 활동과 해결책에서 '분리하는 전략decoupling strategy'을 사용했다. 이로써 BP는 기름 유출 문제의 원인으로부터 자사의 책임을 분리하고, 자신들이 문제의 해결사가 될 수 있음을 보였다.

3) 방탄소년단과 팬클럽 아미의 사회공헌활동과 의제업테이크 효과

방탄소년단BTS은 일곱 멤버로 이루어진 한국을 대표하는 최정상 보이그룹으로, 전 세계적으로 '21세기 팝 아이콘'이라 불릴 만큼 영향력을 가진 아티스트 그룹이다. 방탄소년단은 2013년에 데뷔해 국내외 유수의 차트에 이름을 올리고, 현재까지도 독보적인 기록을 써 내려가고 있다. 특히 방탄소년단은 국내보다 해외에서 더 큰 인기와 영향력을 가지고 있는데, CNBC에 따르면 방탄소년단은 매년 한국 경제에 36억 달러, 소비재 수출에서 10억 달러 이상의 경제 효과를 발생시키고 있다고 한다(Whitten, 2019).

그동안 주류 미디어에 주로 의존하던 한국의 보이그룹들과는 달리, 방탄소년단은 한국에 기반을 둔 팬만을 위한 TV 출연을 하기보다는 전 세계 글로벌 팬들을 대상으로 소셜미디어를 전략적으로 활용해서 성공을 거두었다. 또한 이들은 소셜미디어뿐만 아니라 라이브 스트리밍 등 니치 미디어를 이용해 아미ARMY라고 불리는 그들의 팬들과 직접 소통해 왔다. 주목할 점은 멤버 중 누구에게도 자신만의 소셜미디어 계정이 없으며 소셜미디어 플랫폼당 한 개의 공식 계정만 있다는 점이다. 이와 같이, 방탄소년단은 기존 주류 미디어와 뉴미디어를 다양하게 사용함과 동시에, 팬들과의 활발한 소통을 통해 의제를 공유하고 만들어가고 있다. 이는 곧 그들의 명성 형성과 유지에 긍정적 영향을 미친다고 볼 수 있다.

방탄소년단은 음악활동뿐만 아니라 사회적 공헌활동을 통해 전 세계적으로 미디어 명성을 높였다. 특히 많은 활동 가운데 2020년에 이루어진 방탄소년단이 100만 달러를 기부하고 아미가 함께한 미국의 흑인 인권 지지 운동('흑인의 생명도 소중하다#BlackLivesMatter')은 전 세계적으로 긍정적 변화를 유도했으며 미국 언론에서도 극찬을 받았다(Johnson, 2020). 방탄소년단의 흑인 인권 지지 운동은 그들의 트위터 계정을 통해 "우리는 인종차별에 반대

그림 8-2

방탄소년단 인종차별 반대 트위터

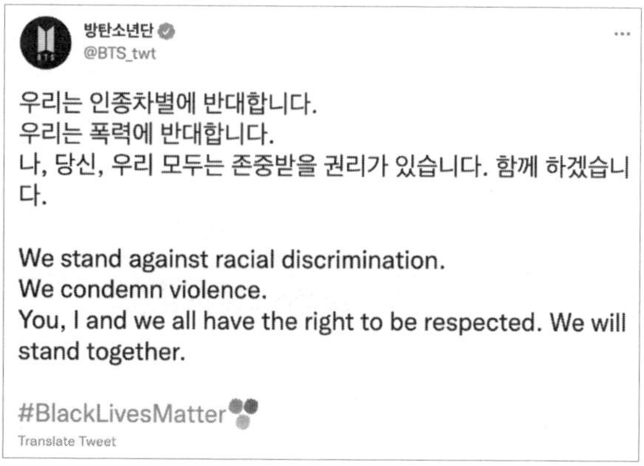

우리는 인종차별에 반대합니다.
우리는 폭력에 반대합니다.
나, 당신, 우리 모두는 존중받을 권리가 있습니다. 함께 하겠습니다.

We stand against racial discrimination.
We condemn violence.
You, I and we all have the right to be respected. We will stand together.

#BlackLivesMatter

Translate Tweet

자료: 방탄소년단(2020.6.4).

합니다. 우리는 폭력에 반대합니다. 나, 당신, 우리 모두는 존중받을 권리가 있습니다. 함께 하겠습니다"(방탄소년단, 2020.6.4)라는 메시지를 알리며 시작되었다. 이들의 트위터 메시지가 100만 회 이상 리트윗되자, 방탄소년단의 팬클럽 아미도 '우리도 100만 달러를 맞추자'라는 뜻의 '매치어밀리언 #MatchAMillion' 해시태그를 공유하며 하루 만에 81만 달러가 넘는 금액을 모았고, 이틀 만에 목표 금액인 100만 달러를 달성했다. 미국 언론은 방탄소년단과 팬들의 선한 행위에 찬사와 긍정적 프레임의 기사들을 내보냈으며, 미국 뉴스 채널 CNN에서도 소셜미디어를 통한 방탄소년단의 영향력은 미국 내 흑인 인권 운동의 수많은 '밈meme'(혹은 '짤')을 형성할 정도의 영향력을 미친다고 했다(Lee, 2020).

방탄소년단의 트위터 메시지와 아미의 모금 활동은 소셜미디어를 통해 빠르게 전파됐을 뿐만 아니라, 미국 주요 언론의 의제로 채택됨으로써 빠른 시간 안에 큰 영향력을 발휘했다. 이는 그루쉰스키와 와그너(Gruszczynski and Wagner, 2017)가 말하는 의제업테이크 이론의 여러 미디어 환경에서 의제 간의 연결 역할로 설명이 된다. 방탄소년단과 아미의 사회공헌활동이 트위터와 해시태그, 리트윗, 스트리밍 등 니치 미디어를 포함한 여러 소셜미디어에서의 의제를 넘어 미국 주류 언론의 의제로 채택이 되면서, 주류 언론의 의제가 다시금 소셜미디어의 의제에 영향을 주는 역동적 관계를 보여준 것이다.

4) 밴앤제리의 성소수자 권리 증진 옹호와 이슈소유권

임준수와 영(Lim and Young, 2021)은 기업의 정체성과 사회적 이슈 옹호 사이의 일치가 기업명성에 어떤 영향을 미치는지를 이슈소유권 이론을 적용해 연구했다. 기존 이슈소유권 연구들이 선거 캠페인과 같이 정치 커뮤니케이션에 초점을 맞추었다면, 임준수와 영의 연구는 기업의 사회적 이슈와 PR 관점에서 이슈소유권을 적용했다는 점에서 주목할 만하다.

이들은 미국 밴앤제리Ben & Jerry사의 사회적 옹호 활동이 기업이 옹호하는 이슈를 소유함으로써 기업명성에 어떤 영향을 미치는지 조사했다. 밴앤제리는 자사의 제품 특성과 연관이 없는 사회적 이슈인 성소수자LGBTQ+들의 권익 증진을 옹호하는 미국의 대표적 기업이며, 소셜미디어를 통해 성소수자들의 권익 증진 활동을 꾸준히 지지해 왔다.

임준수와 영은 내용 분석, AI 기반의 소셜리스닝social listening, 설문조사를 통해 가설을 검정했는데, 성소수자 관련 키워드가 포함된 소셜미디어 포스터와 응답자의 최초상기도top-of-mind 간에 상관관계가 있음을 밝혔다(Lim and Young, 2021). 즉, 기업이 미디어를 통해 특정 사회적 이슈에 대해 더 많이 이야기할수록 그 기업은 해당 이슈에 대한 소유권을 더 많이 갖게 되는 것이다. 또한 기업의 정체성과 옹호되는 사회적 문제 간의 일치성은 이슈에 관한 기업명성에 긍정적 영향을 미친다고 설명했다. 특히, 사회적 옹호 활동과 관련한 브랜드 적합성perceived fit과 진정성perceived authenticity 모두 기업명성에 긍정적인 예측 변수이며 그중에서도 인지된 진정성이 기업명성에 대한 가장 강력한 예측 변수로 나타났다. 이 연구에서 알 수 있듯이, 기업이 한 사회적 이슈를 선정하고 미디어를 통해 그 이슈와 관련해 지속적으로 지지한다면, 그 기업은 해당 이슈를 소유하는 것이고 이는 곧 그 기업의 명성에 도움이 된다.

5) ≪뉴욕타임스≫: 한국의 국가적 이미지 변화 추이로 본 미디어시스템 이론 관점의 전략

앞서 살펴본 이병종(2010)의 한국 관련 기사의 변화 추이에 대한 연구는 한국의 국가 이미지가 다른 나라의 미디어를 통해 어떻게 변화했는지 보여주었다. 특히, 이 연구는 ≪뉴욕타임스≫라는 세계적으로 권위를 인정받는 언론을 분석했는데, 이는 미디어의제가 국가 명성에 미치는 영향을 설명할 뿐만 아니라, 미디어시스템 의존 이론 관점으로도 설명할 수 있다. 미디어시스템 의존 이론은 개인이 특정 정보를 얻기 위해 미디어에 의존한다면 미디어의 메시지 효과가 더 높아진다고 설명했다(Ball-Rokeach and DeFleur, 1976). 미디어시스템 의존 이론을 이병종(2010)의 연구 결과에 적용해 본다면, 미국에서 또는 다른 나라의 공중이 한국 관련 정보를 찾을 때, 특히 공중이 정보 탐색을 위해 더욱 미디어에 의존한다면(할 수밖에 없다면) 한국과 관련된 긍정적인 기사, 문화, 예술, 스포츠 등과 같이 소프트한 기사, 한국을 우아하고 세련되게 묘사한 기사를 접한다면, 공중이 갖는 한국의 이미지와 명성은 더욱 긍정적으로 나타나게 될 것이다. 또한, 공중의 미디어를 통한 메시지 효과는 한국에 대한 인지, 감정, 그리고 행동에 긍정적인 영향을 미칠 수 있으며, 이런 효과는 다시 미디어, 사회/경제적 시스템에 영향을 미칠 것이다. 이처럼 명성은 기업뿐만 아니라 국가, 개인 모두에게 필요한 무형 자산이다.

5. 결론

미디어가 기업명성에 많은 영향을 미친다는 연구는 PR 분야뿐만 아니라 경영학, 마케팅 분야에서도 지속적으로 논의되어 왔다. 이와 관련해서 본 챕터에서는 미디어 명성에 대한 논의와 미디어의 효과가 명성에 미치는 영향과 관련해, 대표적인 미디어 이론인 의제설정 이론, 점화, 틀짓기 이론을 비롯하여, 의제구축 이론, 미디어시스템 의존 이론, 이슈소유권 이론, 이슈도드라짐 현상, 그리고 가장 최근에 소개된 의제업테이크 이론까지 살펴보고, 각각의 이론이 명성에 미치는 영향과 PR 측면에서 어떻게 명성을 쌓고 유지할 수 있는지 그리고 명성이 위기 시에 어떤 역할을 하는지 등에 대해서 사례를 들어서 살펴보았다.

  기업의 명성은 어느 날 갑자기 생기는 것이 아니다. 특정 기간에 대규모의 광고 캠페인을 진행하고 몇 가지 눈길 끄는 이벤트를 한다고 해서 명성이 높아지는 것도 아니다. 기업명성이란 '한 조직과 관련된 다양한 공중이 오랜 시간을 두고 그 조직에 대해 전반적으로 갖게 되는 긍정적인 평가'를 의미하며 기업의 철학, 행동, 커뮤니케이션 등 다양한 요소에 기반해 구성되는 것이다(차희원, 2004b). 이처럼 명성은 기업이 무조건 열심히만 한다고 생기는 것이 아니라 공중이 기업의 사업 실적과 여러 가지 차원에서 지속적인 노력을 긍정적으로 평가해 줘야 생기는 것이다. 그리고 여기에서 공중에게 큰 영향을 미치는 미디어의 도움 없이는 좋은 명성을 형성하는 것은 거의 불가능하다고 볼 수 있다(물론 미디어가 도움만 주는 것은 아니다).

명성을 얻기 위해서는 가장 기본적으로 사업 실적이 좋고 주주들에게 이익이 많이 돌아갈 수 있어야 하겠지만 이것만으로는 충분치 않다. PR 측면에서 기업은 미디어가 기업에 우호적인 미디어의제를 설정할 수 있도록 진정성을 가지고 지속적으로 기업 관련 소식을 제공해야 한다. 이슈소유권 이론에서 증명된 것처럼 미디어에 긍정적인 기사가 많이 노출되는 기업일수록 경쟁 기업 대비 높은 명성을 갖고 있다고 볼 수 있다. 기업은 이를 위해 사업 분야와 연관이 있으면서 기업이 잘 다룰 수 있는 이슈를 찾아 이를 소유해야 한다. 명성과 마찬가지로 어떤 이슈를 한번 소유했다고 해서 그 이슈를 기업이 독점했다고 봐서는 안 된다. 기업은 지속적으로 해당 이슈에 대해서 관심을 가지고 의지를 표명해야 하며 인적 물적 자원을 투자해야 한다.

　　명성은 또한 기업이 위기에 처했을 때도 든든한 보호막이 될 수 있다. 그러나 이 또한 당연히 이루어지는 것이 아니고 기업이 진정성과 투명성을 가지고 미디어와 공중에게 정보를 제공하며 소통해야 가능하다. 보통 기업은 위기에 처했을 때 자사의 잘못을 감추거나 책임을 회피하려는 경향이 있다. 그러나 위기 시에 기업은 자사의 이득보다는 피해자와 사회의 구성원들을 먼저 고려하고 이들 위주로 커뮤니케이션을 해야 한다. 앞의 도쿄전력의 사례에서 봤듯이, 기업이 사과해야 할 위기를 마주하고 있음에도 사과를 하지 않거나 사과하는 시점을 놓친다면 그동안 어렵게 쌓아온 명성이 허물어지는 데에는 그리 오래 걸리지 않는다. 이후에 추락된 명성을 회복하는 것도 쉬운 일이 아니다. 이 과정에서 미디어는 기업의 지원군이 될 수도 있고 반대로 기업의 위기를 더 악화시키는 존재가 될 수도 있다.

　　마지막으로 미디어의제도 중요하지만 소셜미디어를 활용해 공중과 직접 소통하는 것 또한 기업명성의 유지에 절대적으로 필요하다. 의제업테이크 이론에서 보았듯이 기업이 소셜미디어를 통해서 공중과 긴밀하게 커뮤니케

이선하고 호의적인 공중의제를 형성한다면, 이 공중의제가 또 미디어의제
에 영향을 미쳐서 기업에 호의적인 미디어의제로 변환될 수 있는 것이다.
앞으로 더욱 새로운 미디어 환경하에서 명성과 PR, 미디어를 함께 아우를
수 있는 새로운 미디어 이론이 등장하길 기대해 본다.

생각해 볼 문제

1. 미디어, 공중 그리고 조직 명성의 관계를 의제설정이론을 바탕으로 설명해보고, 이의 한계점이 무엇인지 논의해 보자. 또한, 이 챕터에서 논의한 한 가지 이상의 이론을 적용하여 이 한계점을 보완할 수 있는 전략적 방법을 제시해 보자.

2. 조직의 내부 위기로 인한 이슈는 미디어를 통해 공중에게 부정적 인식을 주고, 조직의 명성에 영향을 미친다. 2021년 10월, KT는 85분간의 인터넷 먹통으로 소비자들은 수많은 피해를 보았고 이로 인해 KT명성은 실추되었다. KT의 명성을 회복하기 위한 미디어 의제 구축과 보도자료에 어떠한 전략적 프레임을 사용해야 할까? 그 이유와 공중의 인식에 미칠 영향에 대해 논의해 보자.

3. 의제업테이크이론은 주류 미디어, 니치미디어의 의제와 공중 의제 사이는 역동적이며 의제 간의 이전은 다방향적이라 주장한다 (Gruszczynski and Wagner, 2017). 이와 관련 조직의 이슈 사례를 찾아보고, 사례를 바탕으로 미디어의제와 공중의제 간의 흐름을 분석해 보고 각 방향의 (의제 간의 이전) 특징을 논의해 보자.

4. 공중은 기업이 이슈를 소유하고 있다고 판단하면, 기업명성에 영향을 미친다. 기업의 강력한 이슈소유권은 명성에 어떤 영향을 미칠까? 긍정적 효과와 역효과 (backfire)를 중심으로 설명해 보자.

9장
소셜미디어와
조직명성

문빛(인디애나대학교 미디어스쿨 박사 수료/강사)

1. 들어가며

우리는 소셜미디어의 시대에 살고 있다. DMC미디어가 보도한 자료에 따르면, 2021년 소셜미디어 이용률은 아랍에미리트 99%, 한국 89%, 캐나다 84.9%, 미국 72.3%로, 세계의 여러 나라에서 국민 10명 중 일곱 명 이상은 소셜미디어를 사용하고 있다(한국경제 TV, 2021). 이는 국민의 절반 이상이 사용하는 주요 매체가 되었음을 보여준다. 소셜미디어가 수용되고 확산되는 속도 역시 빠르다. 퓨리서치센터(Pew Research Center, 2021)는 2005년 소셜미디어 사용자가 미국 성인 중 5%에 불과했던 반면, 2010년 48%를 넘어 2020년에는 72%로 증가했다고 보도했다. 이에 더해 소셜미디어 사용자들의 절반 이상이 특정한 소셜미디어 네트워크 플랫폼을 적어도 하루에 한 번은 방문한다고 한다(Pew Research Center, 2021). 기존의 연구들은 우리가 일상 속에서 자신을 표현하고, 다른 사람들과 관계를 맺고, 정보를 소비/교환/창출하며, 여가 시간을 보내고, 즐기려는 등의 다양한 목적을 가지고 소셜미디어를 사용하고 있다는 점을 확인해 왔다(Leiner, Kobilke, Rueb and Brosius, 2018). 사람들은 전통적인 매체인 TV나 라디오보다 소셜미디어를 통해서 얻는 정보를 선호하기도 하고(Foux, 2006), 조직으로부터 얻은 정보보다 온라인 커뮤니티로부터 습득한 정보를 믿는 경향을 보인다. 이제 소셜미디어를 새롭고 혁신적인 매체라고 보기보다 우리가 일상적으로 사용하는 일상적 매체로 여기는 것이 더 자연스러운 표현이다.

소셜미디어가 사람들이 일상적으로 활용하는 주요한 매체로 자리를 잡으면서, 조직에 대한 정보 역시 소셜미디어를 매개로 하는 습득과 교환 그리고 공유와 확산이 이루어지고 있다. 사람들은 조직과 직접적으로 정보를 교환하고 상호작용하기 위해 소셜미디어를 사용할 뿐만 아니라, 언론에서 제공하는 조직에 대한 정보를 얻고 다른 사람들의 조직에 대한 평가를 살펴보며 자신들의 경험을 나누기 위해서 소셜미디어를 활용한다. 이에 따라 소셜미디어 사용자들은 더 이상 조직의 정보를 일방적으로 받아들이는 수동적인 존재가 아닌 조직과 관련된 정보를 재창출하고 의미를 함께 만들어가는 과정에 참여하는 적극적인 주체로 등장했다(Etter, Ravasi and Colleoni, 2019). 또한, 소셜미디어를 매개로 한 커뮤니케이션 환경에서는 사용자들이 선택적으로 구축한 네트워크를 기반으로, 사용자가 부여하는 가치에 따라 콘텐츠가 선택되고 공유된다(Etter et al., 2019). 이는 종국적으로 조직명성을 구축하고 관리하는 과정에서 조직이 제공하는 정보나 언론이 보도하는 뉴스에만 의존할 수 없음을 의미한다. 소셜미디어의 진화와 발전으로 인해, 조직이 기존의 전통적인 커뮤니케이션 방식을 고수하면서 효과적인 명성 관리를 하는 것이 쉽지 않아진 것이다.

물론, 많은 조직들이 소셜미디어를 조직명성 관리를 위한 주요한 커뮤니케이션 수단으로 인지하고 있지만(Kiron, Palmer, Philips and Kruschwitz, 2012; Dijkmans, Kerkhof and Beukeboom, 2015), 소셜미디어의 확산과 함께 변화된 커뮤니케이션 환경을 제대로 이해하고, 적절한 커뮤니케이션 방법을 찾아나가는 데 어려움을 겪고 있는 것도 현실이다(Kaul and Chaudhri, 2015). 이러한 흐름에 발맞추어 소셜미디어의 본질을 이해하고, 조직명성과 소셜미디어 사이의 관계를 탐색한 연구는 특정 학문 분야를 구분하지 않고 폭발적으로 증가했다. 특히, PR 연구 분야에서는 2006년을 기점으로 조직이 소셜미디어를 매개로 다양한 이해관계자들과 어떻게 커뮤니케이션할 것인지에 대해 다양한 논의가 이루어져 왔다(Kent and Li, 2020; Wang, Cheng and Sun, 2021). 그러나 아쉽게도 아직도 많은 PR 연구들이 소셜미디어 커뮤니케이션 환경에서 발현되는 고유한 특성이나 현상에 주목하기보다 기존의 전통적인 이론적 프레임을 소셜미디어 환경에 그대로 적용하는 데 그치고 있다(Kent and Li, 2020). 더 나아가 소셜미디어에 대한 이해 없이 규범적인 원칙만을 고수하는 PR 연구는 소셜미디어 중심의 PR 활동과 실무에 접목할 수 있는 실질적인 제언들을 하기가 어렵다.

이에 본 장에서는 소셜미디어를 매개로 한 커뮤니케이션 환경의 독특한 특성들을 반영하는 이론들을 중심으로 소셜미디어와 조직명성의 관계를 고찰하고자 한다. 소셜미디어와 관련된 이론들은 크게 소셜미디어의 매체적 특성, 사용자 특성, 상호작용 특성, 그리고 사회적 특성에 따라 정리하고자 한다. 다음, PR 관점에서 소셜미디어 PR과 관련된 주요 이론적 논의를 소통적 PR 이론dialogic public relaitons 및 소통적 휴먼 보이스conversational human voice: CHV와 상황적 위기 커뮤니케이션situational crisis communication theory: SCCT을 중심으로 살펴보고, 향후 연구에 대한 제언을 하고자 한다. 마지막으로, 전략적으로 생각해 볼 문제를 통해 소셜미디어 커뮤니케이션 환경에서 발생할 수 있는 여러 가지 상황들을 같이 고민해 보고자 한다.

2. 소셜미디어에 관한 주요 이론들과 조직명성과의 관계

소셜미디어와 조직명성의 관계를 규명하기 위해서는 소셜미디어가 갖는 고유한 특성들을 중심으로 조직명성이 어떻게 영향을 미치는지 논의할 필요가 있다. 이러한 점에서 본 장은 먼저 소셜미디어에 대한 기존의 정의들을 되짚어 보고, 이와 관련된 이론으로 '어포던스 이론affordance theory'과 '매스퍼스널 커뮤니케이션 모델masspersonal communication model'을 소개하고자 한다. 다음, 소셜미디어의 특성은 소셜미디어를 사용하는 사람들이 어떠한 동기를 가지고 있으며 어떻게 채널과 콘텐츠를 소비하는지 이해할 필요가 있다. 이에 따라 '이용과 충족 이론use and gratification theory'과 '선택적 노출 이론selective exposure theory'를 살펴보고자 한다. 또한, 소셜미디어를 매개로 한 환경에서 이루어지는 상호작용에 초점을 맞추어 상호작용성interactivitiy에 대한 다양한 관점들과 '준사회적 상호작용 이론parasocial interaction'을 탐색하고자 한다. 마지막으로, 소셜미디어는 본질적으로 사회적이다. 즉, 매체가 부여한 알고리즘 구조의 경계 속에서 콘텐츠와 사람, 사람과 사람의 연결이 이루어지는 공간이다(Bucher, 2015). 이에 입각해 '사회적 단서social cue'와 '사회적 관계의 강도social tie'와 관련된 이론적 논의를 살펴본다.

1) 소셜미디어의 매체적 특성

(1) 소셜미디어에 대한 정의와 매스퍼스널 커뮤니케이션[1]

소셜미디어가 무엇인지에 대한 정의는 다양한 관점에서 이루어져왔다(Carr and Hayes, 2015). 일례로, 캐플런과 핸린(Kaplan and Haenlein, 2010)은 "웹 2.0의 철학과 테크놀로지를 토대로 사용자 중심의 콘텐츠user generated content를 만들어내고 교환할 수 있게 해주는 인터넷 기반의 애플리케이션"(2010: 61)으로 정의했다. 하워드와 파크스(Howard and Parks, 2012)는 소셜미디어를 구성하는 세 가지 요소에 초점을 맞추어, 소셜미디어는 "① 콘텐츠를 생산하기 위해 사용된 정보 기반 시스템과 수단들, ② 개인적인 메시지, 뉴스, 아이디어, 그리고 문화적 산물이 디지털 형태로 있는 콘텐츠, 그리고 ③ 해당 디지털 콘텐츠를 생산하고, 소비하는 일반 사람들, 조직들, 그리고 산업들로 이루어진다"(2012: 60)라고 설명했다. 마흐작, 파라이, 케인, 그리고 아자드(Majchrzak, Faraj, Kane and Azad, 2013)는 소셜미디어가 사용자에게 부여하는 가능성들에 초점을 맞추어, "사용자들이 용이하게 콘텐츠를

---

[1] 소셜미디어의 정의와 속성에 대한 기존의 논의는 Carr and Hayes(2015)의 연구를 참조하기를 바란다.

생산, 편집, 평가, 연결을 할 수 있게 해주고, 또는 해당 콘텐츠를 다른 크리에이터에게 링크를 할 수 있도록 해주는 인터넷 중심의 테크놀로지의 집합체"(2013: 38)라고 정의했다.

카와 헤이스(Carr and Hayes, 2015)는 기존의 소셜미디어에 대한 정의들이 소셜미디어가 갖는 고유한 커뮤니케이션 속성들을 충분히 반영하지 못한다는 점을 지적하고, 커뮤니케이션 관점에서 소셜미디어를 정의하고자 했다. 이들에 따르면 소셜미디어는 "사용자들이 사용자 중심의 콘텐츠로부터 도출된 가치를 중심으로, 사용자 사이의 상호작용에 대한 인식을 촉진하는 인터넷 기반의, 시간상 구속이 없고disentrained, 지속적인persistent, 매스퍼스널 커뮤니케이션masspersonal communication 채널"(2015: 8)이다. 즉, 소셜미디어는 사용자들이 현재 접속되어 있지 않은 경우에도 그 기능이 계속 유지되기 때문에, 사람들은 자신이 이용 가능한 시간에 실시간이나 비동시적인 방법으로 다른 사람들과 상호작용할 수 있으며, 자신을 선택적으로 드러낼 수 있다는 것이다. 그리고 소셜미디어 콘텐츠는 사용자들이 인지하는 가치에 따라 상호작용 혹은 자기표현에 사용될 수 있다는 것이다.

카와 헤이스(Carr and Hayes, 2015)의 논의 중 주목할 점은 소셜미디어의 고유한 특성 중 하나로 **매스퍼스널 커뮤니케이션**을 언급했다는 것이다. 매스퍼스널 커뮤니케이션은 매스 커뮤니케이션 채널이 대인적인 커뮤니케이션을 위해 사용되거나 대인적인 채널이 매스 커뮤니케이션을 위해 사용되는 상황 혹은 매스 커뮤니케이션과 대인 커뮤니케이션이 동시에 사용되는 상황들을 일컫는다(O' Sullivan, 2005). 이러한 점에서 매스퍼스널 커뮤니케이션은 기존의 대인 커뮤니케이션(높은 개인화/낮은 접근성)이나 매스 커뮤니케이션(낮은 개인화/높은 접근성)과 구분된다. 오설리번과 카(O'Sullivan and Carr, 2017)는 매스퍼스널 커뮤니케이션 모델masspersonal communication model: MPCM을 제안하면서, 미디어 중심으로 커뮤니케이션의 특성을 파악하는 것보다, ①

메시지 전달자 입장에서 예상되는 수용자의 크기와 ② 수신자의 입장에서 메시지가 개인화된 정도에 따라 커뮤니케이션을 이해할 필요가 있다고 주장했다.

소셜미디어는 매스 커뮤니케이션 채널과 대인 커뮤니케이션 채널의 특성을 복합적으로 드러내고 있다. 즉, 소셜미디어를 매개로 한 환경은 매스 커뮤니케이션과 대인적인 커뮤니케이션의 경계가 모호해지는 공간이라 할 수 있다. 예를 들어, 페이스북, 유투브, 트위터와 같은 미디엄medium들은 개별적인 사용자들이 다수의 팔로워나 구독자들을 대상으로 공적인 메시지를 전달할 수 있게 해줄 뿐만 아니라 방송을 하는 특정 사용자에게 개인적으로 답장하거나 의사소통을 할 수 있게 해준다(Walther, Carr et al., 2010). 소셜미디어는 콘텐츠가 사용자와 사용자, 사용자와 대중, 대중과 사용자, 대중과 대중 사이에서 교환 및 공유가 이루어질 수 있게 해주기 때문에 커뮤니케이션 흐름이 다방향적이라 할 수 있다. 이와 같은 다방향성은 역사적으로 뚜렷했던 매스 커뮤니케이션과 대인 커뮤니케이션의 경계가 모호해지고, 소셜미디어 공간에서 두 가지 커뮤니케이션이 동시다발적으로 이루어질 수 있음을 시사한다(O'Sullivan, 1999). 또한, 소셜미디어를 통해 정보를 전달하는 주체는 상호작용의 맥락을 바꿀 수도 있다. 예를 들어, 조직은 트위터를 통해 정보를 업로드하면서 많은 수용자들이 해당 정보에 접근할 수 있도록 하는 매스 커뮤니케이션을 하지만, 이후 해당 정보와 관련해 개인적인 공식 답변을 하거나 개별적인 사용자들과 공개적인 의사소통을 하는 매스퍼스널 커뮤니케이션에 중점을 둘 수 있다(Sanders, Wang and Zheng, 2019).

(2) 소셜미디어 어포던스 이론

어포던스 이론은 깁슨(Gibson, 1977; 1986)이 제안한 이론으로서, 어포던스 affordance라는 개념은 하나의 테크놀로지가 주어졌을 때 일어날 수 있는 행동 가능성 혹은 행동 유도성을 의미한다(Hutchby, 2001; Majchrzak et al., 2013). 어포던스는 실제로 이루어지는 행동과는 구별되는 개념이지만, 그러한 행동이 일어나기 위한 필수적인 조건이 된다(Majchrzak and Markus, 2012). 그리고 어포던스 관점을 수용한 학자들은, 새로운 테크놀로지를 어떻게 이용할 수 있을지에 대해 판단하고 행동하는 것은 그 기술이 갖는 물질적 속성뿐만 아니라 행위자의 목적과 능력, 그리고 상황 혹은 환경 사이의 관계들이 맞물려 복합적으로 형성된다고 주장한다(Ellison et al., 2014; Hutchby, 2001). 어포던스 이론은 기술 결정주의와 사회 결정주의에 대한 논쟁에서 벗어나, 연구자들이 기술과 행위자를 둘러싼 환경을 모두 중요한 요인으로 고려하면서 이들 사이에 벌어지는 역동성을 파악할 수 있게 도와줄 뿐만 아니라 특정 미디엄에 천착하지 않고, 환경과 행위자 사이의 다채롭고 역동적인 관계를 볼 수 있게 해준다.

따라서 소셜미디어 어포던스에 대한 논의는 소셜미디어가 갖는 기술적인 특성 자체에 초점을 두는 것이 아닌 사용자의 의도와 소셜미디어가 특정한 행동을 가능하게 하는 기술적 능력 사이의 관계를 이해하는 데 중점을 두어 왔다(Ellison et al., 2014; Treem and Leonardi, 2012; Majchrzak et al., 2013). 일례로, 트림과 레오나르디(Treem and Leonardi, 2012)는 소셜미디어 어포던스로 네 가지 차원들을 제시했다. 먼저, '가시성visibility'은 소셜미디어가 개인의 행동, 지식, 선호도, 커뮤니케이션 네트워크를 다른 사람들이 쉽게 볼 수 있도록 만들어주는 것을 의미한다. 소셜미디어의 가시성은 다른 기술들과 구별되는 특징 중 하나로 여겨진다(boyd, 2010). 다음, '지속성persistence'은 정보를 게시한 사람이 소셜미디어에서 로그아웃했을 때에도 해당 정보가 사라지거나 없어지지 않고 남아 있기 때문에 해당 정보에 대한 접근이 가능함을 의미한다(Treem and Leonardi, 2012). 이는 앞서 카와 헤이스(Carr and Hayes, 2015)가 설명한 지속성과도 연관된다. 소셜미디어의 지속성은 특정한 상황에서 이루어진 대화의 내용들이 재생되고, 재구성되고, 재맥락화될 수 있는 기회를 제공한다. 또한, '편집성editability'은 사람들이 하나의 커뮤니케이션 행동을 보기 좋게 하기 위해 시간과 에너지를 쓸 수 있음을 의미한다 (Walther, 1993). 이러한 편집성으로 인해 기존의 콘텐츠는 수정과 삭제가 가능해진다(Rice, 1987). 마지막으로, '연결성connection'은 개인과 개인의 사회적 관계social tie 그리고 개인과 콘텐츠가 이어질 수 있음을 의미한다(Treem and Leonardi, 2012). 소셜미디어는 기술 자체가 다른 사람들과 연결할 수 있도록 추천을 해주고, 사용자가 좋아할 수도 있는 정보에 접근할 수 있도록 새로운 연결고리를 만들어낸다. 이와 같은 특성이 기존의 컴퓨터 매개 커뮤니케이션과 차별적이라 할 수 있다.

(3) 소셜미디어 특성과 조직명성의 관계

소셜미디어가 부여하는 매체적 속성들은 조직명성이 구축되는 과정에서 다음과 같은 함의를 준다. 먼저, 소셜미디어 사용자들이 조직명성을 형성하는 과정에 동참하는 주요 커뮤니케이션 주체가 되었다는 점이다. 조직명성에 영향을 미칠 수 있는 정보를 제공하는 주체를 조직과 언론에만 국한할 수 없다. 이는 소셜미디어가 시간의 제약 없이 조직명성에 영향을 미칠 수 있는 정보를 수집·공유·창출하는 과정에 쉽게 참여할 수 있는 기회들을 제공하기 때문이다. 소셜미디어 사용자들은 언론이 보도하는 조직과 관련된 뉴스를 선별적으로 공유하면서 이차적인 게이트 키핑의 역할을 하기도 하고(Welbers and Opgenhaffen, 2018), 조직이 제공하는 정보에 댓글이나 반응을 함으로써 정보가 주는 혜택과 가치에 의미를 부여하거나(Li et al., 2013; Dijkmans et al., 2015), 조직에 대한 자신의 경험이나 평가들을 직접 개진하기도 한다(Etter et al., 2015). 이처럼 특정 조직에 관심을 가지는 소셜미디어 사용자들은 조직을 평가하는 정보의 수신자이자 송신자의 커뮤니케이션 역할을 동시에 수행할 수 있기 때문에 조직명성이 형성되고 구축되는 과정에 영향을 미치는 주요한 커뮤니케이션 주체 중 하나로 바라볼 필요가 있다(Etter et al., 2015).

다음, 소셜미디어를 매개로 한 공간에서 조직명성에 영향을 미칠 수 있는 정보 콘텐츠는 역동적이고 유기적이라 할 수 있다. 소셜미디어 공간에서 조직과 관련된 정보 콘텐츠는 "네트워크화된 내러티브"의 형태로 존재하는데(Kozinets et al., 2010), 이와 같은 내러티브들이 재구성되고, 변형되며, 재맥락화될 수 있다(Cover, 2006; Jackson, 2009). 소셜미디어가 부여하는 어포던스인 지속성, 편집성, 가시성, 그리고 연결성으로 인해, 조직명성과 연관된 정보 콘텐츠의 의미가 강화, 변형, 혹은 왜곡되는 과정을 거친다(Hennig-Thurau, Wiertz and Feldhaus, 2015). 따라서 언론이 초기에 제공하는 조직과 관련된 뉴스 콘텐츠나 조직이 직접적으로 게시하는 콘텐츠가 갖는 의미가 그대로 받아들여지고 확산될 것이라고 보기 어렵다. 조직에 관한 정보 콘텐츠가 어떠한 상황에서 어떻게 재해석되고 맥락화되는지 파악하기 위해서는 정보가 소비되고 확산되는 과정을 수직적이고 획일적인 차원에서 바라볼 것이 아니라 수평적이고 유기적인 차원에서 살펴볼 필요가 있다.

마지막, 소셜미디어 환경에서는 조직과 개별적인 사용자들이 일대일로 커뮤니케이션하는 방식과 조직이 다수의 사용자들을 대상으로 정보를 전달하는 매스커뮤니케이션 방식이 혼재한다고 할 수 있다(Carr and Hayes, 2015). 조직은 다수의 팔로워를 대상으로 정보를 전달하면서도, 사용자들의 의견과 질문에 개별적으로도 응대할 수 있다. 또한, 소셜미디어 사용자들은 조직이 다른 사용자들과 어떻게 상호작용을 하는지를 관찰할 수 있으며 (Hayes and Carr, 2021), 조직이 제공하는 콘텐츠를 중심으로 사용자들끼리 의사소통을 하기도 한다. 이는 조직과 관련된 정보가 일대일의 양방향적인 흐름에 그치지 않고, 사용자와 사용자, 사용자와 오디언스, 오디언스와 사용자, 오디언스와 오디언스를 상에 흐를 수 있다는 의미한다(Carr and Hayes, 2015). 이와 같이, 소셜미디어 공간에서 이루어지는 커뮤니케이션의 다방향성은 소셜미디어를 매개로 조직에 대한 명성이 형성되는 과정은 선형적이고 일차원적인 커뮤니케이션이 아니라는 점을 상기시켜 준다.

2) 소셜미디어 사용자 특성

(1) 이용과 충족 이론

이용과 충족 이론use and gratification theory: U&G은 사람들이 어떻게 자신들의 욕구와 필요를 충족시키기 위해 미디어를 선택 및 사용하는지, 그리고 특정한 미디어를 사용하는 동기들은 무엇인지 탐색하기 위해 자주 적용되는 이론적 프레임이다(Katz, Blumeler and Gurevitch, 1974). U&G 관점은 '미디어가 사용자에게 무엇을 하는지'에 초점을 두는 것이 아니라 '사용자가 미디어를 가지고 무엇을 하는지'에 중점을 둔다(Ruggiero, 2000). 즉, 미디어를 선택하고 사용하는 행위는 미디어를 사용함으로서 얻을 수 있는 해택을 평가하는 사용자의 능동적인 의사결정 과정으로, 미디어 사용자들은 특정한 목적을 달성하려는 능동적인 주체로 여겨진다(Rubin, 2009).

많은 학자들이 U&G 이론을 적용해 사용자들이 특정 소셜미디어의 채널을 사용하는 이유들을 이해하기 위해 다양한 상황과 행동들에 대한 동기들을 탐색해 왔다(Baek et al., 2011; Lee and Ma, 2012; Raccke and Bonds-Raacke, 2008; Apuke and Omar, 2020). 예를 들어, 백과 그의 동료들(Baek et al., 2011)은 페이스북에서 링크를 하는 행동의 원인들을 탐색했으며, 라케와 본즈라케(Raccke and Bonds-Raacke, 2008)는 마이스페이스와 페이스북을 사용하는 주요 동기들을 탐색했다. 또한, 리와 마(Lee and Ma, 2012)는 소셜미디어를 통해 사람들이 뉴스를 공유하는 동기를 살펴보았는데, 사람들은 유용한 정보를 찾고information seeking, 다른 사람들과 사회적인 교류를 하고socialization, 자신의 사회적 지위를 달성status seeking하기 위해 뉴스를 공유하는 것을 확인했다. 최근, 아푸케와 오마르(Apuke and Omar, 2021)는 코로나19와 같은 전 세계적인 팬데믹 상황 속에서 사람들이 소셜미디어를 통해 가짜 뉴스를 공유하는 동기를 탐색했다. 이들의 연구 결과에 따르면 가짜 뉴스를 공유하는 이유는 주변 사람들을 보호하고, 정보를 신속하게 전달하고, 사회적인 관계를 맺고, 자신의 이미지를 향상시키기 위한 것이었으며, 이 중 주변 사람들을 돕고 보호하기 위한 요인이 가장 중요한 것으로 나타났다.

U&G 관점에 입각해 사람들이 특정 조직의 웹사이트나 블로그, 혹은 조직의 정보와 관련된 소셜미디어 행동을 하는 이유가 무엇인지에 대한 논의도 이루어졌다(Muntinga et al., 2011). 예를 들어, 헤니그투라우와 발시(Hennig-Thurau and Walsh, 2003)는 사람들이 제품에 대한 사람들의 리뷰를 읽는 행동은 유용한 정보를 찾고자 하는 동기가 주요하다고 했으며, 수와 랴오(Hsu and Liao, 2007)는 커뮤니티에 대해 가지는 느낌과 감정이 브랜드 커뮤니티에 참여하게 만드는 동기를 불러일으킨다고 했다. 특히, 문팅가, 무어만, 슈미트(Muntinga, Moorman and Smit, 2011)는 사람들이 소셜미디어를 통해 브랜드에 대한 정보를 소비하고consuming, 브랜드에 대해 평가 및 댓글을 달고contributing, 해당 브랜드에 대한 새로운 정보를 만들어가는 활동creating에 대한 동기 요인들을 살펴보았다. 이들에 따르면 소셜미디어 사용자들은 다른 사람들의 의견이나 조언들을 찾고자 하는 정보적 동기, 시간을 때우거나 기분을 전환하기 위한 유희적 동기, 경제적 혜택이나 기회를 얻고자 하는 보상적 동기가 브랜드 관련 정보를 소비하는 주요 원인이 되는 반면, 자신을 표현하는 자아표현적 동기, 사회적 관계와 교류를 하려는 사회적 동기, 그리고 유희적 동기는 정보에 댓글을 달거나 새로운 정보를 만들어가는 행동을 촉진한다(Muntinga et al., 2011).

(2) 선택적 노출 이론

정보의 환경의 변화와 함께 커뮤니케이션 분야에서 가장 많이 적용되고 있는 이론 중 하나가 선택적 노출 이론selective exposure theory이다(Bryant and Miron, 2004). 선택적 노출 이론에 따르면, 사람들은 다른 입장을 지지하는 메시지보다 자신의 입장을 지지하는 주장을 선호하는 경향이 있다(Garrett, 2009). 결과적으로 사람들은 자신의 의견을 지지하는 정보를 더 많이 읽고 들으며 보는 반면에, 그들의 입장을 반대하는 정보에 대해서는 주의를 덜 주는 경향이 있으며(Fischer, Jonas, Frey and Schulz-Hardt, 2005), 자신의 의견을 지지하는 정보원들을 그렇지 않은 대체 정보원들보다 선호하게 된다(Lowin, 1967; Mutz and Martin, 2001; Mutz, 2006). 일례로, 머츠와 마틴(Mutz and Martin, 2001)은 사람들의 TV, 신문, 뉴스 매거진, 토크쇼들에 대한 경험을 비교·분석했는데, 편향된 정보원들을 주로 이용하는 사람들은 자신의 의견에 대립되는 정보를 덜 습득하는 경향이 있다는 것을 확인했다. 또한, 머츠(Mutz, 2006)는 개개인이 자신과 관계를 맺는 사람이나 조직들을 선택적으로 관계를 맺으면서 다른 사람들의 관점에 노출될 수 있는 환경을 제한적으로 구축한다고 지적했다.

선택적 노출 이론은 페스팅거(Festinger, 1957)의 인지부조화 이론에 기반을 두고 있다. 인지부조화 이론에 따르면, 의사결정이 일어난 후 태도와 일관된 정보는 긍정적인 감정을 불러일으키고, 태도와 일관되지 않은 정보는 불편한 심리적 상태를 야기한다고 가정한다. 따라서 사람들은 일관되지 않는 정보를 통해서 나타난 불편한 마음을 해소하기 위해, 즉 인지부조화를 낮추려는 동기가 발생하게 된다. 이와 같은 동기는 정보를 회피하는 방법과 자신의 신념을 강화할 수 있는 정보를 추구하는 방법으로 나타날 수 있다(Festinger, 1964; Garrett, 2009). 자신의 신념을 강화하기 위해 정보를 적극적으로 추구하는 경향과 자신과 대립되는 정보를 차단하고 막는 등의 회피하는 경향은 구분할 필요가 있다(Garrett, 2009). 신념 강화를 위한 정보 추구를 하게 되면, 의견을 지지해 주는 정보와 의견에 대립되는 정보에 노출될 수 있지만 두 정보 모두 유용하게 사용될 수 있다(Frey, 1986). 의견 강화 정보는 긍정적인 기분을 유발하고, 자신의 입장을 합리화할 수 있게 도와주는 반면, 의견 대립 정보는 부정적인 감정을 주기는 하지만, 다른 사람들이 무엇을 생각하고 어떠한 주장을 펼치는지 알 수 있어, 자신의 입장과 의견을 어떻게 강화시킬 수 있는지 도와준다. 반면, 정보를 회피하는 성향은 자신의 입장과 어긋나는 정보를 차단하기 때문에 의사결정에서 위험한 결과를 초래할 수 있다(Garrett, 2009).

(3) 소셜미디어 사용자 특성과 조직명성의 관계

소셜미디어 사용자 특성과 관련된 이용과 충족 이론과 선택적 노출 이론은 조직명성에 두 가지 함의를 제공한다. 먼저, 조직명성에 영향을 주거나 받을 수 있는 소셜미디어 사용자들의 다양성이다. 조직의 임직원, 고객, 이해관계 단체와 같이 여러 이해관계자들이 소셜미디어를 매개로 조직과 관련된 사안이나 제품 및 서비스에 대한 이야기를 하며, 이들이 특정 소셜미디어 채널을 방문하거나 글을 공유하는 동기가 다양하다(Etter et al., 2015). 이용과 충족 이론에 기반한 연구 결과들이 보여주듯이, 소셜미디어 사용자들이 추구하는 다양한 동기와 목적에 따라 조직명성과 연관된 소셜미디어 활동이 다르게 나타날 수 있다. 예를 들어, 특정 기업의 소셜미디어 페이지에 방문하는 동기는 제품이나 서비스에 대한 유용한 정보를 얻기 위한 것일 수도 있지만, 공통된 관심사를 가진 사람들과 사회적인 교류를 하기 위함일 수도 있다. 소셜미디어를 매개로 한 환경에서 사람들이 비슷한 유형의 단서들을 인지하고 같은 방식으로 반응하며 비슷한 결론에 도달한다는 가정은 수용하게 되면, 소셜미디어 사용자들을 잘못 해석하고 오해하는 결과를 초래할 수 있다(Mishina, Block and Mannor, 2012). 이러한 점에서 특정 소셜미디어 채널과 주요 사용자 행동들의 주요 동기와 원인들에 따라 커뮤니케이션의 방식과 내용을 어떻게 조합할 것인지에 대한 고민이 필요하다.

다음, 소셜미디어 사용자의 선택적인 노출은 소셜미디어를 매개로 조직명성을 구축하는 과정에서 사용자의 기존 태도, 주로 사용하는 소셜미디어 채널, 그리고 사용자와 연결된 네트워크가 중요하다는 점을 시사한다. 소셜미디어 사용자들은 자신이 정보를 자동적으로 받을 수 있는 정보원들을 직접 선택하고, 자신이 선호하는 사이트를 일상적으로 방문하며, 자신이 받을 수 있는 뉴스나 정보들에 선택적으로 노출을 한다(Sunstein, 2017; Thurman, 2011). 소셜미디어 사용자의 선택에 의해 결정된 정보원과 해당 정보원들이 공유하는 콘텐츠가 조직의 전반적인 평가에 영향을 미치게 되는데, 이로 인해 조직명성이 구축되는 과정은 동질적이지 않고, 이질적일 수밖에 없다(Etter et al., 2015). 소셜미디어 사용자들이 조직과 좋은 관계를 가지고 있고, 조직에 대한 긍정적인 정보를 제공해 줄 수 있는 정보원들과 주로 의사소통을 하는 경우에는 조직명성을 강화하는 데 도움이 될 것이다. 반면, 조직명성을 위협하는 상황을 초래할 수도 있다. 소셜미디어 사용자들은 자신의 믿음과 생각을 반영해 주는 정보원이나 콘텐츠를 선호하고 수용하는 경향(Sunstein, 2017)이 있기 때문에, 정보의 사실성이나 정확성은 종종 무시되기도 한다(Papacharissi, 2012). 조직과 관련된 정보를 자세하게 읽어보지 않거나 조직에 대한 편향된 정보만을 받아들이면서 허위 정보나 부정적인 정보가 확산될 가능성이 존재한다. 가비엘코프와 그의 동료들(Gabielkov et al., 2016)은 트위터에서 절반 이상의 기사들이 읽히지도 않고 공유되며 확산되는 경향이 있음을 지적한 바 있다(Gabielkov et al. 2016). 또한, 사용자들의 선택적 노출은 소셜미디어 공간에서 나타나는 양극화와 분열을 초래하기도 한다(Dahlberg, 2007; Stroud, 2010; Webster and Ksiazek, 2012). 이는 소셜미디어를 매개로 자신과 다른 의견이나 관점들은 배제하며 의견이 맞는 사람들끼리만 의견을 교환하는 폐쇄형 커뮤니케이션 집단인 '에코체임버echo chamebers'가 형성되기도 하기 때문이다(Stroud, 2010). 이로 인해 조직에 대해 부정적인 특정 집단을 중심으로 조직의 명성에 해가 될 수 있는 부정확한 정보나 근거 없는 루머가 양산될 수 있다.

3) 소셜미디어와 상호작용성 특성

(1) 상호작용성에 대한 개념적 논의[2]

상호작용성interactivity은 다양한 관점에서 정의되어 왔지만, 이에 대한 개념이 아직도 덜 이론화되었으며, 정확한 조작적 정의도 부족하다는 지적도 있다(Ariel and Avidar, 2015; Walther, Gay and Hancock, 2005). 여기에서는 상호작용성에 대한 개념을 크게 프로세스, 미디엄 특성, 그리고 인식과 같은 세 가지 차원으로 구분해서 설명할 수 있다(Ariel and Avidar, 2015; McMillan and Hwang, 2002).

먼저, 프로세스 관점의 상호작용성은 커뮤니케이션 과정에서 일어나는 인터체인지나 반응성과 같은 활동에 초점을 맞춘다(Rafaeil, 1988; Rafaeli and Ariel, 2007). 일례로, 라파엘리(Rafaeli, 1988)는 반응성에 초점을 맞추어 "일련의 커뮤니케이션 교환이 이루어지는 상황에서 차후에 전송되는 메시지가 기존의 교환 과정에서보다 이전에 전송된 메시지를 언급하는 정도와 연관

---

2   소셜미디어 상호작용성의 속성에 대한 논의는 Ariel and Avidar(2015)의 연구와 McMillan and Hwang(2002)의 연구를 참조하기 바란다. Ariel and Avidar(2015)는 프로세스 중심의 상호작용성을 강조하고, McMillan and Hwang(2002)은 인식적 차원의 지각된 상호작용성에 중점을 둔다. 한편, Sundar(2004)는 실질적인 상호작용성의 특성이 지각된 상호작용성보다 중요하다고 강조했다.

이 되는 정도를 표현하는 것"(1988: 111)으로 정의했다. 또한, 스튜어(Steuer, 1992)는 실시간 참여에 중점을 두어, "사용자들이 매개된 환경에서 실시간으로 콘텐츠와 형식을 수정하는 데 참여하는 정도"(1992: 84)로 규정했다. 라파엘리와 아리엘(Rafaeli and Ariel, 2007)은 상호작용에 참여하는 사람들의 다양한 역할들에 주목했다. 즉, 메시지가 한 특정인에게만 중점을 두지 않는 경우나 특정인에게서만 응답이 요구되는 경우가 언급되었다. 예를 들어, 두 사람이 대화를 하고 있는 동안, 다른 사람들은 이 둘이 대화하고 있는 것은 관찰하거나 또 참여할 수 있는 상황이 있으며, 어떤 경우에는 메시지가 자동적으로 특정 사람에게 직접적으로 전달되는 상황이 있다는 것이다. 아비다(Avidar, 2013)는 '반응성 피라미드' 모델을 제안하면서, 반응성과 상호작용성을 보다 명확하게 구분하고자 했다. 그에 따르면 기존 메시지의 반응으로서 전송되는 모든 메시지는 반응적이지만, 이러한 메시지는 비상호적(응답에 대응하지 않은 반응), 반응성(특정 응답에 대해서만 반응을 하는 것), 인터렉티브(특정 응답에 대응하고, 추가적인 반응을 만들어내는 반응)로 구분했다.

다음, 상호작용성을 미디엄의 특성을 중심으로 바라보는 학자들은 매체가 갖는 주요한 특성들에 초점을 둔다(Bucy and Tao, 2007; Carey, 1989; McMillan, 2000). 캐리(Carey, 1989)는 인터랙티브 미디어는 "텔레커뮤니케이션 채널을 통해서 개인 간 커뮤니케이션(예: 텔레폰 콜)을 할 수 있고, 대인적 교환을 촉진하는 개인 대 기계의 상호작용(예: 온라인 뱅킹)을 가능하게 해주는 기술"(1989: 328)이라고 정의했다. 또한, 부시와 타오(Bucy and Tao, 2007)는 상호작용성을 "상호적인 커뮤니케이션이나 정보의 교환을 가능하게 하는 매개 환경의 기술적인 요소들로서 커뮤니케이션 테크놀로지와 사용자, 기술을 통한 사용자들 사이의 상호작용을 가능하게 하는 속성들"(2007: 656)이라고 정의했다. 맥밀런(McMillan, 2000)은 웹사이트의 특성으로 이메일 링크, 등록 양식, 서베이 및 커멘트 양식, 검색 엔진, 대화방, 게임과 같은 요소들을 언급한 바 있다.

마지막으로, 상호작용을 인식의 차원에서 규명하는 학자들은 사람들이 경험하고 혹은 인지하는 지각된 상호작용성에 초점을 둔다(McMillan and Hwang, 2002; Sohn and Lee, 2005). 손과 리(Sohn and Lee, 2005)는 사람들이 실제로 하나의 미디엄을 인터렉티브하다고 인식하는지가 상호작용성을 판단하는 주요한 기준이 되어야 한다고 주장했다. 또한, 지각된 상호작용성은 단일한 차원이 아닌 다양한 차원으로 구성되는 다차원적 개념으로 종종 여겨진다. 예를 들어, 우(Wu, 1999)는 지각된 상호작용성을 내비게이션과 반응성에 대한 인식으로 구성된 개념이라고 보았다. 또한, 맥밀런과 황(McMillan and Hwang, 2002)은 지각된 상호작용성을 구성하는 요인으로 '커뮤니케이션의 방향성direction of communication', 사용자가 미디어를 통제할 수 있는 '통제성user control', 그리고 메시지가 전달되는 속도나 원하는 정보를 신속하게 찾을 수 있는 '시간time'을 제안했다. 손과 리(Sohn and Lee, 2005)는 인터넷을 사용하는 데서 지각된 통제성, 웹의 민감성과 반응성, 그리고 다른 사람들과 커뮤니케이션을 하기 위한 웹의 효율성으로 지각된 상호작용성을 개념화했다. 이들은 상호작용성의 각 차원에 어떠한 심리적 사회적 요인들이 영향을 미치는지 살펴보았다. 연구 결과, 지각된 통제성에는 인지욕구need for cognition가 유의미한 영향을 미쳤으며, 지각된 반응성에는 인지욕구와 더불어 네트워크의 다양성, 메시지를 주고받은 빈도가 유의미한 영향을 미쳤다. 또한, 상호작용성의 효율성은 인지욕구와 웹을 사용하기 위해 들인 시간이 유의미한 영향을 미치는 것으로 나타났다.

(2) 준사회적 상호작용 이론[3]

준사회적 상호작용-parasocial interaction은 한 사람이 매체를 통해 등장하는 유명인 혹은 등장인물들과 실제로는 상호작용을 하지 않고 있더라도 마치 자신이 상호작용을 하고 있다고 경험하는 착시적 경험으로, 호턴과 울 (Horton and Wohl, 1956)이 제안한 개념이다. 준사회적 상호작용에서 비롯되는 관계는 사람들이 미디어를 통해 매개된 상대방을 진짜 친구라고 생각하게 만든다(Stern, Russell and Russell 2007). 해당 이론은 TV에 등장하는 인물들에 대해 수용자들이 느끼는 상호작용에 대한 인식과 경험을 탐구하기 위해 적용되어 왔다(Houlberg, 1984, Levy, 1979, Rubin et al., 1985). 해당 이론은 미디어 사용자들이 미디어에 등장하는 인물들을 자신들이 직접 만나는 사람들을 대할 때와 같은 기준으로 평가하는 성향이 있음을 강조한다.

이와 같은 준사회적 상호작용성 이론은 소셜미디어 인플루언서social media influencer: SMI에 대한 소셜미디어 사용자들의 인식과 효과를 알아보기 위해 적용되어 왔다. SMI는 "블로그, 트위터, 혹은 다른 소셜미디어 채널을 사용해 사람들의 태도에 관여하는 제3자의 독립적인 '추천인endorse'"을 의미한다 (Freberg, Graham, McGaughey and Freberg, 2011: 90). SMI은 소셜미디어 속에서 하나의 이미지를 만들어내고, 그러한 이미지를 활용해 다수의 팔로워들을 끌어들이며, 참여시키려는 목적을 가지고 활동하는 소셜미디어 사용자라고 할 수 있다. SMI와 관련된 공통된 특성으로는 의견 지도자적인 자질, 의견 지도력, 사회적 자본 수용, 유명 인사, 커뮤니케이션 능력이라고 할 수 있다 (Delbaere, Michel and Philips, 2020). 따라서 SMI는 소셜미디어 플랫폼에서 다수의 팔로워들을 통해 마이크로 셀러브리티의 위치를 차지하고 있으며, 의

---

[3] 준사회적 상호작용 이론의 발전 과정과 준사회적 상호작용에 대한 기존의 논의는 Giles(2002) 의 논문을 참조 바란다.

견에 대한 영향력을 행사할 수 있는 위치에 있는 제3의 소셜미디어 주체라 할 수 있다.

(3) 소셜미디어 상호작용성과 조직명성의 관계[4]

소셜미디어 상호작용성 특성에 관한 논의는 조직명성을 구축하기 위해 조직이 어떠한 방식으로 이해관계자들과 소통할 것인지, 그리고 조직명성에 영향을 미칠 수 있는 소셜미디어 커뮤니케이션 주체들은 누구인지 탐색할 수 있게 해준다. 먼저, 기존의 많은 연구들은 소셜미디어 상호작용성의 어떠한 속성들이 조직명성에 영향을 주는지 탐구해 왔다(Dijkmans, Kerhof, Buyukcan-Tetik, Beukeboom, 2016; Lee and Park, 2013; Labrecque, 2014; Lee, Kim and Kim, 2021; Park and Lee, 2013). 예를 들어, 이현민과 박효정(Lee and Park, 2013)의 연구에서는 조직이 소셜미디어 사용자들의 의견에 응답을 하는 경우가 그렇지 않은 경우보다 신뢰와 믿음, 만족이 더 높을 것으로 나타났다. 또한, 박효정과 이현민(Park and Lee, 2013)는 조직이 소셜미디어를 참여하는 담당자들이 자신의 이름을 명시하고, 이들이 직접적으로 포스팅에 참여하는 등 인간적인 특성을 부각하는 활동이 기업 차원의 익명적이고 비개인화된 커뮤니케이션 활동보다 사용자의 만족감을 높인다고 했다. 라브레크(Labrecque, 2014)는 다양한 연구 방법을 통해 지각된 상호작용성과 커뮤니케이션 개방성이 준사회적 상호작용에 대한 인식을 향상시켜 조직 충성도

---

[4] 실질적 상호작용성은 웹사이트가 갖는 구체적인 구조적 특징들에 의거해서 상호작용성을 객관적으로 측정할 수 있는 가능성과 특성들을 의미한다(Coyle and Thorson, 2001). 반면, 지각된 상호작용성은 개인이 주관적으로 상호작용의 차원들을 경험하고, 평가하는 것을 의미한다(McMillan and Hwang, 2002). 소셜미디어가 가지고 있는 실질적인 특성들은 행동적인 반응인 '좋아요'와 '댓글 달기'와 같은 요소들을 가능하게 해주고, 이를 토대로 인지된 상호작용성을 향상시킬 수 있다. 하지만, 똑같은 상호작용적 특징에 대해서도 지각된 상호작용성에 대한 인식은 또한 달라질 수 있다.

에 긍정적으로 작용한다는 점을 확인했다. 멘과 차이(Men and Tsai, 2015)는 소셜미디어 커뮤니케이션 통한 의인화personification가 조직의 인간적 특성에 대한 인식을 강화하기 때문에 소셜미디어 인게이지먼트와 조직-공중 사이의 관계에 대한 긍정적인 높아진다고 했다. 디지크만, 케르크호프, 그리고 뵈케붐(Dijkmans, Kerkhof and Beukeboom, 2015)은 소비자들이 기업의 소셜미디어 활동에 적극적으로 개입하는 정도와 기업에 대한 명성 사이에 긍정적인 관계가 있음을 확인했으며, 또 다른 연구에서는 소셜미디어 활동에 대한 노출이 많이 이루어질수록 기업이 인간적으로 대화한다고 인식할 가능성이 높아지고, 결과적으로 기업의 명성에 긍정적인 효과를 가져오는 것으로 보여주었다(Dijkmans et al., 2016). 이선영, 김유승, 김영(Lee, Kim and Kim, 2021)은 상호작용성을 참여적인 CSR 캠페인의 주요한 특징으로 보고, 커뮤니케이션의 쌍방향성과 사용자들이 자발적으로 행동을 할 수 있는 능동적 통제성을 부각한 CSR 콘텐츠가 기업에 대한 태도, 기업의 동기, 구매 의사에 어떻게 영향을 미치는지 살펴보았다. 연구 결과, 기업의 참여적인 CSR 캠페인이 지각된 상호작용성을 일으켜 기업의 동기를 보다 긍정적으로 인식하게 하고, 기업을 보다 긍정적으로 평가하며, 기업의 제품을 구매하려는 의도를 증가시키는 것으로 나타났다(Lee et al., 2021). 이와 같은 연구 결과들은 소셜미디어를 매개로 이해관계자들과 소통을 할 때, 인간적이고 참여적인 커뮤니케이션이 효과적이라는 점을 보여준다.

다음, 조직명성에 영향을 줄 수 있는 소셜미디어 영향력자에 대한 관심이 높아지고 있다(Cocker and Cronon, 2017; Kaptian and Silvera, 2016). 예를 들어, 코커와 크로넌(Cocker and Cronon, 2017)은 SMI의 '카리스마적인 권위charismatic authority'가 소셜미디어 사용자들을 끌어들이고, 인플루언서의 경험과 의견을 소비하기 위해 정기적으로 방문하게 만든다고 했다. 캅티안과 실베라(Kaptian and Silvera, 2016)는 소셜미디어 인플루언서가 자신의 영역에서 보이는 전문성이 사용자들의 관심사와 부합하기 때문에, 해당 인플루언서를 믿을 수 있는 정보원으로 인식하게 해준다고 한다. 소셜미디어 영향력자는 팔로워들과 태도가 유사하거나 매력성이 높을수록 준사회적 상호작용에 대한 인식을 강하게 느낄 수 있다. 또한, 델베리와 그의 동료들(Delbaere et al., 2021)은 뷰티관련 소셜미디어 인플루언서가 제작해 유튜브에 올린 비디오와 반응을 분석했는데, 소셜미디어 인플루언서는 특정 브랜드를 언급함으로써 해당 브랜드에 대해 생각하게 하고cognitive processing, 브랜드에 대한 긍정적인 감정affection을 유발하며, 궁극적인 행동을 활성화activation시키는 것으로 나타났다. 이는 소셜미디어 인플루언서 브랜드에 대한 인게이지먼트를 높이고, 조직명성을 향상시키는 하나의 창구 역할을 할 수 있음을 의미한다.

마지막으로, 조직 CEO의 소셜미디어 활동 역시 조직의 명성에 영향을 미칠 수 있다(Capriotti and Ruesja, 2018; Mirbabaie, Marx, Stiegliz, 2019). 카프리오티와 루에스하(Capriotti and Ruesja, 2018)는 트위터에서 CEO의 존재감, 활동, 그리고 상호작용을 분석한 결과, CEO의 소셜미디어 활동이 기업의 명성과 이미지에 영향을 미치는 것을 확인했다. 또한, 미르바바이에와 그의 동료들(Mirbabaie et al., 2019)은 기업의 CEO들이 트위터를 통해 어떠한 소셜미디어 활동을 하는지 분석했다. 연구 결과, 대기업의 CEO들은 명성을 구성하는 요소들(예: 비전과 리더십에 대한 철학과 원칙)과 관련된 여러 가지 활동을 수행하면서도, 소셜미디어를 통해 '관심사를 공유shared interests'하거나 '개인적인 경험이나 의견personal logging'을 나누기도 한다는 점을 확인했다.

4) 소셜미디어의 사회적 특성

(1) 사회적 단서와 휴리스틱-체계적 모델

소셜미디어 콘텐츠의 고유한 사회적 특성 중 하나는 누군가에 의해 만들어진 정보에 다양한 사회적 단서들이 추가된다는 것이다. 소셜미디어의 사회적 단서들로는 사람들의 리뷰와 점수, 정보를 보는 사람들의 수, 추천 수, 좋아요 또는 싫어요, 태그 등과 같은 요소들이 특징적이라고 할 수 있다. 소셜미디어의 기술적 특성을 기반으로 형성되는 단서들이 매개된 메시지에 대한 휴리스틱 정보 처리를 촉발시키고, 밴드왜건 효과bandwagon effect를 창출할 수 있다(Sundar, 2008; Sundar et al., 2008). 또한, 소셜미디어의 사회적 단서들은 미디어 플랫폼에서 다양하게 나타날 수 있으며, 사용자들의 인식에 영향을 미칠 수 있다(Chin, Lu and Wu, 2015; Metzger, Flanagin and Medders, 2010; Jung and Nuesch, 2019). 사람들은 다른 사람들이 많이 본 인기 있는 뉴스 기사들에 보다 주의를 기울이며(Yang, 2016), 추천 수가 높은 글들을 선호하는 경향이 있다(Winter, Metzger and Flanagin, 2016). 또한, 메츠거와 그의 동료들(Metzger et al., 2010)은 정보의 신뢰도를 평가하는 데 다른 사람들이 특정 정보를 믿을 수 있다고 추천하면, 해당 정보의 내용이나 정보원에 상관없이 해당 정보를 믿을 수 있는 것으로 받아들이는 경향이 있다고 설명했다. 즉, 얼마나 많은 사람들이 어떠한 반응을 보이는지에 따라 온라인 사용자들이 정보를 신뢰하는 정도가 달라진다고 할 수 있다. 친과 그의 동료들은(Chin et al., 2015)는 페이스북의 사회적 단서의 효과를 살펴보았는데, 페이스북 게시글에 달린 '좋아요' 숫자는 해당 글에 대한 태도에 긍정적으로 영향을 미칠 뿐만 아니라 사름들이 '좋아요'를 클릭하는 행동을 촉진시키는 것으로 나타났다. 또한, 융과 노이시(Jung and Nüesch, 2019)는 유튜브 비디오의 조회수가 사회적인 단서로 어떻게 사용되는지 연구한 결과, 조회수가 높아질수록 사람들은 비디오 콘텐츠의 품질이 좋고 내용이 적합하다고 판단하는 것으로 나타났다.

이와 같이 소셜미디어 사용자들은 이러한 가시적인 요소들을 통해 정보를 보다 쉽게 이해하려는 경향을 보일 수 있다. 이는 휴리스틱-체계적 모델heuristic-systematic mode: HSM과 연관될 수 있다. HSM 이론은 두 가지 정보 처리 과정을 제시한다(Chaiken, Liberman and Eagly 1989). 체계적 정보 처리는 정보를 처리하는 데 대한 분석적이고 주의 깊은 접근으로서, 사람들은 주어진 주장을 주의 깊게 살펴보며, 해당 내용을 꼼꼼하게 살핀 다음 태도 결정을 하는 방식이다. 휴리스틱 정보 처리는 비교적 노력을 들이지 않고, 빠르고 효율적으로 태도를 형성하기 위해 정보에 대한 몇 가지 단서들을 이용하는 방식이다. HSM은 체계적 정보 처리와 휴리스틱 정보 처리가 동시에 발생할 수 있다고 가정하고, 두 가지 정보 처리 방식이 상호의존적으로 혹은 독립적으로 작용해 태도 형성에 영향을 준다고 가정한다. 이와 같은 가정은 중심경로와 주변경로를 분리된 과정으로 보는 정교화 가능성 모델elaboration likelihood model: ELM과 구분된다(Stiff and Bolster, 1987). 사람들은 관여도가 높을 경우에는 주어진 정보와 사회적 단서를 모두 고려해서 정리하는 반면, 관여도가 낮을 때는 주어진 정보보다 사회적 단서에 의해 정보를 처리하는 경향이 있다(Kim, King and Kim, 2018). 김경석과 그의 동료들(Kim et al., 2018)은 브랜드와 관련된 정보를 처리하는 동기에 초점을 맞추었는데, 연구 결과 정확성 기제로 동기화된 사람들은 관여도가 높은 상황에서 주어진 단서와 주장을 모두 고려하는 반면, 방어적 기제를 동기화된 사람들은 관여도나 정보의 성격에 상관없이 긍정적인 반응을 찾는 데 중점을 두는 것으로 나타났다.

(2) 사회적 관계의 강도: 강한 관계 대 약한 관계
'사회적 관계social tie'는 사회적 자본이 어떻게 축적되고 그러한 효과가 어떻게 나타나는 과정을 설명하는 데 필요한 개념이라 할 수 있다(Granovetter, 1983). 사회적 관계는 네트워크 관점에서 자주 논의가 되며, 커뮤니케이션 네트워크들은 시공간 통해서 메시지가 전송되고 교환되면서 형성되는 커뮤니케이션 주제들 사이에 있는 접점들이 연결되면서 나타나는 패턴들이라고 할 수 있다(Monge and Contractor, 2000). 커뮤니케이션 네트워크를 구성하고 있는 노드가 사회적 관계와 연결될 수 있다. 이때 관계적 강도strength of social tie는 관계를 유지해 온 시간, 감정적 강도, 친밀성, 관계적 품질 등에 의해서 결정될 수 있다(Granovetter, 1973). 흔히, 친한 친구 혹은 가족들 사이에서 맺어지는 관계를 '강한 관계strong tie'로 보는 반면, 그냥 이름만 알고 지내는 사람이나 잘 모르는 사람들 사이의 관계를 '약한 관계weak tie'로 본다(Chang, Chen and Tan, 2012). 기존의 연구들은 커뮤니케이션의 효과가 관계의 강도에 따라서 달라질 수 있다고 설명해 왔는데, 어떠한 관계가 더 중요한지에 대해 보는 관점이 다르다. 즉, 사회적 지지와 참여활동에 대해서는 약한 관계의 중요성을 강조해 온 반면(Granovetter, 1983; Walther and Boyd, 2002; Wright and Miller, 2010), 구전 커뮤니케이션인 WOM과 관련해서는 강한 관계의 중요성을 부각해 왔다.

먼저, 사회적 지지와 시민적 참여활동과 관련해서 그라노베터(Granovetter, 1983)는 '약한 관계의 강점 이론strength of weak ties theory'을 제안한 바 있다. 그에 따르면 약한 관계는 친척이나 친한 친구에게서는 찾을 수 없는 정보와 자원들을 제공하고, 새로운 기회와 다양한 정보에 노출될 기회를 주기 때문에 시민 사회 활동에 참여할 가능성이 높아진다(Granovetter, 1983). 이와 같은 약한 관계는 컴퓨터를 매개로 한 지지 집단, 가상의 커뮤니티 지지, 조직 내 지지 네트워크에서 긍정적인 영향을 미치는 것으로 나타났다(Walther and Boyd, 2002; Wright and Miller, 2010; Zuñiga and Valenzuela, 2011). 일례로 수니가와 발렌수엘라(Zuñiga and Valenzuela, 2011)는 온라인 네트워크가 오프라인 네트워크 보다 약한 관계에 노출을 많이 유도하며, 약한 관계로 이루어진 토론 활동은 시민 참여적인 인게이지먼트를 촉진시키는 것을 확인했다. 약한 관계는 친밀성은 다소 부족하지만 다양한 인종, 클래스, 종교, 성별을 가진 사람들과 대화할 수 있고 의견을 공유할 수 있는 기회를 제공하면서 네트워크의 다양성을 향상시키고, 다양한 사람들과 네트워크를 맺는 사람들은 보다 많은 사회적 참여의 기회를 얻을 수 있게 된다는 것이다.

다음, 구전 커뮤니케이션 WOM 효과의 맥락에서도 강한 관계가 약한 관계보다 중요한 역할을 한다는 점을 강조해 왔다(Brown and Reingen, 1987; Haythornthwaite, 2001; Wellmen and Berkowitz, 1998). 헤이손스웨이트(Haythornthwaite, 2001)에 따르면 강한 관계에 있는 사람들은 관계를 유지하기 위해 더 자주 커뮤니케이션하고, 다양한 미디어를 통해서 얻은 다양하고 질 좋은 정보를 공유하기 위해 노력한다. 웰먼과 버코위츠(Wellman and Berkowitz, 1998)는 역시 강력한 관계는 친밀성과 자기 노출self-disclosure과 함께 풍부한 감정을 표현하고, 보다 자주 상호작용을 한다고 보았다. 이와 같은 커뮤니케이션 빈도와 품질은 강력한 관계에 놓인 사람들을 신뢰할 수 있는 정보원으로 여기게 할 수 있다. 예를 들어, 브라운과 라잉엔(Brown and Reingen, 1987)는 온라인 구전과 관련해, 약한 관계는 정보를 특정 그룹에서 다른 그룹으로 이동할 수 있도록 하는 연결 기능을 할 수 있지만, 강한 관계가 약한 관계보다 정보의 흐름이 더 활발하게 할 수 있다고 했다. 구전의 효과는 전반적으로 강한 관계가 약한 관계보다 주요한 역할을 하는 것으로 나타났는데, 강한 관계에 있는 친구가 가족이 믿을 수 있는 정보원으로 작용하는 것을 확인했다(Brown and Reingen, 1987).

장, 첸, 그리고 탄(Chang, Chen and Tan, 2012)은 소셜미디어에서 제품을 추천하는 사람이 친한 친구나 가족인 경우(강한 사회적 관계)가 추천인이 지인이나 모르는 사람의 경우(약한 사회적 관계)보다 더 많이 제품을 구매하려는 성향을 보이는 것을 확인했다 또한, 셴과 그의 동료들(Shen et al., 2016)은 사회적 관계 강도가 인터랙티브 광고와 광고 리터러시가 커뮤니케이션 효과를 만들어내는 데 중요한 조절 변인이라는 점을 밝혔다. 즉, 친구나 친척과 같은 관계를 강력한 사람들에게서 광고를 받았을 때 사람들은 광고 메시지의 정보원에 대해 확신을 갖게 되었는데, 강력한 관계에 있는 대상으로부터 받은 광고에 대한 태도는 메시지의 상호작용성에 상관없이 긍정적으로 나타났다. 이 밖에 사람들은 메시지의 포맷에 상관없이 친한 친구로부터 받은 광고 메시지를 다른 정보원들로부터 받은 광고 메시지 보다 더욱 공유하려는 경향(Levin and Cross, 2004)을 보였다. 이와 같이 강한 관계가 약한 관계보다 정보를 수용하고 공유하는 데 중요한 이유는 친구나 가족으로부터 받은 정보를 받아들이고 공유하는 것이 그들을 지지하는 방법 중 하나가 될 수 있고, 이들이 보다 믿을 수 있는 정보원이기 때문이라 할 수 있다(De Bruyn and Lilien, 2008; Levin and Cross, 2004).

(3) 사회적 특성과 조직명성과 관계

소셜미디어의 사회적 특성과 관련된 연구들은 조직과 관련된 정보 콘텐츠가 조직명성에 미치는 영향에서 사회적 단서나 사회적 관계들이 효과를 강화하거나 약화시키는 조절 역할을 할 수 있음을 시사한다. 먼저, 조직의 명성에 영향을 주는 정보 콘텐츠는 콘텐츠 자체가 가지고 있는 내용뿐만 아니라 소셜미디어를 통해 제시되는 다양한 사회적 단서들에 의해 효과가 달라질 수 있다. 예를 들어, 조직에 대한 긍정적인 뉴스 콘텐츠에 긍정적인 댓글이나 대중적인 반응이 있으면, 해당 콘텐츠가 조직명성에 미치는 긍정적인 효과는 더욱 커질 수 있다. 반면, 조직에 대한 정보 콘텐츠의 내용이 긍정적이라 해도 여기에 첨가되는 댓글이 부정적이거나 소셜미디어 반응이 미비하면, 해당 콘텐츠가 조직명성에 미치는 긍정적 효과는 오히려 감소할 수 있다. 또한, 조직명성에 해가 될 수 있거나 위기와 관련된 뉴스 콘텐츠는 보는 사람의 숫자, 부정적인 댓글과 함께 조직명성에 미치는 부정적인 효과가 더욱 커질 수 있다.

다음, 소셜미디어 사용자들의 조직에 대한 콘텐츠 신뢰도는 해당 콘텐츠를 전달해 주는 사람과의 친밀성에 따라 달라질 수 있으며, 콘텐츠의 확산성은 사용자가 어떻게 주변 사람들과 관계를 맺고 있는지에 따라 변할 수 있다. 이는 조직에 대한 정보가 조직이나 언론과 같은 주체들에 의해서 주도적으로 통제되어 일반 사람들에게 수직적으로 전파되는 것이 아니라, 소셜미디어를 통해 다층적으로 연결된 네트워크를 통해 수평적으로 확산될 수 있음을 의미한다. 따라서 조직에 관한 정보 콘텐츠가 어떻게 공유되고 확산되는지 파악하기 위해서는 소셜미디어 사용자들이 주변 사람들과 네트워크를 맺는 방식과 그러한 네트워크를 통해서 어떻게 정보를 공유하는지 파악할 필요가 있다. 소셜미디어 플랫폼에서는 사용자들의 강한 관계와 약한 관계가 공존할 수 있다. 즉, 소셜미디어는 감정적인 강도와 친밀성에 맞추어 사용될 수 있고, 강한관계 네트워크와 약한 관계 네트워크 사이의 상호작용이 모두 가능하게 해준다(Wang et la., 2012). 강한 관계 중심적인 네트워크 속에서는 규범과 가치가 강화되고 사람들 사이의 자원을 통합하는 데 긍정적인 역할을 할 수 있으며, 약한 관계 중심적인 네트워크 속에서는 새로운 관점과 의견을 얻고 경험을 넓힐 수 있다(Granovetter, 1973; Wang et al., 2012). 조직에 대한 긍정적인 콘텐츠가 강한 관계 중심의 네트워크를 통해서 흐를 때, 조직에 대한 충성도나 인게이지먼트가 높아지면서 명성에 긍정적인 역할을 할 수 있을 것이다. 또한, 약한 관계 중심의 네트워크는 조직과 관련된 다양한 정보와 경험, 지식을 얻게 해주어 조직명성에 긍정적으로 작용할 수 있다.

3. PR 관점에 본 소셜미디어 매개 커뮤니케이션과 조직명성

지금까지 소셜미디어 매체적 특성, 사용자 특성, 상호작용적 특성, 그리고 사회적 특성에 초점을 맞추어, 소셜미디어가 조직명성에 어떻게 영향을 줄 수 있는지 살펴보았다. 소셜미디어가 갖는 다양한 속성들이 조직명성을 구축하고 유지하는 과정에 관여한다면, 소셜미디어 PR 활동은 어떠한 방식으로 이루어져야 할지에 대해 논의할 필요가 있다. 지난 십여 년 동안 소셜미디어와 관련된 기존의 PR 연구는 소셜미디어 전략의 효과와 원인을 밝히고, 소셜미디어에서 이루어지는 다양한 PR 활동과 상황들, 소셜미디어와 관련된 이론과 방법론을 발전시키기 위해 노력해 왔다(Wang, Cheng and Sun, 2021; Kent and Taylor, 2016). 여기서는 PR의 관점에서 크게 세 가지 측면을 살펴보고자 한다. 먼저, 조직과 공중 사이의 상호작용을 어떠한 원칙과 방식으로 소셜미디어를 사용할 것인지에 대한 부분이다. 이러한 연구의 중심에는 '대화적 PR 이론dialogic theory of public relations'과 '소통적 휴먼 보이스'와 같은 개념이 주로 적용된다. 다음, 조직의 명성에 피해를 줄 수 있는 위기 상황에서 어떠한 소셜미디어 전략을 써야 하며, 공중은 어떻게 반응하는지에 대한 부분이다. 이러한 연구에서 주로 적용되어 온 이론은 상황적 위기 커뮤니케이션 이론situational crisis communicaiton theory: SCCT이 있다. 여기에서는 두 분야에 대한 논의를 살펴보고자 한다.

1) 대화적 PR 이론과 공동 창조적 접근[5]

대화적 PR 이론은 조직이 공중과 상호작용을 할 때 어떠한 가치와 철학으로 커뮤니케이션을 해야 하는지에 대한 원칙들을 제시하는 이론이다(Kent and Taylor, 2002; Taylor and Kent, 2014). 대화dialogue는 독백monologue과 대비될 수 있다(Johannesen, 1983). 요한센(Johannesen, 1983)에 따르면, 진정성, 포용성, 상호 동등성과 같은 특징은 대화에서 드러나며, 자기중심성, 조작성, 접근 불가능성과 같은 특징은 독백으로 나타난다. 대화적 PR 이론이 온라인이나 소셜미디어 PR 연구의 핵심이 된 이유 중 하나는 켄트와 테일러(Kent and Taylor, 1998)가 온라인 환경에서 대화적인 관계를 맺기 위한 커뮤니케이션 원칙들을 구체적으로 제안했기 때문이라고 볼 수 있다. 켄트와 테일러는 다섯 가지 원칙을 제시했다. 첫째, 조직의 웹사이트에서 사용자들은 궁금한 부분이 있으면 질문을 할 수 있고, 조직은 그러한 질문이나 우려하는 부분에 대해 응답해야 해야 한다. 둘째, 조직은 웹사이트를 방문하는 사람들에게 유용한 정보를 제공해야 하며, 해당 정보는 조직과 공중의 이익을 모두 대변할 수 있어야 한다. 셋째, 웹사이트는 사용자들이 원하는 정보를 찾기 용이한 인터페이스를 구축해야 한다. 넷째, 광고와 같은 마케팅적 요소들을 최소화하고, 웹사이트를 방문하는 사용자들과 의견을 나누고 대화하는 것

---

5 대화적 커뮤니케이션의 성격은 일면 쌍방향 균형 커뮤니케이션의 특성과 비슷해 보이지만, 대화적 이론에 입각한 학자들은 대화와 쌍방향 균형 커뮤니케이션의 이론적 가정은 다르다고 주장한다. 먼저, 균형 커뮤니케이션은 조직의 효과성을 향상시키기 위한 절차와 과정으로 여겨지는 반면, 대화적 PR이론은 대화가 조직의 효과성이나 목적을 달성하기 위한 도구적 수단이 아니라는 점을 강조한다(Kent and Taylor, 2002; Taylor and Kent, 2014). 다음, 균형 커뮤니케이션은 조직과 공중의 이해관계를 절충할 수 있는 협상과 화합을 도모하는 반면, 대화적 PR이론은 갈등과 충돌의 가능성을 배제하지 않는다(Kent and Taylor, 2002). 마지막으로, 균형 커뮤니케이션은 시스템과 기능적 관점에 기반을 두지만, 대화적 커뮤니케이션은 관계와 공동 창조적(co-creational) 관점에 기반을 둔다.

을 우선시해야 한다. 다섯째, 재방문이 지속적으로 이루어지도록 하기 위해 질문과 응답에 대한 세션 혹은 온라인 포럼 등이 이루어져야 한다.

이후, 켄트와 테일러(Kent and Taylor, 2002)는 대화적 이론을 제안하면서 대화적 커뮤니케이션은 웹사이트의 특징이나 활동에 한정되어 있으면 안 된다고 지적했다. 이들은 대화가 상호작용을 하는 주체들 사이의 상호 이해와 공유에 가치를 두는 방향성orientation으로서 가장 윤리적인 형태의 커뮤니케이션이라고 주장한다(Taylor and Kent, 2014). 왜냐하면 대화는 의사결정에서 상대방이 참여할 수 있도록 하고, 개인의 가치와 존엄성을 지향하며, 힘의 관계를 약화시키기 때문이다(Taylor and Kent, 2014). 켄트와 테일러(Kent and Taylor, 2002)는 조직과 공중이 서로를 중요한 대화의 주체로 인식하면서 협력, 상호동등성과 같은 가치를 추구하며(상호성mutuality), 정보 혹은 의견의 교환을 할 수 있는 과정에 같이 참여해 요구 사항들을 명확하게 이해하며(근접성propinquity), 상대방의 참여를 독려하고, 그들의 의견을 귀담아 듣고, 다양한 의견들을 인정하며(공감empathy), 기대하지 않은 결과가 발생하거나 예상치 못한 상황에 처할 수 있어도 이를 감수하려고risk 해야 한다고 주장한다. 이러한 네 가지 원칙들이 지켜질 때 궁극적으로 조직과 공중은 서로에게 헌신commitment을 할 수 있게 된다.

켄트(Kent, 2013)는 이와 같은 대화적 PR 이론에 근거해 소셜미디어가 관계를 구축하고, 문제를 해결하고, 사회적으로 책임성 있는 목적을 달성하기 위해 사용되어야 한다고 주장한다. 그에 따르면 소셜미디어가 정보를 업데이트를 하거나 프로모션이나 광고의 수단으로만 전락해서는 안 되며, 신뢰와 공정성을 기반으로 누구나 자신의 의견을 표현하고 대화를 할 수 있는 소셜미디어 활동에 집중해야 한다. 그가 제안한 대화적 소셜미디어 PR커뮤니케이션의 원칙들은 다음과 같다. 첫째, 소셜미디어는 조직의 구성원, 리더, 전문가들이 모여서 개개인의 사람들과 실질적인 의사소통을 하는 참여적인 장소로 구축되어야 한다. 둘째, 대화적 소셜미디어 공간은 트위터나 페이스북과 같은 기존의 소셜미디어 채널에 의존하지 말고 마케팅이나 광고로부터 독립적인 공간을 구축해야 한다. 셋째, 대화는 익명의 참여자들과 이루어질 수 없기 때문에, 대화의 참여자들은 신분이 확인 가능해야 한다. 넷째, 대화적 참여를 위한 명확한 규칙이 있어야 한다. 이때 규칙이라는 것은 구성원들이 확인 가능해야 하며, 모든 구성원들은 참여를 할 수 있는 의지가 있어야 한다. 참여자들은 모든 주장에 증거와 납득할 만한 정보를 제시해야 하며, 가능하다면 대화는 실시간으로 이루어져야 한다. 다섯째, 외부 전문가들의 참여가 독려되어야 한다. 따른 이해관계자들 미디어, 경쟁자, 학자, 고객들이 참여되도록 독려되어야 한다. 여섯째, 다양한 목소리가 나와야 하고, 그러한 참여가 이루어질 수 있도록 독려되어야 한다.

또한 켄트와 리(Kent and Li, 2020)는 규범적인 소셜미디어 PR 이론을 제안하면서, 소셜미디어 PR의 여섯 가지 원칙을 제안했다. 이들에 따르면 첫째, 소셜미디어는 조직의 이해관계뿐만 아니라 모든 이해관계자의 이익을 추구하는 데 기여해야 한다. 둘째, 진정한 소셜미디어 커뮤니케이션은 허위적인 인게이지먼트나 메시지 전달이 아닌 실질적인 인게이지먼트에 중점을 두어야 한다. 셋째, 소셜미디어 커뮤니티들은 대화와 인게이지먼트를 중심으로 사람들이 의견을 교환하고 상대방과 연결되는 네트워크에 중심을 두어야지, 정보를 전달하거나 광고를 하는 채널로서 여겨지면 안 된다. 넷째, 소셜미디어는 커뮤니티임과 동시에 문화의 장소이므로, 다양한 소셜미디어의 문화들에 대해 학습하고 공유된 세계관들을 가지는 것이 필요하다. 다섯째, 소셜미디어는 다른 미디어와 달리 유기적이기 때문에, PR 전문가들은 소셜미디어가 고유한 특성들을 이해해야 한다. 마지막으로, 소셜미디어는 시장의 논리가 아닌 관계 구축을 위한 도구로 간주되어야 한다.

기존의 연구들은 대화적 PR 이론의 원칙과 공동창조적 관점co-creational

perspective을 수용해 조직의 소셜미디어 활동들을 진단하고(예: Wang and Yang, 2020), 대화적 커뮤니케이션의 역할을 규명하는 데 노력해 왔다(예: Yang et al., 2015; Chen, Flora Hung and Chen, 2020). 예를 들어, 양과 그의 동료들(Yang et al., 2015)은 조직-공중 대화적 커뮤니케이션OPDC을 조직과 공중이 상호 호혜적인 관계를 구축하기 위해서 조직과 공중이 갖는 상호성에 대한 방향성orientation of mutuality과 개방성 기후-climate of openness로 개념화했으며, 조직-공중 대화적 커뮤니케이션이 조직의 신뢰와 긍정적인 관계가 있음을 밝혔다. 또한, Wang and Yang(Wang and Yang, 2020)은 대화적 PR 이론를 적용해 비영리 기업과 영리 기업의 트위터 페이지에 대한 내용 분석을 실시한 결과, 조직들 모두 정보의 유용성 원칙을 따르고 있는 것으로 나타났다. 하지만, 비영리 기업의 경우 정보의 유용성과 방문자들과의 대화에 보다 초점을 두었으며, 영리 기업의 경우 대화적 루프 원칙에 보다 중점을 두고 있었다. 그들은 조직의 대화적 커뮤니케이션이 공중의 인게이지먼트를 상승시키는 것을 확인할 수 있었다.

켈레허(Kelleher, 2009)에 따르면 소통적 휴먼 보이스는 "조직과 공중의 상호작용을 기반으로 공중이 인식하는 자연스럽고 참여에 적극적인 조직 커뮤니케이션 스타일(2009: 177)"로 정의된다. 켈레허(Kelleher, 2009)는 조직이 열린 자세로 대화를 하고자 하며, 적절한 피드백과 비판에 대해 직접이면서도 받아들이는 자세로 대응할 때, CHV에 대한 인식은 향상될 수 있다고 주장했다. 그는 조직 블로그를 사용해 본 사람들을 대상으로 서베이를 실시한 결과, CHV는 신뢰, 만족, 헌신, 그리고 상호통제성과 같은 관계성에 긍정적인 영향을 미치는 것을 확인했다. 켈레허와 밀러(Kelleher and Miller, 2006)도 조직 공중 관계 구축을 위해 노력하고 있음을 표현할 수 있는 콘텐츠와 함께 조직의 인간적인이고 참여적인 커뮤니케이션 스타일이 관계적 성과에 긍정적인 효과가 있다고 주장했다. 박효정과 이현민(Park and Lee, 2013)은 조직이 소셜미디어 페이지를 통해 인간적인 존재성을 드러낼 때(예: 사원들의 이름들을 공개하거나 글을 게시할 때 특정인과 대화하는 것을 경험할 수 있게 하는 방식)가 익명이나 조직 차원의 비개인화된 커뮤니케이션 방식보다 사용자 만족도가 높아지는 것을 확인했다. 이와 같은 맥락에서 뵈케붐, 케르코프, 그리고 더프리스(Beukeboom, Kerkhof and de Vries, 2015)의 연구 결과에서도 브랜드의 소셜미디어 계정에서 대화적인 톤으로 상호작용하는 것이 소비자의 구매 의도와 브랜드에 대한 태도를 형성하는 데 가장 중요한 요소로 나타났다.

대화적 PR 이론과 CHV, 그리고 네트워크 연결자와 같은 개념은 소셜미디어 PR 활동이 장기적인 관점에서 조직과 공중의 관계를 구축하고 유지하기 위한 의사소통의 원칙과 방향을 제시하고 있다. 해당 이론을 기반으로 하는 연구들은 소셜미디어라는 매체를 대화와 참여의 공간으로 규정하고 조직 중심적이고 일방적인 커뮤니케이션에서 탈피해, 서로에 대한 이해를 바탕으로 함께 의미를 만들어가기 위한 소셜미디어 PR 활동을 모색하기 때문에 PR이 지향해야 가치와 역할이 무엇인지 이해할 수 있게 도와준다. 그러나 대화적 PR 이론의 관점에서 제시되는 원칙들이 어떻게 구현될 수 있을지, 조직 내 PR 기능과 PR 실무 활동들에 체계적으로 구현될 수 있을지에 대한 논의가 보다 구체적인 방향으로 발전될 필요가 있다. PR 활동은 그것이 지향하는 가치와 규범을 제안하는 데 그쳐서는 안 되며, 이러한 활동들이 소셜미디어를 매개로 어떻게 가능할지에 대한 연구가 이루어져야 한다. 기존에 제안된 원칙들을 비판적으로 분석해야 할 뿐만 아니라 각 원칙들이 구현되기 위해서 어떠한 절차와 방법들이 있는지에 대한 심도 있는 고찰이 필요할 것이다.

2) 상황적 위기 커뮤니케이션과 소셜미디어 위기관리

위기는 조직의 운영을 방해하며, 조직명성에 대한 위협뿐만 아니라 피해도 초래할 수 있다(Sohn and Lariscy, 2014; Coombs, 2007; Chen, 2018). 조직의 위기 상황에서 소셜미디어를 매개로 한 위기 전략을 탐색하는 데 주로 적용되어 온 이론적 프레임은 '상황적 위기 커뮤니케이션 이론SCCT'이라고 할 수 있다(Chen and Cameron, 2017; Wang and Dong, 2017). SCCT는 위기가 발생했을 때 사람들은 위기의 책임성에 대해서 귀인을 하려는 경향이 있으며, 조직의 책임성을 인식하는 정도에 따라 적합한 위기 대응 전략이 달라진다는 점을 기본 가정으로 두고 있다(Coombs, 2007; Coombs, 2014; Coombs, 2017).

쿰스(Coombs, 2017)에 따르면 위기는 책임성에 따라 세 가지로 구분될 수 있다. 책임성이 거의 없거나 매우 낮은 위기minial crisis responsibility로는 사내 폭력, 악의적인 사고, 자연재해, 허위 정보misinformation 등이 해당되며, 책임성이 낮은 위기low crisis responsibility로는 기술적인 오류에 의한 사고와 제품 결함 등이 포함된다. 책임성이 높은 위기high crisis responsibilty는 인재에 의한 사고나 제품 결함, 조직의 그릇된 행동이나 경영 비리 등이 있을 수 있다. 이와 같은 위기의 책임성은 이전에 벌어졌던 위기 이력과 기존 조직명성과 같은 요인들에 의해 강화될 수 있다. 또한, 위기 대응 전략은 크게 ① 지시적인 정보 제공하는 정보 지시instructing information(예: 제품 리콜 공지, 대비 신호 등), ② 사람들이 심리적으로 위기를 잘 대응할 수 있도록 도와주는 정보를 주는 정보 조정adjusting information(예: 연민 표현, 시정 조치, 카운슬링 등), 그리고 ③ 명성 회복을 위한 전략으로 구분된다(Holladay, 2009).

쿰스(Coombs, 2017)에 따르면, 앞의 두 가지 전략들은 조직이 윤리적인 차원에서 기본적인 대응 방법으로서 위기로 인한 피해자가 있거나 위기로 인해 고통을 받을 수 있는 사람들이 있다면 어느 상황에서도 사용되어야 한다.

명성 회복 전략은 부인denial, 축소diminish, 재구축rebuild 전략이 주요 전략 유형이 될 수 있으며, 강화bolstering 전략은 부차적인 전략으로 볼 수 있다(Combs, 2017). 부인에 해당하는 전략들(예: 고발자 공격, 부인, 희생양만들기)은 조직과 위기 사이의 연결 고리를 끊는 데 중점을 둔다. 축소에 해당하는 전략들(예: 변명, 합리화)은 조직의 책임성을 최소화시키는 전략이다. 재구축에 해당하는 전략들(예: 보상, 사과)은 조직에 대한 긍정적인 정보를 창출하기 전략이라할 수 있다. 부차적인 전략으로서 강화 전략은 환심 사기ingratiating, 이전에 잘했던 점을 상기시키기reminding, 조직 역시 피해자라는 점을 알리기victimage 등인데, 이 방법들이 단독적으로 사용되어서는 안 된다(Coombs, 2017).

쿰스(Coombs, 2017)는 소셜미디어를 매개로 한 커뮤니케이션 환경에서 위기 이전의 단계에 관찰될 수 있는 위기 리스크인 준위기들paracrises에 주목할 필요가 있다고 주장했다. 준위기 상황들은 소셜미디어 사용하는 공중에 의해 만들어지는 위기 리스크로 볼 수 있다. 이와 같은 위기 리스크 형태로는 ① 소셜미디어상에서 이해관계자들 혹은 액티비스트들이 조직의 무책임함irresponsibility을 지적하고, 조직 행동의 변화를 요구하면서 문제 제기를 상황challenges, ② 조직이 소셜미디어에서 무례한 언행이나 행동으로 공분을 사는 상황organizational faux pas, 그리고 ③ 제품이나 서비스가 소비자의 기대를 위반하면서 화난 소비자들이 소셜미디어를 통해 복수를 하거나 불만을 토로하는 상황angry customers들로 구분된다. 쿰스(Coombs, 2017)를 소셜미디어를 매개로 나타나는 위기 리스크들을 해소하고, 이와 같은 상황들에 대처하기 위한 적합한 대응 전략들을 제안했다. 예를 들어, 고객이 서비스에 대한 불만이나 불평을 표현하는 상황이나 조직의 무례한 언행에 대해서는 시정 조치와 사과를 하는 것이 유리하다고 했다. 또한, 이해관계자들이 문제를 제기하는 경우, 거부refusal 전략에서 부터 수정revision 전략에 이르기 상황에 따라 대응하는 방식이 달라져야 함을 강조한다.

SCCT와 함께 소셜미디어 관련 위기 커뮤니케이션social media-related crisis communication: SMCC에 대한 기존 연구들은 다양한 조직과 위기 유형들을 대상으로 위기 전략의 효과를 규명하고, 조직이 어떠한 위기 커뮤니케이션을 하는지 탐색해 왔다(Wang and Dong, 2017; Utz et al., 2013; Spence et al., 2016). 특히, 위기에 대응할 때 소셜미디어 전략에서의 상호작용성과 공중 참여의 중요성도 강조되었다(Liu et al, 2013; Yang et al., 2010). 예를 들어, 양과 그의 동료들(Yang et al., 2010)은 블로그를 통해 개방적으로 소통하는 커뮤니케이션이 위기 상황에서 공중의 인게이지먼트를 향상시키고, 사후 위기에 대한 인식을 긍정적으로 만든다는 점을 확인했다. 또한, 쉴츠와 그의 동료들(Schyltz et al., 2011)은 트위터를 활용한 정보 중심의 전략이 기존의 뉴스를 활용하는 것보다 부정적인 위기 반응을 줄일 수 있다고 했다. 뉴스는 현존하는 이슈에 대한 신뢰도는 있을지 몰라도, 트위터는 부차적인 위기 커뮤니케이션 행동과 부정적인 대응들을 최소화하는 데 긍정적인 효과가 있는 것으로 나타났기 때문이다. 리우와 그의 동료들(Liu et al., 2013)은 위기가 발생하면, 조직은 선제적이고 즉각적으로 언론에 보도된 위기 관련 정보를 핵심 공중과 공유하고 참여할 수 있도록 해야 한다고 주장했다. 최근에는 공중의 위기 커뮤니케이션 행동의 영향 요인들은 밝히는 연구도 이루어지고 있다. 예를 들어, 정, 리우 그리고 데이비드슨(Zheng, Liu and Davidson, 2018)은 위기 상황에서 공중의 중요성을 강조하며, 위기와 관련된 부차적인 커뮤니케이션 행동secondary crisis communication에 미치는 영향 요인들을 보았다. 이들은 연구에서 공중은 조직이 윤리적인 위반을 했다고 느끼는 상황에서 조직에 대한 부정적인 정보를 공유하는 부차적인 위기 커뮤니케이션 행동이 나타나는 것을 밝혔다.

SCCT는 위기 상황에서 조직이 어떠한 커뮤니케이션을 쓰는지 확인할 수 있고, 다양한 위기 상황에서 어떠한 전략이 효과적인지 확인할 수 있다는 점에서 유용한 이론이다. 그러나 SCCT가 제안하는 맞춤형 커뮤니케이션 전략 효과는 그렇게 크지 않다는 비판도 있다(Ma and Zhan, 2016). 마와 잔 (Ma and Zhan, 2016)은 1990년부터 2015년까지 이루어진 SCCT 연구들을 중심으로 메타분석을 했을 때, 대응 전략들은 실제로 크게 효과가 없다는 것을 확인했다. 이에 소셜미디어 상황에서 위기와 관련된 정보가 소셜미디어를 통해 어떻게 촉발되고 확산되는지에 대한 연구가 보다 더 이루어질 필요가 있다. 쿰스(Coombs, 2016)는 이와 같은 메타분석 연구 결과와 관련해, 분석된 연구들이 대부분이 명성 회복 전략들에 중점을 두고 있지만, 위기 대응 지침을 제공하는 정보나 심리적인 안정을 주는 정보로 구성된 윤리적이고 기본적인 대응 방안에 대한 효과를 살펴본 연구는 많지 않다고 주장했다. 그는 위기 대응 전략의 장기적 효과에 대해서도 고려해 볼 필요가 있다고 했다. 이러한 점에 비추어 볼 때, 효과적인 위기 대응 전략들을 구상하기에 앞서 위기의 속성과 위기에 대한 사람들의 반응들을 보다 면밀하게 이해하는 것이 필요하다.

4. 조직명성 구축을 위한 소셜미디어 PR에 대한 전략적 제언

지금까지 소셜미디어와 관련된 이론들을 살펴보고, 소셜미디어의 여러 가지 특성들이 조직명성에 어떻게 영향을 줄 수 있는지 논의했다. 소셜미디어의 매체적 속성, 사용자 특성, 상호작용적 특징, 그리고 사회적 특성들과 관련된 이론들은 소셜미디어를 매개로 한 환경에서 조직명성에 영향을 미칠 수 있는 여러 가지 고려 요인들이 무엇인지 알 수 있게 해준다. 또한, PR 학문 분야에서 발전한 이론들은 소셜미디어 PR의 원칙과 개별적인 커뮤니케이션 전략의 효과를 가늠할 수 있게 해준다. 소셜미디어 PR은 장기적인 관점에서 다양한 이해관계자들의 의견들을 존중하고 이들을 조직의 크고 작은 의사결정 과정에 참여시킬 때, 조직명성도 긍정적으로 형성될 수 있다. 그뿐만 아니라 소셜미디어를 매개로 확산될 수 있는 위협 요소들을 선제적으로 파악하고 이에 대한 적절한 대응과 방안을 강구할 때, 조직명성을 보호할 수 있다. 이러한 점에 비추어 본 장이 제안하는 전략적 방향은 다음과 같다.

1) 대화와 참여를 위한 소셜미디어 매개 커뮤니케이션

(1) 조직 차원의 유기적 리스닝 시스템 구축

대화와 소통의 시작은 '무엇을 어떻게 말할 것인가'가 아니라 '무엇을 어떻게 들을 것인가'에서 비롯된다고 할 수 있다. 그리고 소셜미디어를 매개로 한 참여적이고 이해관계자 중심의 PR 활동을 실행하기 위해서는 대화의 철학을 구체화할 수 있는 커뮤니케이션 체계와 절차가 갖추어질 필요가 있다. 소셜미디어 담당 커뮤니케이터의 대인적인 커뮤니케이션 능력에만 의존할 수는 없다. 조직 차원에서 다양한 이해관계자들의 의견을 듣고 실질적인 대안과 해결책을 함께 논의할 수 있도록 하는 유기적인 커뮤니케이션 체계와 절차를 마련할 필요가 있다(Macnamara, 2018). 예를 들어, 소셜미디어 상에 게재되는 일반 소비자들의 질문이나 불만 사항들의 패턴과 유형들을 분석한 뒤, 조직 내 관련 부서들과 의논하고 실질적인 대안이나 해결책들을 마련한 다음, 정해진 커뮤니케이터가 소셜미디어를 통해 응답하는 과정을 구체화하고 이러한 절차에 대한 정보를 공개함으로써 소비자들의 의견이 조직 내에서 어떠한 과정을 거쳐 처리되는지 알 수 있게 하는 방법이 있을 수 있겠다.

(2) 이해관계자별 소셜미디어 채널의 핵심 원칙 다각화

소셜미디어 채널을 이용하는 이해관계자들에 따라 소셜미디어 커뮤니케이션의 핵심 원칙과 방향성도 달라질 수 있다. 켄트(Kent, 2013)는 소셜미디어 공간에서 커뮤니케이션에 참여하는 주체들이 모두 자신의 신분을 밝혀야 한다고 주장하지만, 참여자들의 익명성을 보장하는 것이 더 중요할 때도 있다. 예를 들어, 조직의 구성원인 사원들의 경우, 공개적으로 말하기 어려운 사안이나 민감한 문제들을 제기할 수 있거나, 다른 임직원들과 부담 없이 이야기할 수 있는 공간에서는 익명성이 핵심 원칙이 되어야 한다. 그리고 조직이 사내 문제를 감시하거나 문제 제기자를 색출하는 방식으로 채널이 활용되어서는 안 된다. CSR 활동을 위한 소셜미디어 채널은 일반 시민뿐만 아니라 지역 커뮤니티나 사회단체들과 관계를 맺고, 그들이 인식하는 사회적 문제나 기업의 책임성에 대한 이슈를 어떻게 해결해 나갈 수 있을지 의견들을 서로 주고받으면서, 향후 CSR 활동 계획에 어떻게 반영할 것인지를 공유하는 방식으로 운영될 수 있을 것이다.

(3) 사용자들 사이의 네트워크를 강화하는 소셜미디어 활동

소셜미디어를 매개로 구축된 네트워크를 고려할 때, 네트워크 속에서 소셜미디어 PR의 역할도 생각해 보지 않을 수 없다. 네트워크 관점의 많은 PR 연구들은 버트(Burt, 1992)의 구조적 공백 이론structural hole theory에 기반으로 두어왔지만, 대화와 참여적인 소통을 지향하는 소셜미디어 PR과 잘 부합하지 않는 부분도 있다(Kent, Sommerfeldt and Saffer, 2016). 구조적 공백 이론에 따르면, 직접적으로 연결되어 있지 않은 두 행위자 사이에 존재하는 빈 공간(구조적 공백)을 채우는 위치를 선점하는 제삼자가, 분리되어 있는 양쪽 행위자들로부터 새롭고 유용한 정보를 받고 자원을 최대한 활용할 수 있는 기회를 얻게 된다(Burt, 1992). 즉, 구조적 공백을 차지한 행위자는 중개인broker

의 역할을 수행하며, 사람들 사이의 정보를 통제할 수 있는 힘을 얻게 된다는 것이다(Burt et al., 2013). 이러한 관점을 수용하면, 조직은 소셜네트워크 속에서 서로 연결되어 있지 않는 다수의 팔로워들을 만들어, 정보를 통제하고 최대한의 기회와 혜택을 누리는 중개자 역할에 집중하게 된다. 그러나 켄트와 그의 동료들(Kent et al., 2016)은 다양한 이해관계자들의 참여를 독려하고, 함께 의미를 만들어가는 PR 활동의 가치와 부합하지 않는다고 지적한다. 소셜미디어 커뮤니케이션 네트워크는 다양한 의견과 가치들이 공존하고, 커뮤니케이션의 흐름을 통제하는 것이 사실상 불가능하다. 이러한 점에서 조직은 소셜미디어 사용자들 사이의 교량의 역할을 수행하면서 행위자 사이들이 서로 혜택과 기회를 얻을 수 있는 경계확장자boundary spanners이자 테르티우스 융겐스tertius inugens의 역할을 해야 한다는 점을 강조한다. PR의 역할은 사람들의 정보와 자원을 통제해 이익을 최대화하는 데 있는 것이 아니라 사람들의 정보와 자원의 교환이 잘 이루어질 수 있도록 하는 경계확장의 역할을 하면서 힘을 분산하는 데 초점을 맞추어 활동을 수행해야 하기 때문이다.

2) 위기 상황에서의 소셜미디어 전략 방안

(1) 사회적/문화적 맥락에 따른 위기 상황 파악

조직의 위기는 사회적으로 중요하게 여겨지는 규범이나 이슈와 연결될수록 증폭될 가능성이 높다. 예를 들어, 인종 차별 문제에 민감한 미국에서 유색인종 고객에 대한 종업원들의 태도나 실수를 보여주는 동영상 콘텐츠나 인종 차별적인 이미지를 차용한 온라인 광고는 피해 정도나 기존의 위기 이력에 상관없이 조직명성에 치명적인 타격을 줄 수 있다. 갑을 관계 문제에 민감한 한국에서는 비정규직 사원들에 대한 차별적 대우를 드러내는 문서나 조직 임원의 막말을 담은 동영상 역시 조직명성에 심각한 타격을 줄 수 있다. 이는 사회에서 공유되는 규범과 가치를 위반하는 행동이기 때문이다. 사회적 규범이나 가치에 위배되는 사고들은 소셜미디어 사용자들에 의해 지속적으로 회자되고, 해당 사회적 문제가 부각될 때마다 콘텐츠가 재생산되는 과정을 거치게 된다. 이와 같은 위기가 발생했을 경우에는 조직은 적극적으로 자신의 입장을 밝히고, 재발 방지를 위한 실질적인 해결책을 마련해 이해관계자들과 대화해야 한다. 그뿐만 아니라 해당 콘텐츠가 언제 어떠한 상황에서 재소비되고 다른 부정적인 콘텐츠와 결합될 수 있는지 파악하고, 이에 대한 대책들이 전사적으로 논의되어야 한다.

(2) 장기적 대응 전략 구축

위기 관련 뉴스 정보뿐만 아니라 소셜미디어 사용자들이 올린 영상이나 루머 관련 글들은 사실 진위 여부에 상관없이 해당 콘텐츠가 주는 현장성과 선정성 등과 같은 요소들에 확산되는 경향이 있다. 이와 같은 콘텐츠는 사용자들의 댓글들과 감정적인 반응들과 같은 사회적 단서들이 덧붙으면서 조직에 대한 평가에 보다 부정적인 영향을 초래할 수 있다. 또한, 사용자들이 위기 관련 정보를 편집해 재생산하면서 조직에 대한 또 다른 이슈가 만들어질 수도 있고, 정보가 과장될 수 있다(Jahng, 2021). 이것이 소셜미디어를 통해 전달되는 이차적인 위기정보가 초기 위기정보보다 위기를 더욱 심각하게 만들 수 있는 이유다(Coombs, 2007). 더 나아가 많은 사용자들이 해당 콘텐츠에 주의를 기울이고 반응을 하면서, 언론은 해당 내용을 보다 자세히 그리고 자주 다룰 수 있는 가능성이 높아진다. 이와 같은 비선형적인 형태의 위기정보 확산 현상이 소셜미디어 상에서 위기관리를 어렵게 만든다(Gilpin, 2010). 이러한 점을 고려했을 때 위기 전략과 대응 방안은 일회적인 방식으로 이루어져서는 효과가 미비할 수밖에 없다. 장기적인 관점에서 위기를 바라보고, 정보 콘텐츠별로 대응할 수 있는 복합적인 위기 커뮤니케이션 전략이 수립되어야 한다.

생각해 볼 문제

1. 업계에서 존경을 받고 있는 A기업의 문현기 CEO는 조직명성을 향상시키는 데 일조하고
   자 개인의 소셜미디어 채널을 중심으로 사람들과 소통을 보다 강화하고자 한다. 이 때 중
   점적으로 해야 할 일과 하지 말아야 할 일은 무엇일까?

2. B 기업의 박건희 부사장은 장기적 명성 관리의 일환으로 조직내 사원들의 대화와 참여를
   강화하기 위해, 실질적으로 이루어질 수 있는 소셜미디어 중심의 커뮤니케이션 방안에 대
   해 고민하고 있다. 이를 실현하기 위해서 고려해야 할 내부적 커뮤니케이션 요인들은 무
   엇일까?

3. 소셜미디어 분석과 전략에 뛰어난 B기업의 윤여전 실장은 오늘 조직이 환경을 파괴하고
   있다는 부정적인 뉴스 콘텐츠가 소셜미디어를 통해 확산되고 있다는 보고를 받았다. 이와
   같은 정보는 조직명성의 리스크로 판단된다. A기업은 오늘부터 소셜미디어를 중심으로
   한 참여적인 CSR 캠페인을 전개할 예정이었다. 이러한 상황에서 박 부사장이 고려해야
   할 요인들과 기존의 전략적 방향은 어떻게 수정되어야 할까?

참고문헌

1장. 조직명성의 다양한 관점과 통합 명성관리 모델_ 차희원

강태희·차희원. 2010.「기업문화의 유형이 기업명성에 미치는 영향」.≪한국언론학보≫, 제54권 1호, 205~227쪽.

김경란. 2009.「광고와 퍼블리시티의 이중 혜택-기업 명성과 매출액: 그 효과와 시너지에 대한 평가」.≪광고학연구≫, 제20권 2호, 57~79쪽.

김민주. 1996.「호텔 종업원의 조직동일시에 영향을 미치는 선행요인」.≪관광학연구≫, 제19권 2호, 133~148쪽.

김수연·김인기·김유별. 2013.「기업의 CSR커뮤니케이션 효과 분석 연구 : 프로그램 유형(기업의 일방적 기부, 소비자 참여형)과 매체(신문기사, 소셜미디어)의 활용을 중심으로」.≪광고학연구≫, 제24권 6호, 167~190쪽.

김영옥. 2001.「기업 평판을 이용한 PR 책임성 모델 연구」.≪홍보학연구≫, 제5권 1호, 5~23쪽.

김윤애·박현순. 2008.「메시지 제시 형태 (광고, 퍼블리시티, 블로그) 에 따른 설득 효과 차이: 설득지식모델을 적용하여」.≪한국언론학보≫, 52권 5호, 130~159쪽.

김의철·박영신 2006.「한국인의 자기 인식에 나타난 토착문화심리 분석」.≪한국심리학회지: 사회문제≫. 제12권 4호. 1~36쪽.

김지예·황성욱. 2014.「한·미 기업 페이스북 CSR 포스팅에 나타난 메시지 전략 비교연구: 홀/홉스테드의 문화이론을 중심으로」.≪광고학연구≫, 제25권 2호, 29~51쪽.

김현정·손영곤. 2012.「콜센터 종업원의 커뮤니케이션 만족 및 조직풍토 인식이 조직평판에 미치는 영향: 파견회사 콜센터 종업원의 근무회사에 대한 지각을 중심으로」.≪홍보학연구≫, 제16권 3호, 5~61쪽.

박수정·차희원. 2009.「기업 명성과 기업의 사회적 책임 활동의 동기와 적합성이 위기 시 기업 정당성 인식에 미치는 영향」.≪한국언론정보학보≫, 496~532쪽.

배소희·이세진. 2014.「기업 위기 상황에서 사회공헌활동 유형에 따른 광고 효과 연구」.≪광고학연구≫, 제25권 2호, 185~208쪽.

배지양. 2012.「사회공헌활동에서의 이미지전이효과 분석: 비리에 연루된 비영리기관과 연계한 영리기업의 이미지, 브랜드태도, 구매의도를 중심으로」.≪광고학연구≫, 제23권 7호, 7~34쪽.

서구원·진용주. 2008.「기업의 사회적 책임 (CSR) 유형이 기업평판, 사회적 연결감 및 구매의도에 미치는 영향: 대학생의 실증연구」.≪광고학연구≫, 제 19권 4호, 149~163쪽.

신호창·문빛·조삼섭·이유나·김영욱·차희원. 2017.『공중관계 핸드북: Public Relations 바로보기』. 커뮤니케이션북스.

양윤·윤정화. 2013.「기업의 사회적 책임, 기업 명성, 사회적 가치지향이 브랜드 태도에 미치는 영향」.≪한국심리학회지: 소비자, 광고≫, 제14권 3호, 409~426쪽.

윤각·조재수. 2005.「부정적 언론 보도로 인한 위기 상황이 해당 기업과 브랜드의 명성에 미치는

영향: CSR (기업의 사회 공헌) 활동의 매개 역할을 중심으로」. ≪홍보학연구≫, 제9권 2호, 196~220쪽.

이정화·차희원. 2008. 「기업-공중 관계성과 공중 프레임이 기업 명성에 미치는 영향: 현대자동차 사례를 중심으로」. ≪한국언론학보≫, 52권 6호, 258~281쪽.

장우성. 2008. 공영방송 (KBS 와 MBC) 내부직원의 기업 아이덴티티와 평판 간의 관계: 조직 일체 감의 매개효과를 중심으로. ≪한국광고홍보학보≫, 제10권 1호, 58~98쪽.

장우성·한은경. 2007. 「기업 아이덴티티, 이미지, 평판 간의 관계에 대한 상호지향적 접근: 삼성, LG, SK 의 내·외부 이해관계자를 중심으로」. ≪광고연구≫, 75호, 213~245쪽.

장현지·차희원. 2013. 「조직원 간 대인 커뮤니케이션이 기업명성에 미치는 영향-조직-사원 관계성 및 조직 동일시의 매개효과」. ≪홍보학연구≫, 제17권 4호, 135~186쪽.

조수영·김선정. 2011. 「기업이미지, 제품 특성과 CSR 유형의 일치/불일치에 따른 수용자 설득효 과」. ≪한국광고홍보학보≫, 제13권 3호, 509~538쪽.

차희원. 2015. 『기업명성과 커뮤니케이션』. 이화출판.

차희원. 2019. 한국 공중관계(PR) 연구 지형도와 미래. 김영희·김은미 외. 『한국 언론학 연구 60 년: 성과와 전망』. 나남.

차희원·임유진. 2014. 「조직문화가 기업명성과 재무적성과에 미치는 영향: 사내 커뮤니케이션의 매개효과를 중심으로」. ≪광고학연구≫, 제25권 8호, 269~292쪽.

천만봉. 2013. 「외국기업의 현지화와 CSR 활동에 관한 연구: 신뢰도, 몰입도, 기업평판의 매개효 과를 중심으로」. ≪기업경영연구≫, 제20권 2호, 103~123쪽.

한정호·조삼섭. 2009. 「기업위기발생시 기업명성과 공중관계성이 공중들의 위기인식과 결과인식 에 미치는 영향에 관한 연구」. ≪한국언론학보≫, 제53권 3호, 82~100쪽.

Albert, S. and D. A. Whetten. 1985. "Organizational identity." *Research in organizational behavior*, Vol.7, pp.263~295.

Ashforth, B. E. and F. Mael. 1989. "Social identity theory and the organization." *Academy of Management Review*, Vol.14, No.1, pp.20~39.

Bae, J. and G. T. Cameron. 2006. "Conditioning effect of prior reputation on perception of corporate giving." *Public Relations Review*, Vol.32, No.2, pp.144~150.

Balmer, J. M. 1998. "Corporate identity and the advent of corporate marketing." *Journal of marketing management*, Vol.14, No.8, pp.963~996.

Barnett, M. L., J. M. Jermier, and B. A. Lafferty. 2006. "Corporate reputation: The definitional landscape." *Corporate Reputation Review*, Vol.9 No.1, pp.26~38.

Barney, J. 1991. "Firm resources and sustained competitive advantage." *Journal of Management*, Vol.17, No.1, pp.99~120.

Brown, T. J., and Dacin, P. A. 1997. "The Company and the Product: Corporate Associations and Consumer Product Responses." *Journal of Marketing*, Vol.61, No.1, pp.68~84.

Carroll, C. E(Ed.). 2013. *The Handbook of Communication and Corporate Reputation(Vol.49)*. John Wiley & Sons.

Cha, H., Y. Song, and J. R. Kim. 2010. "Effects of issue ownership and issue obtrusiveness on corporate reputation at two Korean corporations." *Public Relations Review*, Vol.36, No.3, pp.289~291.

Choi, Y., and Y. H. Lin. 2009. "Consumer responses to Mattel product recalls posted on online bulletin boards: Exploring two types of emotion." *Journal of public relations research*, Vol.21, No.2, pp.198~207.

Coombs, W. T. 2007. "Protecting organization reputations during a crisis: The development and application of situational crisis communication theory." *Corporate Reputation Review*, Vol.10, No.3, pp.163~176.

Coombs, W. T. 2013. "Situational theory of crisis: Situational crisis communication theory and corporate reputation." in Carroll, C. E. (Ed.), *The Handbook of communication and corporate reputation*, John Wiley & Sons. pp.262~278.

Deephouse, D. L. 2000. "Media reputation as a strategic resource: An integration of mass communication and resource-based theories." *Journal of Management*, Vol.26, No.6, pp.1091~1112.

Deephouse, D. L., and S. M. Carter. 2005. "An Examination of Differences Between Organizational Legitimacy and Organizational Reputation." *Journal of Management Studies*, Vol.42, No.2, pp.329~360.

Deephouse, D. L., and M. Suchman. 2008. "Legitimacy in organizational institutionalism', in R. Greenwook, C. Oliver, R. Suddaby, & K. Sahlin-Andersson(Eds.), *The Sage Handbook of organizational institutionalism*, Sage, pp.49~77.

Duhé, S. C. 2009. "Good management, sound finances, and social responsibility: Two decades of US corporate insider perspectives on reputation and the bottom line." *Public Relations Review*, Vol.35, No.1, pp.77~78.

Dutton, J. E., J. M. Dukerich, and C. V. Harquail. 1994. "Organizational images and member identification." *Administrative science quarterly*, Vol.39, No.2, pp.239~263.

Eagly, A. H., and S. Chaiken. 1993. *The psychology of attitudes*. Harcourt brace Jovanovich college publishers.

Einwiller, S. A. 2013. "Corporate attributes and associations." in C. E. Carroll(Eds.), *The Handbook of Communication and Corporate Reputation*, John Wiley & Sons, Inc. pp.291~305.

Etter, M. 2013. "Reasons for low levels of interactivity: (Non-) interactive CSR communication in twitter." *Public Relations Review*, Vol.39, No.5, pp.606~608.

Fombrun, C. J. 1996. *Reputation: Realizing value from the corporate image*. Harvard Business School Press, Boston, MA.

Fombrun, C. J. 2012. "The building blocks of corporate reputation definitions, antecedects, consequences." in M. L. Barnett and T. G. Pollock(Eds.), *The Oxford handbook of corporate reputation*. Oxford University Press. pp.94~113.

Fiske, S. T. and S. E. Taylor. 1991. *Social cognition(2nd ed)*. McGraw-Hill.

Fombrun, C. J. and C. B. M. van Riel, 1997. "The reputational landscape." *Corporate Reputation Review,* Vol.1, No.1, pp.5~15.

Fombrun, C., and M. Shanley, 1990. "What's in a name? Reputation building and corporate strategy." *Academy of management Journal*, Vol.33, No.2, pp.233~258.

Gilpin, D. 2010. "Organizational image construction in a fragmented online media environment." *Journal of Public Relations Research*, Vol.22, No.3, pp.265~287.

Grunig, J. E. 1993. "Image and substance: From symbolic to behavioral relationships." *Public Relations Review,* Vol.19, No.2, pp.121~139.

Grunig, J. E., and C. J. F. Hung, 2002. "The effect of relationships on reputation and reputation on relationships: A cognitive, behavioral study." In PRSA Educator's Academy 5th Annual International, Interdisciplinary Public Relations Research Conference, Miami, Florida, pp.8~10.

Guillory, J. E., and S. S. Sundar. 2014. "How Does Web Site Interactivity Affect Our Perceptions of an Organization?" *Journal of Public Relations Research*, Vol.26, No.1, pp.44~61.

Helm, S. 2007. "The role of corporate reputation in determining investor satisfaction and loyalty." *Corporate reputation review*, Vol.10, No.1, pp.22~37.

Helm, S. 2013. "A matter of reputation and pride: associations between perceived external reputation, pride in membership, job satisfaction and turnover intentions." *British Journal of Management*, Vol.24, No.4, pp.542~556.

Hutton. J. G., M. B. Goodman, J. B. Alexander, and C. M. Genest. 2001. "Reputation management: the new face of corporate public relations?" *Public Relations Review,* Vol.27, pp.247~261.

Ind, N. 1992. *The corporate image: Strategies for effective identity programmes*. Kogan Page.

Johnston, K. A. and J. L. Everett. 2012. "Employee perceptions of reputation: An ethnographic study." *Public Relations Review*, Vol.38, No.4, pp.541~554.

Kim, J. N., S. B. Bach and I. J. Clelland. 2007. "Symbolic or behavioral management? Corporate reputation in high-emission industries." *Corporate Reputation Review*, Vol.10, No.2, pp.77~98.

Kim, J. N., C. J. F. Hung-Baesecke, S. U. Yang and J. E. Grunig. 2013. "A strategic management approach to reputation, relationships, and publics: The research heritage of the excellence theory." in C. E. Carroll(Eds.), *The Handbook of Communication and Corporate Reputation*. John Wiley & Sons Inc. pp.197~212.

Kim, J. N., and L. Ni. 2013. "Two Types of Public Relations Problems and Integrating Formative and Evaluative Research: A Review of Research Programs within the Behavioral, Strategic Management Paradigm." *Journal of Public Relations Research*, Vol.25, No.1, pp.1~29.

Kim, J. R., and H. Cha. 2013. "The effect of public relations and corporate reputation on return on investment." *Asia Pacific Public Relations Journal*, Vol.14, No.1-2, pp.107~130.

Kim, Y. W. 2001. "Measuring the economic value of public relations." *Journal of Public Relations Research*, Vol.13, No.1, pp.3~26.

Kiousis, S., C. Popescu, and M. Mitrook. 2007. "Understanding influence on corporate reputation: An examination of public relations efforts, media coverage, public opinion, and financial performance from an Agenda-Building and Agenda-Setting perspective." *Journal of Public Relations Research*, Vol.19, No.3, pp.147~165.

Lee, H., and H. Park. 2013. "Testing the impact of message interactivity on relationship management and organizational reputation." *Journal of Public Relations Research,* Vol.25, No.2, pp.188~206.

Liu, B. F., L. Austin, and Y. Jin. 2011. "How publics respond to crisis communication strategies: The interplay of information form and source." *Public Relations Review*, Vol.37, No.4, pp.345~353.

Meijer, M. M. and J. Kleinnijenhuis. 2006. "Issue news and corporate reputation: Applying the theories of agenda setting and issue ownership in the field of business communication." *Journal of Communication,* Vol.56, pp.543~559.

Men, L. R. 2012. "CEO credibility, perceived organizational reputation, and employee engagement." *Public Relations Review*, Vol.38, No.1, pp.171~173.

Miles, R. H., and K. S. Cameron. 1982. *Coffin nails and corporate strategies.* Prentice Hall.

Meyer. J. W. and B. Rowan. 1977. "Institutionalized organizations: Formal structure as mych and ceremony." *American Journal of Sociology,* Vol.83, No.2, pp.340~363.

Myers, S. C., and N. S. Majluf. 1984. "Corporate financing and investment decisions when firms have information that investors do not have." *Journal of financial economics*, Vol.13, No.2, pp.187~221.

Park, N. K., and K. M. Lee. 2007. "Effects of online news forum on corporate reputation." *Public Relations Review*, Vol.33, pp.346~348.

Pastrana, N. A., and K. Sriramesh. 2014. "Corporate Social Responsibility: Perceptions and practices among SMEs in Colombia." *Public Relations Review*, Vol.40, No.1, pp.14~24.

Porac, J. F., and H. Thomas. 1990. "Taxonomic mental models in competitor definition." *Academy of management Review*, Vol.15, No.2, pp.224~240.

Roberts, P. W. and G. R. Dowling. 2002. "Corporate reputaion and sustained superior financial performance." *Strategic Management Journal*, Vol.23, No.12, pp.1077~1093.

Ross, L. 1977. "The intuitive psychologist and his shortcomings: Distortions in the attribution process." *Advances in experimental social psychology,* Vol.10, pp. 173~220.

Sen, S., and C. B. Bhattacharya. 2001. "Does doing good always lead to doing better? Consumer reactions to corporate social responsibility." *Journal of marketing Research*,

Vol. 38, No. 2, pp. 225~243.

Sohn, Y. J., and R. W. Lariscy. 2014. "Understanding Reputational Crisis: Definition, Properties, and Consequences." *Journal of Public Relations Research*, Vol. 26, No. 1, pp. 23~43.

Stigler, G. J. 1962. "Information in the labor market." *Journal of political economy,* Vol. 70, No. 5(Part 2), pp. 94~105.

Suchman, L. 2005. "Affiliative objects." *Organization*, Vol. 12, No. 3, pp. 379~399.

Suchman, M. C. 1995. "Managing legitimacy: Strategic and institutional approaches." *Academy of management review*, Vol. 20, No. 3, pp. 571~610.

Thomaz, J. C. 2010. "Identification, Reputation, and Performance: Communication Mediation." *Latin American Business Review*, Vol. 11, No. 2, pp. 171~197.

Tong, S. C. 2013. "Media reputation in initial public offerings: A study of financial news coverage in Hong Kong." *Public Relations Review*, Vol. 39, No. 5, pp. 470~483.

Utz, S., F. Schultz, and S. Glocka. 2013. "Crisis communication online: How medium, crisis type and emotions affected public reactions in the Fukushima Daiichi nuclear disaster." *Public Relations Review*, Vol. 39, No. 1, pp. 40~46.

Van Riel, Cees B. M. and C. J. Fombrun. 2007. *Essentials of corporate communication: Implementing practices for effective reputation management.* Routledge.

Wang, A. 2007. "Priming, framing, and position on corporate social responsibility." *Journal of Public Relations Research*, Vol. 19, No. 2, pp. 123~145.

Weigelt, K., and C. Camerer. 1988. "Reputation and corporate strategy: A review of recent theory and applications." *Strategic management journal*, Vol. 9, No. 5, pp. 443~454.

Wilcox, D. & Cameron, G. 2014. *Public Relations: Strategies and Tactics* (11th ed.). Pearson Higher Education.

Yang, S. U. 2007. "An integrated model for organization: public relational outcomes, organizational reputation, and their antecedents." *Journal of Public Relations Research*, Vol. 19, No. 2, pp. 91~121.

2장. 조직학 관점: 조직과 명성_ 이유나·서미라

강소라·한수진. 2017. 「조직구성원에게 인식된 기업의 사회적 책임, 기업명성 그리고 조직몰입」. ≪대한경영학회지≫, 30권 9호, 1653~1671쪽.

강태희·차희원. 2010. 「기업 문화의 유형이 기업명성에 미치는 영향」. ≪한국언론학보≫, 54권 1호, 545~563쪽.

권예지·차유리·유현재. 2014. 「웹 공간 이용만족도와 기관 명성 간의 관계」. ≪홍보학연구≫, 18권 1호, 70~106쪽.

김민주. 1996. 「연구논문: 호텔 종업원의 조직동일시에 영향을 미치는 선행요인」. ≪관광학연구≫,

19권 2호, 133~148쪽.

김용재·김종완·이재연. 2013. 「조직평판과 조직동일시가 직무만족에 미치는 영향」. 한국기업경영학회. ≪기업경영연구≫, 20권 6호, 67~84쪽.

김원형. 2002. 「조직 동일시와 조직 몰입의 선행변수와 결과 변수간의 인과 관계 모형」. ≪한국심리학회지: 산업 및 조직≫, 15권 2호, 83~121쪽.

김원형. 2003. 「조직 동일시의 교차타당도 모형: 선행변수, 조직시민행동, 조직몰입, 직무 관여와의 관계」. ≪인사관리연구≫, 27권 1호, 1~31쪽.

김현정·손영곤. 2012. 「콜센터 종업원의 커뮤니케이션 만족 및 조직풍토 인식이 조직평판에 미치는 영향: 파견회사 콜센터 종업원의 근무회사에 대한 지각을 중심으로」. ≪홍보학연구≫, 16권 3호, 5~61쪽.

김현정·손영곤. 2013. 「소셜 미디어를 통한 조직-공중 간 공중관계성 강화를 위한 모색: 삼성 의료원 소셜 미디어를 통한 공중관계성 영향력 분석을 중심으로」. ≪홍보학연구≫, 17권 3호, 278~339쪽.

문효진. 2008. 「기업 아이덴티티 구성요인과 중요도에 관한 연구: 백화점 기업을 중심으로」. ≪한국광고홍보학회≫, 10권 3호, 343~372쪽.

문효진·심인. 2010. 「은행 기업의 아이덴티티와 동일시, 기업 평판과의 관계에 관한 연구」. ≪한국광고홍보학보≫, 12권 1호, 356~393쪽.

문효진·황갑신. 2008. 「기업 시각적 아이덴티티가 동일시와 기업평판에 미치는 영향: 국내 이동통신 기업을 중심으로」. 한국광고홍보학회, ≪광고연구≫, 79호, 113~143쪽.

서미라·이유나. 2019. 「기업 SNS 커뮤니케이션이 조직-공중 관계성에 미치는 영향: 소셜 프레즌스, 기업 정체성, 기업-자아 동일시를 중심으로」. ≪홍보학연구≫, 23권 3호, 31~59쪽.

신서하·성민정·김자림. 2016. 「균형적인 커뮤니케이션 인식이 조직-직원 관계성 및 기업 평판 인식과 커뮤니케이션 행동에 미치는 영향」. ≪한국PR학회≫, 20권 1호, 1~21쪽.

양진호·박상봉. 2014. 「기업평판이 회사 몰입과 이직의도에 미치는 영향에 관한 연구」. ≪경영과 정보연구≫, 33권 2호, 1~12쪽.

윤각·류지영. 2011. 「CSR 활동의 내부 마케팅 효과 연구-기업명성과 임직원들의 직무만족을 중심으로」. ≪홍보학연구≫, 15권 3호, 41~76쪽.

윤각·류지영. 2012. 「CSR 활동과 내부평판이 임직원들의 직무만족도에 미치는 영향: 내부 마케팅 실행요인을 중심으로」. ≪광고학연구≫, 23권 1호, 71~92쪽.

이병희·이강표·김태원·한인재. 2016. 「글로벌 M&A 이후 다국적기업 자회사 직원의 조직일체감」. ≪국제경영연구≫, 27권 2호, 105~129쪽.

장용선. 2017. 「그룹 정체성 변화: 두산그룹 사례」. ≪전문경영인연구≫, 20권 4호, 139~157쪽.

장우성. 2008. 「공영방송(KBS와 MBC) 내부직원의 기업 아이덴티티와 평판 간의 관계: 조직 일체감의 매개효과를 중심으로」. ≪한국광고홍보학보≫, 10권 1호, 58~98쪽.

장우성·한은경. 2007. 「기업 아이덴티티, 이미지, 평판간의 관계에 대한 상호지향적 접근」. ≪광고연구≫, 75호, 213~245쪽.

장현지·차희원. 2013. 「조직원 간 대인 커뮤니케이션이 기업명성에 미치는 영향-조직-사원 관계성 및 조직 동일시의 매개효과」. ≪홍보학연구≫, 17권 4호, 135~186쪽.

정지연·박노일. 2014. 「소셜미디어를 통한 공중의 최고경영자에 대한 사회적 실재감 인식이 공중 관계성과 조직체 평판에 미치는 영향」. ≪한국언론학보≫, 58권 6호, 393~418쪽.

차희원. 2004. 「기업명성의 개념 정립과 한국형 명성지수개발에 관한 연구」. ≪광고학연구≫, 68, 171~199쪽.

차희원. 2015. 『기업 명성과 커뮤니케이션: 통합 커뮤니케이션 자본 모델의 이론과 전략』. 이화여자대학교출판부

차희원·임유진. 2014. 「조직 문화가 기업명성과 재무적성과에 미치는 영향: 사내 커뮤니케이션의 매개효과를 중심으로」. ≪광고학연구≫, 25권 8호, 269~292쪽.

한은경·김이환·문효진. 2005. 「기업평판과 CEO 평판의 효과모델 연구: 삼성과 SK를 중심으로」. ≪광고학연구≫, 16권 2호, 125~144쪽.

한은경·유재하. 2004. 「소비자 구매의도에 영향을 미치는 기업평판요인에 관한 연구-한국과 일본의 유제품 기업을 중심으로」. ≪광고연구≫, 65호, 127~146쪽.

한은경·장우성. 2007. 「기업 아이덴티티, 이미지, 평판 간의 관계에 대한 상호지향적 접근: 삼성, LG, SK의 내, 외부 이해관계자를 중심으로」. ≪광고연구≫, 75호, 213~245쪽.

≪굿모닝경제≫. 2021.5.11. "CSR 탐방' 삼성전자, 기업정체성 반영한 사회공헌활동". http://www.kpinews.co.kr/news/articleView.html?idxno=146249(검색일: 2021.10.23).

≪아이뉴스24≫. 2021.4.14. "한국P&G, 포스트 코로나 시대 성평등 확산 위한 선도적 로드맵 제시". http://www.inews24.com/view/1358393(검색일: 2021.10.23).

≪조선일보≫. 2021.6.13. ""어디서 많이 본 인간인데"글에 좋아요 5만개… 정용진 인스타 대해부" https://www.chosun.com/economy/economy_general/2021/06/13/QZMW2BLF3BA6XFNYJSCS4HFVUE/(검색일: 2021.10.23).

Albert, S. and D. Whetten. 1985. "Organizational identity." *Research in Organizational Behavior*, Vol.7, pp.263~295.

Ashforth, B. E. and F. Mael. 1989. "Social identity theory and the organization." *Academy of Management Review*, Vol.14, No.1, pp.20~39.

Aula, P. 2010. "Social media, reputation risk and ambient publicity management." *Strategy & Leadership*, Vol.38, No.6, pp.43~49.

Balmer, J. M. T. and E. R. Gray. 2003. "Corporate identity and corporate communications: creating a competitive advantage." in Balmer, J. M. T. and Greyser, S. A.(Eds.), *Revealing the corporation: perspectives on identity, image, reputation, corporate branding and corporate-level marketing*. Routledge. pp.124~135.

Balmer, J. M. T. and Guillaume B. Sonen. 1999. "The acid test of corporate identity management." *Journal of Marketing Management*, Vol.15, pp.69~92.

Barney, J. B. 1986. "Organizational culture: Can it be a source of sustained competitive advantage?" *Academy of Management Review*, Vol.11, No.3, pp.656~665.

Bergami, M. and R. P. Bagozzi. 2000. "Self-categorization affective commitment and group self-esteem as distinct aspects of social identity in the organization." *British Journal of Social Psychology*, Vol.39, 555~577.

Berger, I. E., P. H. Cunningham and M. E. Drumwright. 2006. "Identity, identification and relationship through social alliances." *Journal of the academy of marketing science*, Vol.34, No.2, pp.128~137.

Bhattacharya, C. B., Hayagreeva Rao and Mary Ann Glynn. 1995. "Understanding the Bond of Identification: An Investigation of Its Correlates Among Art Museum Members." *Journal of Marketing*, Vol.59(October), pp.46~57.

Birkigt, K. K. and M. M. Stadler. 1986. "Corporate identity, grundlagen, functionen and beispielen, moderne industrie, Landsberg an Lech." in van Riel, C. B. M.(1995), *Principles of Corporate Communication*. Prentice-Hall, London

Bolton, S. C., R. C. H. Kim. and K. D. O'Gorman. 2011. "Corporate social responsibility as a dynamic internal organizational process: A case study." *Journal of Business Ethics*, Vol.101, No.1, pp.61~74.

Brickson, S. L. 2005. "Organizational Identity Orientation: Forging a Link between Identity and Organizations' Relations with Stakeholders." *Administrative Science Quarterly*, Vol.50, pp.576~609.

Camerer, C. and A. Vepsalainen. 1988. "The economic efficiency of corporate culture." *Strategic Management Journal*, Vol.9, No.S1, pp.115~126.

Cravens, K. S. and E. G. Oliver. 2006. "Employee: The key link to corporate reputation management." *Business Horizons*, Vol.49, No.4, pp.293~302.

Deephouse, D, L. 2000. "Media reputation as a strategic resource: An integration of mass Communication and resource-based theories." *Journal of Management*, Vol.26, No.6, pp.1901~1112.

Denhardt, R. B. 1987. "Images of death and slavery in organizational life." *Journal of Management*, Vol.13, No.3, pp.529~541.

Dukerich, J. M., B. R. Golden and S. M. Shortell. 2002. "Beauty is in the Eye of the Heholder: The Impact of Organizational Identification, Identity and Image on the Cooperative Behaviors of Physicians." *Administrative Science Quarterly*, Vol.47, No.3, pp.507~533.

Dutton, J. E. and M. J. Dukerich. 1991. "Keeping an eye on the mirror: Image and identity in organizational adaptation." *Academy of Management Journal*, Vol.34, No.3, pp.517~554.

Dutton, J. E., M. J. Dukerich and C. V. Harquail. 1994. "Organizational image and member identification." *Administrative Science Quarterly*, Vol.39, No.2, pp.239~263.

Dutton, J. E. and W. Penner. 1992. "The importance of organizational identity for strategic agenda building." in G. Johnson, J. Hendry and J. Balogun(Eds.), *Strategic thinking: leadership and the management of change*, John Wiley & Sons Inc., pp.89~113.

Ellemers, N., P. Kortekaas and J. W. Ouwerkerk. 1999. "Self-categorisation, commitment to the group and group self-esteem as related but distinct aspects of social identity." *European Journal of Social Psychology*, Vol.29, No.2/3, pp.371~381.

Ellis, K. and P. Shockley-Zalabak. 2001. "Trust in top management and immediate supervisor: The relationship to satisfaction, perceived organizational effectiveness and information receiving." *Communication Quarterly*, Vol.49, No.4, pp.382~398.

Fombrun, C. J. and V. P. Rindova. 1998. "Reputation management in global 1000 firms: A benchmarking study." *Corporate Reputation Review*, Vol.1, No.3, pp.205~214

Fombrun, C. J. and M. Shanley. 1990. "Whats ina name? Reputation building and corporate strategy." *Academy of management Journal*, Vol.33, No.2, pp.233~258.

Fombrun, C. J. and C. B. M. van Riel. 1997. "The reputational landscape." *Corporate Reputation Review*, Vol.1, No.1/2, pp.5~13.

Fombrun, C. J. and C. B. M. van Riel. 2004. *Fame and fortune: How the world's top companies develop winning reputation.* Pearson Publishing and the Financial Times.

Foreman, P., D. Whetten and A. Mackey. 2012. "Am Identity-Based View of Reputation, Image and Legitimacy: Clarification and Distinctions among Related Constructs." in M. L. Barnett and T. G. Pollock(Eds.), *The Oxford handbook of corporate reputation*. Oxford University Press. pp.179~200.

Gail Fann Thomas, Roxanne Zolin and Jackie L. Hartman. 2009. "The Central Role of Communication in Developing Trust and Its Effect On Employee Involvement." *The Journal of Business Communication*(1973), Vol.46, No.3, pp.287~310.

Gaines-Ross, L. 2000. "CEO reputation: A key factor in shareholder value." *Corporate Reputation Review*, Vol.3, No.4, pp.366~370.

Gavin, J. F. and W. S. Maynard. 1975. "Perceptions of corporate social responsibility." *Personnel Psychology*, Vol.28, No.3, pp.377~387.

Gioia, D. A., M. Schultz and K. G. Corley. 2000. "Organizational Identity, Image and Adaptive Instability," *Academy of Management Review*, Vol.25, No.1, pp.63~81.

Gray, E. R. and Balmer, J. M. T. 1998. "Managing corporate image and corporate reputation." *Long Range Planning*, Vol.31, No.5, pp.695~702.

Greening, D. W. and D. B. Turban. 2000. "Corporate social performance as a competitive advantage in attracting a quality workforce." *Business & Society*, Vol.39, No.3, pp.254~280.

HANNAN, Michael T. 2010. "Partiality of Memberships in Categories and Audiences." *Annual review of sociology*, Vol.36, No.1, pp.159~181.

Hatch, M. J. and M. Schultz. 1997. "Relations between organizational culture, identity and image." *European Journal of Maketing*, Vol.37, No.7-8, pp.1041~1064.

Helm, S. 2013. "A matter of reputation, pride in membership, job satisfaction and turnover intentions." *British Journal of Management*, Vol.24, No.4, pp.542~556.

Hutton, J. G., M. B. Goodman, J. B. Alexander, C. M. Genest. 2001. "Reputation management: the new face of corporate public relations?" *Public relations review*, Vol.27, No.3, pp.247~261.

Jannati Tangngisalu, M. Mappamiring, Wuryan Andayani, Muhammad Yusuf, Aditya Halim Perdana Kusuma Putra. 2020. "CSR and Firm Reputation from Employee Perspective." *Journal of Asian Finance, Economics and Business*, Vol.7, No.10, pp.171~182.

Kelleher, T. 2009. "Conversational voice, communicated commitment and public relations outcomes in interactive online communication." *Journal of Communication*, Vol.59, pp.172~188.

Kent. M. and M. Taylor. 2002. "Toward a dialogic theory of public relations." *Public Relations Review*, Vol.28, pp.21~37.

Kim, Bo Kyung and M. Jensen. 2011. "How Product Order Affects Market Identity: Repertoire Ordering in the U.S. Opera Market." *Administrative science quarterly*, Vol.56, No.2, pp.238~256.

Kitchen, P. J., M. E. Tourky, D. Dean and A. S. Shaalan. 2013. "Corporate identity antecedents and components: Toward a theoretical framework." *Corporate Reputation Review*, Vol.16, No.4, pp.263~284.

Maignan, I. and O. C. Ferrell. 2001. "Corporate citizenship as a marketing instrument-Concepts, evidence and research directions." *European Journal of Marketing*, Vol.35, No.3/4, pp.457~484.

Markwick, N. and C. Fill. 1997. "Towards a framework managing corporate identity." *European Journal of Marketing*, Vol.31, No.5-6, pp.396~409.

Melewar, T. C. and E. Jenkins. 2002. "Defining the corporate identity construct." *Corporate Reputation Review*, Vol.5, No.1, pp.76~91.

Men, L. R. 2012. "CEO credibility, perceived organizational reputation and employee engagement." *Public Relations Review*, Vol.38, No.1, pp.171~173.

Meng. J. and B. Berger. 2013. "What they say and what they do: executives affect organizational reputation through effective communication." in Carroll, C. E.(Ed.), *The Handbook of Communication and Corporate Reputation*. John Wiley & Sons, Inc. pp.306~317.

Miles, R. H. and K. S. Cameron. 1982. *Coffin nails and corporate strategies*. Prentice Hall.

Mishra, K., L. Boynton. and A. Mishra. 2014. "Driving employee engagement: The expanded role of internal communications." *International Journal of Business Communication*, Vol.51, No.2, pp.183~202.

Moon, Y. T. 2013. "Study on ralationship between reputation of local festival and local loyalty." Sungkyunkwan University General Graduate School Ph.D Thesis.

Perez, A. and I. R. del Bosque. 2014. "Organizational and corporate identity revisited: Toward a comprehensive understanding of identity in business." *Corporate Reputation Review*, Vol.17, No.1, pp.3~27.

Peterson, D. K. 2004. "The relationship between perceptions of corporate citizenship and organizational commitment." *Business & Society*, Vol.43, No.3, pp.296~319.

Pontikes, E. G. 2012. "Two Sides of the Same Coin: How Ambiguous Classification Affects Multiple Audiences' Evaluations." *Administrative Science Quarterly*, Vol.57, No.1, pp.81~118.

Price, K. and D. A. Gioia. 2008. "The self-monitoring organization: Minimizing discrepancies among differing images of organizational identity." *Corporate Reputation Review*, Vol.11, No.3, pp.208~221.

Smaiziene, I. and R. Jucevicius. 2009. "Corporate reputation: Multidisciplinary richness and search for a relevant definition." *Inzinerine Ekonomika-Engineering Economics*, Vol.2, pp.91~100.

Smidts, A., Ad Th. H. Pruyn and van C. B. M. Riel. 2001. "The impact of employee communication and perceived external prestige on organizational identification." *Academy of Management Journal*, Vol.44, No.5, pp.1051~1062.

Smith, H. J. and T. R. Tyler. 1997. "Choosing the right pond: The influence of the status of one's group and one's status in that group on self-esteem and group-oriented behavior." *Journal of Experimental Social Psychology*, Vol.33, pp.46~170.

Tajfel, H. 1982. "Social psychology of intergroup relations." *Annual Review of Psychology*, Vol.33, pp.1~39.

Tajfel, H. and J. C. Turner. 1985. "The Social Identity Theory of Intergroup Behavior." In S. Worchel and W. G. Austin(Eds.). *Psychology of Intergroup Relations*(2nd ed.), Nelson-Hall, pp.7~24.

Terrence E. Deal and Allan A. Kennedy. 1982. "Culture: A New Look Through Old Lenses." *The Journal of Applied Behavioral Science*, Vol.19, No.4, pp.498~505

Thomaz, J. C. 2010. "Identification, reputation and performance: communication mediation." *Latin American Business Review*, Vol.11, No.2, pp.171~197.

Turner, J. C. 1985. "Interpersonal attraction, social identification and psychological group formation." *European Journal of Social Psychology*, Vol.15, No.1, pp.51~66.

Turner, J. C. and P. J. Oakes. 1986. "The significance of the social identity concept for social psychology with reference to individualism, interactionism and social influence." *British Journal of Social Psychology*, Vol.25, No.3, pp.237~252.

van Knippenberg, D. and E. C. M. van Schie, 2000. "Foci and correlates of organizational identification." *Journal of Occupational and Organizational Psychology*, Vol.73, pp.137~147.

van Riel, C. B. M. 2003. "The management of corporate communication." in Balmer, J. M. T.

and Greyser, S. A.(Eds.), *Revealing the corporation: perspectives on identity, image, reputation, corporate branding and corporate-level marketing.* Routledge. pp.161~170.

van Riel, C. B. M. and J. M. T. Balmer. 1997. "Corporate Identity: the concept, its measurement and management." *European Journal of Marketing*, Vol.31, 340~ 355

van Riel, C. B. M. and C. J. Fombrun. 2007. *Essentials of corporate communication: implementing practices for effective reputation management.* Routledge

van Riel, C. B. M. and G. H. van Bruggen. 2002. "Incorporating business unit managers' perspectives in corporate branding strategy decision making." *Corporate Reputation Review*, Vol.5, No.2/3, pp.241~251.

Westcott Alessandri, Sue. 2001. "Modeling corporate identity: a concept explication and theoretical explanation." *Corporate communications*, Vol.6, No.4, pp.173~182.

Whetten, D. A. and A. Mackey. 2002. "A Social Actor Conception of Organizational Identity and Its Implications for the Study of Organizational Reputation." *Business and Society*, Vol.41, pp.393~414.

Yoo, B. W. and S. B. Park. 2012. "The effect of division and company reputation on organization commitment and job satisfaction." *Korean Management Consulting Review*, Vol.12, No.1, pp.101~118.

ZUCKERMAN, E. W. 1999. "The Categorical Imperative: Securities Analysts and the Illegitimacy Discount." *The American journal of sociology, 1999-03*, Vol.104, No.5, pp.1398~1438.

3장. 기업명성과 사회공헌활동: 사회적 관점의 이론과 사례_ 이철한

김수연·권지현. 2017. 「국내 대기업 사회공헌 담당자들이 인식하는 사회공헌 활동의 기대 효과와 PR의 역할에 대한 질적 고찰」. ≪한국광고홍보학보≫, 제19권 3호, 38~67쪽.

배지양. 2009. 「댓글의 품질 및 방향성이 영리기업의 사회공헌활동에 대한 공중의 책임성인식, 태도, 구매의도, 구전활동의도에 미치는 영향」. ≪광고학연구≫, 제20권 5호, 7~37쪽.

배지양. 2012. 「사회공헌활동에서의 이미지 전이효과 분석: 비리에 연루된 비영리기관과 연계한 영리기업의 이미지, 브랜드태도, 구매의도를 중심으로」. ≪광고학연구≫, 제23권 7호, 7~34쪽.

김선민. 2014. 『국내외 기업의 블룸버그 ESG 공시점수 현황』. KCGS 한국기업지배구조원.

이정기·이장우. 2016. 「공유가치 창출(CSV) 전략의 유형화와 실천전략」. ≪Korea Business Review≫, 제20권 2호, 59~83쪽.

이종혁. 2013. 『PR을 알면 세상이 보인다』. 커뮤니케이션북스.

Aksak, E. O., M. A. Ferguson and S. A. Dunman, 2016. "Corporate social responsibility and CSR fit as predictors of corporate reputation: A global perspective". *Public Relations Review*, Vol.42, pp.79~81.

Bansal, P. 1995. "Integrating Strategy: Market and non-market components." *California*

Management Review, Vol. 37, No. 3, pp. 47~65.

Brenner, S. N. and P. Cochran. 1991. "The stakeholder theory of the firm." *Proceedings of the International Association for Business and Society,* Vol. 2, pp. 897~933.

Campbell, J. L. 2007. "Why would corporations behave in socially responsible ways? An institutional theory of corporate social responsibility." T*he Academy of Management Review,* Vol. 32, No. 3, pp. 946~967.

Caroll, A. B. 1979. "A three-dimensional conceptual model of corporate performance." *Academy of Management Review,* Vol. 4, No. 4, pp. 497~505.

Caroll, A. B. 1991. "The pyramid of corporate social responsibility: Towards the moral management of organization stakeholders." *Business Horizons,* Vol. 34, No. 4, pp. 39~48.

Caroll, A. B. 2004. "Managing ethically with global stakeholder: A present and future challenge." *Academy of Management Executive,* Vol. 18, No. 2, pp. 114~120.

Chaudhry, K. and V. R. Krishnan. 2007. "Impact of corporate social responsibility and transformational leadership on brand community: An experimental study." *Global Business Review,* Vol. 8, No. 2, pp. 205~220.

Deephouse, D. L. 2000. "Media reputation as a strategic resource: An integration of mass communication and resource based theories." *Journal of Management,* Vol. 26, No. 6, pp. 1091~1112.

Donaldson, T. and L. E. Preston. 1995. "The stakeholder theory of the corporation: concepts, evidence, and implication." *Academy of Management Review,* Vol. 20, No. 1, pp. 65~91.

Fombrun, C. J. 1996. *Reputation: Realizing Value from the Corporate Image* Harvard Business School Press.

Fombrun, C. J. and C. B. M. van Riel. 2004. *Fame and Fortune: How the World's Top Companies Develop Winning Reputations* Pearson Publishing and the Financial Times.

Freeman, R. E. 1984. *Strategic management: A stakeholder approach* Pitman Publishing.

Gwiner, K. P. and J. Eaton. 1999. "Building brand image through sponsorship: The role of image transfer." *Journal of Advertising,* Vol. 28, No. 4, pp. 47~57.

Hart, S. L. 1995. "A natural resource based view of the firms." *Academy of Management Review,* Vol. 20, No. 4, pp. 986~1014.

Ioannou, I. and G. Serafeim. 2012. "What drives corporate social performance? The role of nation-level institutions." *Journal of International Business Studies,* Vol. 43, pp. 834~864.

Mahon, J. F. 2002. "Corporate reputation: Research agenda using strategy and stakeholder literature." *Business & Society,* Vol. 41, No. 4, pp. 415~445.

Porter, M. E. and M. R. Kramer. 2011. "Creating shared value: How to reinvent capitalism-and unleash a wave of innovation and growth." *Harvard Business Review,* Vol. January-February, pp. 1~17.

Son, S. H. and J. H. Lee. 2019. "Price impact of ESG scores: Evidence from Korean Retail

Firms." *Journal of Distribution Science,* Vol.17, No.7, pp.55~63.

Varadarajan, P. R. and A. Menon. 1988. "Cause-related marketing: A coalignment of marketing strategy and corporate philanthropy." *Journal of marketing,* Vol.52, No.3, pp.58~74.

Wernefelt, B. 1991. "Firm resources and sustained competitive advantage." *Journal of Management,* Vol.17, No.1, pp.99~120.

4장. 조직사회학적 관점: 조직명성과 위기_ 김수진·유승희

김수진·차희원. 2009. 「공중유형과 메시지 프레이밍이 건강위험 커뮤니케이션 태도에 미치는 영향: 분노행동주의모델(Anger Activism Model)의 적용」. ≪한국언론학보≫, 제53권 2호, 231~253쪽.

김영욱. 2002. 『위기관리의 이해: 공중관계와 위기관리 커뮤니케이션』. 책과 길.

류현숙·김경우. 2020. 「재난안전정보 및 소통과정의 신뢰성 제고방안」. ≪한국방재학회지≫, 제20호, 15~20쪽.

염정윤·정세훈. 2019. 「가짜뉴스 노출과 전파에 영향을 미치는 요인」. ≪한국언론학보≫, 제63권 1호, 7~45쪽.

유승희·차희원. 2015. 위기책임성, 명성위기유형, 위기대응 전략이 메시지효과와 기업명성에 미치는 영향: 정서의 매개효과. ≪광고학연구≫, 제26권 7호, 27~57쪽.

윤성이. 2012. 「SNS와 참여민주주의의 미래」. ≪한국언론학회 심포지움 및 세미나≫, 231~251쪽.

차희원. 2015. 『기업명성과 커뮤니케이션: 통합 커뮤니케이션 자본 모델의 이론과 전략』. 이화출판.

Afifi, W. A. and S. Metts. 1998. "Characteristics and consequences of expectation violations in close relationships." *Journal of Social and Personal Relationships,* Vol.15, No.3, pp.365~392.

Afifi, W. A. and J. K. Burgoon. 2000. "The impact of violations on uncertainty and the consequences for attractiveness." *Human Communication Research,* Vol.26, No.2, pp.203~233.

Aldoory, L., J. N., Kim and N. Tindall. 2010. "The influence of perceived shared risk in crisis communication: Elaborating the situational theory of publics." *Public Relations Review,* Vol.36, No.2, pp.134~140.

Allcott, H. and M. Gentzkow. 2017. "Social media and fake news in the 2016 election." *Journal of economic perspectives,* Vol.31, No.2, pp.211~236.

Allport, G. W. and L. Postman. 1947. *The psychology of rumor.* Henry Holt.

Alpaslan, C. M. and I. I. Mitroff. 2021. "Exploring the moral foundations of crisis management." *Technological Forecasting and Social Change,* Vol.167, p.120713.

Austin, L., H., Overton, B. W., McKeever and D. Bortree. 2020. "Examining the rage donation trend: Applying the anger activism model to explore communication and donation behaviors." *Public Relations Review*, Vol.46, No.5, p.101981(1-8).

Avery, E. J., R. W., Lariscy, S., Kim and T. Hocke. 2010. "A quantitative review of crisis communication research in public relations from 1991 to 2009." *Public Relations Review*, Vol.36, No.2, pp.190~192.

Avery, E. and S. Park. 2016. "Effects of crisis efficacy on intentions to follow directives during crisis." *Journal of Public Relations Research*, Vol.28, No.2, pp.72~86.

Bandura, A. 2006. "Guide for constructing self-efficacy scales." *Self-efficacy beliefs of adolescents*, Vol.5, No.1, pp.307~337.

Barnett, D. J., R. D., Balicer, C. B., Thompson, J. D., Storey, S. B., Omer, N. L., Semon, ··· and J. M. Links. 2009. "Assessment of local public health workers' willingness to respond to pandemic influenza through application of the extended parallel process model." *PloS one*, Vol.4, No.7, e6365.

Benoit, W. L. 1995. *Accounts, excuses and apologies: A theory of image restoration strategies.* State University of New York Press.

Benoit, W. L. 1997. "Image repair discourse and crisis communication." *Public Relations Review*, Vol.23, pp.177~186.

Benoit, W. L. and A. Pang. 2008. "Crisis communication and image repair discourse." In T. Hansen-Horn and B. Neff(Eds.), *Public relations: From theory to practice.* Pearson Allyn and Bacon.

Berthon, P. R. and L. F. Pitt. 2018. "Brands, truthiness and post-fact: Managing brands in a post-rational world." *Journal of Macromarketing*, Vol.38, No.2, pp.218~227.

Boeckmann, R. J. and J. Liew. 2002. "Hate speech: Asian American students' justice judgments and psychological responses." *Journal of Social Issues*, Vol.58, No.2, pp.363~381.

Botha, E. 2014. "A means to an end: Using political satire to go viral." *Public Relations Review*, Vol.40, No.2, pp.363~374.

Brown, K. W. and R. M. Ryan. 2003. "The benefits of being present: mindfulness and its role in psychological well-being." *Journal of Personality and Social Psychology*, Vol.84, No.4, p.822.

Brown, T. J. and P. A. Dacin. 1997. "The company and the product: Corporate associations and consumer product responses." *Journal of Marketing*, Vol.61, No.1, pp.68~84.

Brummette, J. and H. F. Sisco. 2015. "Using Twitter as a means of coping with emotions and uncontrollable crises." *Public relations review*, Vol.41, No.1, pp.89~96.

Brynielsson, J., F., Johansson, C., Jonsson and A. Westling. 2014. "Emotion classification of social media posts for estimating people's reactions to communicated alert messages during crises." *Security Informatics*, Vol.3, No.1, pp.1~11.

Burgoon, J. K. 1993. "Interpersonal expectations, expectancy violations and emotional communication." *Journal of Language and Social Psychology*, Vol.12(1-2), pp.30~48.

Burgoon, J. K. and J. L. Hale. 1988. "Nonverbal expectancy violations: Model elaboration and application to immediacy behaviors." *Communications Monographs*, Vol.55, No.1, pp.58~79.

Burgoon, J. K. and B. A. Le Poire. 1993. "Effects of communication expectancies, actual communication and expectancy disconfirmation on evaluations of communicators and their communication behavior." *Human communication research*, Vol.20, No.1, pp.67~96.

Burke, K. 1973. *The philosophy of literary form*. University of California Press.

Campbell, R. G. and A. S. Babrow. 2004. "The role of empathy in responses to persuasive risk communication: Overcoming resistance to HIV prevention messages." *Health Communication*, Vol.16, No.2, pp.159~182.

Cheng, J. W., H., Mitomo, T., Otsuka and S. Y. Jeon. 2016. "Cultivation effects of mass and social media on perceptions and behavioural intentions in post-disaster recovery e the case of the 2011 Great East Japan Earthquake." *Telematics and Informatics*, Vol.33, No.3, pp.753~772.

Cheng, L. C., Y., Loh and A. Pang. 2011. "Culture and emotion in crisis communication: Indigenization of the integrated crisis mapping(ICM) model." In Proceedings of the 10th Conference on Corporate Communication, pp.222~239.

Cho, D. and K. H. Kwon. 2015. "The impacts of identity verification and disclosure of social cues on flaming in online user comments." *Computers in Human Behavior*, Vol.51, pp.363~372.

Claeys, A. S., V., Cauberghe and P. Vyncke. 2010. "Restoring reputations in times of crisis: An experimental study of the Situational Crisis Communication Theory and the moderating effects of locus of control." *Public Relations Review*, Vol.36, No.3, pp.256~262.

Claeys, A. S. and V. Cauberghe. 2015. "The role of a favorable pre-crisis reputation in protecting organizations during crises." *Public Relations Review*, Vol.41, No.1, pp.64~71.

Coombs, W. T. 1995. "Choosing the right words: The development of guidelines for the selection of the "appropriate" crisis-response strategies." *Management Communication*, Vol.8, pp.447~476.

Coombs, W. T. 1998. "An analytic framework for crisis situations: Better responses from a better understanding of the situation." *Journal of Public Relations Research*, Vol.10, No.3, pp.177~191.

Coombs, W. T. 2006. "The protective powers of crisis response strategies: Managing reputational assets during a crisis. *Journal of Promotion Management*, Vol.12(3-4), pp.241~260.

Coombs, W. T. 2007. "Protecting organization reputations during a crisis: The development and application of situational crisis communication theory." *Corporate Reputation Review*,

Vol.10, No.3, pp.163~176.

Coombs, W. T. 2009. "Conceptualizing crisis communication." In R. L. Health and H. D. O'Hair(Eds.), *Handbook of risk and crisis communication*. Taylor & Francis.

Coombs, W. T. 2014. *Ongoing crisis communication: Planning, managing and responding*. Sage Publications.

Coombs, W. T. 2015. "The value of communication during a crisis: Insights from strategic communication research." *Business Horizons*, Vol.58, No.2, pp.141~148.

Coombs, W. T., F., Frandsen, S. J., Holladay and W. Johansen. 2010. ""Why a concern for apologia and crisis communication?" *Corporate Communications: An International Journal*, Vol.15, No.4, pp.337~349.

Coombs, W. T. and S. J. Holladay. 2002. "Helping crisis managers protect reputational assets: Initial tests of the situational crisis communication theory." *Management Communication Quarterly*, Vol.16, No.2, pp.165~186.

Coombs, W. T. and S. J. Holladay. 2006. "Unpacking the halo effect: Reputation and crisis management." *Journal of Communication Management*, Vol.10, No.2, pp.123~137.

Coombs, W. T. and J. S. Holladay. 2012. "The paracrisis: The challenges created by publicly managing crisis prevention." *Public Relations Review*, Vol.38, No.3, pp.408~415.

Dardis, F. and M. M. Haigh. 2009. "Prescribin1 versus describing: testing image restoration strategies in a crisis situation." *Corporate Communications: An International Journal*, Vol.14, No.1, pp.101~118.

Davies, G., R., Chun, R. V., da Silva and S. Roper. 2001. "The personification metaphor as a measurement approach for corporate reputation." *Corporate Reputation Review*, Vol.4, No.2, pp.113~127.

Davies, G., R., Chun, R. V., da Silva and S. Roper. 2004. "A corporate character scale to assess employee and customer views of organization reputation." *Corporate Reputation Review*, Vol.7, No.2, pp.125~146.

Dean, D. H. 2004. "Consumer reaction to negative publicity: Effects of corporate reputation, response and responsibility for a crisis event." *The Journal of Business Communication*(1973), Vol.41, No.2, pp.2~211.

Delgado-Ballester, E., I., López-López and A. Bernal-Palazón. 2021. "Why Do People Initiate an Online Firestorm? The Role of Sadness, Anger and Dislike." *International Journal of Electronic Commerce*, Vol.25, No.3, pp.313~337.

de Mello, G. E. and D. J. MacInnis. 2005. "Why and how consumers hope: Motivated reasoning and the marketplace." In *Inside Consumption*. Routledge.

Dillard, J. P. and R. L. Nabi. 2006. "The persuasive influence of emotion in cancer prevention and detection messages." *Journal of Communication*, Vol.56(suppl_1, pp.S123~S139.

Dougherty, D. 1992. "Interpretive barriers to successful product innovation in large firms."

Organization Science, Vol.3, No.2, pp.179~202.

Diers-Lawson, A. and A. Pang. 2016. "Did BP atone for its transgressions? Expanding theory on 'ethical apology'in crisis communication." *Journal of Contingencies and Crisis Management*, Vol.24, No.3, pp.148~161.

Dowling, G. 2000. *Creating corporate reputations: Identity, image and performance*. OUP Oxford.

Einwiller, S. A. and S. Steilen. 2015. "Handling complaints on social network sites-An analysis of complaints and complaint responses on Facebook and Twitter pages of large US companies." *Public Relations Review*, Vol.41, No.2, pp.195~204.

Einwiller, S., B., Viererbl and S. Himmelreich. 2017. "Journalists' coverage of online firestorms in German-language news media." *Journalism Practice*, Vol.11, No.9, pp.1178~1197.

Eysenck, M. W., N., Derakshan, R., Santos and M. G. Calvo. 2007. "Anxiety and cognitive performance: attentional control theory." *Emotion*, Vol.7, No.2, p.336.

Fediuk, T. A., W. T., Coombs and I. C. Botero. 2010. "Exploring crisis from a receiver perspective: Understanding stakeholder reactions during crisis events. *The handbook of crisis communication*, pp.635~656.

Fearn-Banks, K. 2007. *Crisis Communications: A Case Book Approach* (3rd ed), Lawrence Erlbaum.

Fetzer, J. H. 2004. "Disinformation: The use of false information." *Minds and Machines*, Vol.14, No.2, pp.231~240.

Fichet, E. S., J. J., Robinson, D., Dailey and K. Starbird. 2016.5. "Eyes on the Ground: Emerging Practices in Periscope Use during Crisis Events." In *ISCRAM*, pp.1~10.

Frandsen, F. and W. Johansen. 2017. "Strategic communication." *The International Encyclopedia of Organizational Communication*, pp.1~9.

Freberg, K. 2012. "Intention to comply with crisis messages communicated via social media." *Public Relations Review*, Vol.38, No.3, pp.416~421.

Fredrickson, B. L., M. M., Tugade, C. E., Waugh and G. R. Larkin. 2003. "What good are positive emotions in crisis? A prospective study of resilience and emotions following the terrorist attacks on the United States on September 11th, 2001." *Journal of Personality and Social Psychology*, Vol.84, No.2, p.365.

Frisby, B., S., Veil and T. Sellnow. 2014. "Instructional messages during health-related crises: Essential content for selfprotection." *Health Communication*, Vol.29, pp.347~354.

Giglietto, F., L., Iannelli, A., Valeriani and L. Rossi. 2019. "'Fake news' is the invention of a liar: How false information circulates within the hybrid news system." *Current Sociology*, Vol.67, No.4, pp.625~642.

Golovchenko, Y., M., Hartmann and R. Adler-Nissen. 2018. "State, media and civil society in the information warfare over Ukraine: citizen curators of digital disinformation."

International Affairs, Vol.94, No.5, pp.975~994.

Gonzalez-Herrero, A. and C. B. Pratt. 1995. "How to manage a crisis before-or whenever-it hits." *Public Relations Quarterly*, Vol.40, No.1, p.25.

Graham, J., J., Haidt and B. A. Nosek. 2009. "Liberals and conservatives rely on different sets of moral foundations." *Journal of Personality and Social Psychology*, Vol.96, No.5, p.1029.

Graham, J., B. A., Nosek, J., Haidt, R., Iyer, S., Koleva and P. H. Ditto. 2011. "Mapping the moral domain." *Journal of Personality and Social Psychology*, Vol.101, No.2, p.366.

Graham, J., J., Haidt, S., Koleva, M., Motyl, R., Iyer, S. P., Wojcik and P. H. Ditto. 2013. "Moral foundations theory: The pragmatic validity of moral pluralism." In *Advances in experimental social psychology*(Vol. 47). Academic Press. pp.55~130.

Guadagno, R. E., D. M., Rempala, S., Murphy and B. M. Okdie. 2013. "What makes a video go viral? An analysis of emotional contagion and Internet memes." *Computers in Human Behavior*, Vol.29, No.6, pp.2312~2319.

Guidry, J. P., Y., Jin, C. A., Orr, M., Messner and S. Meganck. 2017. "Ebola on Instagram and Twitter: How health organizations address the health crisis in their social media engagement." *Public Relations Review*, Vol.43, No.3, pp.477~486.

Guo, S. J. 2017. "The 2013 Boston marathon bombing: Publics' emotions, coping and organizational engagement." *Public Relations Review*, Vol.43, No.4, pp.755~767.

Ha, J. H. and D. Riffe. 2015. "Crisis-related research in communication and business journals: An interdisciplinary review from 1992 to 2011." *Public Relations Review*, Vol.41, No.4, pp.569~578.

Haidt, J. and C. Joseph. 2004. "Intuitive ethics: How innately prepared intuitions generate culturally variable virtues." *Daedalus*, Vol.133, No.4, pp.55~66.

Hauser, F., J., Hautz, K., Hutter and J. Füller. 2017. "Firestorms: Modeling conflict diffusion and management strategies in online communities." *The Journal of Strategic Information Systems*, Vol.26, No.4, pp.285~321.

Herhausen, D., S., Ludwig, D., Grewal, J., Wulf and M. Schoegel. 2019. "Detecting, preventing and mitigating online firestorms in brand communities." *Journal of Marketing*, Vol.83, No.3, pp.1~21.

Hosseinali-Mirza, V., N., de Marcellis-Warin and T. Warin. 2015. "Crisis communication strategies and reputation risk in the online social media environment." *International Journal of Business and Social Science*, Vol.6, No.5, pp.7~21.

Ilakkuvan, V., M. M., Turner, J., Cantrell, E., Hair and D. Vallone. 2016. "A Test of the Anger Activism Model: truth® Campaign Advertising-Induced Anger, Self-Efficacy and Message-Related Cognitions." Milken Institute School of Public Health Poster Presentations.

Jang, Y., M. M., Turner, R. J. Heo and R. Barry. 2021, "A new approach to audience segmentation for vaccination messaging: applying the anger activism model". *Journal of Social Marketing*, Vol. ahead-of-print No. ahead-of-print. https://doi.org/10.1108/JSOCM-10-2020-0206.

Jahng, M. R. 2021. "Is fake news the new social media crisis? Examining the public evaluation of crisis management for corporate organizations targeted in fake news. *International Journal of Strategic Communication*, Vol.15, No.1, pp.18~36.

Jahng, M. R., H., Lee and A. Rochadiat. 2020. "Public relations practitioners' management of fake news: Exploring key elements and acts of information authentication. *Public Relations Review*, Vol.46, No.2, p.101907.

Jin, Y. 2009. "The effects of public's cognitive appraisal of emotions in crises on crisis coping and strategy assessment. *Public Relations Review*, Vol.35, No.3, pp.310~313.

Jin, Y., J. D., Fraustino and B. F. Liu. 2016. "The scared, the outraged and the anxious: How crisis emotions, involvement and demographics predict publics' conative coping. *International Journal of Strategic Communication*, Vol.10, No.4, pp.289~308.

Jin, Y., B. F., Liu, D., Anagondahalli and L. Austin. 2014. "Scale development for measuring publics' emotions in organizational crises. *Public Relations Review*, Vol.40, No.3, pp.509~518.

Jin, Y., B. F., Liu and L. L. Austin. 2014. "Examining the role of social media in effective crisis management: The effects of crisis origin, information form and source on publics' crisis responses. *Communication Research*, Vol.41, No.1, pp.74~94.

Jin, Y., A., Pang and G. T. Cameron. 2007. "Integrated crisis mapping: Toward a publics-based, emotion-driven conceptualization in crisis communication. *Sphera Publica*, Vol.7, pp.81~95.

Jin, Y., A., Pang and G. T. Cameron. 2012. "Toward a publics-driven, emotion-based conceptualization in crisis communication: Unearthing dominant emotions in multi-staged testing of the integrated crisis mapping(ICM) model. *Journal of Public Relations Research*, Vol.24, No.3, pp.266~298.

Johnen, M., M., Jungblut and M. Ziegele. 2018. "The digital outcry: What incites participation behavior in an online firestorm?. *New Media & Society*, Vol.20, No.9, pp.3140~3160.

Kiecolt-Glaser, J. K. and T. L. Newton. 2001. "Marriage and health: his and hers. *Psychological Bulletin*, Vol.127, No.4, p.472.

Kim, H. J. and G. T. Cameron. 2011. "Emotions matter in crisis: The role of anger and sadness in the publics' response to crisis news framing and corporate crisis response. *Communication Research*, Vol.38, No.6, pp.826~855.

Kim, J. and Y. Jin. 2016. "Understanding emotionally involved publics: The effects of crisis type and felt involvement on publics' emotional responses to different consumer product crises". *Corporate Communications: An International Journal*, Vol.21, No.4, pp.465~482.

Kim, J., H. J., Kim and G. T. Cameron. 2009. "Making nice may not matter: The interplay of crisis type, response type and crisis issue on perceived organizational responsibility. *Public Relations Review*, Vol.35, pp.86~88.

Kim, P. H., D. L., Ferrin, C. D., Cooper and K. T. Dirks. 2004. "Removing the shadow of suspicion: The effects of apology versus denial for repairing competence- versus integrity-based trust violations. *Journal of Applied Psychology*, Vol.89, No.1, pp.104~118.

Kim, S. 2011. "Transferring effects of CSR strategy on consumer responses: The synergistic model of corporate communication strategy. *Journal of Public Relations Research*, Vol.23, No.2, pp.218~241.

Kim, S. 2014. "What's worse in times of product-harm crisis? Negative corporate ability or negative CSR reputation?. *Journal of Business Ethics*, Vol.123, No.1, pp.157~170.

Kim, S., E. J., Avery and R. W. Lariscy. 2011. "Reputation repair at the expense of providing instructing and adjusting information following crises. *International Journal of Strategic Communication*, Vol.5, No.3, pp.183~199.

Kim, S. and B. F. Liu. 2012. "Are all crises opportunities? A comparison of how corporate and government organizations responded to the 2009 flu pandemic. *Journal of Public Relations Research*, Vol.24, No.1, pp.69~85.

Kim, S. and K. H. Sung. 2014. "Revisiting the effectiveness of base crisis response strategies in comparison of reputation management crisis responses. *Journal of Public Relations Research*, Vol.26, No.1, pp.62~78.

Kim, S., K. H., Sung, Y., Ji, C., Xing and J. G. Qu. 2021. "Online firestorms in social media: Comparative research between China Weibo and USA Twitter. *Public Relations Review*, Vol.47, No.1, p.102010.

Kim, Y. and C. W. Woo. 2019. "The buffering effects of CSR reputation in times of product-harm crisis. *Corporate Communications: An International Journal*, Vol.24, No.1, pp.21~43.

Klein, J. and N. Dawar. 2004. "Corporate social responsibility and consumers' attributions and brand evaluations in a product-harm crisis. *International Journal of Research in Marketing*, Vol.21, No.3, pp.203~217.

Lazarus, R. S. 1991. "Cognition and motivation in emotion. American Psychologist, Vol.46, No.4, p.352.

Lazer, D. M., M. A., Baum, Y., Benkler, A. J., Berinsky, K. M., Greenhill, F., Menczer, ⋯ and M. Schudson. 2018. "The science of fake news." *Science*, Vol.359, No.6380, pp.1094~1096.

Lee, B. K. 2004. "Audience-oriented approach to crisis communication: A study of Hong Kong consumers' evaluation of an organizational crisis. *Communication Research*, Vol.31, pp.600~618.

Lee, K. 2009. "How the Hong Kong government lost the public trust in SARS: Insights for government communication in a health crisis. *Public Relations Review*, Vol.35, No.1, pp.74~76.

Lee, S. 2016. "Weathering the crisis: Effects of stealing thunder in crisis communication. *Public Relations Review*, Vol.42, No.2, pp.336~344.

Lee, S. Y., E. R., Lim and M. E. Drumwright. 2018. "Hybrid happening: Organizational reputations in corporate crises. *Public Relations Review*, Vol.44, No.4, pp.598~609.

Love, E. G. and M. Kraatz. 2009. "Character, conformity, or the bottom line? How and why downsizing affected corporate reputation. *Academy of Management Journal*, Vol.52, No.2, pp.314~335.

Lu, Y. and Y. H. C. Huang. 2018. "Getting emotional: An emotion-cognition dual-factor model of crisis communication. *Public Relations Review*, Vol.44, No.1, pp.98~107.

Lukaszewski, J. E. 1997. "Establishing individual and corporate crisis communication standards: The principles and protocols. *Public Relations Quarterly*, Vol.42, No.3, p.7.

Luo, Q. and X. Zhai. 2017. ""I will never go to Hong Kong again!" How the secondary crisis communication of "Occupy Central" on Weibo shifted to a tourism boycott. *Tourism Management*, Vol.62, pp.159~172.

Lyon, L. and G. T. Cameron. 2004. "A relational approach examining the interplay of prior reputation and immediate response to a crisis. *Journal of Public Relations Research*, Vol.16, No.3, pp.213~241.

Ma, L. and M. Zhan. 2016. "Effects of attributed responsibility and response strategies on organizational reputation: A meta-analysis of situational crisis communication theory research. *Journal of Public Relations Research*, Vol.28, No.2, pp.102~119.

Maynard, S. K. 1993. *Discourse modality: Subjectivity, emotion and voice in the Japanese language*(Vol. 24). John Benjamins Publishing.

McDonald, L. M., B., Sparks and A. I. Glendon. 2010. "Stakeholder reactions to company crisis communication and causes. *Public Relations Review*, Vol.36, No.3, pp.263~271.

Mills, A. J. and K. Robson. 2020. "Brand management in the era of fake news: narrative response as a strategy to insulate brand value. *Journal of Product and Brand Management*, Vol.29, No.2, pp.159~167.

Morgan, A. and V. Wilk. 2021. "Social media users' crisis response: A lexical exploration of social media content in an international sport crisis." *Public Relations Review*, Vol.47, No.4, p.102057.

Myrick, J. G. 2017. "The role of emotions and social cognitive variables in online health information seeking processes and effects. *Computers in Human Behavior*, Vol.68, pp.422~433.

Niemi, L. and L. Young. 2016. "When and why we see victims as responsible: The impact of ideology on attitudes toward victims. *Personality and Social Psychology Bulletin*, Vol.42,

No.9, pp.1227~1242.

Novaco, R. W. 1994. "Anger as a risk factor for violence among the mentally disordered. In J. Monahan and H. J. Steadman(Eds.), *Violence and mental disorder: Developments in risk assessment*. The University of Chicago Press.

Olkkonen, L. and V. L. Luoma-Aho. 2015. "Broadening the concept of expectations in public relations. *Journal of Public Relations Research*, Vol.27, No.1, pp.81~99.

Pace, S., B., Balboni and G. Gistri. 2017. "The effects of social media on brand attitude and WOM during a brand crisis: Evidences from the Barilla case. *Journal of Marketing Communications*, Vol.23, No.2, pp.135~148.

Page, T. G. 2019. "Beyond attribution: Building new measures to explain the reputation threat posed by crisis. *Public Relations Review*, Vol.45, No.1, pp.138~152.

Park, S. A. and H. Lee. 2016. "Attribution of government responsibility for H1N1 flu pandemic: The role of TV health news sources, self-efficacy messages and crisis severity. *Journal of Media and Communication Studies*, Vol.8, No.6, pp.52~62.

Pfeffer, J., T., Zorbach and K. M. Carley. 2014. "Understanding online firestorms: Negative word-of-mouth dynamics in social media networks. *Journal of Marketing Communications*, Vol.20(1-2), pp.117~128.

Rhee, M. and P. R. Haunschild. 2006. "The liability of good reputation: A study of product recalls in the US automobile industry. *Organization Science*, Vol.17, No.1, pp.101~117.

Rimal, R. N. and A. D. Adkins. 2003. "Using computers to narrowcast health messages: The role of audience segmentation, targeting and tailoring in health promotion. In *The Routledge Handbook of Health Communication*. Routledge.

Rim, H. and D. Song. 2017. "Corporate message strategies for global CSR campaigns: The mediating role of perceived altruism. *Corporate Communications: An International Journal*, Vol.22, pp.383~400.

Roseman, I. J. 2011. "Emotional behaviors, emotivational goals, emotion strategies: Multiple levels of organization integrate variable and consistent responses. *Emotion Review*, Vol.3, No.4, pp.434~443.

Schoofs, L., A. S., Claeys, A., De Waele and Cauberghe. 2019. "The role of empathy in crisis communication: Providing a deeper understanding of how organizational crises and crisis communication affect reputation. *Public Relations Review*, Vol.45, No.5, p.101851.

Schultz, F., S., Utz and A. Göritz. 2011. "Is the medium the message? Perceptions of and reactions to crisis communication via twitter, blogs and traditional media. *Public relations review*, Vol.37, No.1, pp.20~27.

Scott, M. B. and S. M. Lyman. 1968. "Accounts." *American Sociological Review*, Vol.33, No.1, pp.46~62.

Sellnow, D. D., D. R., Lane, T. L., Sellnow and R. S. Littlefield. 2017. "The IDEA model as a best practice for effective instructional risk and crisis communication. *Communication Studies*, Vol.68, No.5, pp.552~567.

Sellnow, T. L., R. R., Ulmer and M. Snider. 1998. "The compatibility of corrective action in organizational crisis communication. *Communication Quarterly*, Vol.46, No.1, pp.60~74.

Sen, S. and C. B. Bhattacharya. 2001. "Does doing good always lead to doing better? Consumer reactions to corporate social responsibility. *Journal of marketing Research*, Vol.38, No.2, pp.225~243.

Silvia, P. J. 2001. "Interest and interests: The psychology of constructive capriciousness. *Review of General Psychology*, Vol.5, No.3, pp.270~290.

Silvia, P. J. 2008. "Interest: The curious emotion. *Current Directions in Psychological Science*, Vol.17, No.1, pp.57~60.

Sisson, D. C. and S. A. Bowen. 2017. "Reputation management and authenticity: A case study of Starbucks' UK tax crisis and "# SpreadTheCheer" campaign. *Management*, Vol.21, No.3, pp.287~302.

Skowronski, J. J. and D. E. Carlston. 1987. "Social judgment and social memory: The role of cue diagnosticity in negativity, positivity and extremity biases. *Journal of Personality and Social Psychology*, Vol.52, pp.689~699.

Sohn, Y. J. and R. Lariscy. 2012. "Resource-based crisis management: The important role of the CEO's reputation. *Journal of Public Relations Research*, Vol.24, No.4, pp.318~337.

Sohn, Y. J. and R. W. Lariscy. 2014. "Understanding Reputational Crisis: Definition, Properties and Consequences. *Journal of Public Relations Research*, Vol.26, No.1, pp.23~43.

Song, Y., D., Kim and D. Han. 2013. "Risk communication in South Korea: Social acceptance of nuclear power plants(NPPs). *Public Relations Review*, Vol.39, pp.55~56.

Spence, P. R., K. A., Lachlan and J. A. Burke. 2011. "Differences in crisis knowledge across age, race and socioeconomic status during Hurricane Ike: A field test and extension of the knowledge gap hypothesis. *Communication Theory*, Vol.21, No.3, pp.261~278.

Stich, L., G., Golla and A. Nanopoulos. 2014. "Modelling the spread of negative word-of-mouth in online social networks. *Journal of Decision Systems*, Vol.23, No.2, pp.203~221.

Sturges, D. L. 1994. "Communicating through crisis: A strategy for organizational survival. Management *Communication Quarterly*, Vol.7, No.3, pp.297~316.

Sundar, S. S. and C. Nass. 2001. "Conceptualizing sources in online news. *Journal of communication*, Vol.51, No.1, pp.52~72.

Syed, R. 2019. "Enterprise reputation threats on social media: A case of data breach framing. *The Journal of Strategic Information Systems*, Vol.28, No.3, pp.257~274.

Tandoc Jr, E. C., Z. W., Lim and R. Ling. 2018. "Defining "fake news" A typology of scholarly definitions. *Digital journalism*, Vol.6, No.2, pp.137~153.

Tao, W. 2018. "How consumers' pre-crisis associations and attitude certainty impact their responses to different crises. *Communication Research*, Vol.45, pp.815~839.

Tao, W. and B. Song. 2020. "The interplay between post-crisis response strategy and pre-crisis corporate associations in the context of CSR crises. *Public Relations Review*, Vol.46, No.2, p.101883.

Tugade, M. M., B. L., Fredrickson and L. Feldman Barrett. 2004. "Psychological resilience and positive emotional granularity: Examining the benefits of positive emotions on coping and health. *Journal of Personality*, Vol.72, No.6, pp.1161~1190.

Turk, J. V., Y., Jin, S., Stewart, J., Kim and J. R. Hipple. 2012. "Examining the interplay of an organization's prior reputation, CEO's visibility and immediate response to a crisis." *Public Relations Review*, Vol.38, No.4, pp.574~583.

Turner, M. M. 2007. "Using emotion in risk communication: The anger activism model." *Public Relations Review*, Vol.33, No.2, pp.114~119.

Ulmer, R. R. 2001. "Effective crisis management through established stakeholder relationships: Malden Mills as a case study." *Management Communication Quarterly*, Vol.14, No.4, pp.590~615.

Ulmer, R. R. 2012. "Increasing the impact of thought leadership in crisis communication." *Management Communication Quarterly*, Vol.26, No.4, pp.523~542.

Utz, S., F., Schultz and S. Glocka. 2013. "Crisis communication online: How medium, crisis type and emotions affected public reactions in the Fukushima Daiichi nuclear disaster." *Public relations review*, Vol.39, No.1, pp.40~46.

Vafeiadis, M., D. S., Bortree, C., Buckley, P., Diddi and A. Xiao. 2019. "Refuting fake news on social media: Nonprofits, crisis response strategies and issue involvement." *Journal of Product & Brand Management*, Vol.29, No.2, pp.209~222.

Vafeiadis, M. and A. Xiao. 2021. "Fake news: How emotions, involvement, need for cognition and rebuttal evidence(story vs. informational) influence consumer reactions toward a targeted organization." *Public Relations Review*, Vol.47, No.4, p.102088.

Van Jaarsveld, C. H., A., Miles, R., Edwards and J. Wardle. 2006. "Marriage and cancer prevention: does marital status and inviting both spouses together influence colorectal cancer screening participation?" *Journal of Medical Screening*, Vol.13, No.4, pp.172~176.

Verhoeven, J. W., Van J. J., Hoof, H., Ter Keurs and M. Van Vuuren. 2012. "Effects of apologies and crisis responsibility on corporate and spokesperson reputation." *Public Relations Review*, Vol.38, No.3, pp.501~504.

Ware, B. L. and W. A. Linkugel. 1973. "They spoke in defense of themselves: On the generic criticism of apologia." *Quarterly Journal of speech*, Vol.59, No.3, pp.273~283.

Weiner, B. 1985. "An attributional theory of achievement motivation and emotion." *Psychological Review*, Vol.92, No.4, p.548.

Werner, D. 2015. "Are school social workers prepared for a major school crisis? Indicators of individual and school environment preparedness." *Children & Schools*, Vol.37, No.1, pp.28~35.

Witte, K. 1992. "Putting the fear back into fear appeals: The extended parallel process model." *Communications Monographs*, Vol.59, No.4, pp.329~349.

Wojciszke, B. 2005. "Affective concomitants of information on morality and competence." *European Psychologist*, Vol.10, No.1, pp.60~70.

Wojciszke, B., H., Brycz and P. Borkenau. 1993. "Effects of information content and evaluative extremity on positivity and negativity biases." *Journal of Personality and Social Psychology*, Vol.64, No.3, p.327.

Wojciszke, B. and M. Dowhyluk. 2003. "Emotional responses toward own and others' behavioral acts related to competence and morality." *Polish Psychological Bulletin*, Vol.34, pp.143~151.

Zhang, X. and Z. Zhou. 2020. "Do instructing and adjusting information make a difference in crisis responsibility attribution? Merging fear appeal studies with the defensive attribution hypothesis." *Public Relations Review*, Vol.46, No.5, p.101979.

Zheng, B., H., Liu and R. M. Davison. 2018. "Exploring the relationship between corporate reputation and the public's crisis communication on social media." *Public Relations Review*, Vol.44, No.1, pp.56~64.

5장. 기업명성의 마케팅 관점과 이론_ 박혜영

권기환. 2006. 「현대적 자원준거관점에 관한 이론적 고찰: 개념적 진화를 중심으로」. *Korea Business Review*, 제9권 2호, 215~244쪽.

김승주·윤지환. 2016. 「여행파워블로그의 정보속성과 평판이 관광객의 정보수용의도에 미치는 영향: 정교화 가능성 모델을 중심으로」. ≪호텔경영학연구≫, 제25권 2호, 145~160쪽.

박종민. 2000. 「구매결정에 미치는 소비자의 브랜드, 브랜드광고 그리고 기업명성광고에 대한 태도의 통로 분석 연구」. ≪광고연구≫, 제49호, 77~108쪽.

양윤. 2014. 『소비자 심리학』. 학지사.

유건우·손용석. 2012. 「기업명성이 확장제품 평가에 미치는 영향: 선한제품 대 악한제품」. ≪마케팅연구≫, 제27권 3호, 73~95쪽.

유선욱·박혜영. 2017. 「제약 기업 명성 척도 개발에 대한 연구」. ≪홍보학 연구≫, 제21권 5호, 64~101쪽.

이철한·차희원. 2005. 「기업자산으로서의 기업명성가치 연구: 국내 4개 기업 슈퍼브랜드와 기업명성, 미디어 이용간 관련성을 중심으로」. ≪한국언론정보학보≫, 203~237쪽.

이호택·이한근·지성구. 2014. 「대형유통업체에 대한 판매촉진비 지원의 선행요인과 결과」. ≪마케팅연구≫, 제29권 3호, 51~71쪽.

지준형. 2015. 「제품결함에 대한 기업의 위기관리 방식이 소비자의 브랜드태도 및 구매의도에 미치는 영향」. ≪한국광고홍보학보≫, 제17권 1호, 273~307쪽.

차희원. 2004a. 「기업명성 (Corporate Reputation) 에 대한 쟁점 논의」. ≪사회과학연구논총≫, 제12호, 475~494쪽.

차희원. 2004b. 「기업명성의 개념 정립과 한국형 명성지수개발에 관한 연구」. ≪광고연구≫, 제64호, 259~289쪽.

차희원. 2005. 「기업 이미지와 기업명성이 조직-공중 관계성과 기업 슈퍼브랜드에 미치는 영향」. ≪광고연구≫, 제68호, 171~199쪽.

차희원. 2012. 「기업 커뮤니케이션의 네트워크 구조와 기업명성간 관련성」. ≪한국언론정보학보≫, 75~103쪽.

차희원. 2015. 『기업 명성과 커뮤니케이션: 통합 커뮤니케이션 자본 모델의 이론과 전략』. 이화여자대학교 출판사.

최영근. 2012. 「국내 코스닥 등록 IT 벤처에서 최고경영진의 인적 및 사회적 자본이 대기업과의 제휴와 기업 성과에 미치는 영향」. ≪대한경영학회지≫, 제25권 8호, 3165~3193쪽.

황용용·최낙환. 2000. 「소비자의 확장상표평가에 대한 준거기준으로서 모상표스키마와 유사품스키마의 적용에 관한 연구」. ≪경영학연구≫, 제29권 4호, 643~683쪽.

Aaker, D. A. 1996. "Measuring brand equity across products and markets." *California management review*, Vol.38, No.3.

Alonso-Dos-Santos, M., Llanos-Contreras, O., & Farías, P. 2019. "Family firms' identity communication and consumers' product involvement impact on consumer response." *Psychology & Marketing*, Vol.36, No.8, pp.791~798.

Anderson & Bower 1973. *Human Associative Memory*. Winston.

Barney, J. 1991. "Firm resources and sustained competitive advantage." *Journal of management*, Vol.17, No.1, pp.99~120.

Bettman, J. R. 1979. "Memory factors in consumer choice: A review." *Journal of Marketing*, Vol.43, No.2, pp.37~53.

Bettman, J. R. 1979. *Issues in research on consumer choice*. ACR North American Advances.

Bower, G. H., Black, J. B., & Turner, T. J. 1979. "Scripts in memory for text." *Cognitive psychology*, Vol.11, No.2, pp.177~220.

Cacioppo, J. T., Harkins, S. G., & Petty, R. E. 1981. "The nature of attitudes and cognitive responses and their relationships to behavior." *Cognitive responses in persuasion*, pp.31~54.

Caves, R. E., & Porter, M. E. 1977. "From entry barriers to mobility barriers: Conjectural decisions and contrived deterrence to new competition." *The quarterly journal of economics*, pp.241~261.

Childers, T. L., & Houston, M. J. 1983. *Imagery paradigms for consumer research: alternative perspectives from cognitive psychology*. ACR North American Advances.

Cialdini, R. B., Petty, R. E., & Cacioppo, J. T. 1981. "Attitude and attitude change." *Annual review of psychology*, Vol.32, No.1, pp.357~404.

Collins, A. M., & Loftus, E. F. 1975. "A spreading-activation theory of semantic processing." *Psychological review*, Vol.82, No.6, p.407.

Dalton J., Croft S. 2003. *Managing Corporate Reputation: The New Currency*. London, GBR: Thorogood.

DiMaggio, P. J., & Powell, W. W. 1983. "The iron cage revisited: Institutional isomorphism and collective rationality in organizational fields." *American sociological review*, Vol.147~160.

Dowling, G. R. 1986. "Managing your corporate images." *Industrial marketing management*, Vol.15, No.2, pp.109~115.

Dowling, G. R. 2004. "Journalists' evaluation of corporate reputations." *Corporate Reputation Review*, Vol.7, No.2, pp.196~205.

Einwiller, S. A. 2013. *Corporate attributes and associations*. The handbook of communication and corporate reputation, pp.293~305.

Fishbein, M., & Ajen, I. 1975. *An introduction To Theory and Research. Reading*. Addison-Weslry.

Fiske, S. T. 1982. *Schema-triggered affect: Applications to social perception. In Affect and cognition: 17th Annual Carnegie Mellon symposium on cognition* . Hillsdale: Lawrence Erlbaum. pp.55~78.

Fombrun, C. J. 1996. *Reputation:Realizing value from the corporate image*. Harvard Business School Press, Boston, MA.

Fombrun, C., & Shanley, M. 1990. "What's in a name? Reputation building and corporate strategy." *Academy of management Journal*, Vol.33, No.2, pp.233~258.

Freeman R. E. 1984. *Strategic management: A stakeholder approach*. Boston: Pitman Press.

Grunig, J. E. 1993. "Image and substance: From symbolic to behavioral relationships." *Public relations review*, Vol.19, No.2, pp.121~139.

Keller, K. L. 1993. "Conceptualizing, measuring, and managing customer-based brand equity." *Journal of marketing*, Vol.57, No.1, pp.1~22.

Keller, K. L. 2003. "Brand synthesis: The multidimensionality of brand knowledge." *Journal of consumer research*, Vol.29, No.4, pp.595~600.

Keller, K. L. 2008. *Brand planning*. Brigham Young University.

Klein, B., & Leffler, K. 1981. "The role of price in guaranteeing quality." *Journal of Political Economy*, Vol.89, No.4, pp.615~641.

Kitchen, P.J. and Schultz, D.E. 1999. "A Multi-country Comparison of the Drive for IMC." *Journal of Advertising Research*(January/February): pp. 21~38.

Krishnan, H. S. 1996. "Characteristics of memory associations: A consumer-based brand equity perspective." *International Journal of research in Marketing*, Vol.13, No.4, pp.389~405.

Kuperman, J. C. 2003. "Using cognitive schema theory in the development of public relations strategy: Exploring the case of firms and financial analysts following acquisition announcements." *Journal of Public Relations Research*, Vol.15, No.2, pp.117~150.

Lynch Jr, J. G., & Srull, T. K. 1982. "Memory and attentional factors in consumer choice: Concepts and research methods." *Journal of consumer research*, Vol.9, No.1, pp.18~37.

Madhok, A. 1997. "Cost, value and foreign market entry mode: The transaction and the firm." *Strategic management journal*, Vol.18, No.1, pp.39~61.

McGuire, J. B., Sundgren, A., & Schneeweis, T. 1988. "Corporate social responsibility and firm financial performance." *Academy of management Journal*, Vol.31, No.4, pp.854~872.

Milgrom, P., & Roberts, J. 1986a. "Price and advertising signals of product quality." *Journal of political economy*, Vol.94, No.4, pp.796~821.

Milgrom, P., & Roberts, J. 1986b. "Relying on the information of interested parties." *The RAND Journal of Economics*, pp.18~32.

Miniard, P. W., Sirdeshmukh, D., & Innis, D. E. 1992. "Peripheral persuasion and brand choice." *Journal of Consumer Research*, Vol.19, No.2, pp.226~239.

Myers, S. C., & Majluf, N. S. 1984. "Corporate financing and investment decisions when firms have information that investors do not have." *Journal of financial economics*, Vol.13, No.2, pp.187~221.

Oliver, C. 1997. "Sustainable competitive advantage: combining institutional and resource-based views." *Strategic management journal*, Vol.18, No.9, pp.697~713.

Park, J. W., & Hastak, M. 1995. *Effects of involvement on on-line brand evaluations: A stronger test of the ELM*. ACR North American Advances.

Peteraf, M. A. 1993. "The cornerstones of competitive advantage: a resource-based view." *Strategic management journal*, Vol.14, No.3, pp.179~191.

Petty, R. E., & Cacioppo, J. T. 1986. *The elaboration likelihood model of persuasion. In Communication and persuasion. Springer*, pp.1~24.

Petty, R. E., Cacioppo, J. T., & Schumann, D. 1983. "Central and peripheral routes to advertising effectiveness: The moderating role of involvement." *Journal of consumer research*, Vol.10, No.2, pp.135~146.

Porter, M. E., & Advantage, C. 1985. "Creating and sustaining superior performance." *Competitive advantage*, Vol.167, pp.167~206.

Rumelt, R. P. 1984. *Towards a strategic theory of the firm. In Competitive Strategic Management*, Lamb B(ed.). Prentice Hall, pp.556–570

Rumelt, R. P. 1991. "How much does industry matter?" *Strategic management journal*, Vol.12, No.3, pp.167~185.

Rumelt, R. P. 1997.11 "Towards a Strategic Theory of." *Resources, Firms, and Strategies: A Reader in the Resource-based Perspective*, p.131.

Shrum, W., & Wuthnow, R. 1988. "Reputational status of organizations in technical systems." *American journal of sociology*, Vol.93, No.4, pp.882~912.

Smaiziene, I., & Jucevicius, R. 2009. "Corporate reputation: Multidisciplinary richness and search for a relevant definition." *Engineering Economics/Inžinerinė ekonomika*, Vol.62, No.2.

Spence, M. 1974. "Competitive and optimal responses to signals: An analysis of efficiency and distribution." *Journal of Economic theory*, Vol.7, No.3, pp.296~332.

Stigler, G. J. 1962. "Administered prices and oligopolistic inflation." *The Journal of Business*, Vol.35, No.1, pp.1~13.

Teichert, T. A., & Schöntag, K. 2010. "Exploring consumer knowledge structures using associative network analysis." *Psychology & Marketing*, Vol.27, No.4, pp.369~398.

Van Reijmersdal, E. A., Neijens, P. C., & Smit, E. G. 2007. "Effects of television brand placement on brand image." *Psychology & marketing*, Vol.24, No.5, pp.403~420.

Varey, R. J. 2013. "Marketing in the flourishing society megatrend." *Journal of Macromarketing*, Vol.33, No.4, pp.354~368.

Wernerfelt, B., & Montgomery, C. A. 1986. "What is an attractive industry?" *Management Science*, Vol.32, No.10, pp.1223~1230.

Wickelgren, W. A. 1981. "Human learning and memory." *Annual review of psychology*, Vol.32, No.1, pp.21~52.

Wilson, G. K. 1985. *Business and politics: A comparative introduction.* Macmillan International Higher Education.

Zaltman, G. 1997. "Rethinking market research: Putting people back in." *Journal of marketing Research*, Vol.34, No.4, pp.424~437.

Zaltman, G., & Coulter, R. H. 1995. "Seeing the voice of the customer: Metaphor-based advertising research." *Journal of advertising research*, Vol.35, No.4, pp.35~51.

6장. 기업명성과 마케팅커뮤니케이션 사례_ 김석

이철한·차희원. 2005. 「기업자산으로서의 기업명성가치 연구」. ≪한국언론정보학보≫, 제30호, 203~237쪽.

차희원. 2004. 「기업명성(Corporate Reputation)에 대한 쟁점 논의」. ≪사회과학연구논총≫, 제12권, 475~494쪽.

차희원. 2012. 「기업 커뮤니케이션의 네트워크 구조와 기업명성간 관련성」. ≪한국언론정보학보≫, 통권 30호, 203~237쪽.

서용구·김보영. 2013. 「디자인, 브랜드, 명성을 기반한 기업이미지 무형자산 강화 요인에 관한 연구」. 한국디자인학회.

매경닷컴. "ESG". 네이버 지식백과 매일경제용어사전. https://terms.naver.com/entry.naver?docId=5906639&cid=43659&categoryId=43659(검색일: 2021.11.9).

GS칼텍스 미디어허브. "GS칼텍스, 독립운동가 손글씨 서체를 만들다." GS칼텍스 미디어허브. https://gscaltexmediahub.com/campaign/the-energy-of-independence-fighters-2/(검색일: 2021.11.16).

스타벅스 뉴스룸. 2019.5.2. "스타벅스, '서울, 꽃으로 피다' 친환경 캠페인 진행." 스타벅스코리아 홈페이지, https://www.starbucks.co.kr/bbs/getBodoView.do?seq=3510(검색일: 2021.11.16).

아모레퍼시픽몰. 2019.4.15. "프리메라 Love the Earth". 아모레퍼시픽몰 페이스북 페이지, https://m.facebook.com/AMOREPACIFIC.MALL/videos/%ED%94%84%EB%A6%AC%EB%A9%94%EB%9D%BC-love-the-earth/337395553585349/?locale=th_TH(검색일: 2021.11.16).

코카콜라 저니. 2020.1.17. "하트 모양 저수지를 아시나요? 김해 산본, 관동마을 이야기(김연아 내레이션)". 코카콜라 저니, https://www.coca-colajourney.co.kr/stories/sustainability/gimhae-reservoir-narration-yunakim-02(검색일: 2021.11.16).

Apple Newsroom. 2021.4.21. "Apple Celebrates Earth Day 2021." Apple, https://www.apple.com/newsroom/2021/04/apple-celebrates-earth-day-2021/(검색일: 2021.11.16).

Apple Newsroom. 2021.2.26. "Apple celebrates Women's History Month and International Women's Day." Apple, https://www.apple.com/sg/newsroom/2021/02/apple-celebrates-womens-history-month-and-international-womens-day/(검색일: 2021.11.16).

United Nations. "International Days and Weeks." United Nations. https://www.un.org/en/observances/international-days-and-weeks(검색일: 2021.11.16).

7장. PR학 관점: 공중관계성과 명성_ 하진홍

배지양. 2018. 「기업 사회공헌 활동에 대한 이타주의적 동기 해석이 조직의 공중 관계성, 명성, 커뮤니케이션 행위 의도에 미치는 영향」. ≪홍보학연구≫, 제22권 2호, 1~30쪽.

윤각·조재수. 2007. 「기업의 사회적 책임 활동의 효과에 관한 연구: 멀티 스테이크홀더 관점을 중심으로」. ≪광고학연구≫, 제18권 5호, 241~255쪽.

이유나·문비치. 2008. 「조직-공중 관계성의 선행요인에 대한 연구: 사내 커뮤니케이션 맥락을 중심으로」. ≪광고학연구≫, 제19권 5호, 149~166쪽.

이정화·차희원. 2008. 「기업-공중 관계성과 공중 프레임이 기업명성에 미치는 영향: 현대자동차 사례를 중심으로」. ≪한국언론학보≫, 제52권 6호, 258~281쪽.

조삼섭. 2006. 「조직-공중 관계 측정: Hon과 Grunig의 공중 관계성 측정도구 검증을 중심으로」. ≪광고학연구≫, 제17권 4호, 141~161쪽.

차희원. 2011. 「기업명성과 커뮤니케이션 특성 간 관련성: 커뮤니케이션 오딧 분석들의 적용」. ≪한국언론학보≫, 제55권 4호, 187~214쪽.

차희원. 2004. 「기업명성의 개념 정립과 한국형 명성지수 개발에 관한 연구」. ≪광고연구≫, 제64

호, 259~289쪽.

한정호·조삼섭. 2009. 「기업위기발생시 기업명성과 공중관계성이 공중들의 위기인식과 결과인식에 미치는 영향에 관한 연구」. ≪한국언론학보≫, 제53권 3호, 82~100쪽.

Bae, J. and G. T. Cameron. 2006. "Conditioning effect of prior reputation on perception of corportate giving." *Public Relations Review*, Vol.32, pp.144~150.

Berens, G. and C. B. M. Rial. 2004. "Corporate associations in the academic literature: Three main streams of thought in the reputation measurement literature." *Corporate Reputation Review*, Vol.7, No.2, pp.161~178.

Berens, G., C. B. M. Rial, van and G. H. van Gruggen. 2005. "Corporate associations and consumer product response: The moderating role of corportate brand dominance." *Journal of Markekting*, Vol.69(July), pp.35~48.

Bromley, D. B. 2000. "Psychological aspects of corporate identity, image and reputation." *Corporate Reputation Review*, Vol.3, No.2, pp.240~252.

Broom, G. M., S., Casey and J. Ritchey. 2000. "Concept and theory of organization-public relationships." In J. A. Ledingham and S. D. Bruning(Eds.), *Public relations as relationship management: A relational approach to the study and practice of public relations*. Lawrence Erlbaum Associates.

Bruning, S. D. and J. A. Ledingham. 1999. "Relationships between organizations and publics: Development of a multiple-dimensional organization-public relationship scale." *Public Relations Review*, Vol.25, No.2, pp.157~170.

Caruana, A. 1997. "Corporate reputation: Concept and measurement." *Journal of Product & Brand Mavagement*, Vol.6, No.2, pp.109~118.

Coombs, W. T. 2012. "Crisis management: Advantages of a relational perspective." In J. A. Ledingham and S. D. Bruning(Ed.), *Public Relations as Relationship Management*. Lawrence Erlbaum Associates, Inc.

Coombs, W. T. 2000. "Crisis management: Advantages of a relational perspective." *Public Relations as Relationship Management*. Edited by J. Ledingham & S. Bruning, LEA.

Coombs, W. T. and S. J. Holladay. 2001. "An examination of the crisis situation: A fusion of the relational management and symbolic approaches." *Journal of Public Relations Review*, Vol.13, No.4, pp.321~340.

Deephouse, D. 2002. "The term reputation management: Users, uses and trademark tradeoff." *Corporate Reputation Review*, Vol.5, pp.9~18.

Ehling, W. P. 1992. "Estimating the value of public relations and communication to an organization." In J. E. Grunig, D. M. Dozier, W. P. Ehling, L. A. Grunig, F. C. Repper and J. White(Eds.), *Excellence in public relations and communication management*. Lawrence Erlbaum Associates, Inc.

Ferguson, M. 1984, August. "Building theory in public relations: Interorganizational relationships as a public relations paradigm." Paper presented at the Association for Education in Journalism and Mass Communication Annual Convention, Gainsville, Florida.

Fearn-Banks, K. 1996. *Crisis communications: A casebook approach*. Lawrence Erlbaum.

Fombrun, C. J. 1996. *Reputation: Realizing value from the corporate image*. Harvard Business School Press.

Fombrun, S. and C. Van Riel. 1997. "The reputational landscape." *Corporate Reputation Review*, Vol.1(1 and 2, pp.5~13.

Gotsi, M. and A. M. Wilson. 2001. "Corporate reputation: seeking a definition." *Corporate Communications*, Vol.6, No.1, pp.24~30.

Grunig, J. E. 1993. "Image and substance: from symbolic to behavioral relationships." *Public Relations Review*, Vol.19, No.2, pp.121~139.

Grunig, L. A., J. E., Grunig and W. P. Ehling. 1992. "What is an effective organization?" In J. E. Grunig, D. M. Dozier, W. P. Ehling, L. A. Grunig, F. C. Repper and J. White(Eds.), *Excellence in public relations and communication management*. Lawrence Erlbaum Associates, Inc.

Grunig, J. E. and Y-H. Huang 2000. "From organizational effectiveness to relationship indicators: Antecedents of relationships, public relations strategies and relationship outcomes." In J. A. Ledingham and S. D. Bruning(Eds.), *Public relations as relationship management: A relational approach to the study and practice of public relations*. Lawrence Erlbaum Associates.

Grunig, J. and C. Hung. 2002.3. "The effect of relationships on reputation and reputation on relationships: A cognitive, behavioral study." Paper presented at the PRSA Educators Academy 5th Annual International, Interdisciplinary Public Relations Research Conference.

Hon, L. C. and J. E. Grunig. 1999. *Guidelines for measuring relationship in public relations*. The Institute for Public Relations, Commission on PR Measurement and Evaluation.

Hooghiemstra, R. 2000. "Corporate communication and impression management." *Journal of Business Ethics*, Vol.27, pp.55~68.

Huang, Y. 2001. "OPRA: A cross-cultural, multiple-item scale for measuring organization-public relationships." *Journal of Public Relations Research*, Vol.13, No.1, pp.61~90.

Hutton, J. G., M. B., Goodman, J. B., Alexander and C. B. Genest. 2001. "Reputation management: The new face of public relations?" *Public Relations Review*, Vol.25, pp.199~214.

Knapp, M. L. 1978. "Social intercourse: From greeting to goodbye." Allyn and Bacon.

Ledingham, J. A. 2006. "Relationship management: A general theory of public relations." In C. H. Botan and V. Hazleton(Eds.), *Public relations theory II*. Lawrence Erlbaum Associates.

Ledingham, J. and S. Bruning. 2000. "Perceptions of relationships and evaluations of satisfaction: An exploration of interaction." *Public Relations Review*, Vol.26, No.1, pp.85~95.

Ledingham, J. A. and S. D. Bruning. 1998. "Relationship management in public relations: Dimensions of an organization-public relationship." *Public Relations Review*, Vol.24, No.1, pp.55~65.

Ledingham, J. A. and S. D. Bruning. 1997. "Building royalty through community relations." *The Public Relations Strategist*, Vol.3, No.2, pp.27~29.

Lewis, S. 2001. "Measuring corporate reputation." *Corporate Communications: An International Journal*, Vol.6, pp.31~35.

Littlejohn, S. W. 1995. *Theories of human communication*(5th ed.). Wadsworth.

Maigan, I. and O. C. Ferrel. 2004. "Corporate social responsibility and marketing: An integrative framework." *Journal of Academy of Marketing Science*, Vol.32, No.1, pp.3~19.

Sen, S., C. B., Bhattacharya and D. Korschun. 2006. "The role of coporate social responsibility in strengthening multiple stakeholder relationships: A field experiment." *Journal of Academy of Marketing Science*, Vol.34, No.2, pp.158~166.

Toth, E. L. and N. Trujillo. 1987. "Reinventing corporate communications." *Public Relations Review*, Vol.13, pp.42~53.

8장. 미디어와 명성_ 최세라·김장열

강문정·차희원. 2007. 「기업명성(Corporate Reputation) 과 공중의 이슈 프레임이 기업 정당성 인식(Perceived Corporate Legitimacy) 에 미치는 영향: 삼성의 경영권 승계 이슈를 중심으로」. ≪한국언론학보≫, 제51권 2호, 479~507쪽.

김사라·김수연. 2016. 「기업의 이슈 소유권, 위기 책임성, 위기 커뮤니케이션이 공중의 기업에 대한 태도에 미치는 영향」. ≪한국광고홍보학보≫, 제18권 4호, 5~37쪽.

방탄소년단. 2020.6.4. "우리는 인종차별에 반대합니다". 방탄소년단 트위터 계정. https://twitter. com/bts_twt/status/1268422690336935943(검색일: 2021.10.14).

서지원·차희원. 2010. 「기업의 이슈소유권이 위기커뮤니케이션 수용에 미치는 영향: 기업명성의 매개효과를 중심으로」. ≪한국언론학보≫, 제54권 6호, 297~314쪽.

이병종. 2010. 「뉴욕타임스에 나타난 한국의 이미지 변화 추이 연구 한국의 소프트 파워를 중심으로」. ≪한국PR학회≫, 제14권, 3호, 150~184쪽.

차희원. 2004a. 「공중 관여도와 미디어 신뢰도에 따른 기업명성의 미디어 의제 설정 효과 연구」. ≪한국언론학보≫, 제48 권6호, 274~303쪽.

차희원. 2004b. 「기업명성의 개념정립과 한국형 명성지수 개발에 관한 연구」. ≪광고연구≫, 제64호, 259~289쪽

차희원. 2006. 「미디어 명성(Media Reputation) 과 이슈명성(Issue Reputation) 이 기업명성

(Corporate Reputation) 에 미치는 영향: 이슈속성의 차이를 중심으로」. ≪한국언론학보≫, 제50권 5호, 297~327쪽.

차희원. 2015. 『기업 명성과 커뮤니케이션: 통합 커뮤니케이션 자본 모델의 이론과 전략』. 이화여 자대학교 출판부.

Ball-Rokeach, S. J. and M. L. DeFleur. 1976. "A Dependency Model of Mass-Media Effects." *Communication research*, Vol.3, No.1, pp.3~21.

Benoit, W. L. 2018. "Issue Ownership in the 2016 Presidential Debates." *Argumentation And Advocacy*, Vol.54, No.1-2, pp.95~103.

Berger, B. K. 2001. "Private Issues and Public Policy: Locating the Corporate Agenda in Agenda-Setting Theory." *Journal of Public Relations Research*, Vol.13, No.2, pp.91~126.

Budge, I. and D. Farlie. 1983. *Party Competition: Selective Emphasis or Direct Confrontation?: An Alternative View With Data*." SAGE Publications, pp.267~305.

Carroll, C. E. 2004. *How the Mass Media Influence Perceptions of Corporate Reputation: Exploring Agenda-Setting Effects within Business News Coverage.* The University of Texas at Austin.

Carroll, C. E. and M. McCombs. 2003. "Agenda-Setting Effects of Business News on The Public's Images and Opinions about Major Corporations." *Corporate reputation review*, Vol.6, No.1, pp.36~46.

Cha, H., Y. Song and J. R. Kim. 2010. "Effects of Issue Ownership and Issue Obtrusiveness on Corporate Reputation at Two Korean Corporations." *Public Relations Review*, Vol.36, No.3, pp.289~291.

Cha, H., J. Suh and J. Kim. 2015. "Effect of Issue Obtrusiveness, Issue Congruence and Response Strategies on the Acceptance of Crisis Communication Messages." Asian *Journal of Communication*, Vol.25, No.3, pp.307~326.

Chadwick, A. 2017. *The Hybrid Media System: Politics and Power.* Oxford University Press.

Choi, J. 2012. "A Content Analysis of BP's Press Releases Dealing with Crisis." *Public Relations Review*, Vol.38, No.3, pp.422~429.

Choi, J. and S. Lee. 2017. "Managing a Crisis: A Framing Analysis of Press Releases Dealing with The Fukushima Nuclear Power Station Crisis." *Public Relations Review*, Vol.43, No.5, pp.1016~1024.

Claeys, A. S., V. Cauberghe and P. Vyncke. 2010. "Restoring Reputations in Times of Crisis: An Experimental Studyof the Situational Crisis Communication Theory and the Moderating Effects of Locus of Control." *Public Relations Review*, Vol.36, No.3, pp.256~262.

Cobb, R. W and C. D. Elder. 1971. "The Politics of Agenda-Building: An Alternative Perspective for Modern Democratic Theory". *The Journal of Politics.* Vol.33, No.4, pp.892~915.

Cohen, B. H. 1963. "Recall of Categorized Words Lists." *Journal of experimental Psychology*, Vol.66, No.3, pp.227.

Coombs, W. T. 2007. "Protecting Organization Reputations during a Crisis: The Development and Application of Situational Crisis Communication Theory." *Corporate reputation review*, Vol.10, No.3, pp.163~176.

Coombs, W. T. and S. J. Holladay. 2002. "Helping Crisis Managers Protect Reputational Assets: Initial Tests of the Situational Crisis Communication Theory." *Management communication quarterly*, Vol.16, No.2, pp.165~186.

Coombs, W. T. and S. J. Holladay. 2008. "Comparing Apology to Equivalent Crisis Response Strategies: Clarifying Apology's Role and Value in Crisis Communication." *Public Relations Review*, Vol.34, No.3, pp.252~257.

Deephouse, D. L. 2000. "Media Reputation as a Strategic Resource: An Integration of Mass Communication and Resource-Based Theories." *Journal of management*, Vol.266, pp.1091~1112.

Deephouse, D. L., C. E. Carroll and M. E. McCombs. 2001. "The Role of Newsroom Bias and Corporate Ownership on the Coverage of Commercial Banks in the Daily Print Media." In 5th International Conference on Corporate Reputation, Identity and Competiveness, Paris.

DiStaso, M. W. 2012. "The Annual Earnings Press Release's Dual Role: An Examination of Relationships with Local and National Media Coverage and Reputation." *Journal of Public Relations Research*, Vol.24, No.2, pp.123~143.

Einwiller, S. A., C. E. Carroll and K. Korn. 2010. "Under What Conditions Do the News Media Influence Corporate Reputation? The Roles of Media Dependency and Need for Orientation." *Corporate Reputation Review*, Vol.12, No.4, pp.299~315.

Fearn-Banks, K. 2016. *Crisis Communications: A Casebook Approach*. Fifth Edition. Routledge.

Goffman, E. 1974. *Frame Analysis: An Essay on the Organization of Experience*. Harvard University Press.

Johnson, L. M. 2020. "K-Pop Band BTS Explains Why They Decided to Give $1 Million to Black Lives Matter." CNN. https://www.cnn.com/2020/10/03/entertainment/bts-trnd/index.html (검색일: 2021.10.12).

Gruszczynski, M. and M. W. Wagner. 2017. "Information Flow in the 21st Century: The Dynamics of Agenda-Uptake." *Mass communication and society*, Vol.20, No.3, pp.378~402.

Harmon, M. D. and C. White. 2001. "How Television News Programs Use Video News Releases." *Public Relations Review*, Vol.27, No.2, pp.213~222.

Iyengar, S. and D. R. Kinder. 1987. *News that matters: Television and American Opinion*. University of Chicago Press.

Lee, A. 2020. K-Pop Fans are Taking Over 'White Lives Matter' and Other Anti-Black Hashtags with Memes and Fancams of their Favorite Stars." CNN. https://www.cnn.com/2020/06/04/us/kpop-bts-blackpink-fans-black-lives-matter-trnd/index.html(검색일: 2021.10.12).

Lim, J. S. and C. Young. 2021. "Effects of Issue Ownership, Perceived Fit and Authenticity in Corporate Social Advocacy on Corporate Reputation." *Public Relations Review*, Vol.47, No.4, p.102071.

McCombs, M. E. 2014. *Setting the Agenda: The Mass Media and Public Opinion*. Polity Press.

McCombs, M. E. and D. L. Shaw. 1972. "The Agenda-Setting Function of Mass Media." *Public opinion quarterly*, Vol.36, No.2, pp.176~187.

McCombs, M. E., D. L. Shaw and D. H. Weaver. 2014. New Directions in Agenda-Setting Theory and Research. *Mass Communication and Society*, Vol.17, No.6, pp.781~802.

McCombs, M., J. P., Llamas, E. Lopez-Escobar and F. Rey. 1997. "Candidate Images in Spanish Elections: Second-Level Agenda-Setting Effects." Journalism and Mass *Communication Quarterly*, Vol.74, No.4, pp.703~717.

Meijer, M. M. and J. Kleinnijenhuis. 2006. "Issue News and Corporate Reputation: Applying the Theories of Agenda Setting and Issue Ownership in the Field of Business Communication." *Journal of Communication*, Vol.56, No.3, pp.543~559.

Petrocik, J. R. 1989. "An Expected Party Vote: New Data for an Old Concept." *American Journal of Political Science*, pp.44~66.

Pfeffer, J. and G. R. Salancik. 1978. *The External Control of Organizations: A Resource Dependence Perspective*. Harper and Row.

Ragas, M. W. and H. Tran. 2013. "Beyond Cognitions: A Longitudinal Study of Online Search Salience and Media Coverage of the President." *Journalism & Mass Communication Quarterly*, Vol.90, No.3, pp.478~499.

Schultz, F., J., Kleinnijenhuis, D., Oegema, S. Utz and W. Van Atteveldt. 2012. "Strategic Framing in the BP Crisis: A Semantic Network Analysis of Associative Frames." *Public Relations Review*, Vol.38, No.1, pp.97~107.

Shafi, A. 2017. "Personal Experience versus Media Coverage: Testing the Issue Obtrusiveness Condition of Agenda-Setting Theory in a Developing Country." *Journalism & Mass Communication Quarterly*, Vol.94, No.4, pp.1056~1072.

Sulkin, T. 2005. *Issue Politics in Congress*. Cambridge University Press.

Turk, J. V. 1986. "Public Relations' Influence in the News." *Newspaper Research Journal*, Vol.7, No.4, pp.15~27.

Tversky, A. and D. Kahneman. 1973. "Availability: A Heuristic for Judging Frequency and Probability." *Cognitive psychology*, Vol.5, No.2, pp.207~232.

Weaver, D. H. 1980. "Audience Need for Orientation and Media Effects." *Communication Research*, Vol.7, No.3, pp.361~373.

Whitten, S. 2019. How Boy Band BTS Went from South Korean Idols to International Superstars. CNBC. https://www.cnbc.com/2019/07/15/bts-went-from-south-korean-idols-to-international-superstars.html(검색일: 2021.10.13).

이영호. 2021.6.16. "한국 SNS 이용률 세계 2위 ⋯ 1030대 인스타그램 4050대 밴드". 한국경제 TV, https://www.wowtv.co.kr/NewsCenter/News/Read?articleId=A202106160022(검색일: 2021.11.16).

Apuke, O. D. and B. Omar. 2021. "User motivation in fake news sharing during the COVID-19 pandemic: an application of the uses and gratification theory." *Online Information Review*, Vol.45, No.1, pp.220~239.

Ariel, Y. and R. Avidar. 2015. "Information, interactivity and social media." *Atlantic Journal of Communication*, Vol.23, No.19, pp.19~30.

Avidar, R. 2013. "The responsiveness pyramid: Embedding responsiveness and interactivity into public relations theory." *Public Relations Review*, Vol.39, No.5, pp.440~450.

Baek, K., A. Holton, D. Harp and C. Yaschur. 2011. "The links that bind: uncovering novel motivations for linking on Facebook." *Computers in Human Behavior*, Vol.27, No.6, pp.2243~2248.

Beukeboom, C. J., P. Kerkhof and M. de Vries. 2015. "Does a virtual like cause actual liking? How following a brand's Facebook updates enhances brand evaluations and purchase intention." *Journal of Interactive Marketing*, Vol.32, pp.26~36.

boyd, B. 2010. "Social network sites as networked publics: Affordances, dynamics and implications." In Z. Papacharissi(Ed.), *A networked self: Identity, community and culture on social network sites*. Routledge.

Brown, J. J. and P. H. Reingen. 1987. "Social ties and word-of-mouth referral behavior." *Journal of Consumer Research*, Vol.14, pp.350~362.

Bruyn, D. A. and G. L. Lilien. 2008. "A multi-state model of word-of-mouth influence through viral marketing." *International Journal of Research in Marketing*, Vol.25, No.3, pp.151~163.

Bryant, J. and D. Miron. 2004. "Theory and research in mass communication." *Journal of Communication*, Vol.54, No.4, pp.662~704.

Bucher, T. 2015. "Networking, or what the social means n social media." *Social Media +Society*, Vol.1, No.1, pp.1~2.

Bucy, E. P. and C. C. Tao. 2007. "The mediated moderation model of interactivity." *Media Psychology*, Vol.9, pp.647~672.

Burt, R. S. 1992. *Structural holes: The social structure of competition*. Harvard University Press.

Burt, R. S., M. Kilduff and S. Tasselli. 2013. "Social network analysis: Foundations and frontiers on advantage." *Annual Review of Psychology*, Vol.64, pp.527~547.

Capriotti, P. and L. Ruesja. 2018. "How CEOs use Twitter: A comparative analysis of Global and Latin American companies." *International Journal of Information Management*, Vol.39,

No.1, pp.242~248.

Carr, C. T. and R. A. Hayes. 2015. "Social media: Defining, developing and divining." *Atlantic Journal of Communication*, Vol.23, No.1, pp.46~65.

Chaiken, S., A. Liberman and A. H. Eagly. 1989. "Heuristic and systematic information processing within and beyond the persuasion context." In J. S. Uleman and J. A. Bargh(Eds.), *Unintended thought*. The Guilford Press.

Chang, K. T., W. Chen and B. C. Tan. 2012. "Advertising effectiveness in social networking sites: Social ties expertise and product type." *IEEE Transactions on engineering management*, Vol.59, No.4, pp.634~643.

Chen, X., S. Wei, R. M. Davison and R. E. Rice. 2020. "How do enterprise social media affordances affect social network ties and job performance? *Information Technology & People*, Vol.33, No.1, pp.361~388.

Chen, Y. 2018. "How social media is changing crisis communication strategies: Evidence from the updated literature." *Journal of Contingencies and Crisis Management*, Vol.26, pp.58~68.

Chen, Y. and G. Cameron. 2017. "The status of social-mediated crisis communication research(SMCC) research: An analysis of published articles in 2002-2014." In Austin L. and Jin Y.(Eds.) *Social Media and Crisis Communication*. Routledge.

Chin, C. Y., H. P. Lu and C. M. Wu. 2015. "Facebook users' motivation for clicking the "like" button." *Social Behavior and Personality: An International Journal*, Vol.43, No.4, pp.579~592.

Chen, Y. R., C. F. Hung-Baesecke and X. Chen. 2020. "Moving forward the dialogic theory of public relations: Concepts, methods and applications of organization-public dialogue." *Public Relations Review*, Vol.46, No.1, p.101878.

Cocker, H. and J. Cronon, 2017. "Charismatic authority and the YouTuber: Unpacking the new cults of personality." *Marketing Theory*, Vol.17, No.4, pp.455~472.

Coombs, W. T. 2014), *Crisis Management and Communications*, http://www.instituteforpr.org/crisis-management-communications/(검색일: 2014.10.11).

Coombs, W. T. 2016. "Reflections on a meta-analysis: Crystallizing thinking about SCCT, *Journal of Public Relations Research*, Vol.28, No.2, pp.120~122.

Coombs, W. T. 2017. "Revising situational crisis communication theory: The influence of social media on crisis communication theory and practice. S In Austin L. and Jin Y.(Eds.) *Social Media and Crisis Communication*. Routledge.

Cover, R. 2006. "Audience interactive: Interactive media, narrative control and reconceiving audience history." *New Media & Society*, Vol.8, pp.139~158.

Dahlberg, L. 2007. "Rethinking the fragmentation of the cyberpublic: from consensus to contestation." *New Media & Society*, Vol.9, pp.827~847.

Delbare, M., B., Michal and B. J. Philips, 2020. "Social Media Influenciers: A route to brand engagement for their followers." *Psychology & Marketing*, Vol.38, pp.101~112.

De Zuñiga, H. G. and S. Valenzuela, 2011. "The Mediating Path to a stronger citizenship: Online and offine networks, weak ties and civic engagement." *Communication Research*, Vol.38, No.3, pp.397~421.

Dijkmans, C., P., Kerkhof and C. J. Beukeboom, 2015. "A stage to engage: Social media use and corporate reputation, *Tourism Management*, Vol.47, pp.58~67.

Ellison, N. B., J. L. Gibbs and M. S. Weber, 2014. "The use of enterprise social network sites for knowledge sharing in distributed organizations: the role of organizational affordances, *American Behavioral Scientist*, Vol.59, No.1, pp.103~123.

Etter, M., D., Ravasi and E. Colleoni, 2019. "Social media and the formation of organizational reputation." *Academy of Management Review*, Vol.44, No.1, pp.28~52.

Festinger, L. 1957. *A theory of cognitive dissonance*. Stanford University Press.

Festinger, L. 1964. *Conflict, decision and dissonance*. Stanford University Press.

Fischer, P., E., Jonas, D., Frey and S. Schulz-Hardt, 2005. "Selective exposure to information: The impact of information limits." *European Journal of Social Psychology*, Vol.35, No.4, pp.469~492

Foux, G. 2006. "Consumer-generated media: Get your customers involved." *Brand Strategy*, Vol.202, pp.38~39.

Frey, D. 1986. "Recent research on selective exposure to information." *Advances in Experimental Social Psychology*, Vol.19, pp.41~80

Gabielkov, M., A., Ramachandran, A., Chaintreau and A. Legout, 2016. ""Social Clicks: What and Who Gets Read on Twitter?" A paper presented at ACM SIGMETRICS / IFIP Performance 2016, Antibes Juan-les-Pins, France.

Garrett, R. K. 2009. "Politically motivated reinforcement seeking: Reframinng the selective exposure debate." *Journal of Communication*, Vol.59, pp.676~699.

Gibson, J. 1977. "The theory of affordances, in Bransford, R.E.S.J.(Ed.), *Perceiving, Acting and Knowing: Toward an Ecological Psychology*. Lawrence Erlbaum.

Gibson, J. J. 1986. *The ecological approach to visual perception*, Lawrence Erlbaum.

Gil de Zúñiga, H. and S. Valenzuela, 2011. "The mediating path to a strong citizenship: Online and offline networks, weak ties and civic engagement." *Communication Research*, Vol.38, No.3, pp.397~421.

Giles, D. C. 2002) Parasocial interaction: A review of the literature and a model for future research, *Media Psychology*, Vol.4, No.3, pp.279~305.

Gilpin, D. 2010. "Organizational image construction in a fragmented online media environment, *Journal of Public Relations Research*, Vol.22, No.3, pp.265~287.

Granovetter, M. 1978. "Threshold Models of Collective Behavior." *American Journal of*

Sociology, Vol.83, No.6, pp.1420~1443.

Granovetter, M. 1983. "The Strength of Weak Ties: A Network Theory Revisited." *Sociological Theory*. 1: pp.201~233.

Hayes, R. A. and C. T. Carr, 2021. "Getting called out: Effects of feedback to social media corporate social responsibility statements." *Public Relations Review*, Vol.47, pp.101962.

Haythornthwaite, C. 2001. ""Tie strength and the impact of new media." Proceedings of the 34th Hawaii International Conference on System Sciences.

Hennig-Thurau, T. and G. Walsh, 2003. Electronic word of mouth: motives for and consequences of reading customer articulations on the internet." *International Journal of Electronic Commerce*, Vol.8, No.2, pp.54~74.

Hennig-Thurau, T., C., Wiertz, F. Feldhaus, 2015. "Does Twitter matter? The impact of microblogging word of mouth on consumers' adoption of new movies." *Journal of the Academy of Marketing Science*, Vol.43, pp.375~394.

Holladay, S. J. 2009. "Crisis communication strategies in the media coverage of chemical accidents." *Journal of Public Relations Research*, Vol.21, pp.208~215.

Horton, D. R. and R. Wohl, 1956. "Mass Communication and Para-Social Interaction: Observations on Intimacy at a Distance." *Psychiatry*, Vol.19, No.3, pp.215~229.

Houlberg, R. 1984. "Local Television News Audience and the Para-Social Interaction." *Journal of Broadcasting*, Vol.28, No.4, pp.423~429.

Howard, P. N. and M. R. Parks, 2012. "Social media and political change: Capacity, constraint and consequence." *Journal of Communication*, Vol.62, pp.359~362.

Hutchby, I. 2001. "Technologies, texts and affordances." *Sociology*, Vol.35, No.2, pp.441~456.

Jackson, M. H. 2009. "The mash-up: A new archetype for communication." *Journal of Computer-Mediated Communication*, Vol.14, pp.730~734.

Jahng, M. R. 2021. "Is Fake News the New Social Media Crisis? Examining the Public Evaluation of Crisis Management for Corporate Organizations in Fake News." *International Journal of Strategic Communication*, Vol.15, No.1, pp.18~36.

Johannesen, R. L. 1990. *Ethics in human communication*(3rd ed.). Waveland Press.

Jung, C. and S. Nüesch, 2019. "The more others care, the more you share?: Social contagion as a stardom trigger of social media superstars." *Applied Economics*, Vol.51, No.9, pp.881~888.

Kapitan, S. and D. H. Silvera, 2016. "From digital influencers to celebrity endorsers: Attributions drive endorser effectiveness." *Marketing Letters*, Vol.27, No.3, pp.553~567.

Kaplan, A. M. and M. Haenlein, 2010. "Users of the world, unite! The challenges and opportunities of social media." *Business Horizons*, Vol.53, No.1, pp.59~68.

Katz, E., J. G., Blumler and M. Gurevitch, 1974. "Utilization of Mass Communication by the Individual." In J. G. Blumler and E. Katz(Eds.), *The Uses of Mass Communications:*

Current Perspectives on Gratifications Research. Sage Publications.

Kaul, A., V., Chaudrini, D., Cherian, K., Freberg, S., Mishra, R., Kumar, J., Pridmore, S.Y., Lee, M., Rana, U., Majmurdar, C. E. Caroll, 2015. "Social Media: The New Mantra for Managing Reputation." *The Journal for Decision Makers,* Vol.40, No.4, pp.455~491.

Kelleher, T. 2009. "Conversational voice, communicated commitment and public relations outcomes in interactive online communication, *The Journal of Communication,* Vol.59, pp.172~188.

Kelleher, T. and B. Miller, 2006. "Organizational blogs and the human voice: Relational strategies and relational outcomes." *Journal of Computer-Mediated Communication,* Vol.11, pp.395~414.

Kent, M. L. 2013. "Using social media dialogically: Public relations role in reviving democracy." *Public Realtions Review,* Vol.39, No.4, pp.337~345.

Kent, M. L. and C. Li. 2020. "Toward a normative social media theory for public relations." *Public Relations Review,* Vol.46, p.101857.

Kent, M. L. E. J., Sommerfeldt and A. J. Saffer, 2016. "Social networks, power and public relations: Tertius Iungens as a cocreational approach to studying relationship networks." *Public Relations Review,* Vol.42, No.1, pp.91~100.

Kent, M. L. and M. Taylor, 1998. "Building dialogic relationships through the World Wide Web." *Public Relations Review,* Vol.24, pp.273~288.

Kent, M. L. and M. Taylor, 2002. "Toward a dialogic theory of public relations." *Public Relations Review,* Vol.28, pp.21~38.

Kent, M. L. and M. Taylor, 2016. "Putting the social back in social media: A longitudinal, meta-analysis of social media research." *International journal of interdisciplinary research,* Vol.5, No.1, pp.62~75.

Kim, K., K. W. King and J. Kim, 2018. "Processing contradictory brand information from advertising and social media: an application of the multiple-motive heuristic-systematic model, *Journal of Marketing Communication,* Vol.24, No.8, pp.801~822.

Kiron, D., D., Palmer, A.N., Phillips and N. Kruschwitz, 2012. "Social business: What are companies really doing? *MIT Sloan Management Review Research Report,* Vol.53, No.4, pp.1~32.

Kozinets, R. V., K., De Valck, A. C., Wojnicki and S. J. Wilner, 2010. "Networked narratives: Understanding word-of-mouth marketing in online communities." *Journal of Marketing,* Vol.74, pp.71~89.

Labrecque, L. I. 2014. "Fostering consumer-brand relationships in social media environments: The role of parasocial interaction." *Journal of Interactive Marketing,* Vol.28, No.2, pp.134~148.

Lee, C. S. and L. Ma, 2012. "News Sharing in social media: The effect of gratifications and prior experience." *Computers in Human behavior*, Vol.28, pp.331~339.

Lee, H. and H. Park. 2013. Testing the Impact of Message Interactivity on Relationship Management and Organizational Reputation, *Journal of Public Relations Research*, Vol.25, No.2, pp.188~206.

Lee, S. Y., Y., Kim and Y. Kim. 2021. "Engaging consumers with corporate social responsibility campaigns: The roles of interactivity, psychological empowerment and identification." *Journal of Business Research*, Vol.134, pp.507~517.

Leiner, D. J., L., Kobilke, C., Rue β and H. Brosius. 2018. "Functional domains of social media platforms: Structuring the uses of Facebook to better understand its gratifications, *Computers in Human Behavior*, Vol.83, pp.194~203.

Levin, D. Z. and R. Cross. 2004. "The strength of weak ties you can trust: The mediating role of trust in effective knowledge transfer." *Management Science*, Vol.50, No.11, pp.1477~1490

Levy. M. R. 1979. "Watching TV News as Para-Social Interaction, *Journal of Broadcasting*, Vol.23, No.1, pp.69~80

Li, T., G., Berens and de M. Maertelaere. 2013. Corporate Twitter Channels: The Impact of Engagement and Informedness on Corporate Reputation, *International Journal of Electronic Commerce*, Vol.18, No.2, pp.97~126.

Liu, B. F., Y., Jin and L. L. Austin. 2013. "The tendency to tell: Understanding publics' communicative responses to crisis information form and source." *Journal of Public Relations Research*, Vol.25, No.1, pp.51~67.

Lowin, A. 1967. "Approach and avoidance: Alternative modes of selective exposure to information." *Journal of Personality and Social Psychology,* Vol.6, No.1, pp.1~9.

Ma, L. and M. Zhan. 2016. "Effects of attributed responsibility and response strategies on organizational reputation: A meta-analysis of situational crisis communication theory research." *Journal of Public Relations Research*, Vol.28, No.2, pp.102~119.

Macnamara, J. 2018. "Toward a Theory and Practice of Organizational Listening, *International Journal of Listening*, Vol.32, No.1, pp.1~23.

Majchrzak, A., S., Faraj, G. C. Kane and B. Azad. 2013. "The contradictory influence of social media affordances on online communal knowledge sharing." *Computer-mediated communication*, Vol.19, pp.38~55.

Majchrzak, A. and L. Markus. 2012. *Technology affordances and constraint theory of MIS.* Sage.

McMillan, S. J. 2000. "Interactivity Is in the Eye of the Beholder: Function, Perception, Involvement and Attitude toward the Web Site." Proceedings of the American Academy ofAdvertising, M.A. Shaver, ed., East Lansing, MI: Michigan State University, pp.71~78.

McMillan, S. J. and J.-S. Hwang. 2002. "Measures of perceived interactivity: an exploration of the role of direction of communication, user control and time in shaping perceptions of interactivity." *Journal of Advertising*, Vol.31, No.3, pp.29~42

Men, L. R. and W. S. Tsai. 2015. "Infusing social media with humanity: Corporate character, public engagement and relational outcomes." *Public Relations Review*, Vol.41, No.30, pp.395~403.

Metzger, M. J., A. J., Flanagin and R. B. Medders. 2010. "Social and heuristic approaches to credibility evaluation online." *Journal of Communication*, Vol.60, No.3, pp.413~439.

Mirbabaie, M., J., Marx, S. Stiegliz. 2019. "'Show Me Your People Skills': Employing CEO Branding for Corporate Reputation Management in Social Media." A paper presented at 14th International Conference on Wirtschaftsinformatik, February 24~27, 2019, Siegen, Germany.

Mishina, Y., E. S., Block and M. J. Mannor. 2012. "The path dependence of organizational reputation: how social judgment influences assessments of capability and character." *Strategic Management Journal*, Vol.33, pp.459~477.

Monge, P. R. and N. S. Contractor. 2000. "Emergence of communication networks." In F. M. Jablin and L. L. Putnam(Eds.), *The new handbook of organizational communication: Advances in theory*. CA: Sage.

Muntinga, D. G., M., Moorman and E. G. Smit. 2011. "Introducing COBRAs Exploring motivations for brand-related social media use." *International Journal of Advertising*, Vol.30, No.1, pp.13~46.

Mutz, D. C. 2006. *Hearing the other side: Deliberative versus participatory democracy*. Cambridge University Press

Mutz, D. C. and P. S. Martin. 2001. "Facilitating communication across lines of political difference: The role of mass media." *American Political Science Review*, Vol.95, No.1, pp.97~114.

O'Sullivan, P. B. 2005. "Masspersonal communication: Rethinking the mass interpersonal divide." Paper presented at the annual meeting of the International Communication Association, New York, NY

O'Sullivan, P. B. and C. T. Carr. 2017. "Masspersonal communication: A model bridging the mass-interpersonal divide." *New Media & Society*, Vol.20, No.3, pp.1161~1180.

Papacharissi, Z. 2012. "A networked self: Identity performance and sociability on social network sites." In F. L. Lee, L. Leung, J. Qiu and D. Chu(Eds.), *Frontiers in New Media Research*. Taylor & Francis.

Park, H. and H. Lee. 2013. "Show us you are real: The effect of human-versus-organizational presence on online relationship building through social networking sites." *Cyberpsychology, Behavior and Social Networking*, Vol.16, No.4, pp.265~271.

Pew Research Center. 2021. "Social media fact sheet." Retrieved from Demographics of Social Media Users and Adoption in the United States, Pew Research Center

Raacke, J. and J. Bonds-Raacke. 2008. "MySpace and facebook: applying the uses and gratifications theory to exploring friend-networking sites." *CyberPsychology and Behavior*, Vol.11, No.2, pp.169~174.

Rafaeli, S. 1988. "Interactivity: From new media to communication." In R. P. Hawkins, J. M. Wiemann and S. Pingree(Eds.), *Advancing communication science: Merging mass and interpersonal process*. Sage

Rafaeli, S. and Y. Ariel. 2007. "Assessing interactivity in computer-mediated research." In A. N. Joinson, K. Y. A. McKenna, T. Postmes and U.-D. Reips(Eds.), *The Oxford handbook of Internet psychology*. Oxford University Press.

Rice, R. E. 1987. "Computer-mediated communication and organizational innovation." *Journal of Communication*, Vol.37, No.4, pp.65~94.

Rubin, A. M. 2009. "The uses-and-gratifications perspective of media effects." In J. Bryant and M. B. Oliver(Eds.), *Media effects: Advances in theory and research*. Routledge.

Rubin, A. M., E. M., Perse and R. A. Powell. 1985. "Loneliness, Parasocial Interaction and Local Television News Viewing, *Human Communication Research*, Vol.12, No.2, pp.155~180.

Ruggiero, T. E. 2000. "Uses and gratifications theory in the 21st Century, *Mass Communication and Society*, Vol.3, No.1, pp.3~37.

Sanders, W. S., Y. J. Wang and Q. Zheng. 2019. "Brand's Social Media Presence as Networks: The Role of Interactivity and Network Centrality on Engagement, *Communication Research Reports*, Vol.36, No.2, pp.179~189.

Schultz, F., S. Utz and A. Goritz. 2011. "Is the Medium the Message? Perceptions of and Reactions to Crisis Communication via Twitter, Blogs and Traditional Media, *Public Relations Review*, Vol.37, No.1, pp.20~27.

Shen, C. C., J., Chiou, C., Hsiao, C., Wang and H. Li. 2016. "Effective marketing communication via social networking site: The moderating role of the social tie." *Journal of Business Research*, Vol.69, pp.2265~2270.

Sohn, D. and B. K. Lee. 2005. "Dimensions of interactivity: Differential effects of social and psychological factors." *Journal of Computer-Mediated Communication*, Vol.10, No.3.

Sohn, Y. J. and R. W. Lariscy. 2015. "A "buffer" or "boomerang?": The role of corporate reputation in bad times." *Communication Research*, Vol.42, No.2, pp.237~259.

Spence, P. R., S, Deborah. L. S. Timothy and K. A. Lachlan. 2016. "Social media and corporate reputation during crises: the viability of video-sharing websites for providing counter-messages to traditional broadcast news, *Journal of Applied Communication Research*, Vol.44, No.3, pp.199~215

Stern, B., C. A, Russell, D. Russell. 2007. "Hidden Persuasions in Soap Operas: Damaged Heroines and Negative Consumer Effects." *International Journal of Advertising*, Vol.26, No.1, pp.9~36

Steuer, J. 1992. "Defining virtual reality: Dimensions determining telepresence." *Journal of Communication*, Vol.42, pp.73~93

Stiff, J. B. and F. J. Boster. 1987. "Cognitive Processing: Additional Thoughts and a Reply to Petty, Kasmer, Haugtvedt and Cacioppo." *Communication Monographs*, Vol.54, No.3, pp.250~256.

Stroud, N. J. 2010. "Polarization and partisan selective exposure." *Journal of Communication*, Vol.60, pp.556~576.

Sundar, S. S. 2008. "The MAIN model: A heuristic approach to understanding technology effects on credibility." In M. J. Metzger and A. J. Flanagin(Eds.), *Digital Media, Youth and Credibility.* MIT Press.

Sundar, S. S., A., Oeldorf-Hirsch and Q. Xu. 2008. "The bandwagon effect of collaborative filtering technology." In *CHI'08 extended abstracts on human factors in computing systems.* States: Association for Computing Machinery.

Sunstein, C. R. 2017. *#Republic. Divided Democracy in the Age of Social Media.* Princeton University Press.

Taylor, M. and M. L. Kent. 2014. "Dialogic Engagement: Clarifying Foundational Concepts." *Journal of Public Relations Research*, Vol.26, No.5, pp.384~398.

Thurman, N. 2011. "Making 'The Daily Me': Technology, economics and habit in the mainstream assimilation of personalized news." *Journalism*, Vol.12, pp.395~415

Treem, J. W. and P. M. Leonardi. 2012. "Social media use in organizations: exploring the affordances of visibility, editability, persistence and association". in Salmon, C.T.(Ed.), *Communication Yearbook.* Routledge,.

Utz, S., F. Schultz and S. Glocka. 2013. "Crisis Communication Online: How Medium, Crisis Type and Emotions Affected Public Reactions in the Fukushima Daiichi Nuclear Disaster, *Public Relations Review*, Vol.39, No.1, pp.40~46.

Walther, J. B. 1993. "Impression development in computer-mediated interaction." *Western Journal of Communication*, Vol.57, pp.381~398.

Walther, J. B. and S. Boyd. 2002. "Attraction to computer-mediated social support." In C. A. Lin and D. Atkin(Eds.), *Communication technology and society: Audience adoption and uses.* Hampton Press.

Walther, J. B., C. T., Carr, S., Choi, D., DeAndrea, J., Kim, S., Tong and B. Van Der Heide. 2010. "Interaction of interpersonal, peer and media influence sources online: A research agenda for technology convergence." In Z. Papacharissi(Ed.), *The networked self.* Routledge.

Walther, J. B., G., Gay and J. T. Hancock. 2005. "How do communication and technology researchers study the Internet? *Communication and Technology*, Vol.55, pp.632~657.

Wang, X., C., Yu and Y. Wei. 2012. "Social media peer communication and impacts on purchase intentions: A consumer socialization framework." *Journal of Interactive Marketing*, Vol.26, pp.198~208

Wang, Y. and C. Dong. 2017. "Applying social media in crisis communication: A quantitative review of social media-related crisis communication research from 2009 to 2017." *International Journal of Crisis Communication*, Vol.1, pp.29~37.

Wang, Y., Y., Cheng, J. Sun. 2021. "When public relations meets social media: A systematic review of social media related public relations research from 2006 to 2020." *Public Relations Review*, Vol.47, No.4, p.102081.

Wang, Y. and Y. Yang. 2020. "Dialogic communication on social media: How organizations use Twitter to build dialogic relationships with their publics." *Computers in human behavior*, Vol.104.

Webster, J. G. and T. B. Ksiazek. 2012. "The dynamics of audience fragmentation: Public attention in an age of digital media." *Journal of Communication*, Vol.62, pp.39~56.

Welbers, K. and M. Opgenhaffen. 2018. "Social media gatekeeping: An analysis of the gatekeeping influence of newspapers' public Facebook pages." *New media & society*, Vol.20, No.12, pp.4728~4747.

Wellman, B. and S. D. Berkowitz. 1998. *Social structures: A network approach.* Cambridge University Press.

Winter, S., M. J., Metzger and A. J. Flanagin. 2016. "Selective Use of News Cues: A Multiple-Motive Perspective on Information Selection in Social Media Environments." *Journal of Commmunication*, Vol.66, pp.669~693.

Wright, K. B. and C. H. Miller. 2010. "A measure of weak tie/strong tie support network preference." *Communication Monographs*, Vol.77, No.4, pp.502~520.

Wu, G. 1999. *Perceived interactivity and attitude toward website in Proceedings of the American Academy of Advertising*, M. S. Roberts(ed), University of Florida, pp.254~262

Yang, J. A. 2016. "Effects of popularity-based news recommendations("most-viewed") on users' exposure to online news." *Media Psychology*, Vol.19, pp.243~271.

Yang, S. U., M., Kang and H. Cha. 2015. "A study on dialogic communication, trust and distrust: Testing a scale for measuring organization-public dialogic communication(OPDC)." *Journal of Public Relations Research*, Vol.27, pp.175~192.

Yang, S. U., M., Kang and P. Johnson. 2010. "Effects of narratives, openness to dialogic communication and credibility on engagement in crisis communication through organizational blogs." *Communication Research*, Vol.37, No.4, pp.473~497.

Zheng, B. H., Liu and R. M. Davidson. 2018. "Exploring the relationship between corporate reputation and the publics' crisis communication on social media." *Public Relations Review*, Vol.44, No.1, pp.56~64.

지은이

차희원

이화여자대학교 커뮤니케이션·미디어학부 교수다. 이화여자대학교 신문방송학과를 졸업하고 동 대학원에서 커뮤니케이션학 석사·박사 학위를 받았다. 코콤포터노벨리(주) 커뮤니케이션 전략연구소 소장을 지냈으며, 닐슨코리아에서 P&G 팀장 및 연구원으로 활동했다. 2011년 시라큐스대학교에서 방문학자로 연구했다. 저서로 『기업명성과 커뮤니케이션』(2018, 세종도서 우수학술도서, 한국PR학회 저술상), 『국가브랜드와 빅데이터』(공저, 2017) 등이 있으며, "Big Data Analyses of Korea's Nation Branding on Google and Facebook"(2020), "From concerned citizens to activists: a case study of 2015 South Korean MERS outbreak and the role of dialogic government communication and citizens' emotions on public activism"(2018) 등의 논문을 발표했다.

이유나

이유나는 한국외국어대학교 미디어커뮤니케이션학부 교수다. 이화여자대학교를 졸업하고 미국 매릴랜드대학교에서 저널리즘 석사, 커뮤니케이션학 박사학위를 받았다. 제20대 한국PR학회 회장을 지냈고, 한국외대 홍보실장을 역임했다. 『디지털 시대의 PR학 신론: PR, 어떻게 진화해 왔는가?』(2021), 『30대 뉴스에서 PR을 읽다』(공저, 2019), 『글로벌PR』(2014) 등 저서가 있다. "Big Data Analyses of Korea's Nation Branding on Google and Facebook"(2020) 등 논문 다수를 국내외 학술지에 발표했으며, 사내(구성원)커뮤니케이션, 정책·국가 PR커뮤니케이션 연구에 집중하고 있다.

서미라

한국외국어대학교 미디어커뮤니케이션학부 강사다. 한국외국어대학교를 졸업하고 동대학교 박사 과정에 있다. 2000년부터 삼성종합기술원, 케첨(구 인컴브로더) 등에서 약 10년간 PR 실무를 담당하였다. 주요 논문으로는 「기업 트위터의 인지된 상호작용성이 공중의 정보확산행동(megaphoning effect)에 미치는 영향 연구: 조직-공중관계성의 매개효과를 중심으로」, 「기업 SNS 커뮤니케이션이 조직-공중 관계성에 끼치는 영향: 소셜프레즌스, 기업 정체성, 기업-자아 동일시를 중심으로」 등이 있다. 관심 연구 분야는 디지털 PR과 정책 PR커뮤니케이션이다.

이철한

동국대학교 광고홍보학과 교수다. 시라큐스대학교에서 홍보학과 전공으로 홍보학 석사학위를, 미주리(컬럼비아)대학교에서 광고홍보학과 전공으로 광고홍보학 박사학위를 받았다. 대표 저서로는 『디지털 시대의 PR학신론』(공저, 2021)이 있으며, 대표 논문으로는 「대립하는 두 조직간 쟁점관리 효과에 관한 연구」(2005), 「기업자산으로서의 기업명성가치 연구」(공저, 2005) 등이 있다.

김수진

이화여자대학교 커뮤니케이션·미디어학부 겸임교수이다. 이화여자대학교 신문방송학과를 졸업하고, 동대학원에서 언론학 석사학위와 박사학위를 취득했다. 소더비즈, 미국육류수출협회에서 근무했고 ㈜레인보우커뮤니케이션 수석연구원을 지냈다. 현재 한국PR학회 학술지 ≪홍보학연구≫ 편집이사로 활동 중이다. 주요 논문으로 「한국의 정부기관 명성지수 개발연구: 국가보훈처 사례의 적용」(2021), 「쌍방향 균형 커뮤니케이션으로서 공유된 의사결정 시스템 구축을 위한 탐색적 연구: 신장투석환자의 커뮤니케이션 중심 분석」(2021), 「The Influence of Chronic and Temporary Accessibility on Trust and Policy Support」(2020), 「정서의 관계적 테마를 바탕으로 한 한국의 건강위험 커뮤니케이션 모델 개발 연구」(2019) 등이 있다. 저서로는 『디지털PR 이론과 실제』(공저, 2019)가 있다. 연구관심사는 공공PR, 정책PR, 헬스커뮤니케이션, 과학의료커뮤니케이션 분야이며 현재 의료계와 다양한 융합연구를 수행중이다.

유승희

현재 고려대학교 4단계 BK21 미디어학교육연구단 소속 연구교수이다. 이화여자대학교 언론홍보영상학부 광고·홍보학과를 졸업하고, 동대학원에서 커뮤니케이션학 석사 및 박사학위를 받았다. 관심 있는 연구 분야는 소셜미디어, 커뮤니케이션, 명성, 위기 등이다.

박혜영

한신대학교 미디어영상광고홍보학부 조교수이다. 중앙대학교에서 국어국문과 신문방송을 전공하고, 동대학원에서 석사학위를 받았으며 서강대학교에서 PR 전공으로 박사학위를 받았다. 관공서 홍보팀, 대학 홍보처 근무 경력 등이 있으며 (주)프레인글로벌에서 PR 컨설팅을 수행했다. PR 공익성 개념화 및 척도 개발로 박사학위를 받았으며 위험 및 위기 커뮤니케이션, 헬스 커뮤니케이션 등 다방면에 관심을 갖고 있다. 최근에는 기후 변화, 게임 관련 연구를 진행했다.

김석

김석 프레인앤리 연구소장은 연세대학교 대학원에서 행정학을 전공했다. 2009년 프레인글로벌에 합류해 서울 G20 정상회의 국내 홍보, 한국수력원자력 PA(public acceptance) 프로젝트 등을 진행한 뒤 2014년부터 프레인앤리를 담당하고 있다. PR 베이스의 커뮤니케이션 컨설팅, PI(Personal Identity)기획과 실행, 브랜드커뮤니케이션 컨설팅 프로젝트를 주로 수행했으며 유관 학회와도 매년 공동 연구를 진행하고 있다. 현재는 ESG(environmental, social and governance)커뮤니케이션 연구 등 그룹사의 R&D 활동에 집중하고 있다.

하진홍

대구대학교 미디어커뮤니케이션학과 부교수이다. 한양대학교 신문방송학과를 졸업하고 오리콤, 금강기획, MBC애드컴 등에서 AE로 재직했다. 이후 미국 플로리다대학교와 노스캐롤라이나대학교 채플힐에서 매스커뮤니케이션학(PR 전공)으로 석사학위와 박사학위를 취득했다. PR 및 광고와 관련한 위기커뮤니케이션 분야에서 《홍보학연구》, 《광고연구》, *Public Relations Review*, *Journal of Public Relations Research* 등 국내외 저널에 다수의 논문을 게재했다. 주요 저서로는 『한국의 PR연구 20년』(공저, 2016), 『디지털PR 이론과 실제』(공저, 2019) 등이 있다.

최세라

콜로라도주립대학교 저널리즘·미디어커뮤니케이션학과 박사과정 학생이다. 주요 연구 분야는 strategic communication, public relations, crisis communication이며, 최근에는 AI를 활용한 조직과 공중의 관계 형성을 위한 전략적 커뮤니케이션 연구를 진행했다.

김장열

콜로라도주립대학교 저널리즘·미디어커뮤니케이션학과 교수이다. 서강대학교에서 PR전공으로 석사학위를, 플로리다대학교에서 매스커뮤니케이션으로 박사학위를 취득했다. 한국인 최초의 미국PR협회 인증 PR 전문가(APR)이며, 2016년에 미국PR협회 펠로(Fellow PRSA)로 선정되었다. 식품의약품안전처 소비자위해예방국장을 역임했으며, PR회사인 코콤포터노벨리의 설립자이기도 하다. 주요 연구 분야는 쟁점·위기커뮤니케이션, 공공외교, 헬스커뮤니케이션, PR윤리, CSR 등이다. *Journal of Public Relations Research*, *Public Relations Review*, *Asian Journal of Communication*외 주요 학술지에 다수의 논문을 발표했으며, 그밖에 참여한 여러 저서·역서가 있다. 현재 *Asian Journal of Public Relations*의 Editor-in-chief를 맡고 있다.

문빛

인디애나대학교 미디어스쿨 박사 수료/강사. 한국외국어대학교 미디어커뮤니케이션학과에서 석사 및 박사 학위를 취득했으며, 이후 2012~2013년에 시라큐스대학교 뉴하우스공공커뮤니케이션학부(S.I. Newhouse School of Public Communication)에서 방문학자로 활동했다. 또한 한국외국어대학교 연구교수로 재직하였다. 공중의 커뮤니케이션 행동을 갈등·위기관리 혹은 조직 명성 관리 관점에서 연구하고 있다. 대표 저서로는 『공중 관계 핸드북』(공저, 2017)이 있다.

한울아카데미 2341

PR커뮤니케이션과 명성

학제 간 이론과 전략

ⓒ 차희원·이유나·서미라·이철한·김수진·유승희·박혜영·김석·하진홍·최세라·김장열·문빛, 2021

지은이 **차희원·이유나·서미라·이철한·김수진·유승희·박혜영·김석·하진홍·최세라·김장열·문빛**

펴낸이 **김종수** ┃ 펴낸곳 **한울엠플러스(주)**
편집책임 **조수임** ┃ 편집 **임혜정**

초판 1쇄 인쇄 **2021년 11월 19일** ┃ 초판 1쇄 발행 **2021년 11월 26일**

주소 **10881 경기도 파주시 광인사길 153 한울시소빌딩 3층**
전화 **031-955-0655** ┃ 팩스 **031-955-0656** ┃ 홈페이지 **www.hanulmplus.kr**
등록번호 **제406-2015-000143호**

ISBN **978-89-460-7341-8 93320**(양장)
     978-89-460-8141-3 93320(무선)